Amazonen der Literatur

Studien zur deutschsprachigen Frauenliteratur der 70er Jahre

AMSTERDAMER PUBLIKATIONEN ZUR SPRACHE UND LITERATUR

in Verbindung mit

PETER BOERNER, BLOOMINGTON; HUGO DYSERINCK, AACHEN;
FERDINAND VAN INGEN, AMSTERDAM; FRIEDRICH MAURER†,
FREIBURG; OSKAR REICHMANN, HEIDELBERG

herausgegeben von

COLA MINIS
und
AREND QUAK

65. BAND

AMSTERDAM 1986

MARGRET BRÜGMANN

AMAZONEN DER LITERATUR

Studien zur deutschsprachigen Frauenliteratur der 70er Jahre

ISBN 90-6203-628-7
©Editions Rodopi B.V., Amsterdam 1986
Printed in The Netherlands

Voici plus de mille ans que la triste Ophélie
Passe, fantôme blanc, sur le long fleuve noir;
Voici plus de mille ans que sa douce folee
Murmure sa romance à la brise du soir.
....
Ciel, Amour, Liberté: quel rêve, ô pauvre Folle!
Tu te fondais à lui comme une neige au feu.
Tes grandes visions étranglaient ta parole.
-Et l'Infini terrible effara ton oeil bleu.

Arthur Rimbaud, Ophélie

Ophelia (Chor/Hamlet)
Ich bin Ophelia. Die der Fluß nicht behalten hat. Die Frau am Strick Die
Frau mit den aufgeschnittenen Pulsadern Die Frau mit der Überdosis
AUF DEN LIPPEN SCHNEE Die Frau mit dem Kopf im Gasherd.
Gestern habe ich aufgehört mich zu töten. Ich bin allein mit meinen
Brüsten meinen Schenkeln meinem Schoß. Ich zertrümmre die Werkzeuge
meiner Gefangenschaft den Stuhl den Tisch das Bett. Ich zerstöre das
Schlachtfeld das mein Heim war. Ich reiße die Türen auf, damit der Wind
herein kann und der Schrei der Welt. Ich zerschlage das Fenster. Mit
meinen blutenden Händen zerreiße ich die Fotografien der Männer die ich
geliebt habe und die mich gebraucht haben auf dem Bett auf dem Tisch auf
dem Stuhl auf dem Boden. Ich lege Feuer an mein Gefängnis. Ich werfe
meine Kleider in das Feuer. Ich grabe die Uhr aus meiner Brust die mein
Herz war. Ich gehe auf die Straße, gekleidet in mein Blut.

Heiner Müller, Die Hamletmaschine

Umschlag: Marijke Mooy

Meiner Mutter und all denen gewidmet, die zu dieser Arbeit beigetragen haben.

INHALT

1. Einleitung

Mitte der siebziger Jahre begann eine Reflexion über Impulse aus der Frauenbewegung, die in der Literatur verarbeitet wurden. Nach anfänglichem Enthusiasmus über jeden Text, der von einer Frau geschrieben wurde und der einen Aspekt aus dem Leben von Frauen thematisierte, setzte eine Phase der Besinnung und Kritik ein. Mit dieser Nachdenklichkeit ging ein Orientierungswechsel einher: Hatte man sich zu Anfang der Frauenbewegung in der Bundesrepublik vornehmlich an den pragmatischeren Zielsetzungen der Frauenbewegung in Amerika orientiert, so zog später die mehr philosophisch und psychoanalytisch orientierte feministische Kritik aus Frankreich zunehmend die Aufmerksamkeit auf sich.

Auf dem Schriftstellerinnenkongreß in Frankfurt 1976 wurde über Texte von französischen Theoretikerinnen diskutiert, wobei die Reflexion über sozialhistorische Aspekte der Frauenbewegung zugunsten einer Diskussion über den Ort des Weiblichen in philosophischen und psychoanalytischen Theorien in den Hintergrund trat. Die resümierenden Texte dieser Kongreßdiskussion sind unter dem Titel "Das Lächeln der Medusa"[1] zusammen mit Übersetzungen von Hélène Cixous, Luce Irigaray, Cathérine Clément und Julia Kristeva erschienen. Der dem Text von Cixous entnommene Titel[2] gibt metaphorisch das vorsichtige Tasten nach neuen Orientierungspunkten an. Man versucht, den eher sozial-historisch definierten Begriff 'Frau' nicht ohne weiteres mit dem Begriff 'Weiblichkeit' gleichzusetzen, sondern die eventuellen Gemeinsamkeiten und Differenzen dieser beiden Begriffe im breiteren Rahmen einer Kulturkritik zu reflektieren. Der Begriff 'Weiblichkeit' erhält dabei zum einen mehr die Funktion, die kulturellen Bereiche anzugeben, die unterbewertet, vergessen, noch nicht entdeckt oder aus dem herrschenden kulturellen Selbstverständnis ausgeschlossen sind. Zum anderen verweist der Begriff 'Weiblichkeit' auf die bestehende, verwirrende Vielfalt von Bildern, die in einen Zusammenhang mit Frauen gebracht werden können. Diese Vorstellungen von 'Weiblichkeit', diese imaginierten 'Weiblich-

---

1. Das Lächeln der Medusa. Frauenbewegung - Sprache - Psychoanalyse. In: Alternative (1976) 108/109.
2. Hélène Cixous: Le Rire de la Méduse. In: L'ARC (1975)61.

keiten'³, zeigen eine Häufung widersprüchlicher Eigenschaften und Charakteristiken, die eher auf Ängste und Wünsche des Imaginierenden schließen lassen als auf ontologisch verankerte weibliche Wesenszüge. Es besteht ein Zusammenhang zwischen der (Über-)Produktion von Weiblichkeitsbildern und kulturellen Ausschlußmechanismen. An dem kulturell Marginalen oder Ausgeschlossenen entzündet sich die Phantasie in Bildern des Hasses, der Bewunderung, Verehrung oder Verachtung. Ein Beispiel hierfür sind die Mythen über die Amazonen, die jeweils in Gebieten angesiedelt wurden, die von den antiken Völkern noch nicht in ihren Einflußbereich gebracht worden waren. Die Amazonen waren die imaginierte weibliche Bedrohung am Rande oder außerhalb des zivilisierten Territoriums. Die Produktion dieser Bilder steht anscheinend in einem engen Zusammenhang mit nicht beherrschten Gebieten.⁴ Ich sehe hier eine Analogie zur kulturellen Position des Weiblichen. Eine Umschreibung des Weiblichen sollte daher nicht auf eine Definition eingegrenzt werden, sondern läßt sich eher als ein Suchkonzept formulieren:

> Aber anders als in symmetrischer Negation geht es nun nicht um einen von zwei Polen, nicht um die Kehrseite des Spiegels, sondern um seine Ränder. Die Suche nach der Bestimmung des Weiblichen ist die Suche nach den Leerstellen, den Rändern, den Ausfällen der herrschenden männlichen Kultur und ihrer Ordnung und Zweckrationalität. Weiblichkeit bedeutet damit asymmetrische Negation des herrschenden Kulturzusammenhangs.⁵

Friederike Hassauer beschreibt Weiblichkeit hier als Suche nach Stellen der Disfunktion kultureller Systeme. Es wird dabei keine Gegenkultur propagiert. Ebensowenig sollte man eine derartige Umschreibung von Weiblichkeit auf Krankheit und Leiden hin einengen.

Doch ist es auffallend, daß gerade Texte, in denen Frauen über Krankheit, Wahnsinn und das Leiden an der Beschränktheit ihrer Rollenumschreibung berichten, in den siebziger Jahren zahlreich produziert wurden und auf große Resonanz stießen. Man könnte zu diesen Leidenstexten die von Cardinal, Erlenberger, Fritz und Schwaiger⁶ rechnen. In diesen Texten ist

3. Der Begriff 'imaginierte Weiblichkeit' stammt von Silvia Bovenschen. Siehe auch Silvia Bovenschen: Die imaginierte Weiblichkeit. Exemplarische Untersuchungen zu kulturgeschichtlichen und literarischen Präsentationsformen des Weiblichen. Frankfurt a/M. 1979.
4. Josine Blok: De Amazonen-mythe. Een tipje van de sluier. Vrouwengeschiedenis in Nederland. Amsterdam 1978, S. 49-54.
5. Friederike Hassauer: Konzepte 'weiblicher Ästhetik' als Gegenstand der Literaturwissenschaft. In: Universitas 38 (1983) 448/9, S. 929-30.
6. Maria Cardinal: Schattenmund. Frankfurt a/M. 1975; Maria Erlenberger: Der Hunger nach Wahnsinn. Frankfurt a/M. 1977, Das Erlernen der Totgeburt. Frankfurt a/M. 1979; Marianne Fritz: Die Schwerkraft der Verhältnisse. Frankfurt a/M. 1978; Brigitte Schwaiger: Wie kommt das Salz ins Meer? Wien und Hamburg 1977. Früher

ein traditionelles, unreflektiertes Rollenverständnis reproduziert, in dem die Frau als Opfer der Gesellschaft dargestellt wird. Hélène Cixous kritisiert diese Texte mit einer ironischen Warnung:

> Die Texte, die gefördert wurden, die aufgefallen sind, waren Texte, die verrückte Frauen, zerstörte, kranke Frauen darstellten. (...) Es sind Texte aus dem Asyl, denen es nicht an Schönheit und Kraft fehlt; das war es, was hervorgehoben, kommentiert, unterstützt wurde von der Presse. (...) Man kann im Grunde nicht umhin, zu denken, daß es die Welt in Ordnung bringen würde, wenn die weibliche Schrift, an deren Existenzfähigkeit man noch vor zwei Jahren zweifelte, wenn sie nun eben das wäre? Man bekommt so ganz schnell die Frau zurück, diesmal auf einer Tragbahre anstatt im Bett, in einem Zustand der Auflösung und des Schmerzes, der Zerstückelung, der sie offensichtlich kampfunfähig macht.[7]

Cixous spricht den Leidenstexten nicht grundsätzlich eine ästhetische Schönheit ab, verweist jedoch auf den Ort, an dem sie geschrieben wurden: das Asyl. Das Asyl als Ort, an dem Schwache und Asoziale untergebracht und auch eingesperrt werden, bedeutet im Hinblick auf Frauen einen Hinweis auf ihren angestammten Platz, den sie anscheinend beschreiben. Cixous verweist auf die Gefahr, daß die Akzentuierung weiblicher Leidenstexte als einzige Thematisierung des Weiblichen die Gefahr in sich birgt, daß nur diese Texte als Ausdruck einer weiblichen Ästhetik anerkannt werden.

Neben den Leidenstexten gibt es eine zweite Kategorie, nämlich die der Gebrauchstexte.[8] Unter diesem Begriff verstehe ich autobiographische Berichte und Dokumentationen über zahlreiche Themen aus der Frauenbewegung. In diesen Texten wird auf Authentizität der

---

verfaßte Leidenstexte, die in der Frauenbewegung viel gelesen werden, sind Danielle Serréra: Arsenikblüten. München 1978; Sylvia Plath: Die Glasglocke. Frankfurt a/M. 1975; Charlotte Perkins-Gilman: Die gelbe Tapete. München 1976.

7. Hélène Cixous: Die unendliche Zirkulation des Begehrens. Weiblichkeit in der Schrift. Berlin 1977, S. 38-39.

8. Neben meiner Einteilung stehen andere, die nach anderen Gesichtspunkten vorgenommen wurden. Ich gebe hier exemplarisch eine Auswahl:

Ricarda Schmidt: Westdeutsche Frauenliteratur in den 70er Jahren. Frankfurt a/M. 1982. Schmidt teilt die Texte ein in: Neo-Realismus, Körperbewußtsein und Sprachbewußtsein, Durchqueren der patriarchalen Prägung.

Tobe Lewin: Political Ideology and Aesthetics in Neo-Feministic German Fiction: Verena Stefan, Elfriede Jelinek, Margot Schroeder. London 1982. Lewin teilt die Texte ein in: lesbian seperatist, socialist/feminist, radical-feminist.

Evelyne Keitel: Frauen, Texte, Theorien. Aspekte eines problematischen Verhältnisses. In: Das Argument 25 (1983), S. 142. Keitel teilt die Texte ein in: literarische Frauentexte, epigonale Frauentexte, literarische Frauentheorie.

Magdalene Heuser: Literatur von Frauen / Frauen in der Literatur. Feministische Ansätze in der Literaturwissenschaft. In: Feminismus. Inspektion der Herrenkultur. Ein Handbuch. Hrsg. von Luise F. Pusch. Frankfurt a/M. 1983. Heuser teilt die Texte ein in: Texte der Unterdrückung, Texte einer Entwicklung und radikale Texte.

4

Dokumentation Wert gelegt, literarische Formen werden dahingegen nicht zum Thema der Kritik gemacht. Diese Texte werden von der Literaturkritik als Gebrauchstexte, deren Inhalte emanzipatorisches Bewußtsein fördern, toleriert. Als literarisches Produkt bleibt ein solcher Text jedoch recht uninteressant. Er dient mehr als Verständigungsgrundlage in feministischen Diskussionen denn als Provokation ästhetischer Traditionen.

Es ist auffallend, daß bei Texten, die sich im Umfeld der Frauenbewegung entwickelt haben, der Verständigungsaspekt über soziale Mißstände in bezug auf die gesellschaftliche Position von Frauen vorherrscht. Meist werden diese Texte als Lebenshilfen oder als Dokumentationen eines Diskussionsstandes in der Frauenbewegung gelesen. Dies veranlaßt Evelyne Keitel zu der Feststellung:

> Nun unterliegen die literarischen Frauentexte (...) einer für Literatur sehr ungewöhnlichen Historizität: Im Gegensatz zu sonstigen literarischen Texten, die wesensmäßig unbestimmt, offen und beliebig anschließbar sind, sind die literarischen Frauentexte eindeutig auf einen genau definierbaren Diskussionsstand innerhalb der Frauenbewegung hin entworfen. Sobald aber das in ihnen thematisierte neue Element diskutiert worden ist und Teile der feministischen Nahziele entweder revidiert wurden oder das neue Element kollektiv verworfen wurde, verlieren die Texte ihre ursprüngliche Funktion (...).[9]

Keitel betrachtet die literarischen Texte ausschließlich unter ihrem funktionalen Aspekt als Diskussionsbeitrag zu Themen der Frauenbewegung. Sie steht damit nicht allein. Es herrscht anscheinend auch in einigen Kreisen der Frauenbewegung der Konsensus, daß man Texte von Frauen nur unter dem Aspekt ihrer Operationalisierbarkeit für soziale Lösungsversuche betrachten kann. Aus dieser Sicht heraus grenzen sich manche Wissenschaftlerinnen gegen einen Begriff wie 'weibliche Ästhetik' ab und führen statt dessen den Begriff 'feministische Ästhetik' ein, wie z.B. Kuhn, Schmidt, Lewin und Burgfeld.[10] Sie vernachlässigen die Frage nach der formal-ästhetischen Verarbeitung und der Auseinandersetzung mit literarischen Traditionen im Text selbst und betrachten die Texte ausschließlich von einem rezeptionsästhetischen Standpunkt aus. Bezeichnend für diese Auffassung der Funktion einer 'feministischen Ästhetik' erscheint Carmen Burgfelds Meinung:

> Und das Ziel von Feminismus soll ja gerade sein, gegen Unterdrückungsmechanismen überall da anzukämpfen, wo sie erscheinen, was u.a. Widersprüche bei Frauen selbst einschließt. Die Realisation dieser Momente obliegt dabei nicht dem Werk,

9. Evelyne Keitel: op.cit. S. 836.
10. Annette Kuhn: Women's Pictures. Feminism and Cinema London 1982; Ricarda Schmidt: op.cit.; Tobe Lewin: op.cit.; Carmen Burgfeld: Versuch über die Wut als Begründung einer feministischen Ästhetik. In: VerRückte Rede - Gibt es eine weibliche Ästhetik? Notizbuch 2. Hrsg. von Friederike Hassauer/Peter Roos. Berlin 1980.

sondern dem Leser, dessen Aufgabe es ist, Verbindungslinien und Bezüge herzustellen und Schlußfolgerungen aus seinen Erkenntnissen zu ziehen. Erst durch diese Konkretisierung im Akt der Rezeption vollzieht sich der eigentliche Kampf einer feministischen Ästhetik.[11]

Burgfeld sieht hier 'feministische Ästhetik' als eine kritische Rezeptionsästhetik. Potentiell könnte *jeder* Text mit einer kritischen, auf emanzipatorische Aspekte ausgerichteten Lesehaltung gelesen werden und auf diese Weise unter eine 'feministische Ästhetik' fallen. Der Begriff 'feministische Ästhetik' bezieht sich demnach auf eine Lesehaltung und nicht auf eine Verarbeitung feministischer Kritik im Text selbst. Meine Kritik richtet sich gegen die Annahme, daß im Text selbst keine Auseinandersetzung mit der widersprüchlichen Position von Frauen in der Gesellschaft und mit literarischen Traditionen erfolgen könnte. Hierdurch wird der Anspruch weiblicher Autoren ausgeklammert, sich in die Diskussion über ästhetische Erneuerung der literarischen Tradition mengen zu können. Gerade dieser Anspruch wird jedoch stets lauter. Die Lust, sich in die Diskussion über ästhetische Konzepte, formale Experimente, den Stellenwert des Subjekts im Text einzumischen, beherrscht das Feld der gegenwärtigen künstlerischen Produktion von Frauen. Und so war es kein Wunder, daß 1983 ein Festival in Linz, bei dem Künstlerinnen ihre Arbeiten zeigten, den provokativen und selbstbewußten Titel "Andere Avant Garde"[12] trug. Frauen meldeten hier ihren Anspruch an, über ästhetische Experimente anhand eigener Arbeiten mitdiskutieren zu können. Bezeichnenderweise wurde dem Titel das Wort "andere" hinzugefügt. Dies ist meiner Meinung nach ein Hinweis darauf, daß Künstlerinnen sich nicht widerspruchslos in vorgefundenen ästhetischen Formen ausdrücken wollen; stattdessen versuchen sie, ihre eigene Geschichte und ihre spezifische Position in der Gesellschaft sowie die daraus resultierenden Wahrnehmungen in die ästhetische Produktion einfließen zu lassen. Dieser kulturkritische Ansatz, der neben der Kritik an etablierten Kunstformen auch eine Kritik an einer von Männern dominierten ästhetischen Praxis formuliert, beschränkt sich in seinen Äußerungsformen meist auf eine Negation des Bestehenden. Nach Julia Kristeva heißt das, daß "eine weibliche Praxis negativ sein muß, um sagen zu können, daß es 'dieses nicht ist' und daß 'dies noch nicht alles ist'."[13] Man sieht hier, daß die Weigerung, Lösungen anzutragen, keineswegs ein allumfassendes Schweigen zu bedeuten hat. Es könnte vielmehr darin bestehen, daß Künstlerinnen - aufgrund ihrer dissidenten Position - ihre

11. Carmen Burgfeld: op.cit. S. 88-89.
12. Siehe hierzu den anläßlich des Festivals herausgegebenen Katalog: Andere Avant Garde. Linz 1983.
13. Kein weibliches Schreiben? Fragen an Julia Kristeva. In: Freibeuter 2 (1979), S. 82.

spezifischen Wahrnehmungen in ihren ästhetischen Arbeiten produktiv machen. Dies kann bedeuten, daß sie eine kritische Auseinandersetzung mit gesellschaftlichen Positionen und ästhetischen Formen in ihren Arbeiten vornehmen.

Gegenstand der vorliegenden Arbeit ist die Analyse einer kleinen Anzahl literarischer Texte, in denen weibliche Wahrnehmungen der gesellschaftlichen Position der Frau mit der Auseinandersetzung mit ästhetischen Traditionen verbunden wurde. Die ausgewählten Texte sind: "Häutungen" von Verena Stefan, "Das Geschlecht der Gedanken" von Jutta Heinrich, "Ich stehe meine Frau" von Margot Schroeder, "Die Verweigerung der Johanna Glauflügel" von Birgit Pausch, "Die Liebhaberinnen" von Elfriede Jelinek und "Entmannung" von Christa Reinig.[14] In den Texten stehen 'imaginierte' Frauen im Mittelpunkt der Handlung. Diese thematisiert Aspekte der Frauenbewegung. Ich versuche in jeder Analyse zu zeigen, wie die jeweilige Autorin in ihren 'Heldinnen' gesellschaftliche Widersprüche im Hinblick auf die Position der Frau darstellt und wie auch feministische Forderungen und Zielsetzungen einer Kritik unterzogen werden.

Die vorliegenden Texte weisen durch ihre Einteilung in literarische Genres - u.a. Erzählung, Roman - auf ihren Anspruch hin, als ästhetische Arbeiten betrachtet und analysiert zu werden. Da ich meine, daß sich in diesen literarischen Texten die Kritik an tradierten Mustern nicht nur auf den Inhalt, sondern auch auf die Form erstreckt, versuche ich darzustellen, auf welche Weise diese Texte innerhalb bestehender literarischer Traditionen stehen und wie mit diesen Traditionen kritisch umgegangen wird.

Ich möchte in meiner Arbeit zeigen, wie die kulturelle Marginalität, in der sich Frauen befinden, zunehmend als Möglichkeit gesehen und genutzt wird, spezifische Wahrnehmungen zu artikulieren, die ein Widerstandspotential gegenüber sozialen und ästhetischen Traditionen bilden. Dieses Widerstandspotential wird in den vorliegenden Texten in literarischer Form artikuliert.

Den Analysen der literarischen Texte wird ein theoretisches Kapitel vorangeschickt, das nicht die Funktion hat, ästhetische Kategorien für die Interpretation der vorliegenden Texte zu erstellen. Ich versuche vielmehr durch die Erörterung struktureller Aspekte des Weiblichen im Hinblick

14. In der vorliegenden Arbeit wird jeweils ein Text dieser Autorinnen analysiert. Die Auswahl geschieht aufgrund der Möglichkeit, den jeweiligen Text unter dem Aspekt einer 'weiblichen Ästhetik' betrachten zu können. Einige Autorinnen haben auch literarische Texte geschrieben, die nicht in das Konzept einer 'weiblichen Ästhetik' passen.

auf eine ästhetische Praxis, ein Suchkonzept zu entwickeln, das die spezifischen Widerstandsmomente in den Texten lokalisiert und strukturiert. Dieses Suchkonzept möchte ich als 'weibliche Ästhetik' umschreiben. Es enthält die folgenden Komponenten: kritische Thematisierung von 'imaginierter' Weiblichkeit, literarische Verarbeitung von Weiblichkeitskonzepten und kritische Auseinandersetzung mit den jeweils sinnvermittelnden literarischen Traditionen. Die von mir ausgewählten Texte werden unter diesen Gesichtspunkten analysiert. Jeder Text zeigt dabei eine eigene Variante des Suchkonzepts. Die Konkretisierung des Suchkonzepts einer 'weiblichen Ästhetik' entfaltet sich in meiner Arbeit am Gegenstand selbst, das heißt hier, in der Analyse jedes einzelnen literarischen Textes.

2. Strukturelle Aspekte des Weiblichen im Hinblick auf eine ästhetische Praxis

2.1. Suchbild mit Dame: 'Klein sein' in der 'kleinen' Literatur

Angesichts der abgeleiteten Stellung, die Frauen im kulturellen Betrieb einnahmen und noch immer einnehmen, und der ihnen zugewiesenen Rolle als primär reproduktive Instanz[1] werden wiederholt Rehabilitierungsversuche unternommen, die das Ziel haben, Texten von Frauen einen respektablen Platz in ästhetischen Traditionen zuzuweisen. Hierbei wird nicht selten von gängigen Wertungskriterien ausgegangen, die im allgemeinen ebenso vage wie zeitgebunden sind. Die Diskussion um das große 'K', den Platz an der Sonne im Land der anerkannten kulturellen Repräsentanz, hat auch zum Teil die Korrekturen in der Geschichtsschreibung beeinflußt. So teilt Ellen Moers in Literary Women[2] die Texte von Schriftstellerinnen in "major" und "minor" ein, ohne diese Kategorien zu hinterfragen. Im Hintergrund ihrer Ausführungen über Charlotte Brontë, George Sand, George Eliot steht ein Emanzipationskonzept, das beinhaltet, daß Frauen genauso gut wie Männer schreiben können. Moers benutzt mit diesem Konzept Wertmaßstäbe, die, scheinbar neutral, bei näherer Betrachtung jedoch literarischen Traditionen zugeordnet sind, die einer männlichen Praxis und Wertung entsprechen. Moers negiert eine geschlechtsspezifische Komponente als möglichen Ansatz zu einer kritischen Revision tradierter Wertmaßstäbe.

Etwas nuancierter äußert sich Elaine Showalter in ihrer Studie "A Literature of Their Own"[3] über spezifische Positionen literarischer Arbeiten von Frauen im Hinblick auf eine ästhetische Tradition. Showalter geht vom Modell einer weiblichen Subkultur aus. Sie signaliert zwei unterschiedliche Arten von Texten, die mit dem ideologischen Standpunkt der Schriftstellerinnen zusammenhängen. Den einen Standpunkt bezeichnet sie als den des "social camelion";[4] hiermit wird die

---

1. Siehe hierzu: Simone de Beauvoir: Das andere Geschlecht. Sitte und Sexus der Frau (1949). Reinbek bei Hamburg 1968.
2. Ellen Moers: Literary Women. London ⁶1976.
3. Elaine Showalter: A Literature of Their Own. British Novelists from Brontë to Lessing. London 1978.
4. Elaine Showalter: op.cit. S. 12.

Anpassungshaltung gekennzeichnet, in der Frauen sich den Anforderungen ihrer Umgebung widerspruchslos anpassen. Der zweite ideologische Standpunkt wird als "special female self-awareness"[5] beschrieben. Hiermit bezeichnet Showalter die Sensibilisierung von Frauen gesellschaftlichen Widersprüchen gegenüber. Diese zwei Komponenten sind nach Showalter typisch für die dialektische Bewegung eines subkulturellen Kampfes, nämlich für die Suche nach eigener Identität und die Anpassung an den Druck von außen. Showalter geht bei ihrem Modell von der Konstruktion einer weiblichen subkulturellen Minderheit aus, die sich gegen eine männliche dominante Mehrheit zur Wehr setzt. Bei näherer Betrachtung ist eine derartige Analyse meiner Meinung nach jedoch zu einfach, da die Position der Frau in beinahe keiner Beziehung diesem Minderheitenmodell entspricht: Frauen sind zahlenmäßig keine Minderheit, sie haben als Gruppe keine eigene Kultur oder Geschichte, und sie sind geographisch nicht an einer oder einer beschränkten Anzahl Stellen zu lokalisieren. Außerdem sind in jede Minderheit Frauen einbezogen.

Die oben genannten Positionsbestimmungen literarischer Arbeiten von Schriftstellerinnen vernachlässigen, daß diese Literatur von der kulturellen Umgebung immer zugleich ein- und ausgeschlossen ist, d.h. von ihren Traditionen, Maßstäben und Wertungen. Um diese These zu unterbauen, möchte ich eine Studie über Kafka von Gilles Deleuze und Felix Guattari[6] zu Hilfe nehmen, um anhand ihrer Ausführungen über eine 'kleine' Literatur Analogien zu einer bestimmten literarischen Praxis von Frauen aufzuzeigen.

Deleuze und Guattari übernehmen den Begriff der 'kleinen' Literatur von Kafka. In ihrer Studie definieren sie 'klein' wie folgt:

> Eine kleine oder mindere Literatur ist nicht die Literatur einer kleinen Sprache, sondern einer Minderheit, die sich einer großen Sprache bedient. Ihr erstes Merkmal ist daher ein starker Deterritorialisierungskoeffizient, der ihre Sprache erfaßt. In diesem Sinne hat Kafka die Sackgasse definiert, die den Prager Juden den Zugang zum Schreiben versperrte und ihre Literatur "von allen Seiten unmöglich" machte: Sie lebten zwischen "der Unmöglichkeit, nicht zu schreiben, der Unmöglichkeit, deutsch zu schreiben, und der Unmöglichkeit, anders zu schreiben."[7]

Deleuze und Guattari beschreiben am Beispiel der Prager Juden das Dilemma, in dem sich eine Gruppe befindet, die zum Teil - durch die Sprache - der deutschen Kultur zugerechnet, als Juden jedoch von der christlichen, herrschenden Oberschicht ausgeschlossen wird. Als Deutschsprachige werden die Juden auch von der tschechischen

---

5. Elaine Showalter: op.cit. S. 12. Showalter übernimmt diesen Begriff aus Patricia Meyer Spark: The Female Imagination. New York 1975, S. 3.
6. Gilles Deleuze/Felix Guattari: Kafka. Für eine kleine Literatur. Frankfurt a/M. 1976.
7. Gilles Deleuze/Felix Guattari: op.cit. S. 24.

Gemeinschaft ausgeschlossen. Diese gesellschaftliche Konstellation hat Auswirkungen im Bereich der ästhetischen Produktion. Die Juden stehen vor der Wahl, entweder zu schweigen oder in einer Herrschaftssprache zu schreiben, die in ihrer Ausdrucksmöglichkeit der unterdrückenden und verschleiernden Repräsentation verpflichtet ist. Hinzu kommt, daß die deutschen Juden, hier auf Kafka zugespitzt, in keiner anderen Sprache schreiben konnten als in Deutsch. Sie konnten nach Deleuze/Guattari nicht auf eine Sprache ausweichen, die nicht wie das Deutsche mit Konnotationen der Macht besetzt war und eben deshalb adäquat Aussagen über Wahrnehmungen dieser kulturellen Minderheit ermöglicht hätte.

Ich sehe in dieser Beschreibung Parallelen zu Engpässen der ästhetischen Produktion von Frauen. Verena Stefan schreibt zum Beispiel in der Vorbemerkung zu ihrem Text "Häutungen": "Beim schreiben dieses buches, dessen inhalt hierzulande überfällig ist, bin ich wort um wort und begriff um begriff an der vorhandenen sprache angeeckt."[8]

Stefan deutet hier an, daß die inhaltliche Auseinandersetzung mit gesellschaftlichen Machtstrukturen auch eine Hinterfragung der Ausdrucksmittel umfaßt. Traditionelle ästhetische Ausdrucksmittel können einer Aussage ihre Schärfe und ihren kritischen Impetus nehmen. Stefan macht in ihrem Buch "Häutungen" den Versuch, eine Situation zum einen auf sogenannt neutrale Art, zum anderen unter Berücksichtigung einer weiblichen Optik zu beschreiben. Ich gehe in Kapitel 3 auf diesen Versuch näher ein.

Als zweites Merkmal einer 'kleinen' Literatur nennen Deleuze und Guattari ihren politischen Charakter. Im Gegensatz zur 'großen' Literatur, in der sich individuelle Geschehnisse vor einem gesellschaftlichen Hintergrund miteinander verknüpfen, der als gegeben vorausgesetzt werden kann, verbinden sich in der 'kleinen' Literatur individuelle Angelegenheiten mit geschäftlichen, ökonomischen, bürokratischen, justiziären Apparaten, so daß eine Auseinandersetzung zwischen Vätern und Söhnen über die Beschreibung eines ödipalen Konflikts hinausgeht und einen immanent politischen Charakter annimmt.[9]

Diese These erscheint mir im Hinblick auf die ästhetische Produktion von Frauen von Bedeutung. Hier wird oft von Material ausgegangen, das Konfliktstoff thematisiert, der aus der Alltäglichkeit eines Frauenlebens stammt und nicht selten autobiographische Züge trägt. Beides wird im allgemeinen von der Kritik benutzt, um diese Texte als zweitrangig zu

8. Verena Stefan: Häutungen. Autobiografische Aufzeichnungen - Gedichte - Träume - Analysen. München 1985, S. 3.
9. Gilles Deleuze/Felix Guattari: op.cit. S. 25.

diffamieren - ohne weiter auf den gesellschaftskritischen Charakter der Texte einzugehen - und sie auf diese Weise zu entschärfen. Ich zitiere hier noch einmal Verena Stefan, die sich gegen die Eingrenzung auf das Private angesichts ihres Textes "Häutungen" verteidigen muß:

> Ich habe nicht meine Autobiografie geschrieben, das ist ein Irrtum. Es war schwierig, den Text in eine Gattung einzuordnen - es gab sie nicht. Hilfsweise könnte ich sagen: autobiografische Aufzeichnungen, Gedanken, Träume, Analysen.[10]

Stefan problematisiert hier zwei Begriffe, nämlich den des Privaten gegenüber dem der (literarischen) Öffentlichkeit und den Begriff der Autobiographie als Medium einer privaten Entwicklung gegenüber einer autobiographischen Stilfigur als Widerstandsform, die sich gegen eine fiktivneutrale Erzählhaltung richtet. Ich gehe auf den Aspekt der Autobiographie bei Stefan in Kapitel 3 näher ein.

Als drittes Merkmal einer 'kleinen' Literatur sehen Deleuze und Guattari ihren Stellenwert als kollektive Aussage. Sie stellen diese Aussage der 'großer Meister' gegenüber, die aufgrund der Autorität des Künstlers als "geniale Kommentare zur Masse" gewertet werden. Anders verhält es sich nach Deleuze mit der Wirkung eines unbekannten Autors, der eine Randposition in der Gesellschaft einnimmt:

> Die Literatur produziert aktive Solidarität, trotz ihres Skeptizismus; wenn der Schreibende sich am Rande oder außerhalb der Gesellschaft befindet, so setzt ihn das um so mehr in die Lage, eine mögliche andere Gesellschaft auszudrücken, die Mittel für ein anderes Bewußtsein und eine andere Sensibilität zu schaffen. (...) Die literarische Maschine bereitet den Boden für eine kommende revolutionäre Maschine, (...) weil sie als einzige dazu berufen ist, die ansonsten überall fehlenden Voraussetzungen einer kollektiven Aussage zu erfüllen.[11]

Deleuze und Guattaris Beschreibung zeigt Analogien zu einer Anzahl von literarischen Texten weiblicher Autoren. In den von mir in dieser Arbeit analysierten Texten wird aus der Position einer meist unbekannten Schriftstellerin ein literarischer Kommentar auf gesellschaftliche Muster gegeben, der als Kritik aufgefaßt werden muß. Diese Kritik wird, zum Beispiel bei Jelinek,[12] in die Form eines Trivialromans gebracht, wobei diese auf Konsensus ausgerichtete Form ebenfalls einer kritischen Behandlung unterzogen wird. Jelinek spricht auf diese Weise in ihrer eigenen Sprache 'zweisprachig': sie verarbeitet sowohl bekannte herrschaftlegitimierende Muster als auch ihre eigene Wahrnehmung der gesellschaftlichen Wirklichkeit. Diese beiden Komponenten treffen

---

10. Gudrun Brug/Saskia Hoffmann-Steltzer: Fragen an Verena Stefan. In: Alternative (1976) 108/109, S. 122.
11. Gilles Deleuze/Felix Guattari: op.cit. S. 26.
12. Ich beziehe mich hier auf: Elfriede Jelinek: Die Liebhaberinnen. Roman. Reinbek bei Hamburg ³1977.

aufeinander und erzeugen eine Kritik, die sich auf die gesellschaftliche Position der Frau und auf ästhetische Traditionen richtet. Ich gehe auf Jelineks "Die Liebhaberinnen" in Kapitel 7 näher ein.

Deleuze und Guattari formulieren in ihrer Gegenüberstellung von 'großer' und 'kleiner' Literatur kein binäres Modell. Sie weisen darauf hin, daß beide Begriffe Idealformen sind, die einander beeinflussen und verändern. Indem sie 'große' Literatur dem Maßstab der Mehrheit zuordnen, bringen sie eine historische oder strukturelle Komponente ein, nämlich die der Macht der Repräsentation gegenüber der subversiven Kraft der 'kleinen' Literatur. Deleuze und Guattari betonen, daß der Maßstab 'Größe' ein idealer ist, von dem jeder Text in endlosen Variationen abweichen kann und auf diese Weise 'klein' wird.[13] In den sechs Analysen literarischer Texte weiblicher Autoren werde ich exemplarisch einen Einblick in die Variationsbreite dieser Abweichungen von der 'großen' Literatur geben.

Deleuze und Guattari nehmen in ihrer Kafka-Studie nicht explizit Stellung zur ästhetischen Produktion von Frauen. In "Ein Manifest weniger"[14] arbeitet Deleuze jedoch mit dem Begriff Frau, zum einen in Zusammenhang mit Minderheiten und zum anderen als Metapher bei der Beschreibung des 'Minoritär-Seins'.

Deleuze schreibt dem 'Klein-Sein' zwei Bedeutungen zu. Zum einen versteht er unter einer Minorität eine Gruppe, die zahlenmäßig nicht eingeschränkt, die jedoch ein- oder ausgeschlossen ist, gemessen am Maßstab der Mehrheit. In diesem Zusammenhang sieht Deleuze die strukturelle Position von Frauen. Man könnte hier einwenden, daß Frauen - sei es in Ausnahmen - an der Repräsentation der Mehrheit teilnehmen. Beispielhaft hat Silvia Bovenschen[15] diese Teilhabe an Formen der Mehrheit an exemplarischen Analysen der Biographien und Texte 'großer' Schriftstellerinnen der Vergangenheit dargestellt, die konform den ästhetischen Normen ihrer Zeit einen beachtlichen Erfolg ernten konnten, da sie sich an die akzeptierten Vorstellungen von Ästhetik hielten.

Deleuze erwähnt den Begriff 'Frau' außer in diesem historisch-sozialen Exkurs erneut in metaphorischem Sinne bei seiner Ausführung über das 'Klein-Werden'. Minorität oder Kleinheit bezeichnet hier einen Prozeß, eine Entwicklung oder Veränderung gegenüber Stillstand und Unveränderlichkeit:

> (...) im zweiten Sinne gibt es ein Frau-Werden eines jeden, ein Frau-Werden, das die

---

13. Gilles Deleuze: Ein Manifest weniger. 5. Das Theater und seine Politik. In: Kleine Schriften. Berlin 1980.
14. Gilles Deleuze: op.cit. S. 64-75.
15. Silvia Bovenschen: Die imaginierte Weiblichkeit. Exemplarische Untersuchungen zu kulturgeschichtlichen und literarischen Präsentationsformen des Weiblichen. Frankfurt a/M. 1979.

Möglichkeit eines jeden darstellt, und die Frauen müssen nicht weniger Frau-werden als die Männer selbst. Ein universelles Minoritär-Werden. Minorität bezeichnet hier die Kraft des Werdens, während Majorität die Macht oder Ohnmacht eines Zustandes, einer Situation bezeichnet.[16]

'Frau-Werden' wird hier nicht als eine androgyne Utopie[17] gesehen, sondern als die (kritische) Abweichung von herrschenden Maßstäben, um diese zu verändern. Deleuze meint, daß diese Bewegung gleichermaßen für Männer und Frauen gelte. Meiner Meinung nach sollte man hier differenzierter argumentieren. Ich stimme mit Deleuze überein, daß Frauen sich zum Beispiel bei der künstlerischen Produktion ebensosehr um ästhetische Subversion bemühen sollten wie ihre männlichen Kollegen. Da Frauen jedoch laut Deleuze auf gesellschaftlichem und kulturellem Gebiet strukturell zur Minorität gerechnet werden können, vollzieht sich der Prozeß des 'Frau-Werdens' qualitativ anders und führt zu anderen ästhetischen Verarbeitungen als bei Männern. Ich gehe auf diese These näher ein, wenn ich in Kapitel 2.3.2 Bovenschens Konzept einer 'weiblichen Ästhetik' ausführlicher analysiere.

2.2. Regionalistische Bindungen der ästhetischen Praxis von Frauen

In den siebziger Jahren kündigte sich eine Wende in der kulturellen Szenerie an. Der politisierte Internationalismus der sechziger Jahre machte einem Interesse Platz, das sich als neuer Subjektivismus oder Regionalismus definiert. Schriftsteller wie Handke, Kroetz, Innerhofer und andere richten ihren Blick auf das sogenannte Private, das Heimatdorf, die Eltern, die eigene Vergangenheit oder spezifische regionalistische Traditionen. Die Auseinandersetzung mit gesellschaftlichen Strukturen wird nicht mehr abseits von individueller Einfärbung geführt, im Gegenteil: Man setzt die individuelle Perspektive bewußt ein als Kontrapunkt zu vorgegebenen, institutionalisierten Wertmaßstäben und Sehweisen. Vielfach wird Dialekt gebraucht, um den Charakter der Individualität und Authentizität zu unterstreichen. Der Regionalismus unterscheidet sich vom Provinzialismus, weil die Aussagen, die in den Texten gemacht werden, wohl einer bestimmten Region oder Tradition entstammen, jedoch - im Falle von ästhetischen Arbeiten - Aussagen oder ästhetische Verarbeitungen enthalten, die auch für Rezipienten aus anderen Gebieten von Interesse sind. Dies gilt weniger für Zeitungen und

16. Gilles Deleuze: op.cit. S. 72ff.

17. Siehe hierzu: Andreas Burnier: Van masculinisme naar androgynie. In: De zwembadmentaliteit. Amsterdam 1979; June Singer: Androgyny. Towards a new theory of sexuality. New York 1977; Carolyn G. Heilbrun: Towards a Recognition of Androgyny. New York 1973.

andere Medien, die in ihrem Informationswert auf ein bestimmtes Gebiet beschränkt sind.

Das feministische Credo "Das Private ist politisch"[18] paßt in das Konzept des Regionalismus. Frauen hatten sich in den sechziger Jahren bei ihrer Emanzipationsarbeit, zum Beispiel in der Studentenbewegung, auf einen geschlechtslosen 'Internationalismus' eingelassen: Die politische Arbeit, die sich gegen Kapitalismus, Imperialismus und kulturelle Arroganz der ersten Welt der dritten gegenüber richtete, übersprang einen Aspekt der Befreiungsarbeit, nämlich den geschlechtsspezifischen. Ohne Auseinandersetzung mit geschlechtsspezifischen Rollenerwartungen entpuppte sich das Mitspracherecht der Frauen als emanzipatorische Errungenschaft, deren Parameter letztendlich noch immer tradierte - männliche - Maßstäbe und Wertungen ausmachten.

Die in der Frauenbewegung einsetzende Besinnung auf Traditionen, eigenes Rollenverständnis und ästhetische Praxis führte zu Arbeiten, die auf Aspekte des Regionalismus verweisen.

Ich will hier auf thematische und stilistische Eigenarten eingehen, auf die Aufwertung der Gebrauchskunst von Frauen und auf die Entwicklung einer geschlechtsspezifischen Perspektivik.

Konform der Rollendefinition, werden Frauen primär im reproduktiven Bereich der Kultur angesiedelt. Die gängige finanzielle und statusmäßige Abhängigkeit von der Familie verpflichtet Frauen auf den häuslichen Bereich. Die primäre Referenzgrenze ist für die meisten Frauen daher die Familie. Dies ermöglicht oder nötigt Frauen, den häuslichen Bereich in extenso zu kennen. Es ist daher auch nicht verwunderlich, daß man diesen häuslichen Bereich immer wieder in Filmen, Selbstzeugnissen und Romanen thematisiert. Minuziös wurde oft der Hausfrauenalltag beschrieben. Um den Charakter der Authentizität zu unterstreichen, nutzte man oftmals Dialekte, kürzte Dialoge nicht und wiederholte die Monotonie der Hausarbeit in der Monotonie der Beschreibung. Auf diese Weise entstand eine Art von feministischem Provinzialismus. Ganz selten jedoch verband eine Schriftstellerin die Thematik des Hausfrauenalltags mit einer ästhetischen Verarbeitung. Ich habe zwei Texte in meine Arbeit aufgenommen, in denen dies jedoch deutlich der Fall ist: Margot Schroeders Roman "Ich stehe meine Frau"[19] und Elfriede Jelineks Roman "Die Liebhaberinnen".[20] Schroeder thematisiert den Alltag einer

18. Dieser Slogan der 70er Jahre der Frauenbewegung enthält eine doppelte Bewegung: zum einen weist er auf die unzutreffende Einteilung in Privates und Öffentliches in Hinblick auf das Leben von Frauen, zum anderen weist der Slogan auf die Effekte dieser Zweiteilung im Leben von Frauen. Siehe hierzu u.a. Sheila Rowbotham: Nach dem Scherbengericht. Berlin 1981.

19. Margot Schroeder: Ich stehe meine Frau. Roman. Frankfurt a/M. ³1977.

20. Elfriede Jelinek: op.cit.

Unterschichthausfrau, sie benutzt den Hamburger Dialekt in allen standesmäßigen Differenzierungen. Bei Schroeder wird der Roman nicht zur eintönigen Anklage, sondern zu einem kritischen Kommentar zum Thema Identität, Authentizität und Persönlichkeitsentfaltung. Zudem spielt sie geschickt mit der literarischen Form und flicht so ihren Kommentar auf die Tradition des Romans ein. Jelinek lokalisiert ihren Roman in einem kleinen Dorf in der Steiermark. Auch sie beschreibt den Alltag der Frauen. Ihr Roman fesselt, da hier gesellschaftliche Zusammenhänge problematisiert werden. Eine einfache Kausalkette aus Unterdrückung und Befreiung, Schuldigen und Unschuldigen kommt nicht zustande. Der Einsatz des Trivialromanschemas als ironische Referenz an gängige Leseerwartungen und Bewußtseinshaltungen verstärkt die Spannung. Beide Romane, der von Schroeder und der von Jelinek, zeigen in meiner Arbeit am ausgeprägtesten eine Bindung an den Regionalismus. Sie wählen als Objekt ihrer Darstellung eine geographisch genau lokalisierte Gruppe, verarbeiten deren Problematik jedoch zu einer literarischen Aussage, deren Verständigungswert überregional ist.

Ein zweiter regionalistischer Aspekt der ästhetischen Praxis von Frauen ist die Aufwertung von Gebrauchskunst, die Frauen hergestellt haben und herstellen. Es fällt bei der Auseinandersetzung mit den kreativen Fähigkeiten von Frauen immer wieder auf, daß die Realisation ihrer Talente primär im Bereich der Gebrauchskunst angesiedelt ist. In Amerika zum Beispiel wetteiferten Frauen beim Nähen von bunten Patch-work-Bettdecken in der Kunst, geometrische Muster nach bestimmten, lokal variierenden Regeln zu verfertigen. Einige dieser abstrakten 'Bilder' werden heute - sofern sie nicht durch Gebrauch verschlissen und weggeworfen sind - als teures Kunstgewerbe verkauft. Heutzutage ist eine kunsthandwerkliche Praxis für den Alltag überholt, da die meisten Gegenstände gut und billig industriell angefertigt werden. Daß sich dem zum Trotz eine kunsthandwerkliche Tradition bei Frauen gehalten hat, hängt sicher mit der Rollenerwartung in bezug auf Frauen zusammen, in der Kreativität primär mit Nützlichkeit verbunden sein muß, will die Frau nicht von dem traditionellen Bild abweichen. In der Frauenbewegung wurde diese traditionelle Rollenerwartung unter veränderten ideologischen Ausgangspunkten wieder aufgenommen. Erstens sah man in der Kunstfertigkeit der Frauen eine weibliche Tradition, die es zu pflegen galt. Zweitens kam diese Gebrauchskunst dem Bestreben entgegen, Kunst und Alltag wieder näher aneinanderzurücken. Und drittens sah man in dieser Art von Kunst eine Möglichkeit, eine spezifisch 'weibliche Ästhetik' weiterzuentwickeln, die gleichwertig neben anderen ästhetischen Traditionen stehen könnte. Die einfache Aufwertung und Eingliederung in bestehende, durchaus auf ihren Legitimationsanspruch zu hinterfragende Kunstpraktiken und -märkte läuft meines Erachtens allenfalls auf ein

16

zugestandenes Gnadenbrot hinaus, keinesfalls jedoch auf die erhoffte Revolutionierung ästhetischer Praktiken.

Sylvia Plath beschreibt die Schwierigkeiten mit weiblicher Kunstfertigkeit und deren Wertung in ihrem Roman "Die Glasglocke"[21] in einer kleinen Episode, in der die jugendliche Ich-Figur Esther ihrer zukünftigen Schwiegermutter, der Professorengattin Mrs. Willard, beim Verfertigen eines Teppichs zusieht:

> Als ich Buddy einmal besuchte, traf ich Mrs. Willard, wie sie mit Wollstoffstreifen aus Mr. Willards alten Anzügen einen Teppich webte. Mit diesem Teppich hatte sie Wochen zugebracht, und ich bewunderte das gewebte Muster aus Braun und Grün und Blau, aber nachdem Mrs. Willard damit fertig war, legte sie den Teppich an die Stelle ihrer alten Küchenmatte, statt ihn an die Wand zu hängen, so wie ich es getan hätte, und nach ein paar Tagen war er schmutzig und farblos und von irgendeiner anderen Matte, die man für weniger als einen Dollar in einem Warenhaus kaufen konnte, nicht mehr zu unterscheiden.[22]

Hier fallen Metapher und Wirklichkeit zusammen: Man trampelt auf dem kunstvollen Teppich herum, was für die Ich-Figur zu einem Symbol für die Mißachtung weiblicher kreativer Arbeit wird. Die Feststellung, man könne einen solchen Teppich auch billig in Serienfertigung herstellen und in einem Warenhaus kaufen, erhöht den Eindruck der Sinnlosigkeit der künstlerischen Anstrengung. Der Vergleich mit dem Stellenwert, den die Ich-Figur diesem Produkt gegeben hätte, akzentuiert die Achtlosigkeit, mit der diese Arbeiten von der Umgebung und von der Produzentin selbst behandelt werden. Mit dem Vorschlag, den Teppich zum Ausgleich an die Wand zu hängen, also zu Kunst zu erheben, verrät die Ich-Figur sich selbst: Sie möchte, daß Mrs. Willards kunsthandwerkliche Bemühungen ernst genommen und mit Achtung honoriert werden. Inwiefern dazu ein Flickenteppich geeignet ist, bleibt fraglich. Sylvia Plath zeigt hier, daß Frauen, die auf künstlerische Anerkennung Wert legen, schwerlich diese im tradierten Bereich weiblicher Kreativität finden werden. Sie deutet damit das Spannungsverhältnis zwischen weiblichem Rollenverständnis

21. Sylvia Plath: Die Glasglocke. Frankfurt a/M. 1975.
22. Sylvia Plath: op.cit. S. 85. Silvia Bovenschen geht in ihrem Aufsatz "Über die Frage: gibt es eine 'weibliche' Ästhetik" (1976) ebenfalls auf diese Textstelle ein. Bovenschen spricht der Gebrauchskunst jegliche positive Wertung ab. Sie bezeichnet sie als "Verkümmerung, Deformation ästhetischer Aktivität" (S. 72), wobei sie keinerlei Möglichkeit zu einer "ästhetischen Entfaltung" (S. 72) sieht. Meiner Meinung nach ist eine solche Wertung von Gebrauchskunst nur im Zusammenhang mit den Produktionsverhältnissen und dem Rollenverständnis der Frau im 20. Jahrhundert verständlich und gilt nicht für andere Jahrhunderte. Man findet einen Hinweis darauf bei Parker und Pollock, die darauf aufmerksam machen, daß z.B. im Mittelalter Buchillustrationen und Teppiche von Männern und Frauen angefertigt wurden und zur öffentlichen, akzeptierten Kunstpraxis gehörten. Siehe hierzu: Rizsika Parker/Griselda Pollock: Old Mistresses. Women, Art and Ideology. New York 1982, S. 17.

und künstlerischer Produktion im heutigen Sinne an. Zugleich weist sie auf die Kurzschlüssigkeit eines Selbstverständnisses weiblicher Ästhetik als einer unreflektierten Fortsetzung ästhetischer Traditionen. Auf eine literarische Arbeit bezogen, sehe ich daher keinerlei Heil darin, Kochrezepte, Entschuldigungs- und Einkaufszettel, Tagebücher und Briefe[23]- alltäglich von Frauen verfaßte Gebrauchstexte - als Vorland oder Ausdruck 'weiblicher Ästhetik' zu sehen, die zu einer Auseinandersetzung mit ästhetischen Traditionen leiten kann. Wohl meine ich, daß diese weibliche Tradition auf eine sinnvolle Art und Weise in einem literarischen Text mitreflektiert werden könnte. Hier könnte der Aspekt der kulturellen Marginalität, der im Regionalismusbegriff enthalten ist, thematisiert werden.

2.3. Theoretische Ansätze im Hinblick auf eine 'weibliche Ästhetik'

Als die allgemeinen Forderungen der Frauenbewegung in den siebziger Jahren schärfere Konturen annahmen, wurde deutlich, daß sich diese Bewegung nicht an dem Ideal der männlichen Rolle orientierte. Die Forderungen der Frauenbewegung haben kulturrevolutionären Charakter:

> (...) die 'befreite' Frau will nicht den männlichen Lebensstil kopieren, der durch Priorität des Sachbezugs vor dem Personenbezug, durch emotionale Kontrolle, Konkurrenzdenken, Leistungs- und Erfolgsorientierung gekennzeichnet ist. Stattdessen soll die Frauenbefreiung auch die gesamtgesellschaftliche Dominanz 'weiblicher' Normen und Werte wie Personenbezogenheit, emotionale Expressivität, Solidarität mit sich bringen. Eine Präzisierung des allgemeinen Ziels würde also lauten: Der Feminismus strebt die 'Feminisierung' des gesellschaftlichen Normen- und Wertsystems an.[24]

Ähnlich wie hier Herrad Schenk formuliert auch Herbert Marcuse seine

---

23. Briefe und Tagebücher liegen in dem Grenzgebiet zwischen Gebrauchskunst und traditioneller Kunsttradition. Die Form des Tagebuchs und des Briefs sind als ästhetische Tradition in der Literatur nachzuweisen. Stefan und Heinrich referieren an diese Formen. Ich gehe in den Kapiteln 3 und 4 im Zusammenhang mit den analysierten Texten der Autorinnen auf den Aspekt des Autobiographischen und der Briefform ein. - In jüngster Zeit mehrt sich das Interesse an Briefen und Tagebüchern bekannter Frauen. Eine kleine Auswahl: Anaïs Nin: The Diary of Anaïs Nin 1931-1934. New York 1966; Simone de Beauvoir: La Ceremonie des Adieux. Paris 1981; Virginia Woolf: A Writer's Diary. London 1953; Frauenbriefe der Romantik. Hrsg. v. Katja Behrens. Frankfurt a/M. 1981; Rahel Varnhagen: Jeder Wunsch wird Frivolität genannt. Briefe und Tagebücher. Hrsg. v. Marlis Gerhard. Darmstadt/Neuwied 1983; Lieber Freund, ich komme weit her schon an diesem frühen Morgen. Caroline Schlegel-Schelling in ihren Briefen. Hrsg. von Sigrid Damm. Darmstadt/Neuwied 1980.
24. Herrad Schenk: Die feministische Herausforderung. 150 Jahre Frauenbewegung in Deutschland. München 1980, S. 188.

18

Vorstellungen von einer Feminisierung der Gesellschaft. Frauen haben nach Marcuse Eigenschaften wie Rezeptivität, Sensibilität, Gewaltlosigkeit und Zärtlichkeit bewahren können, weil sie den Produktionszwängen der patriarchalen Kultur nicht in dem Maße ausgeliefert waren und sind wie Männer. Das Einbringen der weiblichen Eigenschaften hätte nach Marcuse auch ästhetische Konsequenzen: die grundlegende Erkenntnisweise wäre nicht der Begriff, sondern die Intuition. Der Begriff 'Spiel' stünde für den Begriff 'Arbeit', was letztlich auf eine ästhetisierte Lebenspraxis hinausliefe, in der Kunst keine isolierte Position einnehmen würde.[25] Diese 'Männerphantasien' einer heilen, repressionsfreien Kultur unter weiblichem Diktat sind nicht ohne Einfluß geblieben: Heide Göttner-Abendroth beschreibt in zwei umfangreichen Studien[26] ihre Theorie einer matriarchalen Ästhetik, in der die wesentlichen Züge des Marcuseschen Konzepts wieder auftauchen. Auf der Basis eines Studiums matriarchalischer Mythen und regionaler Traditionen mit matriarchalischen Zügen konzipiert sie eine Kulturformation, in der unter der Führung von Frauen die ästhetische Produktion und die Praxis des sozialen Alltags untrennbar miteinander verbunden sein sollen. Göttner-Abendroths Theorie basiert auf dem Wunsch nach einer konfliktlosen Gesellschaft, wobei die traditionell den Frauen zugeschriebenen Eigenschaften als Motor der Harmonisierung dienen. Mir erscheint dieses Konzept unergiebig und verschleiernd in bezug auf kulturelle Gegensätze. Neben dem Konzept einer matriarchalen Ästhetik, das recht einflußreich in der Frauenbewegung ist - man denke an die Aufwertung weiblicher Gebrauchskunst -, steht ein zweites ästhetisches Konzept, nämlich das einer 'weiblichen Ästhetik', das von Silvia Bovenschen[27] entwickelt wurde. Ich spreche über dieses Konzept in Kapitel 2.3.2 ausführlicher. Um die unterschiedlichen Entwicklungen im Hinblick auf theoretische Ansätze bezüglich einer Feminisierung der Ästhetik einordnen zu können, gehe ich im folgenden näher auf einige grundsätzliche Betrachtungen von Peter Schneider über die Phantasie im Spätkapitalismus ein.

25. Herbert Marcuse: Marxismus und Feminismus. In: Zeitmessungen. Frankfurt a/M. 1975, S. 9 ff.
26. Heide Göttner-Abendroth: Die tanzende Göttin. Prinzipien einer matriarchalen Ästhetik. München 1982; Heide Göttner-Abendroth: Die Göttin und ihr Heros. Die matriarchale Religionen in Mythos, Märchen und Dichtung. München 1980.
27. Silvia Bovenschen: Über die Frage: gibt es eine 'weibliche' Ästhetik? - welche seit kurzem im Umlauf die feministischen Gemüter bewegt - gelegentlich auch gewandelt in die Frage nach den Ursprüngen und Möglichkeiten weiblicher Kreativität. In: Ästhetik und Kommunikation (1976) 25, S. 66-75.

2.3.1. Wege der Phantasieproduktion im Spätkapitalismus

Peter Schneider definiert in "Die Phantasie im Spätkapitalismus und die
Kulturrevolution"[28] den Begriff 'Kulturrevolution' als die "vollständige
Entfesselung der Sinne und Fähigkeiten".[29] Schneider fertigt für die
Kulturrevolution im Spätkapitalismus eine utopische Skizze an, die denen
von Marcuse und Göttner-Abendroth ähnelt:

> Sie (die Kulturrevolution, MB) schließt nicht nur eine Aufhebung des
> Kapitalverhältnisses, sondern die Revolution aller Verhältnisse ein, in denen der
> Mensch zur Ware und die Ware zum Subjekt geworden ist: des Verhältnisses
> zwischen den Geschlechtern, zwischen Eltern und Kindern, zwischen Nachbar und
> Nachbar, etc. (...).[30]

Im künstlerischen Bereich lautet die revolutionäre Forderung: "(...)
schaffen wir solche Verhältnisse, daß jeder ein Picasso und Picasso jeder
werden kann."[31] Diese Absage an die Exklusivität der Kunst verbindet
Schneider mit der Frage, ob denn die bürgerliche Kunst überhaupt Bilder
für eine kulturrevolutionäre Utopie liefern könne. Schneider bezieht sich
auf die Theorien von Freud über die Mechanismen der Wünsche und
verbindet sie mit einer Analyse der Phantasie im Spätkapitalismus. Wenn
die infantilen Wünsche verdrängt werden müssen, so flüchten sie sich nach
Freud in die Regression, den Traum, die Phantasie oder die Neurose. Der
Traum wird zum Angsttraum. Flüchten sich die Wünsche in die Phantasie,
so verfügen sie dennoch über einen Weg in die Realität, da die Wünsche ein
Bündnis mit dem Bewußtsein eingehen, einen Widerspruch zwischen Ich
und Realität wahrnehmen und diesen im Wunsch aktiv revolutionär
mobilisieren können.

Schneider sieht für die Kunst eine Möglichkeit, diese Wünsche mit einer
revolutionären Praxis zu verbinden, indem sie "konkrete Bilder der
Wirklichkeit gegen die konkreten Bilder der Möglichkeiten hält, die darin
stecken und ersticken."[32] Nach Schneider muß revolutionäre Kunst die in
den alten Kunstwerken aufbewahrten Wünsche und Sehnsüchte der
Menschengeschichte wieder hervorholen und "aus der geschriebenen
Wunschgeschichte die utopischen Bilder heraussuchen."[33]
Schneider bricht hier mit der Vorstellung Freuds, daß Kunst in der Nähe
der Neurose anzusiedeln sei. Schneider bezieht sich vielmehr auf die
Funktion der Kunst im Frühbürgertum, die mögliche progressive

28. Peter Schneider: Die Phantasie im Spätkapitalismus und die Kulturrevolution.
In: Kursbuch 16, März 1969.
29. Peter Schneider: op.cit. S. 1.
30. Peter Schneider: op.cit. S. 4.
31. Peter Schneider: op.cit. S. 4.
32. Peter Schneider: op.cit. S. 29.
33. Peter Schneider: op.cit. S. 30.

Entwicklungsrichtungen in der Gesellschaft aufzeigen wollte und damit einen politischen, emanzipatorischen Stellenwert hatte. Ich sehe hier eine Parallele zu einer möglichen ästhetischen Praxis von Frauen. Christa Wolf zeigt bei ihrer Spurensicherung der Kassandra-Figur[34] zweierlei: zum einen entdeckt sie, daß in den männlichen Mythenbildern weibliche Bilder eingeschlossen sind, zum anderen bringt sie diesen Ein- und Ausschluß der Weiblichkeitsbilder mit historisch-kulturellen Eingrenzungsbewegungen in der Philosophie und Ästhetik in Verbindung. Silvia Bovenschen stellt in "Die imaginierte Weiblichkeit"[35] eine signifikante Differenz zwischen Weiblichkeitsbildern und der sozialhistorischen Position von Frauen dar. Beide Autorinnen weisen auf Brüche in dem kulturellen Konzept von Weiblichkeit hin. Die verschärfte Wahrnehmung dieser Brüche und die daraus folgende Beschreibung ermöglichen es, kritisch utopische Vorstellungen zu entwickeln.

Schneider zeigt einen zweiten Weg der Wünsche auf. Wenn die Wünsche nicht aus der Zensur des Realitätsprinzips kommen, wird die Phantasie genötigt, andere Räume für die Wünsche zu suchen. Hiermit verschwindet die Phantasie aus dem Bewußtsein und benutzt weit zurückliegende oder zukünftige Utopien. Dieser Verzicht auf Verwirklichung der Wünsche geschieht laut Schneider folgendermaßen:

> Die in der Realität gescheiterten Wünsche kehren also zunächst zu ihrem Stützpunkt im Bewußtsein, zur Phantasie, zurück. Die nun von keiner Rücksicht auf die Wirklichkeit gehemmte Phantasie dehnt sich durch diesen Wunschschub riesig aus und bringt das Ich in immer größeren Widerspruch zur Realität. Die Phantasie wird genötigt, sich das Material ihrer Befriedigung aus weit zurück- oder weit in der Zukunft liegenden Utopien zu holen: Jetzt, da alles gescheitert ist, träumt sie von den alten Zimmern mit den abgeblätterten Tapeten, sehnt sich zurück nach der Familie und den alten Geschichten, oder sie greift verzweifelt weit nach vorn in die Zukunft, malt ein Reich aus, in dem alle glücklich sind, alle Widersprüche gelöst sind, kein Mensch dem anderen Böses will, die Vögel mit den Menschen reden, kein Tier das andere frißt, kurz, die Phantasie wird in die Irrealität gedrängt, wird wunderlich, realitätsuntüchtig, irre. Da ihre Triebkraft gerade die Flucht der Wünsche aus der Realität ist, bringt sie keine dialektische Beziehung zur Realität mehr zustande. Sie ist der Verzicht auf alle Praxis.[36]

Schneider schildert hier recht boshaft einen paradiesischen Zustand, der eine gewisse Nähe zu den oben erwähnten kulturrevolutionären Postulaten der Frauen- und Studentenbewegung der siebziger Jahre nicht verleugnen

34. Christa Wolf: Voraussetzungen einer Erzählung: Kassandra. Frankfurter Poetik-Vorlesungen. Darmstadt/Neuwied 1983.
35. Silvia Bovenschen: Die imaginierte Weiblichkeit. op.cit.
36. Peter Schneider: op.cit. S. 17-18. Eine ähnlich kritische Beschreibung bezüglich regressiver Tendenzen in der Frauenbewegung findet man bei Hortense von Heppe: Einfach kreativ sein. Bewegte Sprache als Sprache der Bewegung. In: Berliner Hefte (1978) 4, S. 13-23.

kann. Ich finde jedoch, daß Schneider etwas vorschnell und zu radikal Ausverkauf hält, indem er Wünsche regressiv nennt, die aber nicht notwendigerweise im Irrationalismus zu enden brauchen. Ich meine, daß die Wünsche, die sich auf Achtung von Traditionen und Harmonisierung richten, durchaus als kritisches Potential bei einer Konfronation mit Mißständen in der sozialen Wirklichkeit Geltung haben können.

Schneider kritisiert als Drittes das kulturrevolutionäre Potential avantgardistischer Tendenzen in der Kunst und wendet sich gegen Adornos Auffassung, avantgardistische Kunst könne eine revolutionierende Funktion haben. Er polemisiert zum Beispiel gegen elektronische serielle Musik als Auswuchs einer kapitalistischen Kunst, vor der es dem Bürger zu Recht graue. Indem Schneider jedoch für Majakowski und Brecht eine Lanze bricht - mit der Einschränkung, daß diese Kunst nicht mehr in den für sie bestimmten Tempeln vorgetragen werden dürfe -, polemisiert Schneider mehr gegen die ritualisierte Rezeption moderner Kunst als gegen diese Kunst selbst.

Schneider gibt sein teilweises Einverständnis mit einer experimentellen Kunstpraxis zu erkennen, indem er zwei Marx-Zitate als richtungweisend für eine kulturrevolutionäre Kunstpraxis in seinen Text aufnimmt: "Die Aufhebung der Selbstentfremdung macht denselben Weg wie die Selbstentfremdung." und "Es versteht sich, daß die Aufhebung der Entfremdung immer von der Form aus geschieht, welche die herrschende Macht ist."[37]

Diese Zitate weisen in die Richtung einer Auseinandersetzung mit gesellschaftlichen Widersprüchen in der Kunst, die sich gleichzeitig mit ihrer eigenen Tradition kritisch beschäftigen muß. Gemessen an diesem Anspruch, leitet sich der kulturrevolutionäre Wert einer ästhetischen Praxis nicht unmittelbar aus der direkten Brauchbarkeit für die politische Praxis ab. Zudem ermöglicht dieser Ansatz Formexperimente in Richtung einer avantgardistischen Praxis im Sinne Adornos.

Meiner Meinung nach öffnet der Ansatz, der aus den Marx-Zitaten abgeleitet ist, eine Möglichkeit, ein notwendiges Element der kulturrevolutionären literarischen Praxis von Frauen anzugeben: Texte mit einem innovativen Anspruch müssen in ihrer ästhetischen Form eine Auseinandersetzung mit den Prämissen dieser Form mitreflektieren. Dabei muß die Form an gängige, etablierte Formen der 'großen' Literatur anschließen - in Deleuzes Terminologie -, um durch das subversive Potential der kasernierten Wünsche aufgesprengt zu werden. Damit wäre das Heraufbeschwören archaischer Formen und Bildmaterialien einer matriarchalen Ästhetik nicht einer kulturrevolu-

---

37. Karl Marx, zitiert in: Peter Schneider: op.cit. S. 31.

tionären Praxis zuzurechnen. Der oben formulierte Anspruch schließt auch eine ästhetische Praxis aus, die sich scheinbar als völlig unabhängig von literarischen Traditionen zu formulieren versucht.

2.3.2. Bovenschens Suchkonzept einer 'weiblichen Ästhetik'

Silvia Bovenschen unternimmt in ihrem Aufsatz "Über die Frage: gibt es eine 'weibliche' Ästhetik?"[38] den Versuch, Komponenten eines Such-konzepts, das die Bezeichnung 'weibliche Ästhetik' trägt, darzulegen. Bovenschen polemisiert scharf gegen den Matriarchatskult und die matriarchale Ästhetik in der Frauenbewegung als Möglichkeiten einer feministischen Revolutionierung:

> Und so wichtig (...) die kulturgeschichtliche Aneignung solcher dem organisierten Verschweigen durch männliche Wissenschaften anheimgefallenen Signale weiblicher Möglichkeiten durch die Frauen heute sind (...), so will doch die bruchlose Anknüpfung an unsere Erfahrungen im 20. Jh. nicht gelingen, und wenn sie erzwungen wird, so sind die Resultate recht jämmerlich. Was bleibt, ist Petersilie als Abtreibungsmittel, und dieses und jenes Kräuterrezeptlein. Die Sehnsucht, der von Männern gestalteten und interpretierten Welt ein positives (weibliches) Gegenstück anzumessen, erfährt so keine Befriedigung. Ist uns überhaupt an Chronologie gelegen? Laßt uns die Frauen der Vergangenheit doch zitieren wie es beliebt, ohne Zwang zur nachträglich konstruierten Kontinuität.[39]

Christa Wolf schließt sich dieser Feststellung an; sie versucht jedoch, etwas milder zu sein und ein dieser Suche nach Vorbildern zugrunde liegendes legitimes Bedürfnis angesichts eines nachweisbaren Mangels zu entdecken: "Zeigt nicht vielleicht dieser Rückgriff in unwiederbringliche Frühzeiten mehr als alles andre die verzweifelte Lage, in der Frauen sich heute sehn?"[40] Beide Autorinnen weisen es ab, die Geschichtslosigkeit von Frauen durch archaische Bilder zum Zwecke einer Konstruktion positiver und meist normierender Leitbilder aufzufüllen. Beide melden ihre Zweifel angesichts eines Geschichtsverständnisses an, das eine Kontinuität weiblicher Praxis von den archaischen Frühzeiten bis heute meint aufzeigen zu können.

Bovenschen setzt der 'Rekonstruktionsarbeit' der matriarchalen Ästhetik die Auffassung entgegen, man müsse die Geschichtslosigkeit von Frauen ernst nehmen und sich mit ihr auseinandersetzen. Bovenschens Überlegungen gehen von der großen Verhinderung aus, als Frau eine Spur in der Geschichte hinterlassen zu können. Sie nimmt die Geschichtslosigkeit von Frauen ernst und ist dadurch gleichzeitig gegen modische Tendenzen gefeit, die postulieren, daß kein geschlechtsspezifi-

---

38. Silvia Bovenschen: Über die Frage: gibt es eine 'weibliche' Ästhetik?, op. cit.
39. Silvia Bovenschen: Über die Frage: gibt es eine 'weibliche' Ästhetik?, op.cit. S. 64.
40. Christa Wolf: op.cit. S.56 ff.

23

scher Unterschied zwischen Männern und Frauen bestehe, schon gar nicht auf dem Gebiet der Kreativität im ästhetischen Bereich. Bovenschen schlägt dieses Gleichheitsangebot als faulen Kompromiß aus, sie nennt es "Beschwichtigungsstrategien", die letztendlich die männliche Dominanz im ästhetischen Bereich nicht durchbrechen würden.

Schon vor langer Zeit hatte Simone de Beauvoir festgestellt, daß die Männer ihre Beschreibungsperspektive mit der absoluten Wahrheit verwechseln. Der Skandal: die Identifikation der Wahrheit mit der männlichen Optik, mit dem nämlich, was man durch die männliche Brille, die auch wir sehr früh schon angepaßt bekamen, gesehen, untersucht und dargestellt hat, beherrschte nicht nur Kunstproduktion und -rezeption, sondern garantierte darüberhinaus, daß uns Frauen auch dieser Bereich oft ganz äußerlich blieb, fremd und entfernt trotz heißem Bemühen, und war *ein* Grund für unseren Ausschluß neben offenen und luziden Strategien der Verhinderung von männlicher Seite, die immer dort einsetzten, wo unsere Sehschärfe noch nicht genügend getrübt war.[41]

Bovenschen weist in dieser Überlegung auf den Zusammenhang zwischen Macht und ästhetischer Tradition hin, der zu einseitiger Dominanz männlicher Wahrnehmungsverarbeitung führt. Frauen haben versucht, männliche Traditionen zu imitieren, sich ihnen anzugleichen, konnten aber aufgrund ungleicher sozialer Praktiken und Erfahrungen nur bläßliche Kopien männlich vorgegebener Schnittmuster produzieren. Daß dabei die Kopie manchmal besser gefällt als das Original, ist auch hier zu verzeichnen. Wir kennen die Trivialbestseller, deren Autoren Frauen sind. Bovenschen signaliert noch einen zweiten Grund für die Ausschließung von Frauen aus dem ästhetischen Bereich. Sie erwähnt in diesem Zusammenhang eine "noch nicht genügend getrübte Sehschärfe". Meiner Meinung nach ist das eine Analogie zur Wolfschen 'Entdeckung' einer neuen Perspektivik. Bovenschen betrachtet die 'ungetrübte Sehschärfe' als Chance und Fluch weiblicher Schriftsteller. Da die literarische Praxis von einer männlichen Optik beherrscht wird und wurde, die als die einzig wahre gilt, ist es für Schriftstellerinnen schwierig, dieser Optik zu entgehen, sie nicht unreflektiert als die eigene zu übernehmen und eigene, vielleicht abweichende Wahrnehmungen zu artikulieren. Festzuhalten bleibt, daß sowohl Bovenschen als auch Wolf auf eine spezifische Perspektivik hinweisen, die in einen Bezug zur Weiblichkeit gebracht wird. Beide entwickeln diese Perspektivik im Zusammenhang mit ihrer Erkenntnis, daß die männliche Optik gängigerweise als maßgebend gilt. Die Perspektivverschiebung innerhalb einer 'weiblichen Ästhetik' bezieht sich sowohl auf das imaginierende Subjekt, also die Schriftstellerin, als auch auf das Objekt des Imaginierens, die Darstellung gesellschaftlicher Zusammenhänge. Ich versuche, in meinen Analysen literarischer Texte die Resultate einer solchen Perspektivverschiebung aufzuzeigen.

41. Silvia Bovenschen: Über die Frage: gibt es eine 'weibliche' Ästhetik?, op.cit. S. 61.

Aufgrund der Konstatierung, daß Frauen keine eigene ästhetische Tradition haben,[42] stellt sich Bovenschen die Frage, wie man mit der Forderung nach einer 'weiblichen Ästhetik' mit kulturrevolutionärem Ansatz umgehen müsse. Sie fragt dazu provokativ: "Wie aber wenn der trennende Unterschied für uns nicht mehr Lücke, Verlust, Bescheidung und Versagung bedeutet, sondern Chance?"[43] Bovenschen beschreibt mehrere Arten, diese Herausforderung anzunehmen. Sie kehrt sich gegen eine 'neue Natürlichkeit', die auf ästhetische Formlosigkeit hinausliefe. Auch weist sie die einfache Umkehrung herkömmlicher Wertungen ab, die Aufwertung von Kreativität im häuslichen Bereich schaffe noch keine weibliche Öffentlichkeit. Desgleichen sieht Bovenschen in der Aufwertung aller feministischen Aktionen zu ästhetischen Äußerungen lediglich eine Überdehnung des Ästhetikbegriffs. Bovenschen polemisiert auch gegen eine feministische Tradition, die, ohne Auseinandersetzung mit übernommenen Formen, diese als Vehikel für die Dokumentation feministischer Anliegen benutzt.

Wenn man sich nun die oben zitierte Bemerkung Bovenschens in Erinnerung ruft, Andersartigkeit der weiblichen Position könne als 'Chance' aufgefaßt werden, dann ergibt sich eine ästhetische Praxis, die Hélène Cixous mit dem Gestus des "voler"[44] umschreibt:

> Die Geste der Frau: die Sprache bestehlen, sie zum Fliegen bringen. Vom Fliegen/Stehlen haben wir alle die Kunst, die zahllosen Techniken gelernt, seit Jahrhunderten, da wir zum Besitz nur Zugang durch Stehlen hatten: da wir in einer Sphäre gelebt haben, die dem Begehren nur enge, geheime Auswege gewährte. Kein Zufall, daß 'fliegen/stehlen' sich zwischen zwei Flügen/Diebstählen abspielt, wechselseitig voneinander profitierend, die Agenten des Sinns in die Irre führend. Kein Zufall, die Frau hat etwas vom Vogel und vom Dieb, so wie der Dieb etwas von der Frau und vom Vogel hat: sie ziehen vorbei, sie machen sich davon, sie genießen es, die Ordnung des Raumes zu verwirren, Möbel, Dinge, Werte zu verrücken, zu zerschlagen, Strukturen zu entleeren, das Eigene zu Fall zu bringen.[45]

Cixous beschreibt hier auf metaphorische Weise mehrere, für das Konzept einer 'weiblichen Ästhetik' wichtige Momente: Es geht hier nicht nur um Aneignungsstrategien, die durch die Metapher des Diebes angegeben werden, sondern gleichzeitig um das Aufbrechen von Traditionen, das Schaffen von Unordnung, um Umgruppierungen, das Verrücken einzelner Elemente ästhetischer Traditionen. Diese Bewegung könnte in die

42. Zur Diskussion über das Fehlen einer eigenen ästhetischen Tradition siehe die analoge Diskussion über die Geschichtslosigkeit von Frauen in: Gisela Bock: Historische Frauenforschung. Fragestellungen und Perspektiven. In: Frauen suchen ihre Geschichte. Hrsg. von Karin Hansen. München 1983, S. 22-60.
43. Silvia Bovenschen: Über die Frage: gibt es eine 'weibliche' Ästhetik?, op.cit. S. 63.
44. 'Voler' bedeutet im Französischen sowohl 'fliegen' als auch 'stehlen'.
45. Hélène Cixous: Schreiben, Feminität, Veränderung. In: Alternative (1976) 108/109, S. 146.

Aufhebung der exklusiven männlichen Optik in der ästhetischen Tradition
münden. Die Metapher des "Fliegens/Stehlens" weist auf einen weiteren
Aspekt: 'Fliegen' verbildlicht eine gewisse, zeitweilige Abgehobenheit von
der Erde; zudem steht die Metapher für Schnelligkeit, für das Überbrücken
großer Abstände in kurzer Zeit. Meiner Meinung nach wird hier auf die
situationelle, achronologische Praxis einer 'weiblichen Ästhetik'
verwiesen. Die Bewegungen des 'Fliegens' und 'Stehlens' ergeben
zusammen genau die Position, die Bovenschen hinsichtlich einer
innovativen Praxis der 'weiblichen Ästhetik' vertritt, indem sie die
doppelte Disposition des Aufgreifens und der Subversion bestehender
Traditionen befürwortet. Sie stellt die 'weibliche Ästhetik' damit nicht
außerhalb herrschender Praktiken und Konventionen, sondern lokalisiert
ihr revolutionierendes Element innerhalb der Tradition.

> Weibliche Kunstproduktion stellt sich, wie ich glaube, in einem komplizierten
> Prozeß von Neu- oder Zurückeroberung, Aneignung und Aufarbeitung sowie
> Vergessen und Subversion dar. In den Arbeiten der Künstlerinnen, die einen Bezug
> zur Frauenbewegung haben, lassen sich Kunsttraditionen ebenso nachweisen wie
> der Bruch mit ihnen.[46]

Bovenschen verbindet hier die doppelte Disposition der Aufarbeitung und
Subversion ästhetischer Traditionen mit den Arbeiten von Künstlerinnen,
die einen Bezug zur Frauenbewegung zeigen. Sie geht davon aus, daß diese
Arbeiten im allgemeinen innovative Elemente enthalten. Man kann hier
jedoch nicht generalisieren. Oftmals beschränkt sich nämlich das
innovative Moment ausschließlich auf den Inhalt, nicht jedoch auf die
Form. Beide müssen einer kritischen Bearbeitung unterzogen werden, will
man von einer 'weiblichen Ästhetik' sprechen. Bovenschen präzisiert diese
These wie folgt:

> Weibliche Innovation, auf Kunst bezogen, bedeutet beides: sie kann sich die
> Auseinandersetzung mit dem ästhetisch Möglichen, mit den Widerständen des
> Materials, mit Technik, mit der Eigendynamik der Stoffe ebensowenig ersparen wie
> die Auseinandersetzung mit dem Verhältnis von Kunst und Feminismus.[47]

In diesem Konzept wird eine 'weibliche Ästhetik' in dem (Spannungs-)
Feld von handwerklichem Können im Umgang mit Techniken, von
ästhetischen Traditionen und einem Bewußtsein der historisch-sozialen
Position von Frauen lokalisiert. Wichtig erscheint mir hier Bovenschens
abschließende Forderung, 'weibliche Ästhetik' müsse sich mit dem
Verhältnis von Kunst und Feminismus auseinandersetzen. Hier wird nicht
davon ausgegangen, daß eine veränderte Optik in bezug auf sozialhistorische Positionen von Frauen zwangsläufig zu einer ästhetischen

---

46. Silvia Bovenschen: Über die Frage: gibt es eine 'weibliche' Ästhetik?, op.cit. S. 73.
47. Silvia Bovenschen: Über die Frage: gibt es eine 'weibliche' Ästhetik?, op.cit. S. 71.

Verarbeitung führt, die innovative Züge trägt. Bovenschens Forderung enthält meines Erachtens einen Hinweis darauf, daß die Ziele des Feminismus selbst kritisch reflektiert werden müssen. Dies bezieht sich sowohl auf inhaltliche Aspekte wie Selbstfindung, Suche nach Vorbildern, Persönlichkeitsentwicklung, Position der Frau in der Gesellschaft, Suche nach dem geschlechtsspezifisch Eigenen in den Erfahrungen als auch auf die Schreibpraxis. In diesem Zusammenhang ist eine Reflektion über eigene weibliche Wahrnehmungen, spontanes Schreiben, stilistische Verarbeitung und Einflüsse bestehender Traditionen wichtig. Johanna Wördemann formuliert diese reflektive Distanz wie folgt:

> Setzt voraus, den Einblick-in-sich-selbst (Erfahren des Eigenen, des Besonderen) von sich ablösen, einen Schritt neben sich treten, ein Stück eigener Geschichte vorübergehend aufgeben können. Der Prozeß des 'Ablösens' ist immer ein Stück Arbeit, ist Verarbeitung-Klärung eigener Erfahrungen. Das heißt, die Bedingungen, auch die Bedingungen des sogenannten Eigenen, mitdenken, (...).[48]

Wördemann befürwortet hier eine kritische Reflexion von Wahrnehmungen, die spontan und intuitiv als geschlechtsspezifisch weiblich angesehen werden. Auch wird die Vorstellung der Möglichkeit eines spontanen, unbewußten Schreibens als weibliche Praxis ausgeklammert. Besonders deutlich wird dieser Verarbeitungs- und Schreibprozeß in Verena Stefans Buch "Häutungen" thematisiert. Stefan beschäftigt sich in ihrem Text sowohl mit den Voraussetzungen eigener Erfahrungen und Wahrnehmungen als auch mit den Bedingungen einer literarischen Verarbeitung derselben.

Festzuhalten bleibt aus den obigen Ausführungen, daß in einem Suchkonzept 'weibliche Äthetik' die durch den Feminismus geschärften, kritischen Wahrnehmungen gesellschaftlicher und ästhetischer Traditionen selbst einer kritischen Reflexion unterzogen werden.[49] Wie sich in

---

48. Johanna Wördemann: Schreiben um zu überleben oder Schreiben als Arbeit. Notizen zum Treffen schreibender Frauen in München, Mai 1976. In: Alternative (1976) 108/109, S. 117.

49. Diese Verdopplung einer kritischen Position sollte nicht mit einer Ästhetik verwechselt werden, die Sigrid Weigel den "schielenden Blick" nennt: "Frauen sollten sich ruhig mit einem Auge diesen engen, konzentrierten Blick gönnen, um mit dem anderen Auge in die Fülle und Weite gesellschaftlicher Thematik zu schweifen. Um ihre spezifische Rolle als Frau in allen Bereichen und auf allen Ebenen durchschauen zu können, werden sie den starren Blick auf die sogenannte Frauenfrage wenigstens mit der Hälfte ihres Sehvermögens benötigen. Diesen *schielenden Blick* werden sie erst korrigieren können, wenn sich die Frauenproblematik als Thema erübrigt, nämlich erledigt hat (...)." Sigrid Weigel: Der schielende Blick. Thesen zur Geschichte weiblicher Schreibpraxis. In: Die verborgene Frau. Sechs Beiträge zu einer feministischen Literaturwissenschaft. Mit Beiträgen von Inge Stephan und Sigrid Weigel. Berlin 1983 (Argument-Sonderband 96), S. 104. - Weigel trennt eine feministisch-kritische Optik von einer, die sich (kritisch oder nicht?) mit "der Weite gesellschaftlicher Thematik"

meinen Analysen zeigen wird, handelt es sich dabei nicht um einen vorab bestimmbaren Metastandpunkt. Ausgehend von der subjektiven Betroffenheit der jeweiligen Autorin und ihrer Stellungnahme zu einzelnen Aspekten des Feminismus, wählt jede der Autorinnen für ihre Auseinandersetzung eine literarische Form, die in ein Spannungsverhältnis zum herkömmlichen Gebrauch dieser Form gesetzt wird. Hierdurch wird die literarische Tradition in die kritische Reflexion über gesellschaftliche Zusammenhänge mit einbezogen.

beschäftigt. Erstens finde ich diese Trennung nicht einleuchtend, da sie eine feministische Kritik leicht in ein Ghetto verweist, zweitens werden diese beiden Optiken nicht als Textpraxis aufeinander bezogen und drittens fehlt hier eine Reflexion der 'schielenden' Optik. Dadurch könnte dieser der Anspruch einer spontanen, 'wahren' Wahrnehmungsweise unterstellt werden.

3. Identitätssuche als Zerreißprobe

Verena Stefan: Häutungen

Verena Stefans Buch "Häutungen"[1] ist mit über 300.000 verkauften Exemplaren eines der meist gelesenen Bücher, dessen Wirkung im Zusammenhang mit der feministischen Bewegung in der BRD gesehen werden kann. Das Buch ist heftig gelobt und kritisiert worden. Es bildet einen Markierungspunkt in der Diskussion über weibliches Schreiben.[2] Ich möchte im folgenden auf einige Aspekte eingehen, die sowohl in der Diskussion über das Buch eine wichtige Rolle spiel(t)en als auch in einer Auseinandersetzung mit Möglichkeiten einer 'weiblichen Ästhetik' relevant sind. Ich konzentriere mich auf die Gesichtspunkte Form (speziell auf den autobiographischen Ansatz), Rückgriff auf matriarchale Bilder (zum Teil als Naturmetaphern) und Stil (im weitesten Sinn auf die sprachliche Innovation).

3.1. Autobiographie als Darstellungsweise

Verena Stefan knüpft scheinbar lückenlos an die Tradition der Selbstzeugnisse und Leidensgeschichten von Frauen an, indem sie ihren Text im Untertitel "Autobiografische Aufzeichnungen - Gedichte - Träume - Analysen" nennt. Dieser Untertitel verweist auf subjektive Beobachtungen und Bekenntnisse. Stefan unterstreicht dies noch im Vorwort, in dem sie sagt:

> in dem vorliegenden text konnte ich noch nicht jedes wort drehen und wenden. ich musste erst den weg dazu freilegen, indem ich einen bruchteil meiner geschichte abgearbeitet habe. (S. 4)

Dies deutet auf einen Text hin, der außer seinem Bekenntnischarakter auch noch Ungeformtheit erwarten läßt. Man erwartet ein mehr oder

---

1. Verena Stefan: Häutungen. Autobiografische Aufzeichnungen - Gedichte - Träume - Analysen. München ⁴1976. Zitate, die im vorliegenden Kapitel mit einer Seitenzahl gekennzeichnet sind, beziehen sich auf diesen Text.
2. Siehe hierzu: Johanna Wördemann: Schreiben um zu überleben oder Schreiben als Arbeit. Notizen zum Treffen schreibender Frauen in München, Mai 1976. In: Alternative (1976) 108/9, S. 115-118; Christa Reinig: Eindrücke auf dem Treffen schreibender Frauen. In: Frauenoffensive (1976) 5, S. 5.

weniger authentisch anmutendes Tagebuch. Es erstaunt desto mehr, wenn die Autorin in einem Interview sagt:

Ich habe nicht meine Autobiografie geschrieben, das ist ein Irrtum. Es war schwierig, den Text in eine Gattung einzuordnen - es gab sie nicht. Hilfsweise könnte ich sagen: autobiografische Aufzeichnungen, Gedanken, Träume, Analysen. Das Autobiografische in "Häutungen" ist eine *Darstellungsform*.[3]

Verena Stefan gibt hier einen Hinweis darauf, daß der Text "Häutungen" als eine Semiautobiographie gelesen werden muß, eine Textgattung, "deren Wahrheitsgehalt durch dichterische Züge umgestaltet wird."[4] Man könnte "Häutungen" auch als modernen Entwicklungsroman lesen, der wie folgt definiert ist:

Ein Roman, der in sehr bewußter und sinnvoller Komposition den inneren und äußeren Werdegang eines Menschen von den Anfängen bis zu einer gewissen Reifung der Persönlichkeit mit psychologischer Folgerichtigkeit verfolgt und die Ausbildung vorhandener Anlagen in der dauernden Auseinandersetzung mit den Umwelteinflüssen in breitem kulturellen Rahmen darstellt.[5]

Ein solcher Ansatz wird Stefan im allgemeinen zugebilligt, auch wenn die Kritik moniert, daß die Entwicklung dieser Frau, die als Ich-Erzählerin auftritt, eine Leidensgeschichte sei, oder daß die Entwicklung in ein lesbisches Ghetto mit matriarchalen Zügen führe.[6] Diese Rezeption des Textes ist jedoch auf eigene Erwartungsperspektiven hinsichtlich Frauenliteratur zurechtgebogen und entspricht nicht den tatsächlichen Möglichkeiten, die der Text einer differenzierteren Rezeption bietet.

Zunächst möchte ich auf die Form Autobiographie und ihre Variation bei Stefan eingehen. Stefan wählt die Perspektive der Ich-Erzählerin. Die Autorin gibt ihr den Namen Veruschka, also nicht Verena. Das letzte Kapitel (S. 119-144) enthält einen Perspektivenwechsel: Es wird über eine Frau 'Cloe' in der dritten Person berichtet. Das gesamte Buch besteht aus kleineren Fragmenten, die nicht chronologisch aufeinander folgen. Eingeschobene lyrische Fragmente, die zum Teil in Prosa übergehen (z.B. S. 70/71), kurze Notizen, Fragmente von Gesprächen, Werbe- und Songtexte ergeben ein Gewebe von Texten, in denen "Gedichte, Träume, Analysen" fließend ineinander übergehen. Das hat zur Folge, daß manche

---

3. Gudrun Brug/Saskia Hoffmann-Steltzer: Fragen an Verena Stefan. In: Alternative (1976) 108/9, S. 122.
4. Gero von Wilpert: Sachwörterbuch der Literatur. Stuttgart [5]1969, S. 700.
5. Gero von Wilpert: op.cit. S. 211.
6. Brigitte Classen/Gabriele Goettle: "Häutungen", eine Verwechslung von Anemone und Amazone. In: Die Überwindung der Sprachlosigkeit. Hrsg. von Gabriele Dietze. Darmstadt/Neuwied 1979, S. 55-59; Marlis Gerhardt: Wohin geht Nora? Auf der Suche nach der verlorenen Frau. In: Kursbuch 47, 1977, S. 77-91.

Straßenszene wie ein (Alp-)Traum anmutet, manche subjektive Beschreibung eines einmaligen Geschehens Beispielcharakter hat und viele kleine Analysen kaum von Tatsachenberichten zu unterscheiden sind. Die Grenzen zwischen den Textarten sind fließend. Eine lose Einteilung in Kapitel (Schattenhaut, Entzugserscheinungen, Ausnahmezustand, Kürbisfrau) suggeriert zwar eine lineare Einteilung. Diese wird jedoch durch die fragmentierte Erzählhaltung kontrapunktiert. Das Kapitel "Kürbisfrau" könnte man als eine Coda betrachten, da hier wesentliche Themen des Textes noch einmal zusammengefaßt werden.

Zu einer Autobiographie gehört die Arbeit des Erinnerns und des Aufzeichnens. Stefan thematisiert das Erinnern wiederholt und setzt eine Passage über die Erinnerung an den Anfang und ans Ende des Textes. Am Anfang lautet das wie folgt:

> Was habe ich letztes jahr nach den tagen des ersten birkenfalls getan, habe ich überhaupt gelebt vom april letzten jahres bis zum märz dieses jahres? ich habe vergessen, dass es dieses grün gibt. die sonne nicht vergessen, nicht das frieren, das verlangen nach wärme, aber vergessen, dass im frühjahr noch anderes zum vorschein kommt als die sonne, dass es birken gibt, die ihre grünen schleusen öffnen. Jedes jahr darüber fassungs los. (...) nichts macht mir die zeit, die vergangenheit, die ungewisse zukunft, die zischenden jahre schärfer und schmerzlicher gegenwärtig. sieben jahre lang in Berlin in den birkenfall geraten. seit zwei, drei jahren schmerzt das grün in den augen. hastig gehe ich die birkenfälle durch. ich muss mich erinnern können, woran soll ich mich jetzt sonst halten? nun beginnt mein neues jahr, dieser grün leuchtende schock ist in meiner zeitrechnung, was im kalender mit 'silvester' bezeichnet wird. ich bekomme beklemmungen, weil ich mich an das letzte jahr nicht erinnern kann. (S. 5 ff)

Die Ich-Erzählerin wird sich angesichts der ersten Anzeichen des Frühlings in der Großstadt bewußt, daß wieder ein Jahr vorbei ist. Ihre Zeitrechnung geht von Frühling zu Frühling. Der Frühling mit seinen aufbrechenden Blätterknospen und dem neuen Grün zeigt, daß das alte Jahr vergangen ist. Das intensive Erlebnis des Frühlings kann auch als Metapher verstanden werden für einen neuen Anfang, für das Aufwachen, das Aufbrechen alter Gewohnheiten. Das Neue ist für Veruschka jedoch mit der Erinnerung an das vergangene Jahr oder die vergangenen Jahre verbunden. Sie fühlt die Wichtigkeit des Erinnerns: "ich muss mich erinnern können, woran soll ich mich jetzt sonst halten?" (S. 6).

Das Erinnern wird als konstitutives Element ihrer Persönlichkeit dargestellt, einer Persönlichkeit, die aus einem Konglomerat der eigenen Geschichten besteht, die sich zu ihrer Geschichte verdichten. Der Prozeß des Sich-Erinnerns vollzieht sich jedoch nicht bruchlos, wie ein weiteres Textfragment zeigt.

Die Ich-Erzählerin sitzt in ihrer Wohnung an der Schreibmaschine, um ihre Erinnerungen festzuhalten. Vorangegangen war eine Szene, in der angetrunkene Männer abwertende Bemerkungen über ihre großen, hängenden Brüste gemacht hatten. Das hatte ihre Euphorie über den Frühling und den Vorsatz, die Erinnerungsarbeit aufzunehmen, beeinträchtigt:

einmal zurück schlagen können, nicht ständig empörung um empörung in mir aufschichten! was soll ich jetzt an der schreibmaschine? buchstaben sind kleine, dunkle zeichen, fremde lebewesen, die durcheinander krabbeln. ich wische sie vom tisch. ich kann sie sortieren, wenn ich davon ausgehe, dass es sinnvoll ist, es zu tun. ich kann mich zu ihnen auf den boden setzen und einige heraussuchen. diese kann ich so aufreihen, dass sie nacheinander ergeben, wenn andere das aneinander reihen lesend nachvollziehen

```
W A N       N   K
    O   M       M       T
    D E R     T   A G
      A N   D E   M
    F R   A U   E   N
```

Ich schiebe die buchstaben wieder zusammen. als ob das aneinander reihen diesen tag näher bringen würde! als ob der aufstand der frauen sache eines tages wäre! er besteht aus vielen einzelteilchen, fortwährend. (S. 8 ff)

Die Erinnerungsarbeit wurde durch die verbalen Übergriffe der Männer in der Kneipe zerstört oder wenigstens erheblich gestört. Es ist ersichtlich, daß die Ich-Erzählerin mehr nötig hat als das berühmte "Zimmer für sich allein", das Virginia Woolf forderte.[7] Die Frau wird in ihrem Zimmer, bei dem Versuch zu schreiben, von Haß- und Ohnmachtsgefühlen überspült und kann gerade deshalb nicht schreiben. Das Schreiben erscheint lächerlich angesichts der täglichen Übergriffe, die Veruschka erfährt. Sie hat aber einige Buchstaben 'zusammengelegt', vielleicht mit großer Wut auf der Maschine geschrieben: "Wann kommt der Tag an dem Frauen". Der Nebensatz ist abgebrochen. Das schafft die Möglichkeit, ihn mit endlosen Variationen aufzufüllen, und erfordert Aktivität und Reflexionen des Lesers über mögliche, unerfüllte Forderungen, die Frauen stellen könnten. Die Ich-Erzählerin fegt den Satz weg. Diese typographischen Spielchen erscheinen ihr lächerlich und vielleicht zu pathetisch angesichts der Kleinarbeit, die die Veränderung der Lage der Frauen erfordert. Sie weist aber auf die vielen kleinen "einzelteilchen", die für eine Veränderung unerläßlich sind. Hier dringt sich der Vergleich mit den Buchstaben der Schreibmaschine wieder auf. Das "auf dem boden sitzen" und "buchstabieren" könnte eine Metapher für die nachfolgende Erinnerungsarbeit sein. Veruschka sammelt mühsam die kleinen Einzelteile ihrer Geschichte und schreibt sie auf. Ein Hinweis hierauf ist

---

7. Dies ist eine der Forderungen in: Virginia Woolf: Ein Zimmer für sich allein: Berlin 1978.

das nachfolgende Fragment, das mit einer Kindheitserinnerung beginnt.[8] Stefan zeigt, daß entgegen der gängigen Meinung nicht Wut und Verletztheit die beste Feder führen.[9] Die Beleidigungen verringern eher die Konzentration auf die eigene Arbeit. Das ist sicher eine Erfahrung, die über das Autobiographische hinausgeht.

Ich möchte noch auf einen wesentlichen Punkt der Autobiographie oder des verkappten Entwicklungsromans hinweisen. Verena Stefans "Häutungen" wird meistens als Schilderung einer linearen Entwicklung gelesen: aus der verschüchterten Frau wird eine "matriarchale Göttin".[10] Ich möchte auf diese Lesweise nicht eingehen. Interessanter erscheint mir, daß die Ich-Erzählerin wiederholt auf Brüche und Gefahren im Zusammenhang mit Neuorientierungen hinweist. Veruschkas Vertrauen in die Sexualität als heilende Kraft wird zunehmend geringer. Der Wunsch, dem Mann durch Anpassung an seine Wünsche gleichwertig zu sein, wird letztlich als Sackgasse gewertet und abgelehnt.

Veruschka erfährt "abnabelungsschmerzen" (S. 59, 74), sie kann sich nur schwer von alten Lebensgewohnheiten trennen. Die Zukunft ist nicht mehr fest umrissen und geplant, sondern erweckt Angstgefühle:

> Ich gebe eine mühsam erworbene vertrautheit auf. (...) die schrecken der gegenwart sind vertraut, die unbekannte zukunft birgt unberechenbare gefahren. (...) innerhalb der unerträglichkeit scheint weniger verlassenheit aufzutreten als ausserhalb. (S. 60)

Der Weg ins Ungewisse wird auch noch durch ein Bild verdeutlicht: "als ich merkte, dass sie (die Schuhe, MB) festgewachsen waren, schlüpfte ich heraus und ging barfuss weiter" (S. 65). Man denkt automatisch an einen steinigen Weg, der barfuß betreten werden muß, und assoziiert Schmerzen, Entbehrungen und Armut mit einer solchen Fußwanderung. Veruschka siedelt in eine Frauenwohngruppe um, die dann auseinanderfällt:

> die erste probe des neuen lebens wird nach einem knappen jahr abgebrochen. (...) die erfahrungen anderer menschen um mich herum haben mir gezeigt, dass ich mich auf nichts und auf niemanden ausserhalb von mir verlassen könnte: weder auf einen einzelnen mann, noch auf eine einzelne frau, noch auf eine gruppe. (S. 76 f)

Die Enttäuschung läßt Einsamkeit entstehen, in der Veruschka sich wie Rumpelstilzchen fühlt, von dem es heißt "Ach wie gut, daß niemand weiß,

---

8. Nach dem Wutausbruch der Einleitung beginnt nach einem weißen Absatz das erste Erinnerungsfragment mit einer Szene aus der Kindheit, die im krassen Gegensatz zu der Selbstperzeption der Erwachsenen steht. Das Kind fühlt sich lebendig und unversehrt (S. 9).

9. Virginia Woolf kritisiert in "Ein Zimmer für sich allein" den Schreibstil, in den Wut und Frustration einfließen, als zweitrangig.

10. Siehe hierzu die Interpretationen von Goettle und Classen, Gerhardt und bis zu einem gewissen Grade auch Ricarda Schmidt: Westdeutsche Frauenliteratur in den 70er Jahren. Frankfurt a/M. 1982.

daß ich Rumpelstilzchen heiß!'": "am liebsten würde ich unten vor den mülltonnen ein feuer anzünden und rumpelstilzchen spielen" (S.78). Rumpelstilzchen, die kleine einsame Hexe, deren Namen niemand kennt, ist sicher keine Metapher für eine optimistische Zukunftserwartung. Auch die erotische Seite der Frauenfreundschaften ist nicht ohne Probleme. Da Veruschka sich an niemanden mehr binden will und auch alte, kodierte erotische Gesten vermeiden möchte, gerät sie in eine Situation ohne Vorbilder:

> Die wege zu frauen sind verbarrikadiert, uns sind hände und füsse gebunden, (...). Wir befanden uns in einem leeren feld. wir wollten nicht nachahmen, sondern aus uns heraus, aus dem erotischen rohstoff zwischen uns neue wege und handlungen formen. die leere wirkte verwirrend.
> Die erinnerung an die alten verhaltensweisen verblasste unendlich langsam. die übertragung schien griffbereit. (S. 79 ff)

Stefan beschreibt hier die Annäherungsversuche der zwei Frauen Veruschka und Fenna als ein Experiment, das sich von alten Verhaltensmustern abzusetzen versucht. Die beiden Protagonistinnen entdecken, daß sie jedoch nur eine einzige Vorlage für erotische Handlungen kennen. Die Frauen können sich herkömmlichen Handlungsweisen nur entziehen, indem sie erst einmal keine Handlungen vollziehen.

Veruschka formuliert jedoch eine Utopie des anderen Umgangs mit Zuneigung:

> jetzt ist eine neue art von sehnsucht entstanden, von erregung und von *hingabe - hingabe*, die mit *zuwendung* zu tun hat, nicht mit unterwerfung und gewalt tat. (S. 88)
> "Diese verbundenheit (...), ich glaube, sie hat etwas mit dem ungeklärten begriff 'mütterlichkeit' zu tun. das ist so zwiespältig, so... vieldeutig... wie sollten wir zu 'mütterlichkeit' einen unmittelbaren, ungebrochenen zugang finden? - zu lange sind wir als nur-ackerfurche missbraucht worden - es geht auch nicht in erster linie um... die frau, die uns geboren hat... wir wollten die blutsbande, die schuldgefühle, das schweigen ja nicht, es... geht nicht um wiedergutmachung, nicht um 'mütterlichkeit' nur ihr gegenüber, sondern um die macht der 'mütterlichkeit', um mütterlichkeit als allgemein menschliche eigenschaft - " (S. 103 f)

Die Ich-Erzählerin setzt hier Begriffe wie "berührung", "hingabe" und "zuwendung" als neue Möglichkeiten ein. Auffallend ist, daß diese Begriffe alle eine Bewegung der Annäherung enthalten, jedoch nicht des Besitzes. Im gleichen Kontext steht der Begriff "mütterlichkeit". Er wird eingesetzt als Zeichen der Verbundenheit miteinander. Mütterlichkeit ist hier als eine Metapher für eine Ökonomie des "belang-losen" Gebens gebraucht. Hélène Cixous spielt mit dieser Metapher, um den Freiraum in dieser mütterlichen Ökonomie anzudeuten:

> Auch wenn die phallische Mystifikation das gute Verhältnis verseucht hat, ist eine Frau nie weit entfernt von der 'Mutter' (Ich verstehe dies außerhalb ihrer Rollenfunktion: die 'Mutter' als das Nicht Benannte (frz. non-nom MB) und als

Quelle der Güter). Es gibt in ihr immer wenigstens ein wenig von der guten Muttermilch. Sie schreibt mit weißer Tinte.[11]

Bei Cixous ist der Begriff 'Mutter' zugleich 'voll' und 'leer'. Mit dem Bild der Schrift in weißer Milch deutet Cixous an, daß das 'Mütterliche' unsichtbar ('leer') in der symbolischen Kodierung bleibt. Zugleich wird es als "Quelle von Gütern" bezeichnet, was als Hinweis auf die Fülle, die Überdeterminierung des Unbewußten gelesen werden kann. Dieses subversive Potential zerstört und erneuert die symbolische Ordnung. Im Gegensatz zu Stefan, die 'Mütterlichkeit' im sozialpsychologischen Bereich ansiedelt, akzentuiert Cixous in ihrem Begriff der 'Mutter' weniger das konstruktive als das subversive Element "belang-losen" Gebens.
Letztendlich scheitert in "Häutungen" die Utopie der Frauen. Der Anspruch auf eine Neuorientierung und eine qualitative Verbesserung des Lebens wird am Schluß des Textes beinahe ganz zurückgenommen:

nicht zu leben aber das überleben
für ein paar stunden
zu unterbrechen. (S. 118)

Dies ist die letzte Forderung, die Veruschka stellt.

Im Kapitel "Kürbisfrau" wird die Gefahr, die das Experimentieren mit (neuen) Lebensformen und -inhalten für die Protagonistin in sich birgt, noch expliziter formuliert. Die Frage nach der Tragfähigkeit, die eine Persönlichkeit haben muß, um diese durchzuhalten, wird gestellt: "(...) wie weit sich ein anders geführtes leben ausdehnen kann, bis das irre werden einsetzt, die erstickungsanfälle in den u-bahnen, die schreie in den straßen?" (S. 73).
Hier wird die Angst vor dem Wahnsinnigwerden, vor dem Auseinanderbrechen der Persönlichkeit artikuliert, falls die Erneuerungen nicht integriert werden können. Am Schluß des letzten Kapitels sind Symptome des Wahnsinns bei der Protagonistin Cloe beschrieben:

in diesen letzten wochen war sie abgeschieden geworden. auf der strasse wusste sie nicht, ob sie zuerst links oder rechts schauen musste, bevor sie überquerte, an der ampel blieb sie solange bei grün stehen, bis es zu rot überwechselte und marschierte dann los. zweimal schon war es nachts vorgekommen, dass sie die haustüre nicht aufschliessen konnte, weil sie den schlüssel in die falsche richtung drehte. näherten sich schritte ihrer zimmertüre, zog sie die schulterblätter zusammen und hielt den atem an - (...) sie war nicht mehr in der lage, sich (...) auf jemanden zu beziehen, am liebsten hätte sie sich manchmal in die küche vor die waschmaschine auf den fussboden gesetzt und stundenlang in die bunte wäsche, die hin und her bewegt wurde, gestarrt. (S. 120)
Cloe trägt flicken ihrer alten häute an sich herum. sie ist bunt gescheckt und geht

---

11. Hélène Cixous: Le Rire de la Méduse. In: L'ARC (1975) 61, S. 44 (Eigene Übersetzung dieses Zitats, MB).

kichernd durch die strassen. im wechsel von licht und schatten schillern hier und da die hautverschiedenheiten auf. die sanfte kompromissbereite haut, die sei-doch-nicht-so-mimosenhaft-haut, die ich-strahle-ruhe-aus-haut, die sinnliche neugierige haut, die alles-erkennen-wollen-haut. Wer kann bunte haut lesen? Cloe bewegt die lippen. der mensch meines lebens bin ich. die leute drehen sich nach ihr um. dass heutzutage schon junge frauen selbstgespräche führen! (S. 124)

Cloe wird hier nach Beendigung ihres Buches, ihrer Erinnerungs- und Aufarbeitungsarbeit, ihrer Veränderungssuche *nicht* als die große, starke, eindimensionale Heldin beschrieben. Die größere Sensibilität, die sie sich 'erschrieben' und 'erlebt' hat, führte zu großer Scheu vor Menschen. Das introvertierte Verhalten hindert sie nahezu, am sozialen Leben teilzunehmen. Sie beherrscht kaum noch die einfachsten Handlungen. Auf der Straße spricht sie mit sich selbst. Der Satz "Der mensch meines lebens bin ich" klingt hier eher wie eine Beschwörungsformel als wie Ausruf einer lebenstüchtigen, emanzipierten Frau. Auch das Kichern auf der Straße weckt Assoziationen an eine geistig gestörte Frau.

Im Zusammenhang mit der Beschreibung der gebrochen Persönlich-keitsentwicklung möchte ich hier auch auf die Metapher 'Häutung' eingehen. Im allgemeinen wird die Entwicklung der Ich-Erzählerin mit Wachstum verglichen. Dieser Vergleich ergibt sich aus der Analogie zur Häutung von Reptilien, die ihre Haut abwerfen, um wachsen zu können. Es ist schon darauf hingewiesen worden, daß Stefan diese Metapher nicht konsequent durchführt.[12] Es bleibt zu fragen, ob Stefan diese Metapher so geradlinig anwenden wollte und ob die hinzugefügten Bilder, die im Zusammenhang mit der Häutung stehen, nicht einen Hinweis auf andere Prozesse geben.

Man könnte die Metapher Häutung auf eine vielleicht weniger naheliegende, aber meines Erachtens sinnvolle Weise interpretatorisch ausweiten. Der Begriff 'Häuten' bezeichnet den Vorgang, bei dem einem Tier die Haut abgezogen wird. Das Tier ist dann meist schon tot. Wenn man von dem Begriff 'Haut' selbst ausgeht, dann könnte man auch an eine Zwiebel denken. Einer Zwiebel kann man nach und nach die verschiedenen Schichtungen abziehen, die wie Häute umeinander gelegt sind. Wenn man diese Tätigkeit radikal durchführt, legt man zuletzt nicht den Kern der Zwiebel frei, sondern man hat die ganze Zwiebel zerstört. Sie besteht nämlich ganz und gar aus Häuten. Beide Deutungen der Metapher - das Wachstum eines Reptils und die Zerstörung durch Abhäuten - ergeben zusammen ein sinnvolles Ganzes, wenn man die Beschreibung von

---

12. Siehe hierzu Ausführungen in: Ricarda Schmidt: op.cit., Kapitel: Die Metapher "Häutungen", S. 68-76.

36

Veruschka und Cloe betrachtet, zumal, wenn man die Beschreibung der Häute im letzten Zitat berücksichtigt. Es weist auf die Kompliziertheit einer Persönlichkeitsstruktur hin. Cloe hat die alten Häute nicht abgelegt, sie hat ihre Vergangenheit und die darin gewachsenen Charaktereigenschaften nicht überwunden und hinter sich gelassen. Nach allen Erneuerungsversuchen trägt sie nach wie vor die alten Muster neben neuen in sich. Es wird auch von keiner Hierarchie oder Ordnung der verschiedenen Lebensabschnitte oder Erfahrungsbereiche gesprochen: Die 'Häute' sind einzelne Flicken, die Cloe mit sich trägt, die noch lange keinen zusammenhängenden Flickenteppich oder gar eine geordnete Patch-work-Decke darstellen. Stefan beschreibt Cloe am Ende in einer Weise, die den Abbildungen von sogenannten Hexen, wunderlichen, weisen, sozial unangepaßten Frauen, ähnelt.

Stefan benutzt die Form der Autobiographie, um an einer fiktiven Person Erfahrungen von Frauen zu verdeutlichen. Subjektive Erfahrungen dienen dabei vielen Fragmenten als Vorlage; die Kongruenz zwischen dem realen Lebenslauf der Autorin und dem der Protagonistinnen ist jedoch unentschieden und für die Valenz des Textes unwichtig, da er Probleme zeigt, denen Frauen strukturell begegnen. Stefan benutzt autobiographische Formelemente, indem sie die Erinnerungsarbeit einer Protagonistin aus der Ich-Perspektive darstellt. Dabei spielen die subjektiven Erfahrungen der Autorin und ihr feministisches Engagement nur soweit eine Rolle, wie diese als Ausgangspunkt für den Text dienen. Stefan benutzt die Autobiographie als Darstellungsform eines Ablösungsversuchs von alten Verhaltensmustern. Im Erinnerungsprozeß zeigt sie die Schwierigkeiten auf, die mit einer solch experimentellen kritischen Haltung verbunden sind. Stefan schildert keine geradlinige Entwicklung einer Person, sondern weist auf Brüche hin. Das Ende bleibt offen: der Leser wird im Ungewissen belassen, ob es sich um eine kreis- oder spiralförmige Bewegung handelt. In der Darstellung der zahlreichen widersprüchlichen Charaktereigenschaften ähnelt "Häutungen" der Darstellung Orlandos in Virginia Woolfs gleichnamigem Buch.[13] Woolf nennt dieses Buch eine Biographie. Die Hauptperson Orlando lebt jedoch in einem Zeitraum von vierhundert Jahren und wechselt mehrmals ihr Geschlecht. Als Orlando sich zuletzt ernsthaft befragt, wer er oder sie nun eigentlich sei, kommt sie oder er zu folgendem Schluß:

(...) diese Ich, aus denen wir aufgebaut sind, eins über dem anderen, wie Teller auf dem Arm eines Kellners gestapelt (...), haben anderswo Bindungen und ihre eigenen Sympathien, Konstitutiönchen und Rechte (...), jedermann kann nach eigener Erfahrung die Bedingungen, die seine anderen Ich mit ihm ausgemacht haben, hier

13. Viriginia Woolf: Orlando. Frankfurt a/M. [5]1980.

einsetzen - und einige sind zu toll lächerlich, als daß man ihrer überhaupt in Druckerschwärze erwähnen könnte. (...) sie hatte eine große Zahl verschiedener Ich, welche sie rufen konnte; zu viele, als daß wir Platz für sie alle finden könnten, weil eine Biographie schon für vollständig gehalten wird, wenn sie bloß über sechs oder sieben Ich Rechenschaft gibt, indes ein Mensch ganz gut ebensoviele tausend haben kann.[14]

Virginia Woolf moniert hier die Geradlinigkeit, mit der die meisten Biographien - und man muß hinzufügen, auch die meisten Autobiographien - geschrieben sind. Woolf billigt einem Biographen ironisch sechs oder sieben verschiedene Facetten einer Persönlichkeit zu, obwohl sie behauptet, es seien tausende. Meist wird eine Biographie jedoch so geschrieben, daß alle Widersprüche, Unglaubwürdigkeiten, Zufälle und "zu toll lächerliche" Eigenschaften herausgeglättet werden. Verena Stefan versucht, so wenig wie möglich in ihrem Text die Ungleichzeitigkeiten zu vertuschen. Die Ich-Erzählerin sagt in ihrem letzten Resumé über sich selbst:

Es gibt eine angedeutete richtung für die zukünftige geschichte in der gegenwart laufen übereinander gelagerte prozesse ab in
verschiedenen geschwindigkeiten rhythmen und auf
verschiedenen ebenen.
Es ist keine übereinstimmung da. die verschiedenen prozesse treffen zu unterschiedlichen
zeitpunkten mit unterschiedlicher stärke in mir zusammen (S. 116)

Woolf hatte noch das Bild der sauber übereinandergestapelten Teller gebrauchen können, bei Stefan ist der Stapel ins Wanken geraten.

3.2. Anlehnung an matriarchale Bilder

In "Häutungen" werden Frauenrituale, Landleben und Körperlichkeit thematisiert, was generell auf Kritik gestoßen ist. Kurz und bündig fassen Brigitte Classen und Gabriele Goettle ihre beißende Kritik an "Häutungen" wie folgt zusammen:

"Dies ist das Jahr der Kürbisfrau", sie hat den Frauen nichts anzubieten als eine Zukunft der Nachtschattengewächse. Unterdessen gibt es vielleicht 30.000 Frauen, die alle meinen, "genau so wars bei mir", und nun wie die Lemminge ins Meer der verwässerten "Neuen Weiblichkeit" springen. "Häutungen" weist den Frauen eine Zukunft, in der die Verwechslung von Worten und Begriffen als neue Erfahrung und neue (weibliche) Sprache verstanden sein will: Portio statt Ratio, Spekulum statt Brille, Romantik statt Revolution, Anemone statt Amazone.[15]

In dieser Kritik werden spielerisch, aber deshalb nicht weniger ernst,

---

14. Virginia Woolf: Orlando, op. cit. S. 119 ff.
15. Brigitte Classen/Gabriele Goettle: op.cit. S. 59.

Begriffe gegenübergestellt, wovon die Autorinnen einige positiv herausheben: Ratio, Brille, Revolution, Amazone. Man könnte sich gerade angesichts der letzten beiden Begriffe fragen, ob sie selbst nicht einem zeitgebundenen Ideal anhängen und inwiefern sie Stefans Text gerecht werden, indem sie ihn der Irrationalität und Naturschwärmerei bezichtigen.

Auffällig in Stefans Text sind Naturbeschreibungen. Die Autorin erklärt ihr Naturverständnis im Vorwort:

> naturvergleiche sind naheliegend. frau - natur scheint ein abgedroschenes thema zu sein - von männern abgedroschen und missbraucht. die natur selber scheint ein abgedroschenes thema zu sein; sie ist vom patriarchat zerstört worden. unser verhältnis dazu ist ein gebrochenes, wir müssen es neu untersuchen. (S. 4)

Diese etwas einfach anmutende Denkweise wird im Text selbst viel differenzierter aufgenommen, obwohl die Ich-Erzählerin deutlich macht, daß sie das Leben in ländlicher Umgebung als Erholung empfindet. Das Gefühl von Weite in der norddeutschen Landschaft bezahlt sie jedoch mit einem Gefühl der Desintegration gegenüber ihrer gewohnten Umgebung: "Ich habe mir gedacht, dass du etwas weltfremd zurückkommen wirst, sagte eine der frauen, mit denen ich jetzt zusammenwohne" (S. 113).

Der Gegensatz zwischen Natur und Kultur, Stadt und Land ist ein alter Topos in der Literatur, wobei die Stadt für die Entfremdung des Menschen von der Natur steht, der Natur dagegen heilende Kräfte zugeschrieben werden. Die Ich-Erzählerin ist nur zu Gast in Norddeutschland, sie braucht sich keineswegs um agrarische Nutzbarmachung des Landes und die Buchhaltung des Bauern zu kümmern. In diesem Sinne kann man davon sprechen, daß die Ich-Erzählerin traditionelle Fluchträume für ihre Phantasie von Freiheit und Ruhe aufgreift. Auf der anderen Seite wäre es recht maniert, wenn die Ich-Erzählerin in einer Art programmierter Aufgeklärtheit die romantischen Vorstellungen vom Lande über Bord werfen würde. An anderen Stellen von "Häutungen" wird jedoch mehr und distanzierter über die 'erlösenden' Kräfte des Landlebens nachgedacht. Dies geschieht bezeichnenderweise im Zusammenhang mit anderen Personen.

Als Veruschka ihre verheiratete Freundin Nadjenka besucht, die auf dem Lande lebt, wird Veruschka mit der Unterschiedlichkeit ihrer Lebensstile konfrontiert. Die ländliche Umgebung wird so beschrieben, wie Nadjenka sie erfährt:

> wie immer schaue ich ihr verwundert zu, wie sie mir die wege ihres dortigen lebens zeigt, ihre aufenthalte, geheimplätze, dinge, an denen sie hängt. da gibt es eine gärtnerei, in der sie blumen holt, tiere sind unterwegs, die sie kennt. (...) ich spreche von sitzungen terminen flugblättern. sie erzählt von den andern frauen im haus, von den erfahrungen, die sie mit umfragen für ein meinungsforschungsinstitut gemacht hat.

Ich sehe ihr zu, während sie gemüse schneidet. eine zwiebel liegt in der linken handfläche. sie hält sie tastend, bevor sie sie schält und in scheiben schneidet. wie kommt es, dass Nadjenka die zeit hat, die zwiebel solange in der hand zu halten, dass das gefühl einer zwiebel tatsächlich einen augenblick lang darin zurück bleibt? es gibt doch dringenderes. die zeit selber ist dringender, sie drängt ununterbrochen, es muss soviel getan werden.

"Ich nehme nicht mehr dasselbe brettchen, um obst und gemüse darauf zu schneiden", unterbricht sie meine gedanken. "ich habe einmal daran gerochen, du, dieses gemisch aus banane und zwiebel war einfach unerträglich."

Ist das wichtig? ist es revolutionär? wann ist die richtige zeit gekommen, um wieder riechen zu lernen?

"Was ist denn so anders an mir?" fragt sie auf der strasse und dreht sich halb zu mir um. "alle sagen, ich fall' aus dem rahmen. findest du denn auch, daß ich anders bin als die andern?"

Was siehst du mich so an, ich kann dir keine hilfe geben. (S. 54 f)

Die Ich-Erzählerin stellt hier beinahe zwei Welten einander gegenüber: Nadjenka, die auf dem Land lebt, ohne dort allerdings zu arbeiten; sie arbeitet bei einem Meinungsforschungsinstitut. Sie hat sich aufs Land zurückgezogen, um - wie später deutlich wird - einen Halt zu finden und ihrem Leben einen Sinn zu geben. Dabei versucht sie, alle Tätigkeiten mit Bedachtsamkeit zu verrichten, wie z.B. das Schneiden einer Zwiebel. Veruschka dagegen kommt aus der Stadt und sieht mit Verwunderung, wie anders ihr Leben organisiert ist. Sie ist aktiv in der politischen Arbeit und spricht über Sitzungen, Termine, Flugblätter. Sie hat im Gegensatz zu Nadjenka das Gefühl, wenig Zeit zu haben: große Aufgaben liegen ihrer Meinung nach noch vor ihr. Die Freundschaft zu Nadjenka zwingt sie dazu, sich mit dem Lebensstil ihrer Freundin auseinanderzusetzen. Dabei stellt sie sich Fragen, die sie beinahe der Kritik von Classen und Goettle entnommen haben könnte: "Ist das wichtig? ist es revolutionär? wann ist die richtige zeit gekommen, um wieder riechen zu lernen" (S. 55). Wichtig ist hier die Frageform der Sätze. Sie bleiben dadurch offen. Gerade das beinahe biedermeierlich anmutende Beispiel des Zwiebelschneidens macht die Frage nach der Wichtigkeit und der Einbettung in eine politische Strategie besonders kraß. Was hat das Schneiden und Riechen mit der Revolution zu tun? Stefan propagiert hier keineswegs eine Zurück-zur-Natur-Strategie. Vielmehr weist sie in einer Metapher auf das Problem der generellen Vernachlässigung des Privaten im Kampf um Erneuerungen, der sich immer in großen strukturellen Plänen äußert. Ein ähnliches Beispiel findet man bei der Ich-Erzählerin selbst wieder, als diese über die Verhütungsmittel klagt. Der Freund Samuel diskutiert dies Problem nur als ein strukturelles, nämlich als das Problem der Ausbeutung durch die pharmazeutische Industrie.

Samuel wühlte in seinen aktenordnern. das 'pillenproblem' schien ihm beiläufig zu sein (er interessierte sich für die profite der pharmazeutischen industrie). wieso sprach er nicht mit mir, die ich die pille schluckte, darüber? (S. 16)

Man möchte antworten: am liebsten beides. Es wäre ideal, wenn sowohl im Kleinen als auch im Großen Aufmerksamkeit und Kritik ansetzen würden. Die Freundin Nadjenka, die sich aufs Land geflüchtet hat, baut sich eine neue Fremdheit auf - trotz ihrer Naturliebe und dem bedachtsamen Umgang mit den täglichen Dingen. Im weiteren Verlauf des Buches wird deutlich, daß sie sich an ihren Mann klammert, als Lebensziel ein Kind von ihm erwartet und letztlich recht einsam und unglücklich in ihrer blühenden Natur ist. Veruschka sieht schon früh, daß der Rückzug in die Natur keine Lösung für Nadjenkas Zerrissenheit ist: "Was siehst du mich so an, ich kann dir keine hilfe geben" (S. 55).

Veruschka kehrt zurück in die Stadt, zu ihren Arbeitsgruppen. Sie sucht die Auseinandersetzung dort, da die politische Arbeit ihrer Meinung nach gesellschaftliche Veränderungen bewirkt. Die Reise aufs Land bietet die wohlverdiente Ferienromantik, ist jedoch kein Endziel.

Das zweite Beispiel, das ich im Zusammenhang mit der Kritik an Stefans angeblicher Aufwertung matriarchaler Ideale zitieren möchte, ist in zweierlei Hinsicht wichtig: zum einen skizziert Stefan hier einen Trend in der Frauenwegung, der sich auf Ahnenkult und alternative ästhetische Maßstäbe beruft, zum anderen ist es wichtig, wie Stefan diese Szene schildert. Auffallend an den Kritiken ist, daß man das Zitat entweder um wesentliche Sätze kürzt, die das Gesamtverständnis beeinträchtigen, wie es bei Marlis Gerhardt geschieht, und/oder daß man sich ausschließlich auf den Inhalt des Berichts ohne Berücksichtigung des Stils konzentriert. Ich möchte daher die Passage in voller Länge übernehmen:

Wir waren zu mehreren frauen in einen kurort ans meer gefahren. das schloss, in dem wir wohnten, war ein labyrinthartiges, riesiges gebäude mit verschiedenen aufgängen.

Im dorf stand ein kleines altes badehaus aus versunkenen zeiten, in dem es auch eine sauna gab. dort hatten wir uns mit der alten frau des dorfes verabredet. Fenna wollte in unserm beisein mit ihr schlafen. niemand wunderte sich, es war ein ritual.

Die alte war verhutzelt, verschrumpelt und zerlumpt. sie erweckte den eindruck, als ob sie eigentlich nach lebertran riechen müßte. sie trug fellschuhe und humpelte. sie sprach kein wort, war aber sehr freundlich, abgeklärt freundlich. sie hatte abgeschlossen mit der welt.

Wir sassen alle im badehaus und warteten auf sie. nachdem sie gekommen war, setzte sie sich auf den boden und begann, langsam und umständlich ihre strümpfe auszuziehen. ich sass neben ihr. sie trug feste, graue baumwollstrümpfe über enorm dicken beinen, an denen sich krampfadern herauswölbten.

Wir betrachteten ihre hässlichkeit mit ehrfurcht, wussten wir doch, dass diese das ergebnis eines normalen frauenlebens war. die ästhetischen vorstellungen, die wir noch hatten, wollten wir über bord werfen und anfangen, archaische, unförmige alte wie sie zu verehren.

Mir dauerte das ganze zu lange, ich ging weg. die andern erzählten mir später, dass das ritual doch nicht stattgefunden hatte, warum weiss ich nicht. (S. 96 f)

Beim flüchtigen Lesen denkt man an eine Schar moderner Feministinnen, die sich in den Ferien, vielleicht in Griechenland, für eine alte Frau begeistern und diese erstaunte, abgestumpfte Frau zu ihren ideologischen Experimenten mißbrauchen. Die Tendenz, alte Frauen zu verherrlichen und als Relikte oder Inkarnationen matriarchalischer Göttinnen zu betrachten, findet man vor allem in Amerika.[16] Es wäre jedoch falsch, wenn man Stefan unterstellen wollte, sie beschriebe dieses Ritual als etwas, das die Protagonistin beim Schreiben von "Häutungen" noch als ein Ideal hinstellt. Die Ich-Erzählerin gibt deutlich eine Distanz zu dem Ritual an: "niemand wunderte sich, es war ein ritual" (S. 96). Dies kann man als Umkehrung folgenden Satzes deuten: "Heute verwundert es mich, daß sich damals niemand wunderte. Man hatte es zur Klärung der eigenen Position nötig." Diese Vermutung wird verstärkt, wenn Stefan deutlich das Ziel dieses Rituals angibt: "die ästhetischen vorstellungen, die wir noch hatten, wollten wir über bord werfen und anfangen, archaische, unförmige alte wie sie zu verehren" (S. 97).

Hier wird der matriarchale Ansatz der Frauengruppe deutlich. Die Gruppe will sich von den normativen Schönheitsvorstellungen von Frauen lösen. Nicht mehr 'schön, jung und dynamisch' ist die Devise, sondern 'alt, ehrwürdig und archaisch'. Auffallend bei diesem Zitat ist die Formulierung: "wir wollten". Dies gibt die Distanz zu den damaligen Zielsetzungen in der Beschreibung wieder. Hier steht nicht "frau muß" oder "es ist nach wie vor wichtig, daß...". Stefan beschreibt diese Szene als eines der Suchmuster der siebziger Jahre, an denen ihre Protagonistin teilgenommen hat. Daß diese Teilnahme recht oberflächlich war, bezeugt der Satz: "Mir dauerte das ganze zu lange, ich ging weg. (...), dass das ritual doch nicht stattgefunden hatte, warum weiss ich nicht" (S. 97).

Die Protagonistin findet das Ritual anscheinend nicht wichtig genug, um sich lange Zeit damit zu beschäftigen. Auch ist es ihr nicht der Mühe wert, die tieferen Gründe für das Mißlingen des Rituals zu erforschen. Daraus ist zu schlußfolgern, daß die Ich-Erzählerin kein tieferes Interesse an diesen archaischen Formen des Frauenkults zeigt.

Ein weiteres Textfragment aus "Häutungen", das Kritik erregte, behandelt das Thema der Menstruation. Stefan schreibt:

> Vielleicht menstruiere ich gar nicht richtig, ist alles blockiert diesmal? ich nehme das spekulum und sehe nach. der muttermund taucht aus der tiefe auf, schiebt sich glänzend vor, leuchtet zwischen den korallenwänden zu beiden seiten.
> Aus der runden öffnung rollt ein tropfen hellrotes blut, weitere sammeln sich, rinnen an der wölbung des muttermundes hinunter, der rote fluss nimmt seinen anfang.

---

16. Siehe hierzu: Denise Dijk: De betekenis van de Goddess movement. In: Tijdschrift voor Vrouwenstudies 2 (1981)4, S. 559-581.

unwillkürlich lächle ich, weil die taschenlampe mehr als den muttermund beleuchtet. das dunkel der vergangenen fünfzehn jahre wird blasser. seit fünfzehn jahren jeden monat rote tage. ich habe *meine* tage. sie gehören mir. unwohl sein war die einzige möglichkeit, bei mir zu sein.

Damals in der schule, erinnere ich mich, brachten die mädchen, die menstruierten, jeweils zur turnstunde einen entschuldigungszettel mit der unterschrift der mutter mit. jede war stolz gewesen, wenn sie den zettel zum ersten mal vorweisen konnte, jetzt gehörte sie mit zum geheimbund, es gab uns ein bestimmtes machtgefühl. wir machten uns einen spass daraus, ab und zu alle mit gefälschten zetteln beim turnlehrer zu erscheinen, der fassungslos stotterte: aber - ihr könnt doch nicht - alle - auf einmal... doch wie sollte er den gegenbeweis antreten? also waren wir frei, sobald er in der turnhalle war, verschwanden wir. menstruation war ein kollektives ereignis. die schmerzen, zusammengebissene zähne im unterricht, kurze gespräche auf der toilette - das alles wurde aufgefangen durch ein verständnisvolles lächeln, einen mitwissenden blick. (S. 107 f)

Ricarda Schmidt hat in ihrer Interpretation darauf hingewiesen, daß Stefan mit dieser Menstruationsschilderung ein Tabu durchbricht, indem die Ich-Erzählerin selbst ihren Körper untersucht, was sonst nur Ärzten oder dem Partner vorbehalten ist.[17] Diese Selbstverständlichkeit, den eigenen Körper auch in seinen tabuisierten Zonen zu betrachten, wird verbunden mit der Erinnerung an die einzige Möglichkeit, die Veruschka früher kannte, "bei sich zu sein". Sie konnte während der Menstruation den Geschlechtsverkehr verweigern. Anstelle der Verweigerung ist jetzt eine Selbstanerkennung getreten. Dies erklärt auch die Landschafts- metaphern, mit denen sie ihr unsichtbares Geschlecht beschreibt. Die Naturmetaphern entsprechen tatsächlich ziemlich dem Bild der Vagina und des Muttermundes. Daß Stefan eine gefährliche Wortwahl trifft, entspricht mehr der historischen Ladung der Kompilation von weiblichem Geschlecht und Natur als der realen Beschreibung. Die affirmative Haltung ihrem Geschlecht, ihrem Körper im allgemeinen gegenüber zwingt nicht zur Annahme, Stefan verherrliche hier den weiblichen Körper. Vielmehr zeigen die ängstlich aggressiven Kritiken,[18] wie wenig eine positive Benennung aller Teile des weiblichen Körpers - abgesehen von klinischen Ausdrücken - in unser Denken integriert ist.

Auch der Vorwurf einer Nabelschau oder, in diesem Zitat, einer Vaginaschau trifft nicht den Kern. Die Ich-Erzählerin verfällt angesichts ihres eigenen Handelns in Erinnerungen, die über die rein persönlichen Erinnerungen hinaus zu Erlebnissen mehrerer Mädchen ausgeweitet werden. Die Ich-Erzählerin berichtet über die Menstruationsrituale in der Schule, wo die Mädchen ihre Situation zur Stärkung ihrer Solidarität nutzten und ihre sogenannte Schwäche listig gebrauchten, um sich kleine

17. Ricarda Schmidt: op.cit. S. 87.
18. Hier sind sich alle oben genannten Kritiken einig.

Freiräume zu erobern. Stefan stimmt hier also weder ein endloses Lamento über die Nachteile der Menstruation an, noch bewertet sie die Menstruation als einen archaischen, matriarchalen Vorsprung der Frauen gegenüber den Männern. Der Konnex mit der potentiellen Gebärfähigkeit der Frauen wird gar nicht erst erwähnt.

Ein weiteres Ärgernis für die Kritiker ist das Kapitel "Kürbisfrau". Die Protagonistin Cloe schaut sich im Spiegel an, betrachtet ihre Brüste sehr genau und findet sie schön.

> seit sie die brüste zu lieben begonnen hatte, kam leben in sie; so auch schmerz. (...) im spiegel neigten sich zwei zartbraune weiche kürbisse dem waschbecken zu. in der sonne auf dem land waren weisse härchen zum vorschein gekommen. Cloe lachte laut auf. igelbrüste! murmelte sie. kürbisigel, igelkürbis... (S. 119)

Im ersten Lesen könnte man erneut an eine Verherrlichung weiblicher Partialobjekte denken. Bedenkt man jedoch, daß die Ich-Erzählerin im vorangegangenen Text oft über ihre "altertümlichen" (S. 116), schweren Brüste sprach, die sie nicht akzeptierte und die ihr Bemerkungen und Pfiffe der Männer bescherten, so kann man sich vorstellen, daß es für diese Person sehr wichtig und bezeichnend ist, wenn sie ihre Brüste mit einem Kürbis vergleicht. Hierdurch wählt sie einen Vergleich, der die Form nicht verändert, verkleinert, sondern der die Form auf eine positive Weise beschreibt. Die Härchen auf den Brüsten geben Anlaß zu einer Wortspielerei. Auch hier wird keinesfalls die Metapher zu einer neuen, allgemein bindenden Bezeichnung hochstilisiert.

Auf der Suche nach der Bedeutung des Namens Cloe gerät man auch in matriarchale Gefilde. Schmidt hat darauf hingewiesen, daß der Name sowohl eine Anleihe bei Virginia Woolf als auch bei einer Sage aus dem zweiten Jahrhundert n. Chr. in sich birgt.[19] Bei Woolf ist Cloe der Name einer lesbischen Wissenschaftlerin. In der Sage von Daphnis und Chloe werden die Liebenden getrennt, weil sie die Liebeskunst noch nicht beherrschen. Beide Verweise sind sicher sinnvoll, da im Text beide Aspekte beschrieben werden. Meines Erachtens verweist der Name Cloe jedoch noch auf ein drittes Element. Chloe ist auch der Beiname der griechischen Göttin des Ackerbaus, Demeter.[20] Sie wird als die Beschützerin der keimenden Saat beschrieben; sie waltet in der Erdtiefe. Der Beiname Chloe bedeutet 'die Keimende, Grünende'. Demeter ist ein matriarchales Relikt in der griechischen Mythologie.
Stefan hat sicher nicht zufällig diesen Namen für ihre Protagonistin gewählt. Man könnte die Metapher der 'keimenden, grünenden Erdgöttin'

19. Ricarda Schmidt: op.cit. S. 104 ff.
20. Siehe: Meyers Konversationslexion. Leipzig/Wien 1903 (Bd. 4), S. 625 ff.

44

sich dahingehend denken, daß hier gewisse Übereinstimmungen mit der Erinnerungsarbeit der Protagonistin vorliegen. Ebenso wie die grünenden Birken am Anfang des Textes ist bei der Ich-Erzählerin ein Prozeß in Gang gekommen, der alle möglichen neuen Wege und Experimente nach sich zog und ziehen wird; das Ende bleibt offen. Die Verweisung auf die Erdgöttin Chloe stimmt jedoch ein wenig nachdenklich. Sollte dies heißen, daß Frauen, die ihre Aufbruchsphantasien nicht an männlichen Gleichheits- und Emanzipationsvorstellungen orientieren, doch wieder auf Bilder matriarchaler Göttinnen zurückgreifen müssen? Durch die literarische Überdeterminierung des Namens bleibt diese Frage offen.

3.3. Stefans Auseinandersetzung mit Sprache und Stil

Die ersten Sätze der Einleitung von "Häutungen" lauten programmatisch: "Beim schreiben dieses buches, dessen inhalt hierzulande überfällig ist, bin ich wort um wort und begriff um begriff an der vorhandenen sprache angeeckt" (S. 3).

Stefan nimmt in ihren Experimenten die Sprache beim Wort. Sie weist auf die materielle Bedeutung von zusammengesetzten Substantiven durch eine optische Trennung, z.B. "büsten halter" und "hüft gürtel" (S. 10). Ricarda Schmidt hat diesen Aspekt an der Sprache näher ausgeführt.[21]

Die Ich-Erzählerin in "Häutungen" entdeckt beim Hinterfragen von Konventionen, daß bestimmte ritualisierte Formeln im erotischen Bereich als Ersatzhandlungen für wirklichen emotionalen Kontakt und für Bestätigung gehandhabt werden. Sie nennt diese immer wieder beinahe beschwörend gesagten kurzen Sätze "Waisenkindersprache":

Diese worte sind keine entschädigung mehr.
Koitus ist kein ersatz mehr für verständigung.
Das heiligtum der nächtlichen gefühle macht mich
unduldsam.
ich hab dich doch so lieb
das musst du mir glauben
du bist so wichtig für mich
das weisst du doch
ich brauche dich
nur mit dir
Waisenkindersprache. (S. 68)

So, wie hier der Koitus als Ersatzhandlung für emotionalen Kontakt hingestellt wird, so werden diese rudimentären Sprüche als Ersatz für eine sprachliche Annäherung und Auseinandersetzung gewertet. Der Begriff

---

21. Ricarda Schmidt: op.cit. S. 64 ff.

"Waisenkindersprache" weckt auch Assoziationen zur Sprache hospitalisierter Kinder, die ihre Emotionen nicht mehr oder noch nicht ausdrücken können, da die Gefühle allmählich verkümmert sind. Aber nicht nur Männern wird eine eingegrenzte Sprachfähigkeit angelastet. Die Ich-Erzählerin bemerkt bei sich selbst eingeschränkte Verhaltensweisen, die in der Sprache ihre Spiegelung erfahren haben. Ihre dauernde Anpassung und die Angst vor eigener Initiative und Meinung haben sie dazu gebracht, daß sie keine Gegenrede zustande bringt. Sie muß erst erlernen, eine oppositionelle Meinung zu äußern:

> das schwierigste von allem, was ich formulieren lernte, war das wort *nein*.
> vorläufer davon waren:
> eigentlich... habe ich nicht
> weisst du, ich finde dass
> ich will damit ja nur sagen
> ich meine ja nur
> verstehst du, was ich meine?[22]

Diese Aussprüche drücken eine Devotionshaltung aus, die eine Frau oft an den Tag legt, wenn sie den anderen eigentlich nicht verärgern möchte. Oftmals kann sie es sich auch nicht erlauben, den Partner zu verstimmen, da sie von ihm abhängig ist. Hinzu kommt, daß die Sprachtraditionen von einer Frau eher erwarten, daß sie nicht unumwunden ihre Meinung sagt. Andernfalls wird sie oft als 'Mannweib' oder 'Xanthippe' eingestuft und verschreckt sich die Sympathien der meisten Männer.[23]

Verena Stefan betreibt ihre Kritik an der Sprache auch noch auf eine andere Weise. Sie arbeitet mit Perspektivenwechsel. Hierdurch verhindert sie, daß sich der Leser mit der Ich-Erzählerin bis zum Ende des Textes identifizieren kann. Fast der gesamte Text wird in der ersten Person Singular erzählt. Ohne weitere Einleitung wird der Leser mit der Protagonistin Cloe konfrontiert. Bei näherer Betrachtung erkennt man eine Verdopplung des Textes der Ich-Erzählerin. Auch Cloe schreibt ein Buch, hat es sogar schon fertig. Sie spricht darüber, als wäre das Buch für sie nicht die Mühe wert gewesen. Auf jeden Fall hat es ihr keine 'Befreiung' gebracht; sie wird damit konfrontiert, daß sowohl ihr eigener Lebensprozeß als auch das Buch eigentlich nie wirklich perfekt und

---

22. Verena Stefan: op.cit. S. 63. Dale Spender nennt eine andere, Frauen zugeschriebene tastende Frageform: "tag questions", siehe Dale Spender: Man Made Language. London 1980, S. 8. - Spender meint, "tag questions" würden als weiblicher Gebrauch einer bestimmten Frageform angesehen. Spender weist darauf hin, daß neuere Forschungen erwiesen haben, daß Männer mehr "tag questions" gebrauchen.
23. Siehe hierzu auch ein Interview mit Katherina Focke. In: Brigitte (1975) 11, S. 77-80. - Katherina Focke sagte über ihren sachlichen Verhandlungsstil: "Bei einem Mann würde man vielleicht dynamisch sagen, bei einer Frau heißt es, sie ist ungeduldig."

vollständig fertig sein werden. Hier, in dem Kapitel "Kürbisfrau", findet man auch die direkte Verweisung auf den Titel:

> sie dachte an die frau, die sie vor einem jahr gewesen war und an die frau an das jahr zuvor und -

Häutungen. (S. 123)

Es bleibt offen, ob das Wort "Häutungen" als Metapher für die verschiedenen Bewußtseinsstadia gelesen werden muß. Der große räumliche Abstand zwischen dem vorhergehenden Satz und dem Wort "Häutungen" könnte auch suggerieren, daß Cloe an das Buch "Häutungen" denkt; Cloe hat ja gerade ein Buch beendet. Wie der Titel lautet, erfährt der Leser nicht, aber aus den Analogien zwischen den ersten Kapiteln und dem letzten könnte man schließen, daß es sich um den vorhergehenden Text handelt. Dies ergäbe eine ziemlich komplizierte und verschachtelte Verweisungsstruktur: Die Autorin Verena Stefan schreibt ein Buch über den Umgang mit der Sprache, über das Erinnern und über Identitätsprobleme. In ihrem fiktionalen Text erzählt die Protagonistin Veruschka von ihren Erfahrungen mit der Sprache im Bereich Befreiungsversuche. Im letzten Kapitel schreibt eine Protagonistin Cloe ein Buch über dasselbe Thema. Stefan erreicht durch die Zweiteilung des Textes eine Akzentverschiebung in der Beschreibung der Protagonistinnen: Im ersten Teil, dem Bericht von Veruschka, erhält man Informationen über Kindheitserinnerungen, das Erwachsenwerden, die Männer- und Frauenfreundschaften, die einbrechende Einsamkeit. Im zweiten Teil, im Kapitel "Kürbisfrau", lernen wir eine etwas schlampige, vereinsamte Schriftstellerin kennen, die hauptsächlich bei der Arbeit ihres Buches beschrieben wird. Cloe ist eine schwierige und gereizte Frau. Es ist sicher wichtig, daß man die zwei Teile des Buches aufeinander bezieht. Durch den Perspektivenbruch und den doppelten Schluß wird es möglich, die "autobiografischen" Aufzeichnungen der Veruschka als Aufzeichnungen der Cloe zu werten. Es entsteht auf diese Weise eine fiktive Autobiographie, hinter der sich die Autorin Stefan zurückziehen kann.

Stefan macht auch im stilistischem Bereich ein interessantes Experiment. Wir gehen meistens von dem Vorverständnis aus, daß ein Autor und vor allem einer, der seine Autobiographie verfaßt, aus einer konsistenten Perspektive heraus die Begebenheit beschreibt. Außerdem verübeln wir es einem Autor meistens, wenn er verschiedene Stile in einem Text benutzt. Verena Stefan nähert sich dem Stilproblem von einer anderen Seite. Ihre Protagonistin Veruschka bemerkt: "Die betrachtung der dinge hängt sehr von den umständen ab" (S. 26).
Stefan weist hier auf ein Auswahlkriterium bei der Erzählweise, das auch für den Autor von Bedeutung ist. So kann man sagen, daß es für die

Perspektivik eines Textes wichtig ist, welche 'Ereignisse' der Autor positiv und welche er negativ darstellt und welche Elemente des Geschehens er als sich aus dem Vorverständnis des Lesers ergebend wegläßt. Stefan hat anhand einer kleinen Episode den Versuch unternommen, den gleichen Sachverhalt zweimal unterschiedlich zu beschreiben. Der Text lautet wie folgt (ich habe die gleichlautenden Passagen zur Verdeutlichung hervorgehoben):

> Übers jahr fahre ich mit Dave, den ich seit einigen wochen liebe, durch Berlin. wir haben uns zufällig getroffen, er nimmt mich ein stück im auto mit. ich komme vom ohrenarzt und habe schmerzen von einem abzess. es ist sommer, ich trage ein kleid.

Unterwegs bekommen wir lust, miteinander zu schlafen und gehen zu ihm nachhause. *durchs geöffnete fenster weht leichte sommerluft an meine beine, wie wir erschöpft daliegen. dabei muss ich mir eine blasenerkältung geholt haben.*

Unterwegs heftet er seinen blick öfter auf meine blossen knie, legt schliesslich eine hand darauf und fragt, ob ich lust habe, mit ihm zu kommen? (geh nie mit einem fremden mann! - aber ich liebe ihn doch!) ich nicke, wir fahren zu ihm. etwas klappt nicht, der penis rutscht hinaus. Dave wird ungehalten, mein ohr schmerzt (das bisschen schmerz wenn er dich will!). ich gebe mir mühe, alles richtig zu bewegen, bis er einen orgasmus hat. *durchs geöffnete fenster weht leichte sommerluft an meine beine eisig. dabei muß ich mir eine blasenerkältung geholt haben.* (S. 25)

Auffallend am linken Text, dem Text I, ist seine Kürze. Wir erhalten hier den Eindruck einer flotten, emanzipierten Frau, für die Sex kein Problem darstellt. Wir können diesen Stil mit dem von Sandra Paretti oder Erica Jong vergleichen.[24] Viele (Unterhaltungs-)Romane werden in diesem Stil geschrieben. Sexualität wird hier nicht als problematisch hingestellt. Die Ich-Erzählerin verdeutlicht den Konsensus mit den Wünschen ihres Partners durch ein unproblematisches "wir". Es könnte auch bedeuten, daß die Ich-Erzählerin gar keine eigene Meinung hat oder haben will. Der erste Satz ist scheinbar eine lückenlose Kausalkette, enthält aber viele

---

24. Sandra Paretti: Der Wunschbaum. Locarno 1975; Erica Jong: Fear of Flying. New York/Chicago/San Fransisco 1973.

48

Leerstellen, wie wir im rechten Text (Text II) sehen werden. In Text I
bemerkt man, daß der Koitus nicht beschrieben wird, er wird nur indirekt
angedeutet durch: "...wie wir erschöpft dalagen". Dies ersetzt auf eine
elegantere Manier die drei Pünktchen, die man am Ende einer suggestiven
Szene in der Trivialliteratur findet. Wohl wird das geöffnete Fenster, die
Sommerluft erwähnt. Dies gibt dem ganzen einen romantischen Ton.
Verliebt und dann auch noch im Sommer! Auch sind die Fenster geöffnet,
man gibt sich nicht so prüde. Und sicher verliert man sich nicht in
sentimentale Schwärmerei. Der Nachsatz: "dabei muß ich mir eine
blasenerkältung geholt haben" gibt an, daß die Ich-Erzählerin durchaus
von dieser Welt ist und durchaus einen eigenen Standpunkt und Gefühle
für ihren Körper hat. Der lakonische Ton verdeutlicht, daß sie aus so einer
Kleinigkeit kein wirkliches Problem macht. Außerdem wechselt hier das
Personalpronomen in die erste Person Singular. Das deutet darauf hin,
daß die Ich-Erzählerin dies Problem nur auf sich bezieht und vielleicht
auch wie selbstverständlich für sich behalten und lösen wird. Dies steht in
nicht geringem Gegensatz zu dem "wir" in "wie wir erschöpft daliegen".
Hiermit wird auf dem Gebiet der Sexualität völliger Gleichschritt und
gegenseitige Befriedigung suggeriert. Beide sind erschöpft, dem Leser wird
überlassen, sich die Umstände und Gründe für die Erschöpfung
auszumalen. An diesem Text fällt auf, daß die Hälfte aus der Beschreibung
der Zugluft und der Blasenerkältung besteht. Neben den oben genannten
Deutungsversuchen könnte man auch denken, daß dies allgemein
bekannte und begreifliche Ereignisse sind. Etwas, das mit Medizin zu
kurieren ist wie eine Blasenerkältung und als körperliche Krankheit zu
identifizieren ist, wird einer Frau zugestanden. Es ist sozusagen ein
geschlechtsneutrales Problem. Man begreift das! Man begreift natürlich
auch das auffällige Schweigen über den Koitus. Dies stimuliert die
Phantasie, die aus vielfacher Lektüre trainiert ist, diese Stellen mit eigenen
Erfahrungen und Wunschträumen aufzufüllen. Text I hat einen Stil, der
auffallend verschleiernd und suggestiv Situationen angeht, die sich auf
Sexualität beziehen. Außerdem wird in diesem Text eine psychologische
und differenzierte Beschreibung der unterschiedlichen emotionalen,
sozialen und geschlechtsspezifischen Positionen beider Partner
ausgeklammert.

In Text II schildert Stefan die gleiche Szene noch einmal. Der
Ausgangspunkt ist derselbe. Auf den ersten Blick auffallend ist die Länge
des zweiten Textes. Entweder ist hier mehr passiert, oder das Geschehene
ist in sich so differenziert, daß Einzelheiten wichtig sind. Text I und Text II
schließen mit denselben Sätzen ab, wenn auch mit einigen Modifikationen.
Der Situationsort ist ebenfalls derselbe: die beginnende Krankheit, der
Sommer und die zwei 'Liebenden'. Der erste Teil der Annäherung und

Orientierung sieht in Text II jedoch ganz anders aus. Die Einheitsfront eines "wir" wird deutlich in den Standpunkt eines "ich" und "er" aufgespalten. Die Erzählperspektive ist jedoch ausschließlich die der Ich-Erzählerin, es handelt sich um ein weibliches "ich", eine weibliche Optik. Nach dem in beiden Texten gleichlautenden "Unterwegs" spaltet sich der Text. Der Entschluß, miteinander schlafen zu wollen, wird aufgefächert und für beide Partner unterschiedlich beschrieben. Beim Annäherungs-ritual ist der Mann deutlich der aktive Teil. Es verläuft alles nach bekannten Mustern: erst angucken, dann anfassen, dann mit nach Hause nehmen. Etwas unromantisch muß man verzeichnen, daß sich der Blick des Mannes nicht in den schönen Augen der Frau verfängt, sondern in ihren Beinen. Der Mann hält sich jedoch an die Höflichkeitsregeln, als er die Frau fragt, ob sie mit zu ihm nach Hause kommen wolle. Frage plus Handlung sind für die Frau jedoch altbekannte Muster. Eine Warnung zwischen Klammern in einer Art innerem Monolog wird mit einer Liebeserklärung an den Mann pariert. Stefan paraphrasiert dieses Kürzel an einer anderen Stelle wie folgt:

> Ein mann, der im allgemeinen bedrohlich ist, soll im einzelnen liebens wert sein. ein männlicher körper, der im allgemeinen gefährlich ist, soll im einzelnen lust voll werden. mit diesen schizophrenien ist unser all tag bedeckt. (S. 26)

Stefan referiert hier an das Dilemma, daß eine Frau in jedem Mann einen potentiellen Vergewaltiger sehen kann und muß. Bei zu großer Gutgläubigkeit wird ihr sonst nach einer Vergewaltigung vorgeworfen, sie hätte ja die Situation herausgefordert. Es ist jedoch in der Praxis schwer einzuschätzen, ob eine solche Bedrohung vorliegt. Zudem macht es eigentlich eine vertrauensvolle Annäherung von Mann und Frau von vornherein unmöglich. Noch schwieriger wird es, wenn die Frau den Mann liebt. Sie muß hier einen emotionalen Wechsel auf die Zukunft ziehen, in der Hoffnung, daß alles gut geht.

Der Mann fragt die Frau, ob sie "lust habe, mit ihm zu kommen". Die Frage suggeriert eine offene Erkundigung nach der Meinung der Frau. 'Lust' steht eigentlich für ein lustvolles Gefühl. 'Lust haben, etwas zu tun' hieße, die zukünftige Handlung zu wollen und diese als lustvoll zu empfinden. Stefan sagte an anderer Stelle, daß Begriffe und Redeweisen Machtverhältnisse verschleiern:

> liebe ist oft nur die beschichtung von abhängigkeiten aller art, von der abhängigkeit beispielsweise, die bestätigung durch einen mann zu brauchen. (...) unter der schirm herrschaft eines einzelnen mannes kann sie die bedrohlichkeit der andern für die dauer der schirmherr schaft vergessen. (S. 26)

Liebe kann bei der Ich-Erzählerin Schutzsuche, Zuneigung, Anpassung bedeuten. Angst und Zuneigung halten sich die Waage, wie die Ausrufe zwischen Klammern andeuten. Wie groß die Lust und Initiative der Ich-

Erzählerin ist, läßt sich aus der stummen Zustimmung entnehmen. Der Mann erwartet anscheinend auch keinen weiteren Dialog. Er handelt seinem Wunsch gemäß. Sie hat ja zugestimmt. Die Devotionshaltung der Ich-Erzählerin wird verstärkt durch die Schilderung des Koitus selbst. Dieser Akt wird als etwas Mechanisches beschrieben, das nach einem bestimmten Erwartungsmuster ablaufen, 'klappen' muß. Als der Geschlechtsakt nicht glatt verläuft, wird Dave "ungehalten"; *sie* gibt sich Mühe, bis *er* einen Orgasmus hat. Die Frau bedient den Mann zu seinem Vergnügen. Diese Schilderung läßt den Leser an den Service eines Massagesalons denken. Auf den zweiten Blick stimmt diese Beschreibung traurig. Man ruft sich die Sequenz ins Gedächtnis: "(...) aber ich liebe ihn doch! (...) ich gebe mir mühe, alles richtig zu bewegen, bis er einen orgasmus hat." Wie hoffnungslos und ungleich muß diese Liebe zwischen den beiden Partnern sein, damit die Frau so ohne eigene Ansprüche und ohne Protest bestimmte Handlungen mit und an ihrem Körper geschehen läßt. Der Anspruch auf Verständigung und Gleichwertigkeit muß schon lange aufgegeben worden sein. Es scheint für den Mann beinahe gleichgültig zu sein, wer die Frau ist und was *sie* empfindet.

In Text II ist es der Ich-Erzählerin noch nicht möglich, eine Richtung ihrer Wünsche oder die Wünsche selbst zu äußern. An einer späteren Stelle dagegen wird eine Utopie formuliert:

> Wenn ich ihm in die augen sehen könnte
> *um ihm in die augen zu sehen!*
> Wenn ich ihn streicheln könnte
> *um ihn zu streicheln!*
> Wenn ich ihn küssen könnte
> *um ihn zu küssen!* (S. 70)

In diesen Tautologien wird eine Ökonomie der Liebesbeziehung angedeutet, die nicht zweckgerichtet ist. Auch drückt die weibliche Erzählerin sehr aktiv Wünsche aus. Zudem räumt die Darstellung der Ich-Erzählerin eine aktive Rolle ein. Diese drei Komponenten setzen eine gesellschaftliche Position voraus, in der beide Partner Erotik und Sexualität weder als Ersatzhandlung für mangelnde Kommunikation sehen, noch den anderen zum Instrument ihrer Befriedigung degradieren, ohne dessen eigene Lustbefriedigung zu berücksichtigen. Es wird also auch das Akzeptieren von Gleichwertigkeit und möglicher Verschiedenheit vorausgesetzt. Stefan nimmt im Text diese Utopie jedoch gleich wieder zurück. Der Text läuft auf ein großes "Aber" hinaus:

> Aber
> Ob ich ihm in die augen sehe, ihn streichle oder küsse, unsere hände greifen aneinander vorbei ins leere. die blicke splittern, sobald sie sich treffen. (S.70)

Von Blicken, Küssen und Streicheln ist in Text II und Text I überhaupt nicht die Rede. Der einzige Blick, der in Text II erwähnt wird, ist der des

Mannes. Er muß die Frau wohl angesehen haben, als sie 'ja' nickte, sonst wäre die darauf folgende Handlung wahrscheinlich nicht erfolgt.

Text II zeigt neben der prekären Machtdivergenz zwischen den Partnern noch einen anderen Aspekt. Die Ich-Erzählerin schweigt über ihre sexuellen Wünsche. Auffallend ist dagegen, daß bestimmte Bereiche der Emotionalität wohl angesprochen werden, wenn auch nur im Erinnerungsbericht der Ich-Erzählerin und nicht als Teil eines Dialogs während der gemeinsam verbrachten Zeit. Die Ich-Erzählerin kann wohl ihre Schmerzwahrnehmung lokalisieren: "mein ohr schmerzt (...) durchs geöffnete fenster weht leichte sommerluft an meine beine eisig." Hierin ist eine Analogie zur Haltung gegenüber sexuellen Wünschen zu sehen: Die Ich-Erzählerin hat 'Lust' als Körpergefühl ausgeklammert oder aufgegeben. Ebenso scheint es ihr mit der Freude zu gehen; nur den Schmerz, das negative Körpergefühl, erfährt sie noch deutlich. Die Sensibilisierung für den Körper hat sich einseitig zum Schmerz hin verschoben. Dieser wird als (An-)Klage formuliert. Die Ich-Erzählerin verharrt auch hier in einer Art von Protest: wenn man mir schon keine Lust zugesteht, dann will ich wenigstens ausgiebig den Schmerz fühlen können. Es ist deutlich, daß auch sie die Bemühungen um einen gegenseitigen Kontakt schon lange aufgegeben hat. Die Distanz zwischen beiden Partnern wird daher letztlich von beiden vergrößert.

Nach der Bemerkung über den Schmerz folgt wieder ein Ausruf zwischen Klammern: "das bisschen schmerz wenn er mich will!" Hier wird das Verhältnis zum Schmerz und zum Partner noch einmal differenziert. Der Satz suggeriert, daß der Schmerz Nebensache wird oder werden sollte, wenn eine Frau vom Mann begehrt wird. Der Satz rückt auch die Frage nach der 'Lust' in ein anderes Licht. Es wird hier deutlich, daß zwischen ungleichen Partnern eine Regel gilt, nämlich daß der machtlose Partner Statuszuwachs erhält, wenn er vom mächtigen auserwählt wird. 'Lust' kann hier im positiven Sinne, also wenn die Frau bejaht, auch als Lust am Teilhaben an der Macht des Stärkeren durch den Koitus gesehen werden. Der latent masochistische Zug ist dabei nicht zu übersehen. Es ist eine Verschiebung der Lust eingetreten. Was für den Mann das sexuelle Verlangen ist, ist für die Frau das Verlangen nach Anerkennung mittels sexueller Dienstbarkeit.

Vergleicht man die letzten beiden Sätze von Text I und Text II, so fallen einige, auf den ersten Blick geringfügige Änderungen auf. Der erste Teil des Satzes ist in beiden Texten gleichlautend. Er erhält seinen spezifischen Stellenwert jedoch durch den nachfolgenden Nebensatz bzw. die adverbiale Beschreibung. In Text I wird die Sommerluft nicht näher beschrieben, durch den Nachsatz behält sie ihre Romantik. Das Hauptaugenmerk richtet sich auf den Nebensatz, der Inhalt des Hauptsatzes wird zur Nebensache, zur Illustration der befriedigten

Haltung beider Partner. Der Leser kann vermuten, daß die leichte Brise eine Wohltat ist. In Text II steht kein Nebensatz. Die adverbiale Bestimmung "eisig" steht ohne weitere Interpunktion recht dominant am Ende und erhält dadurch die Funktion eines deskriptiven Nebensatzes. Er könnte durch seine nicht näher beschriebene Funktion auch noch etwas über die Ich-Erzählerin aussagen: Etwas ist eisig, sie empfindet es jedenfalls so, der Wind fühlt sich kalt an, er schafft keine Erleichterung für einen schwitzenden Körper. Der Körper könnte daher sowieso schon kalt sein, so daß der Sommerwind als zusätzliche Kälte empfunden wird. Bei einer solchen Beschreibung kommt keine Romantik auf, zumal der folgende Satz über die Krankheit auf diese Weise in einem direkten kausalen Zusammenhang mit den nackten Körpern und dem Wind steht. Der Zugewinn für die Ich-Erzählerin aus dieser Szene ist ein negativer: Sie behält eine Erkrankung zurück. Mehr nicht! Es wird von keiner nachträglichen Gemeinsamkeit gesprochen. Die letzten zwei Sätze unterstreichen die Tristesse der ganzen Szene. Sie klingt aus mit der Beschreibung von Kälte und Krankheit.

Im Gegensatz zu Text I, der nur ein Textniveau hat, erkennt man in Text II drei verschiedene, jedoch miteinander verbundene Ebenen. Auf der ersten werden die neutralen Fakten dargestellt, geschlechtsunspezifisch: der Ort der Handlung, der kalte Wind, die Blasenentzündung. Die zweite Ebene des Textes enthält subjektive Erlebnisse der Frau; hier mischen sich die Erzählhaltung und die ideologische Position der Autorin ein. Sie gibt durch die Wortwahl und den Szenenschnitt, den die Ich-Erzählerin anbringt, die Richtung an, in der der Text gelesen werden sollte. Dabei fällt auf, daß - um in Termini des Films zu bleiben - sich die 'Kamera' sehr nahe auf die Ich-Erzählerin richtet. Dies ist in einem Text, der sich autobiographisch gibt, durchaus möglich, da die Ich-Erzählerin ja ihre eigenen Empfindungen und Erlebnisse genau kennt. Dem Leser wird durch dieses 'close-up' die Möglichkeit gegeben, die einzelnen Versatzstücke der Beschreibung genau zu sehen und sie in Verbindung miteinander zu bringen. Dabei muß der Leser auch Arbeit leisten. Er muß seine persönlichen Erfahrungen befragen, seine Kenntnis von der Lage der Frau und den Stellenwert der (Hetero-)Sexualität berücksichtigen, um die knappen Verweise auf ihre Aussage hin beurteilen zu können. Immer sind die kurzen Schilderungen nur Ausgangspunkt eines potentiellen, nachfolgendenden Denkvorgangs des Lesers. Der Leser füllt anhand der vorhandenden Beschreibung und seiner eigenen, durch Erfahrungen geleiteten Assoziationen die Leerstellen auf, wobei die Offenheit des Textes die Möglichkeit bietet, viele individuell verschiedene Erfahrungen hinzuzudenken. Text II appelliert durch seine devote, lustlose inhaltliche Beschreibung an den Leser, sich mit der Position der Ich-Erzählerin auseinanderzusetzen. Dies erfordert, daß man den Text 'gegen den Strich' liest, was hier sagen will: man identifiziert sich nicht mit der Optik der Ich-Erzählerin, sondern reflektiert die Voraussetzungen für eine solche Sichtweise beim Lesen mit.

Der Text hat noch eine weitere Ebene. Die eingestreuten Ausrufe, Ermahnungen spiegeln ein kollektives (falsches?) Bewußtsein wieder. Sie stellen gängige Direktiven des Alltagsbewußtseins[25] in bezug auf die Verhaltensregulierung von Frauen dar. Diese gesellschaftlichen, meist nicht hinterfragten Regeln legen sich wie ein Netz aus Alarmkontakten über die spontanen Empfindungen der Ich-Erzählerin. Das Gefühl des Schmerzes wird ebenso schnell korrigiert wie die möglicherweise spontane Entscheidung, mit einem Mann in seine Wohnung zu gehen. Die Tatsache, daß diese Sätze in einem solchen Zusammenhang auftauchen, könnte ein Hinweis dafür sein, daß diese Ge- und Verbote von der Ich-Erzählerin internalisiert worden sind. Die Frau ist also nicht nur individuell dem Mann ausgeliefert. Man kann sagen, daß sie zudem den kollektiven Ballast einer Sozialisation mit sich trägt, die darauf gerichtet ist, Frauen soweit wie möglich daran zu hindern, originelle und spontane Gefühle und Handlungen zu entwickeln und auszuagieren. Die Zielsetzung ihrer Sozialisation liegt - wenn wir die Beschreibung in Text II als ein gelungenes Resultat ansehen wollen - in der beinahe mimetischen Anpassung an die Wünsche des Mannes. Luce Irigaray formuliert dies wie folgt:

25. Thomas Leithäuser definiert den Begriff 'Alltagsbewußtsein' wie folgt: "Das Selbst des Alltagsbewußtseins wäre in diesem Zusammenhang als ein noch nicht zu sich selbst gekommenes, blockiertes Selbst zu beschreiben. Das Agglomerat von konfligierenden Handlungstendenzen, auf das sich das Selbst des Alltagsbewußtseins beziehen kann, bleibt partiell vereinseitigt... Handlungsintentionen, die über einen Bereich des Wohlbekannten (in flexiblen Grenzen) hinaus wollen, werden durch das Selbst des Alltagsbewußtseins ausgeblendet... Das macht seine innere Borniertheit aus." Zitiert aus: Untersuchungen zur Konstitution des Alltagsbewußtseins. In: Adrienne Windhoff-Héritier: Sind Frauen so wie Freud sie sah? Weiblichkeit und Wirklichkeit. Bausteine zu einer neuen analytisch-sozialpsychologischen Theorie der weiblichen Psyche. Reinbek bei Hamburg 1976, S. 145. Siehe hierzu auch: Thomas Leithäuser/Birgit Volmerg: Die Entwicklung einer empirischen Forschungsperspektive aus der Theorie des Alltagsbewußtseins. In: Leithäuser u.a.: Entwurf zu einer Empirie des Alltagsbewußtseins. Frankfurt a/M. 1977, S. 44: "Die praktischen Artikulationen der Individuen in Alltagssituationen präsentiert sich in einem standardisierten, erlaubten und anerkannten, sozial kontrollierten Interaktionszusammenhang. Intentionen, Bedürfnisse und Interessen der Individuen, die über die relativ unproblematische Interaktionspraxis der Alltagssituation hinausgehen, werden an ihren Grenzen abgewiesen und ausgesperrt. Sie haben keine Artikulations- und Realisierungschance und werden in den Bereich des 'abweichenden Verhaltens' und der Privatsprachlichkeit abgedrängt."

54

(...)Frage also nicht in der Form: "Was ist die Frau?" stellen. Sondern daß sie - die Weise interpretierend - wiederholend, in welcher im Inneren des Diskurses das Weibliche sich determiniert findet: als Mangel, als Fehlen, oder als Mime und verkehrte Wiedergabe des Subjekts - kundtun, daß dieser Logik gegenüber von Seiten des Weiblichen ein verrückender Exzeß möglich ist.[26]

Meines Erachtens erreicht Stefan mit ihrem zweiten Text einiges in Richtung dieses verrückenden Exzesses. Ich interpretiere diesen Begriff als eine Schreibweise, bei der die traditionelle Optik verschoben wird. Zugleich erhebt Stefan keinen Anspruch auf eine neue Wahrheit oder eine Eindeutigkeit in bezug auf die sexuellen Wünsche der Frau oder partnerschaftliche Umgangsformen. Durch die Schilderung der Ich-Erzählerin erhält der Leser genau Einblick in die Position, die Irigaray "als Mangel, als Fehlen, oder als Mime und verkehrte Wiedergabe des Subjekts" angibt. Hierzu ist jedoch erforderlich, daß diese Erfahrungen des Mangels in Sprache eingeholt werden können. Das bedeutet, daß wenigstens das erzählende Subjekt ein Grenzgänger sein muß. Es muß den Mangel erfahren und gleichzeitig diesen so weit verdrängen können, daß es ihn als Subjekt äußert. Es muß sich also in der sprachlichen Repräsentation ausdrücken. Stefan versucht nicht, mit der Sprache auch zugleich die traditionellen Wertigkeiten und die repräsentative Optik zu übernehmen, und sie versucht auch nicht, alternative Wertigkeiten aufzubauen. Die autobiographische Erzählform verhindert, daß die Befindlichkeiten der Ich-Erzählerin zur Allgemeingültigkeit stilisiert werden. Zudem stehen beide Texte kommentarlos nebeneinander. Der Leser wird dazu angeregt, zwischen den Texten hin und her zu lesen. In dem weißen Zwischenraum steht kein Text. Man könnte diese unbeschriebene Fläche als Mangel und als Möglichkeit hinsichtlich einer (noch) nicht konzipierbaren Utopie sehen.

26. Luce Irigaray: Waren, Körper, Sprache. Der ver-rückte Diskurs der Frauen. Berlin 1976, Kapitel: Macht des Diskurses/Unterordnung des Weiblichen. Ein Gespräch, S. 34.

4. Alptraum im ödipalen Dreieck

Jutta Heinrich: Das Geschlecht der Gedanken

Als der Roman "Das Geschlecht der Gedanken"[1] 1976 im Verlag Frauenoffensive erschien, hatte er schon eine lange Odyssee durch Verlagshäuser hinter sich. Die meisten Verleger rühmten zwar das Manuskript, konnten sich aber nicht dazu entschließen, den Text herauszugeben, da sie sich keinen kostendeckenden Leserkreis vorstellen konnten.[2] Inzwischen ist "Das Geschlecht der Gedanken" zu einem der meistdiskutierten Bücher aus der Frauenbewegung geworden und in mehrere Sprachen übersetzt.[3]

Der Roman erschien 1976, doch das Manuskript war schon 1972 fertig. Dieses frühzeitige Datum veranlaßte Ricarda Schmidt zu folgender Kritik:

> So sehr Jutta Heinrichs Roman thematisch auch seiner Entstehungszeit vorausgewesen ist und so viele Gemeinsamkeiten im metaphorischen Bereich mit anderen Feministinnen bestehen, so sehr ist der Roman doch, was die Sprachstruktur anbetrifft, an seine Zeit gebunden. 1972 war ein feministisches Bewußtsein über patriarchalische Strukturen in der Sprache noch nicht entwickelt, und dies zeigt sich deutlich in *Das Geschlecht der Gedanken*.[4]

Ich meine, daß dieser Vorwurf für eine Auffassung kennzeichnend ist, die die Entwicklung einer 'weiblichen Ästhetik' als unmittelbare Verarbeitung von feministischen Diskussionen darstellt. Dies geht zum einen an der Tatsache vorbei, daß auch schon vor dem Beginn der zweiten feministischen Bewegung literarische Texte geschrieben wurden, die sich mit literarischen Traditionen, der Position des Weiblichen und dem Sprachmaterial auseinandersetzten. Man denke hier unter anderem an Virginia Woolf, Simone de Beauvoir, Djuna Barnes und Katherine Mansfield.[5] Ihre Texte werden erst heute als frühe Kritiken an den

---

1. Jutta Heinrich: Das Geschlecht der Gedanken. Roman. München 1978. Zitate, die sich in Kapitel 4 auf diesen Text beziehen, werden durch eine Seitenzahl in Klammern gekennzeichnet.
2. Christian Schulz-Gerstein: Tote Seelen. In: Der Spiegel (1978) 26.
3. Übersetzungen ins Niederländische, Dänische, Finnische, Schwedische, Norwegische, Französische und Italienische.
4. Ricarda Schmidt: Westdeutsche Frauenliteratur in den 70er Jahren. Frankfurt a/M. 1982, S. 310.
5. Texte aus der ersten Hälfte des zwanzigsten Jahrhunderts: Virginia Woolf: Orlando, Ein Zimmer für sich allein; Simone de Beauvoir: Das andere Geschlecht, Ein

Ausschlußmechanismen, denen spezifisch Frauen unterworfen sind, ausführlich rezipiert. Zum anderen wäre es eine unnötige Einschränkung in bezug auf eine mögliche 'weibliche Ästhetik', wenn man Texte, die fruchtbar für die Diskussion in der Frauenbewegung waren, als ein Spiegelbild des Bewußtseinsstands des Feminismus ansähe. Das bedeutete, daß man durchweg Texte im Stile eines feministischen Realismus erwarten müßte, wie sie unter anderem vom Werkkreis Literatur der Arbeitswelt[6] herausgegeben wurden. Folgt man jedoch der These von Bovenschen und Johanna Wördemann, so vernimmt man differenziertere und weiterführende Zielsetzungen für eine 'weibliche Ästhetik':

> Klärende Feststellung: es kann nicht darum gehen, eine *neue* Sprache zu erfinden, vielmehr darum, einen *anderen Gebrauch* von ihr zu machen. Das Buch: Schreiben als Widerstandhandlung. (...) Der Prozeß des 'Ablösens' ist immer ein Stück Arbeit, ist *Verarbeitung*=Klärung eigener Erfahrung.[7]

4.1. Die Nicht-zuende-Geborene

Heinrich kennzeichnet ihren Text mit dem Gattungsbegriff Roman. Ein Roman wird im allgemeinen nicht mit autobiographischen Aufzeichnungen gleichgesetzt. Die Bezeichnung ist um so erstaunlicher, als man in der Biographie der Autorin mühelos einige Analogien zum Romantext erkennen kann. Meines Erachtens werden Text und Biographie der Autorin jedoch von vornherein getrennt, da der Roman eine Heldin vorführt, die weder liebens- noch bemitleidenswert ist. Conni, die Ich-Erzählerin, entwirft im Text ein Bild von sich, das einem 'rächenden Tornado' gleicht. Ihre 'Heldentaten' sind ein Katalog von Zerstörungen anderer Menschen, wobei kein Unterschied zwischen Männern und Frauen gemacht wird.

Der Roman wird auch vielfach als ein negativer Entwicklungsroman gelesen: "Heinrich (...) schildert den Verlauf einer Entwicklung, die als

---

sanfter Tod; Djuna Barnes: Nachtwald; Katherine Mansfield: Das Leben sollte sein wie ein stetiges, sichtbares Licht. Tagebücher, Briefe, Kritiken. - Diese Titel stellen nur eine kleine Textauswahl aus der Fülle von Texten zu diesem Themenkreis dar.

6. Siehe hierzu: Peter Kühne: Arbeiterklasse und Literatur. Dortmunder Gruppe 61, Werkkreis Literatur der Arbeitswelt. Frankfurt a/M. 1972; Liebe Kollegin. Texte zur Emanzipation in der Bundesrepublik. Hrsg. von Britta Noeske u.a. Frankfurt a/M. 1973 (Werkkreis Literatur der Arbeitswelt); Erika Runge: Frauen. Versuche zur Emanzipation. Frankfurt a/M. [5]1974.

7. Johanna Wördemann: Schreiben um zu überleben oder Schreiben als Arbeit. In: Alternative (1976) 108/9, S. 117.

psychische De-Formation erscheint, mit bestürzend genauen Details"[8], heißt es bei Friederike Fecht. Betrachtet man den Text genauer, so ersieht man aus Fragmenten am Anfang und am Ende des Textes, daß hier von einer Entwicklung im Sinne einer wachsenden, kohärenten Persönlichkeit kaum die Rede sein kann. Am Anfang heißt es:

> Die Welt der Pferde und die Welt der Ameisen habe ich nie verlassen - so weit ich mich auch zurückerinnere, sind da immer nur wir drei: mein Vater, meine Mutter und ich.
> Alles Denken, Vorwärtsdenken, Rückwärtsdenken ist für mich, in den Beginn zurückzuschlüpfen, aus dem ich geboren bin: Ich, ein Baum ohne Wurzeln, die Zweige mit den Früchten unter der Erde.
> Meine Mutter wurde mein Vater, mein Vater meine Mutter, und ich bin nicht ich. (S. 7)

Die Protagonistin hatte ihren Eltern metaphorische Namen gegeben: die Mutter war eine Ameise und ihr Vater ein Pferd. Zum Vergleich sei noch ein Textfragment vom Ende des Romans dem ersten hinzugefügt. Das Fragment verdeutlicht Connis psychische Gebundenheit an die Eltern, hier an den Vater. Nach dem Tode des Vaters reist Conni ziellos herum, auf der Suche nach ihrem Vater. Die Abwesenheit des Vaters führt zur Auflösung ihrer Identität, was in gewissem Sinne als 'Entwicklung' betrachtet werden kann.

> (...) wohin ich mich auch wandte, der Steckbrief war heruntergerissen, vergilbt und das Bild verlor sich von Tag zu Tag mehr in die Vorstellung, und die Vorstellung verlor von Tag zu Tag mehr an Kontur und Antrieb, so daß ich das Gefühl bekam, mein Vater würde mich einer allerletzten Strafe unterziehen, unaufhaltsam spüren zu müssen, daß meine Vergangenheit aus mir herausfiele, unaufhaltsam wie ein Baum seine Blätter verliert. So begann ich immer tiefer unterzutauchen, auch unter mich selbst. (S. 111)

Die Ich-Erzählerin empfindet es hier als Strafe, daß der Vater nicht mehr anwesend ist. Auch wenn er bis dahin nicht dauernd leiblich Befehle austeilte, so war anscheinend seine Existenz für die Protagonistin eine - gehaßte - Stütze. Man könnte hier an die Theorie von Klaus Theweleit denken, die er aufgrund von Analysen faschistischer Persönlichkeiten entwickelte:

> Das Ich des Nicht-zuende-Geborenen hat in der Dreierkonstellation der Familie keinen psychischen Bezugspunkt, konkret: der Vater als Instanz bedeutet ihm nichts. Die Mutter als Person bedeutet ihm nichts. (...) Andererseits sind der Vater als gesellschaftliche Instanz, die Mutter als Person, die Familie als bestimmender Aufenthaltsort intensiv vorhanden. Sie bilden einen Teil des gesellschaftlichen

---

8. Friederike Fecht: Jutta Heinrich. In: Neue Literatur der Frauen. Deutschsprachige Autorinnen der Gegenwart. Hrsg. von Heinz Puknus. München 1980, S. 214.

Panzers des Nicht-zuende-Geborenen, eines der äußeren Ichs, denen er sich einfügt, in diesem Falle einzufügen hat, denn die gesellschaftliche Macht der Familie über ihr Mitglied ist nur zum Teil gebrochen. (...) Statt einer Regression (die beim Individuum mit integrierten psychischen Funktionen eher langsam, schrittweise vor sich geht) haben wir es beim Nicht-zuende-Geborenen mit einem krassen Wechsel zwischen verschiedenen Zuständen zu tun, die sich qualitativ nicht unterscheiden im Gegensatz zu den Zuständen der Regression.[9]

Diese auf faschistische Persönlichkeiten angewandte Analyse enthält im Kern Übereinstimmungen zur Reaktionsweise der Protagonistin Conni und deren Persönlichkeitsstruktur. Conni hat den "Körperpanzer",[10] die Befehle von außen (Theweleit), nötig, um ihre eigene Identität zusammenzuhalten. In dem Augenblick, wo diese Direktiven wegfallen, fällt ihre Identität auseinander, wird Conni handlungsunfähig und wendet sich angstvoll an die Mutter. Als Conni erfährt, daß ihre Mutter ihr keine Aufmerksamkeit mehr schenkt, fällt sie völlig in sich zusammen, bekommt Weinkrämpfe, ist desorientiert, arbeitsunfähig und klagt über "gesteigerte Geburtsschmerzen" (S. 131) (sic!). Dieses Interpretationsmodell könnte auch eine Erklärung für die Rache- oder besser Vernichtungsfeldzüge erstellen, die die Protagonistin beschreibt. Ihre besondere Wut wird entfacht, wenn sie auf die Sexualität ihrer Mitmenschen stößt. Conni unternimmt dann ganz systematisch und kaltblütig Aktionen, durch die sie Menschen zerstört, sobald sie ihre sexuellen Wünsche zeigen oder gar ausleben.

Aus den Textfragmenten, die eine Zerstörung beschreiben, kann man oft herauslesen, daß sich das Opfer bereits in einer schwierigen, aussichtslosen Lage befindet, bevor es durch die Protagonistin sorgfältig in eine Sackgasse manövriert wird: Wenn eine Zerstörung vollendet ist, empfindet die Ich-Erzählerin Genugtuung über das 'Ausmerzen eines minderwertigen Wesens'. Ich möchte hier zur Illustration auf ein Beispiel eingehen. Conni hat in der Klosterschule entdeckt, daß eine Mitschülerin es mit einem Postboten 'treibt'. "Am Nachmittag kniete sie in der Kapelle, den Kopf auf den Betstuhl gesenkt, und überglücklich ahnte ich, daß ihr Körper bald am Ende wäre" (S. 60).

Um die Mitschülerin zu quälen, nutzt Conni ihr Wissen aus und vergewaltigt Marga. In Erwartung von Margas Ankunft im Schlafsaal, wo Conni sich heimlich in Margas Bett gelegt hat, phantasiert sie:

> Doch dann, als ich mich unter Margas Bettdecke wiederfand, bildete ich mir ein, ihren Körper zu fühlen, und ich konnte die Sekunde kaum noch erwarten, in der ich sie quälen würde. Heimlich und verbissen bemächtigte ich mich ihres Bettes, ihres Geruches, ihres Atems, und ich begann, mich in ihr Leben zu versenken, dessen Schein ich töten wollte. (S. 63)

---

9. Klaus Theweleit: Männerphantasien. Frankfurt a/M. 1978 (Bd. 2), S. 288.
10. Klaus Theweleit: op.cit. S. 260.

Conni zwingt Marga zu sexuellen Handlungen:

> Sie gab keinen Laut von sich, schien zu leiden, und ich schwelgte in dem Gefühl ihres Ausgeliefertseins. Ich wollte nicht, daß sie mich berührte, (...) manchmal schien es, als ringe die eine Hand gegen die andere, dann vergaß sie uns.
> Nun endlich konnte ich sie hassen, haßte ihre Sexualität und alles, was sie für mich beinhaltete. Und in der Sekunde, als mich Marga vergaß, kehrte ich in mich zurück, abgestoßen und kalt kostete ich die Erregung aus, nichts zu empfinden. (S. 66 f)

Man kann diese Szene, die kaltblütig, aber mit großer Erregung inszeniert wird, als eine Folge des Nicht-zuende-Geborenseins im Sinne von Theweleit interpretieren. Theweleit sagt zu dem ambivalenten Verhältnis der faschistischen Persönlichkeit Frauen gegenüber:

> Der dubbel-bind entsteht aus dem Verbot, die Familie öffentlich anzugreifen. "Du sollst Vater und Mutter ehren" wird verstärkt gepredigt von seiten des Staates, der dabei ist, ihnen alles Verehrungswürdige vollkommen zu nehmen.
> Daß man die Eltern ehren soll, muß also, wie die andern Teile des Panzers, angeprügelt werden. Kein einziges Kind mit dieser Art Ich liebt oder achtet seine Eltern wirklich, im Gegenteil: da es ihrer substanzlosen Herrschaft, die es als Terror empfinden muß, unterworfen ist, haßt es sie.
> Besonders haßt es die Mutter, aber es haßt sie an sich selbst; der Selbsthaß, die Autodestruktionstendenzen, die sich in der Nichtachtung des eigenen Lebens und in allerlei körperlichen Leiden äußern, sehen wie eine Strafe an der introjizierten 'bösen' Mutter aus: Rache für ihr Versagen, die Nicht-zuende-Geborenen der zerreißenden Kälte ausgesetzt zu haben. (Die reale Mutter als Person wird daneben zwanghaft verehrt.) Die Zerstörung des weiblichen Körpers (...) zielt also letztlich auf einen Sexualakt (...) - sie zielt auf die Vernichtung alles Falschen und Bösen überhaupt (...).[11]

Die hier für ein männliches Persönlichkeitsmodell aufgezeigten psychischen Mechanismen zeigen auffällige Übereinstimmungen mit der Persönlichkeitsstruktur der Ich-Erzählerin. Die Ich-Erzählerin haßt besonders Frauen, oftmals wird ihr Haß damit begründet, die Frauen ähnelten ihrer Mutter. Die konkrete Mutter versucht Conni zu beschützen:

> Ich sah gerade noch, wie mein Vater gegen das Schienbein meiner Mutter trat. (...) Während mein Vater wieder die Füße mit den Arbeiterschuhen unter den Stuhl zog, die Schuhe übereinanderlegte, rutschte ich leise an die Beine meiner Mutter, küßte vorsichtig und unhörbar die getretene Stelle. (S. 19)

Auffallend an diesem Fragment ist die Parteinahme Connis für die Mutter, die sie in ihrer Unterwürfigkeit dem Vater gegenüber verachtet, da Conni selbst nicht diese Rolle spielen möchte. Sie identifiziert sich daher mit dem Vater: "Weil ich nicht von seinem Leben lassen konnte, da mir sein Leben begehrlicher erschien, machte ich mich zur Verbündeten eines Mächtigen" (S. 9).
Hier zeigt sich eine leichte Verschiebung gegenüber Theweleits Modell

---

11. Klaus Theweleit: op.cit. S. 289 ff.

eines männlichen Nicht-zuende-Geborenen. Die Ich-Erzählerin ist eine Frau und kein Mann. Da sie zum einen an der Seite der Mächtigen in der Familie stehen will, kann die reale Mutter in ihrer Unterwürfigkeit kein Vorbild sein. Zum anderen begleiten die Faszination für den Vater Beschreibungen seiner hassenswerten Brutalität. Die Protagonistin kann sich nicht in eine Mutterverehrung steigern, wie es Theweleits Männer tun, da sie als Frau selbst immer in diese untertänige Rolle gedrängt wird, die sie ablehnt. Conni kennt daher die masochistische Frauenrolle 'von innen heraus'. Die Adaption der männlichen Rolle verlangt in ihrer Sicht eine Absage an emotionale Bindungen, da Conni diese nur in der Form der masochistischen Unterwürfigkeit ihrer Mutter und der gewalttätigen Herrschaft ihres Vaters kennengelernt hat. In ihrem Kopf wird das Bindeglied dieser gegenseitigen Tyrannei, die Sexualität, als aufzeigbares Gemeinsames analysiert, das die Elternhälften in ihrer unheilvollen Verbindung festhält. Der Selbsthaß (die Ich-Erzählerin bezeichnet sich als "Unkrautgewächs", S. 105) richtet sich auf die Sexualität, auch auf die eigene: "In Wirklichkeit aber entdeckte ich das unberührbare Geschlecht der Gedanken, und ich glaubte zu wissen, daß mir nichts mehr widerfahren könnte" (S. 27).

Die Ich-Erzählerin zieht sich hier beinahe triumphierend aus ihrem Körper zurück. Sie weigert sich, Frau zu sein, und sie ist - körperlich betrachtet - nicht im Stande, Mann zu werden. Dieser geschlechtsneutrale Zustand muß jedoch bewacht werden. Die anderen Menschen mit einer ausgelebten oder angedeuteten sexuellen Neugier werden zum bösen anderen, das bekämpft werden muß. Sexualität wird als 'falsch', als 'niedrig' angesehen. Hier besteht eine Parallele zum Theweleit-Zitat. Bezeichnenderweise zielen Connis Zerstörungen nicht nur auf eine körperliche Vergewaltigung, sondern auf die Vernichtung der anderen, als sexualisierte Körper identifizierten Menschen. Die Haßliebe zu den Eltern hat dabei dafür gesorgt, daß die Ich-Erzählerin die Eltern, nicht nur die Mutter, fortlaufend in der Gestalt anderer Menschen strafen muß. Hierdurch erhält die Protagonistin eine Ich-Identität, die von außen durch die Effekte ihrer Taten dauernd erneut werden muß. Als die Eltern als befehlende und zu strafende Instanz wegfallen, zerfällt dann auch, wie oben zitiert, der Persönlichkeitspanzer. Es ist daher auch sehr fraglich, ob angesichts dieser Persönlichkeitsstruktur das letzte Kapitel "Der Brief" (S. 130-131) als ein völlig neuer Aufbruch zu lesen ist. Der Brief zeugt von der unveränderten Perspektive der Ich-Erzählerin, der Ort ist eine ödipale Metapher:

> Ich schreibe dir aus einem Ort, der mit hohen kalten Bauten in den Himmel flieht, eingezwängt zwischen zwei schmutzige Flüsse. Mein Zimmer ist sehr klein, damit nicht auch noch das letzte von mir verlorengeht. (S. 130)

Dieser 'Zimmerpanzer' ist von phallusgleichen Hochhäusern 'kalt' umstellt. Die Veränderungen im emotionalen Haushalt werden zwar angekündigt, altbekannte Muster brechen aber mit Vehemenz durch: "Aber manchmal (...) wünsche (ich mir, MB), es möge etwas passieren, jemandem soll auf der Stelle etwas zustoßen, alles in mir ist dann erregt, daß sich meine Furcht darunter beruhigt" (S. 130). Nach wie vor wird hier die Grausamkeit als seelischer Reiz dargestellt. Auch erscheinen die Zukunftsvisionen recht magisch-kindlich: "Aber ich bin nicht allein. Wenn mein Kopf Sand abgeworfen hat, genügend, so daß die Gedanken fliegen können, dann stecke ich die Sonne in die Tasche" (S. 131). Man wird hier an eine frühere Textstelle erinnert, wo die Ich-Erzählerin sich beschrieb als: " Baum ohne Wurzeln, die Zweige mit den Früchten unter der Erde" (S. 7). Daher wird das Bild vom Kopf, der den Sand abwirft, verständlich. Der Baum soll umgedreht werden, aber er hat gar keine Wurzeln. Der Erfolg ist daher zu bezweifeln, auch wenn der emotionale und intellektuelle Apparat aus seinen Zwängen befreit wird. Der Nachsatz, "dann stecke ich die Sonne in die Tasche", läßt vermuten, daß die Ich-Erzählerin das Gefühl der omnipotenten Beherrschbarkeit - auch hinsichtlich der Natur - noch nicht abgelegt hat. Sie wählt sich auch bezeichnenderweise keine Bezugsperson, um nicht mehr allein zu sein. Sie wählt sich eine Metapher, die Sonne, aus der der Rekurs auf frühkindliche Wünsche ableitbar ist: anstatt des Mondes, den die Ich-Erzählerin als Kleinkind als Verbündeten ansah, einer Metapher der Kälte, wünscht sie sich nun die Sonne, ein Symbol für Fruchtbarkeit und Wärme. Forschungen zur frühkindlichen Sozialisation haben erwiesen, daß die Körperwärme der Mutter auf das Kleinkind eine beruhigende Wirkung ausstrahlt.[12] Das Ende des Romans stimmt traurig, gerade weil hier kein radikaler Bruch mit der Vergangenheit vorgenommen wird und werden kann.

4.2. Conni als 'Als-ob-Persönlichkeit'

Ich möchte die These von der deformierten Entwicklung der Ich-Figur in "Das Geschlecht der Gedanken" noch einmal aufnehmen und von einer anderen Seite betrachten. Der Roman bietet hierzu Gelegenheit, da er in seiner Offenheit mehrere Interpretationsmöglichkeiten zuläßt. Außerdem spricht es für die Komplexität der Darstellung, daß sie sich nicht nur in ein einziges theoretisches Modell einfügen läßt. Ich möchte mit Hilfe von

---

12. In Frankreich werden in progressiven Kliniken die Zimmer, in denen Geburten stattfinden, auf eine der Körpertemperatur vergleichbaren Wärme aufgeheizt, um das neugeborene Kind zu beruhigen.

theoretischen Ansätzen, die die Schweizer Psychoanalytikerin Alice Miller entwickelt hat, die 'Deformation' der Ich-Erzählerin aufschlüsseln. Alice Miller beschreibt in "Das Drama des begabten Kindes"[13] den Prozeß des Selbstverlustes eines Kindes. Sie führt diese Deformation, die mit Depressionen, Gefühllosigkeit und mangelnder Fähigkeit zur adäquaten Selbsteinschätzung einhergeht, auf eine frühkindliche Beschädigung des gesunden Narzißmus des Kindes zurück. Miller destilliert eine familiäre Konstellation heraus, die zu diesem gestörten Narzißmus führt: Erstens weist sie auf eine im Grunde emotional unsichere Mutter, später weitet sie den Personenkreis auf den Vater oder andere wichtige Bezugspersonen in den ersten Kinderjahren aus; die Unsicherheit kann hinter autoritärem Verhalten der Eltern verdeckt bleiben. Zweitens sieht Miller eine erstaunliche Fähigkeit des Kindes, die Befürnisse der Mutter oder beider Eltern intuitiv, also auch unbewußt, zu spüren und zu beantworten, d.h., die ihm unbewußt zugeteilten Funktionen zu übernehmen (AM, S. 23-24). Und drittens sichert sich nach Miller das Kind durch dieses Sensorium für die Wünsche der Eltern deren 'Liebe', d.h. die "narzißtische Besetzung durch die Eltern" (AM, S. 24). Das Kind baut diese Fähigkeit aus, da es dadurch an Einfluß gewinnt. Es zeichnet sich durch "ein ganz besonderes Sensorium für unbewußte Signale der Bedürfnisse des anderen" (AM, S. 24) aus. Miller setzt diese Entwicklung sehr früh an, nämlich bei der Anpassung des Säuglings an die Wünsche der Eltern. Dadurch ergeben sich schwerwiegende Folgen für die narzißtischen Bedürfnisse. Nach Miller können diese Kinder als Erwachsene Gefühle wie z.B. Neid, Zorn, Verlassenheit, Ohnmacht, Angst, Eifersucht nicht "bewußt erleben". Differenzierte Schilderungen werden meist von Erlebnissen gegeben, die konfliktfrei waren, wie z.B. Naturerlebnisse. Das Kind hat eine Fähigkeit entwickelt, Gefühle nicht zu erleben. Trotzdem bleibt nach Miller etwas von der Erlebnisfähigkeit eigener Gefühle erhalten:

> Und doch... etwas bleibt. Im ganzen späteren Leben dieses Menschen werden von ihm unbewußt Situationen inszeniert, in denen diese damals nur im Ansatz vorhandenen Gefühle aufleben können, aber ohne daß der ursprüngliche Zusammenhang verständlich wird. Den Sinn dieses "Spiels", wie Habermas (1970) das nennt, zu entziffern, ist erst in der Analyse möglich, wenn die Inszenierung den Analytiker einbezieht und die Verbindung der ursprünglichen Situation mit den in der Analyse erlebten intensiven Gefühlen gelingt. (AM, S. 26)

Man könnte hinzufügen, daß diese Verarbeitung natürlich nicht ausschließlich in der Analysesituation möglich ist. Wichtig erscheint jedoch, daß die eigenen Gefühle in Situationen inszeniert werden, die für

---

13. Alice Miller: Das Drama des begabten Kindes. Frankfurt a/M. 1980. Zitate in Kapitel 4.2, die sich auf diesen Text beziehen, werden durch 'AM' und Seitenzahl gekennzeichnet.

63

den narzißtisch Gestörten anscheinend unbewußte Analogien mit früheren traumatischen Erlebnissen aufweisen, und daß diese Reaktionen immer wiederholt werden, ohne eine wirkliche Verarbeitung zu bedeuten. Daß eine solche narzißtische Kränkung vom Kind nicht abgewehrt werden kann, führt Miller auf das ungleiche hierarische Verhältnis zwischen Eltern und Kind zurück:

> Nicht, weil es eine böse Mutter hatte, sondern weil die Mutter selber narzißtisch bedürftig war, auf ein bestimmtes, für sie notwendiges Echo des Kindes angewiesen, selbst im Grunde ein Kind auf der Suche nach einem verfügbaren Objekt. Und so paradox das erscheinen mag - *ein Kind ist verfügbar*. Ein Kind kann einem nicht davonlaufen, wie die eigene Mutter dazumal. Ein Kind kann man *erziehen, daß es so wird, wie man es gern hätte*. Beim Kind kann man sich Respekt verschaffen, man kann ihm seine eigenen Gefühle zumuten, man kann sich in seiner Liebe und Bewunderung spiegeln, man kann sich neben ihm stark fühlen, (...). (AM, S. 27).

Miller weist darauf hin, daß diese Kinder intuitiv merken, daß in ihrer Umgebung kein Platz für ihre Emotionen ist; der Rückzug ist daher ein Selbstschutz. "Das gleiche gilt für Gefühle, die mit dem ödipalen Drama und mit der ganzen Triebentwicklung zusammenhängen" (AM S. 28). Das Kind entwickelt in Anpassung an die elterlichen Bedürfnisse eine 'Als-ob-Persönlichkeit' oder nach Winnicott "ein falsches Selbst". "Das wahre Selbst kann sich nicht entwickeln und differenzieren, weil es nicht gelebt werden kann. Es steht 'im Zustand der Nichtkommunikation'" (Winnicott, AM, S. 29).

Der Mechanismus der Abwehr hat mehrere Varianten: einfache Verleugnung, Umkehr ins Gegenteil, Umkehr des passiven Leidens in aktives Verhalten, Verschiebung auf andere Objekte, Introjektion der Drohung von Liebesentzug und häufig Intellektualisierung (AM, S. 28-29).

Die Unmöglichkeit, Konflikte (mit den Eltern) auszutragen, verursacht eine "Permanenz der Bindung, die keine Abgrenzung ermöglicht" (AM, S. 31). Das Kind, das keine eigenen Strukturen aufbauen konnte, ist als Erwachsener unbewußt (via Introjekt) von den Eltern abhängig.

> Die Erben der Eltern sind die Introjekte, vor denen man das wahre Selbst tief verstecken muß, und so folgt auf die Einsamkeit im elterlichen Haus die spätere *Isolierung* in *sich selber*. (AM, S. 31)
> Begreiflicherweise klagen diese Patienten über Gefühle der Leere, Sinnlosigkeit, Heimatlosigkeit, denn diese Leere ist real. (AM, S. 29)

Wendet man sich nach diesem theoretischen Exposé wieder dem Roman und seiner Ich-Erzählerin zu, so findet man in dem 'Erinnerungsbericht' der Protagonistin starke Spuren einer 'Als-ob-Persönlichkeit'.

Conni sagt zu Anfang: "Meine Mutter wurde mein Vater, mein Vater meine Mutter, und ich bin nicht ich" (S. 7). Diese Ich-Leere wird unterstrichen, indem die Erzählerin sich selbst als "ängstlich" und "schweigsam" bezeichnet.

Gut ausgebildet ist jedoch ihr Sensorium: "(...) ich kam mit großen Ohren auf die Welt und hatte ein empfindliches Gehör, wachsam und argwöhnisch, das vom Ende eines Lebens" (S. 8). Conni beschreibt sich hier als empfindsam für Eindrücke von außen. Die Beschreibung setzt ein, als neben der Wachsamkeit auch schon das Mißtrauen begonnen hat. Die Bindung an die Eltern ist jedoch sehr stark.

> Obgleich ich nicht ein einziges Mal meine Ohren an die Wand legte, waren meine Eltern an meinem Kopf angeschlossen, geisterhaft überkamen mich Bilder, die fortwährend durch die Ohren, über den Kopf, vor die Augen fielen (S. 12).

Man könnte dieses Bild, in dem das kleine Kind mit den Ohren an den Kopf der Eltern angeschlossen ist, dahingehend deuten, daß das Kind die Wünsche der Eltern - ausgesprochen oder unausgesprochen - vernimmt. Diese Wünsche sind nicht die Wünsche des Kindes. Auffallend im ganzen Text ist, daß Conni nie eigene Wünsche äußert, es sei denn, man rechnete ihre späteren Zerstörungsphantasien dazu. Diese sind aber in Analogie zu Millers These von der Umkehrung der wahren Gefühle schon ein Produkt der narzißtischen Störung.

Da die Mutter der Tochter deutlich macht, daß Frauen minderwertig seien, empfindet Conni ihren androgyn anmutenden Namen als ein Zeichen dafür, daß sie als Mädchen nicht erwünscht ist:

> Darum tauften mich meine Eltern auf den Namen Conni, weil er für sie eine Verbindung zwischen beiden Geschlechtern darstellte und mein Vater nicht fortwährend daran erinnert werden mußte, daß aus mir nichts wurde als ein Mädchen. (S. 8)

Möglicherweise haben die Eltern ihre Enttäuschung über die Geburt einer Tochter nicht andauernd dem Kind vorgehalten. Ein Kind spürt jedoch aus den oft unbewußten Handlungen ihm gegenüber, ob es akzeptiert und als es selbst geliebt wird.

Neben diesem Dilemma erkennt ein Kind früh, daß die Eltern ein routiniertes Verhältnis ohne liebevolle Zuneigung zueinander haben. Da ein Kind die Liebe und Achtung der Eltern erlangen möchte, gerät es in eine komplizierte psychische Lage, da die Eltern unterschiedliche Erwartungen in das Kind setzen. Der Vater möchte Conni auf seine Seite ziehen, er schenkt ihr ein Fahrrad und gibt ihr mit Blicken seine Komplizenhaftigkeit zu erkennen, wodurch sie die schwache, unterwürfige Mutter verachten soll. Da Conni jedoch auch die Liebe der Mutter erringen will, versucht sie, sie gegen den Vater zu beschützen. Dabei spürt sie "des öfteren eine wunderbare Verbindung mit meiner Mutter" (S. 13). Conni versucht, die Mutter aufzuheitern, indem sie als Empfänger für ihre endlosen Geschichten dient. "Um meine Mutter nichts fühlen zu lassen, gab ich mich derb, spielte Vaterersatz, (...). Sie konnte nicht aufhören, von ihm zu sprechen, (...). Wenn ich es nicht mehr aushielt in ihrer Nähe, schlich ich mich leise in mein Zimmer" (S. 17). Auffallend an dieser

Episode ist die krasse Ungleichheit zwischen Mutter und Kind. Die Tochter versucht der Mutter den Halt zu geben, den die Frau in ihrem Mann nicht findet. Er füllt nur ihre Leere mit seinen Befehlen und seiner Anwesenheit. Die Tochter fühlt instinktiv, daß sie, um von der Mutter geliebt oder wenigstens geduldet zu werden, die Rolle des Vaters in seiner Abwesenheit einnehmen muß. Dabei ist es ihre Aufgabe, die stundenlangen klagenden Selbstgespräche der Mutter wortlos anzuhören. Die Mutter übernimmt hier die Rolle eines Kindes, das sich bei seiner Mutter beklagt. Die Mutter löst ihre Identität in den Geschichten größtenteils auf, sie wird "fahrig und nervös" (S. 17). Die Tochter erhält so Einblick in die emotionale Unsicherheit der Mutter, die in Anwesenheit des Vaters sich nach ihm richtet und ihn in seiner Abwesenheit bei der Tochter denunziert. Die Tochter schweigt. Sie protestiert nicht, sondern entweicht vorsichtig dem Monolog der Mutter, indem sie sich auf ihr Zimmer zurückzieht. Der Vater behandelt die Tochter auch als Zeugen seiner Beziehung zur Mutter. Er zwingt Conni, die Demütigungen der Mutter mitanzusehen. Sein Leben erscheint Conni daher "begehrlicher", und sie identifiziert sich mit ihm, um im Kräfteverhältnis der Eltern auf der Seite des Stärkeren zu stehen. Der Vater jedoch zwingt sie, auch die Rolle der - verachteten - Weiblichkeit anzunehmen, indem Conni auf seinen Befehl Frauenkleider tragen muß.

Das Kind wird hin- und hergerissen in seinen Bemühungen, sich mit einem der Elternteile zu identifizieren. Es fällt auf, daß nirgends ein Gespräch der Eltern mit dem Kind erwähnt wird. Das Kind muß die familiäre Konstellation durch scharfes Beobachten selbst erkennen, so auch die ausgelebte Sexualität der Eltern. Die Geräusche im Schlafzimmer übertragen sich ins Kinderzimmer. Das Kind hört die Geräusche des Koitus. Aus Freuds Analysen ist bekannt, wie traumatisch die Urszene auf Kinder wirken kann.[14] Da die Eltern nicht mit dem Kind reden und keine Zärtlichkeiten austauschen, sondern auf brutale Weise miteinander umgehen, kann das Kind nur Bilder des Schreckens, der Verletzung und Vergewaltigung in sich aufnehmen. Die Eltern korrigieren diese negative Interpretation von Sexualität nicht. Und das ängstliche Kind schweigt und zieht seine Konsequenzen. Es interpretiert Sexualität als etwas Grausames, Unterdrückendes, das es abwehren muß. Jedes Anzeichen von Sexualität wird ihm verdächtig. Conni versucht daher später, jede Sexualität bei anderen zu unterdrücken, auch die, die lustvoll erfahren wird, wie bei ihrer Mitschülerin im Kloster. Immer wieder tauchen bei Paareinheiten die Assoziationen zu den Eltern auf, Frauen werden mit der Mutter

---

14. Siehe hierzu: Sigmund Freud: Aus der Geschichte einer infantilen Neurose ("Der Wolfsmann"). In: Zwei Kinderneurosen. Frankfurt a/M. 1969 (Studienausgabe, Bd. 8), S. 125-126.

verglichen,[15] wenn sie verachtenswürdig sind. Das, was Conni als kleines Kind nicht tun konnte, nämlich die Allianz der Eltern zerstören, die so bedrückend und verformend auf sie gewirkt hat, das tut sie in ewiger Wiederholung in ihrem Erwachsenenleben. Die Situationen sind dabei gar nicht identisch mit denen des Elternhauses. Conni ist selektiv und greift dadurch auch in anderen Situationen nur eine Komponente auf, die ihren Wiederholungsmechanismus in Gang setzt. Sie straft andere Menschen für ihre emotionale Bindung, für ihre Sexualität. Das passive Verhalten in der Kindheit kehrt sich in aktives Verhalten um: anstatt Leiden aufzufangen, inszeniert sie nun Leiden. Auch könnte man von Verschiebung sprechen: Das Strafen der Eltern wird auf andere, oft sogar unbekannte Personen übertragen. Conni konnte ihren Eltern nicht ihren Haß, ihre Einsamkeit, ihren Zorn und sicherlich auch nicht ihre Eifersucht zeigen. Darum agiert sie nun bei anderen Personen diese Gefühle aus. Man könnte in gewissem Maße auch von Introjektion sprechen: Conni hat sich die Stärke, die ihre Eltern von ihr verlangten, zueigen gemacht, sei es in vernichtenden Initiativen oder als trotziges Ausleben ihrer Einsamkeit.

Meines Erachtens kann man anhand der Darstellung einer solchen narzißtisch gestörten Figur wie Conni nicht direkt von einer 'Entwicklung' zum Erwachsensein sprechen. Vielmehr ist schon sehr früh ein 'falsches Selbst' erkennbar, das die wahren Gefühle bleibend überdeckt. Der Rückzug in die Isolierung wird zweimal deutlich beschrieben. Als kleines Kind entdeckt sie, daß sie ein Mädchen werden muß, eine Rolle, die von den Eltern als verachtenswert dargestellt wurde. Conni versucht darum, das Wachstum zu verhindern: "Von jenem Tage an, als ich Gewißheit erhalten hatte, wurde ich ratlos und bekam Schmerzen, denn es wollte mir nicht in den Kopf, daß ich zu nichts anderem groß werden sollte als zu einem Ameislein" (S. 8).
Man könnte die Schmerzen als abgewehrtes Wachstum interpretieren. Die Ich-Erzählerin wehrt sich, eine Frau zu werden. Diese Abwehr wird durch das Verhalten der Eltern nur verstärkt. Als Conni gezwungen wird, wenigstens äußerlich die Frauenrolle durch Kleidung zu übernehmen, und als die Mutter schamhaft ihren Körper Conni vorführt und erklärt, zieht sie sich auf ihre alte Position des Schweigens und des Mißtrauens zurück. "In Wirklichkeit aber entdeckte ich das unberührbare Geschlecht der Gedanken, und ich glaubte zu wissen, daß mir nichts mehr widerfahren könnte" (S. 27). Hier wird die Isolation noch einmal bestätigt. Conni zieht sich zurück, und zwar in den Kopf.

---

15. Jutta Heinrich: op.cit. S. 36, 41, 58. Wichtig sind meines Erachtens die Ähnlichkeiten der Namen Marga und Mutter. Beide sind zweisilbig und haben den Anfangsbuchstaben 'M'.

Ich sehe hier eine Parallele zu Millers These, daß narzißtisch gestörte Menschen ihre Gefühle intellektualisieren und dadurch eine Barriere gegen einen direkten Zugang zu ihren Emotionen schaffen. Innerhalb einer Analyse des gestörten Narzißmus könnte man das Zitat dahingehend lesen, daß Conni sich im weiteren auf kühle, rationale, intellektuelle Analysen stützt, die ihrer Meinung nach nicht von der Geschlechtsrollen-sozialisation, von der eigenen Triebökonomie und vom Verständnis für die Situation anderer Menschen, gleich ob Mann oder Frau, beeinflußt sind. Diese Position erkauft sie sich mit der eigenen Bindungslosigkeit und der "Isolierhaft des wahren Selbst im Gefängnis des falschen". Die Lust an der Zerstörung anderer könnte man als eine Umkehrung ihrer "versandeten" (S. 131) wahren Wünsche nach Kontakt und Zuneigung sehen. Ich sehe diese Umkehrung jedoch nicht im Lichte der Interpretation Heinrichs, die meint, daß "das Böse - der negative Antrieb - nichts anderes als das verunmöglichte 'Gute'" sei (S. 6).

Heinrich sieht hier meines Erachtens nur die angenehmen, aggressionslosen Emotionen und Wünsche als 'Gutes' an und betrachtet ausgelebte Aggressionen als die Verkehrung des Guten. Damit negiert sie, daß in einer Persönlichkeit die ganze Breite der Emotionen im Ansatz qualitätslos vorhanden ist. Eine Persönlichkeit, die auch negativ bewertete Emotionen ausleben konnte, ohne die Zuneigung der Bezugspersonen zu verlieren, entwickelt Achtung für *alle* eigenen Gefühle und ist in der Lage, die Gefühle anderer einzuschätzen, zu akzeptieren und sich mit ihnen im Dialog mit den eigenen Gefühlen auseinanderzusetzen. Dies ist bei der Ich-Erzählerin bis zuletzt nicht der Fall. Sie erscheint am Ende des Textes als ein Mensch, der unter der Leere der Identität leidet. Sie klammert sich an die Mutter, um mit ihr eine Beziehung herzustellen, wobei sie eigentlich aus ihrer Erfahrung wissen müßte, daß die Mutter für sie mit Haß- und Mitleidsgefühlen besetzt ist. Im Grunde genommen ist die Verbindung zur Mutter nicht abgerissen. Man könnte vermuten, daß sie auch noch den verstorbenen Vater für das Kind, das nun schon eine erwachsene Frau ist, ersetzen muß. Das Kind versucht nach wie vor, die Liebe der Mutter zu gewinnen. In einem Brief erklärt sie, daß sie eine Rose für die Mutter gepflückt habe. Die Mutter hat jedoch nur Plastikblumen in ihrer Wohnung (S. 100-107). Auch wurde deutlich, daß die Mutter selbst große Leere und Liebesunfähigkeit zeigte. Nun hat sich die Mutter anscheinend wieder einen neuen Mann gesucht und wohnt mit ihm zusammen. Conni bettet um Einlaß bei der Mutter. Das ödipale 'Spiel' könnte also wieder von vorn beginnen. Die beiden letzten Sätze:

Riechst Du die Rose?
Wir beide grüßen Dich.
    Deine Tochter   (S. 131)

sind ein Appell an die Verbundenheit der Mutter mit der Tochter. Der

Leser kann aus seiner Perspektive vermuten, daß die Frage verneint wird, und wenn die Mutter schreiben würde, so wäre der Brief an die ungeliebte Tochter gerichtet, die noch einmal aus der Mutter geboren werden möchte. Die Tochter kennt die Fragen, die sie an sich selbst stellen muß, sie sucht die Antworten jedoch bei der falschen Person. Das Gelingen des angedeuteten Aufbruchs wird damit höchst fraglich. Hierin ist eine Analogie zu Stefans "Häutungen" zu sehen: Eine Frau treibt sich an den Rand ihres bisherigen Selbstverständnisses. Beide Texte gönnen dem Leser nicht einmal die Genugtuung, den Silberstreifen eines erfolgreichen neuen Anfangs mitzuerleben.

4.3. Intertextualität in "Das Geschlecht der Gedanken"

Der Roman "Das Geschlecht der Gedanken" läßt viele Assoziationen zu anderen literarischen Texten, sowohl inhaltlich als auch formal, zu. Ich möchte hier einige auffallende Querverbindungen anweisen, um zu zeigen, daß der Roman in gewisser Weise kein 'Einzelgänger' ist. Es geht mir hier lediglich darum, eine Topographie von Texten aufzuzeigen, die in unterschiedlicher Weise mit dem Roman in Verbindung stehen.

Zum ersten wäre da der autobiographische Bericht "Mars"[16] von Fritz Zorn zu nennen. Der unter einem Pseudonym schreibende Autor schildert sein Leben als reicher Sohn einer Züricher Kaufmannsfamilie. Er konzentriert sich dabei auf die Geschichte seiner Krebskrankheit, die er als eine gesellschaftlich bedingte Krankheit deutet.

> Ich habe mich nun dazu entschlossen, in diesem Bericht meine Erinnerungen aufzuzeichnen. Das heißt, es wird sich hier weniger um Memoiren im allgemeinen Sinn handeln, als vielmehr um die Geschichte einer Neurose oder wenigstens einiger ihrer Aspekte. Es wird also nicht meine Autobiographie sein, die ich hier zu schreiben versuche, sondern nur die Geschichte und Entwicklung eines einzigen, wenn auch bis heute beherrschenden Aspekts meines Lebens, nämlich des Aspektes meiner Krankheit. Ich will versuchen, mich an möglichst viel zu erinnern, was mir für diese Krankheit seit meiner Kindheit typisch und bedeutsam scheint.[17]

Der Autor zeigt in minutiöser Beobachtung auf, wie in seinem Milieu jede Echtheit und Spontaneität durch Verachtung aberzogen wurde. Wir erhalten einen Bericht, bei dem das beschreibende Subjekt seine eigene Vergangenheit rücksichtslos als Objekt seziert. Adolf Muschg sagt darüber:

> Es ist etwas wie Hohn und Rache in dieser Pose; Rache an der lebenslänglichen

16. Fritz Zorn: Mars. München [4]1977.
17. Fritz Zorn: op.cit. S. 25-26.

69

Unempfindlichkeit der Seele, die jetzt, wo der physische Schmerz sie zu beleben beginnt, unter das Messer der Erkenntnis gelegt wird und dazu stillhalten muß, als fühle sie noch immer nichts.
Wir wissen, wie sehr der ästhetische Schein dieser Anaesthesie trügt, wie zerbrechlich das rekonstruierte Gebäude der Seele ist, das nur sein Demonstrations-Zweck noch aufrecht erhält.[18]

Man könnte die von Heinrich beschriebenen Fragmente aus der Kindheit und dem Erwachsenenalter der Ich-Erzählerin in "Das Geschlecht der Gedanken" ebenfalls als einen Bericht über eine verlorene Kindheit ansehen. Hinzu kommt, daß Zorn in "Mars" eine ähnliche Beschreibung von narzißtischen Störungen und vom Erwachsen eines "falschen Selbst" nachzeichnet wie die Ich-Erzählerin in Heinrichs Roman. Auch die Rücksichtslosigkeit des erzählenden Subjekts seiner eigenen Deformation und den sich daraus ergebenden Affekten gegenüber stimmt in beiden Romanen überein. Muschg gibt dafür eine Erklärung:

Zorn will sich als Fall (es ist sein letzter Wille). Er führt sich nicht allein als Person, sondern als Muster vor, daher das seltsam Exemplarische seines Stils. Die Haltung, in der er gesehen sein will, ist nicht diejenige der Not, sondern diejenige der einzigen Tugend, zu der die Not noch werden kann: des Anatomen in eigener Sache.[19]

Auch Heinrich schrieb mit "Das Geschlecht der Gedanken" die exemplarische Geschichte einer narzißtischen (Zer-)Störung.
Die Verletzungen in "Mars" äußern sich in gnadenloser Abrechnung. Zorn scheint sich selbst verpflichtet zu sein, sein altes Ich möglichst gründlich zu denunzieren, damit der Graben zum heutigen Ich desto größer wird. Auch die Ich-Erzählerin in "Das Geschlecht der Gedanken" erzählt mit einer beinahe lustvollen Haltung über ihre 'Verheerungen'. Es gibt jedoch einen auf den ersten Blick kleinen, aber wichtigen Unterschied. Zorn nennt seine Mutter oftmals mitleidsvoll "meine arme Mutter". Man könnte vermuten, daß Zorn im Sinne Millers seine narzißtischen Kränkungen wenigstens bis zu einem solchen Grade verarbeitet hat, daß er keinen Haß mehr gegen seine Eltern empfindet. Man könnte seine Gnadenlosigkeit mit sich selbst als Relikt seiner Tragik werten. Die Ich-Erzählerin in "Das Geschlecht der Gedanken" hat die Kränkungen in der Kindheit bei weitem nicht in dem Maße psychisch verarbeitet. Ganz vage klingt ein versuchtes Verständnis für die Mutter an, als diese den Vater auf dem Sterbebett pflegt.

Wir rückten zusammen unter die Deckenlampe und ohne ein Wort über Vater breitete sie Fotos vor mir aus. Selten hatte sie mir so nahe gesessen und wieder verspürte ich den Wunsch, die Arme um sie zu legen, schaffte es aber nicht, weil ich sie meine Verzagtheit nicht spüren lassen wollte. (...)

18. Adolf Muschg: Vorwort zu Fritz Zorn: op.cit. S. 12.
19. Adolf Muschg: op.cit. S. 12. Siehe hierzu auch Heinrich: op.cit. S. 80: "Ich hatte ein Feuer um die Stadt gelegt..."

Auch als sie die Tür zu seinem Zimmer öffnete, in dem es schon dunkel war, klopfte er unentwegt weiter. (...) Dabei vergaß sie mich, und ich beachtete vom Sessel aus, wie sie an ihrer Schnur herumlief, immer im Kreis, den Hals gereckt, damit ihr jedes Korrigieren des Laufs übertragen wurde. (S. 105 f)

Der erste Absatz des oben zitierten Fragments zeigt die Ambivalenz der Ich-Erzählerin ihrer Mutter gegenüber. Sie schafft es nicht, die Mutter zu umarmen. Das schwammige "wir" der 'Verbündeten' bietet nur die Solidarität, die eingangs wie folgt beschrieben wurde: "Und so kam es, daß ich ihr nur die Aufmerksamkeit einer Sklavin an eine andere Sklavin schenken konnte" (S. 9). Die Ich-Erzählerin möchte denn auch diese Gemeinsamkeit unterdrücken.

In der zweiten Texthälfte wird die Zusammengehörigkeit schon wieder zerbrochen. Die Mutter vergißt das Kind angesichts des dominanten Vaters. Zorn und Eifersucht der Tochter werden in dem gnadenlosen Bild der Mutter an der Kandarre ihres Mannes ausgedrückt. Hier ist also kein Anzeichen eines Mitleids mit der 'armen' Mutter. Eher bemitleidet sich das Kind selbst, dessen halbherzige, großmütige Solidaritätsgeste nicht honoriert wird und das sich abgewiesen fühlt. Der Autor Zorn scheint in seiner Erzählperspektive über allen Personen zu stehen, der Stil des auktorialen Erzählers schließt auch die eigene Person ein. Conni in "Das Geschlecht der Gedanken" erzählt mit radikaler Subjektivität, sie ist in die Erinnerungsfragmente noch emotional verstrickt. Die Heftigkeit der Beschreibung psychischer Deformation und die Ausweitung des ödipalen Konflikts zu einem gesellschaftlichen hin verbinden beide Texte. Beide verbindet auch eine Abrechnung mit dem früheren Leben, um an das 'wahre' heranzukommen. Muschg bemerkt die Tragik des Verfahrens, wenn er im Vorwort zu "Mars" schreibt:

Die melancholische Wahrheit, wonach wir nun um den Preis des Lebens die Kunst lernen, das Leben zu genießen - hier zieht sie sich auf einen einzigen, glühenden Punkt zusammen und hätte die Kraft, Wunder zu wirken, wenn sie nicht den Stoff mitverzehrte, an dem sich das Wunder hätte zeigen können. Wahrheit ist kein Trost für entgangenes Leben - kein Brennen der Welt vermag das Blühen zu ersetzen.[20]

Der Autor von "Mars", Fritz Zorn, erliegt seinem körperlichen Leiden, kurz nachdem er sein Manuskript vollendet hat. Die Ich-Erzählerin in "Das Geschlecht der Gedanken" findet man am Ende des Textes in den Trümmern ihres "falschen Selbst".

Einen weiteren intertextuellen Bezug kann man zu Franz Kafkas "Brief an den Vater"[21] herstellen. Kafka macht seinem Vater als Erwachsener 'den Prozeß', indem er in einem langen Brief die Qualen, die er durch den Vater

20. Adolf Muschg: op.cit. S. 9-10.
21. Franz Kafka: Brief an den Vater (1919). Frankfurt a/M. [8]1982.

erlitt und während des Schreibens des Briefes noch erleidet, zu Papier bringt. Auffallend ist die Verstrickung des Sohnes in die imaginäre, aber deshalb als nicht weniger zwingend empfundene Herrschaft des Vaters. Dieser wird auch als grob und groß beschrieben, wie in "Das Geschlecht der Gedanken". Der Sohn darf auch nie bei dem Vater klagen: "Mein ganzes Schreiben handelte von Dir, ich klagte dort ja nur, was ich an Deiner Brust nicht klagen konnte. Es war ein absichtlich in die Länge gezogener Abschied von Dir."[22]

Kafka deutet hier an, daß er sich mit diesem Brief vom Vater lösen wollte. Er beschreibt im ganzen Brief den Prozeß der fortschreitenden Isolierung von sich selber. Der Schluß des Briefes lautet:

> So groß ist ja nicht einmal Dein Mißtrauen gegen andere, wie mein Selbstmißtrauen, zu dem Du mich erzogen hast. Eine gewisse Berechtigung des Einwurfes, der ja auch noch an sich zur Charakterisierung unseres Verhältnisses Neues beiträgt, leugne ich nicht. So können natürlich die Dinge in Wirklichkeit nicht aneinanderpassen, wie die Beweise in meinem Brief, das Leben ist mehr als ein Geduldspiel; aber mit der Korrektur, die sich durch diesen Einwurf ergibt, einer Korrektur, die ich im einzelnen weder ausführen kann noch will, ist meiner Meinung nach doch etwas der Wahrheit so sehr Angenähertes erreicht, daß es uns beide ein wenig beruhigen und Leben und Sterben leichter machen kann.[23]

Hier schreibt der Sohn einem Vater, der durchaus nicht intellektuell, feinsinnig oder lesefreudig ist. Das dringende Anliegen wird also schon in einer Form dargeboten, die der Adressat wohl kaum in seiner vollen Reichweite hätte begreifen können. Wichtig ist, daß der Sohn seine Domäne, das Schreiben, abschreitet, um dem Vater seine Meinung zu sagen, und sich nicht auf das Terrain des Vaters begibt. Man könnte hier eine Analogie zur Ich-Erzählerin in Heinrichs Roman sehen. Conni schreibt ihrer Mutter einen Brief, um den Kontakt wieder anzuknüpfen und etwas von sich zu zeigen, wobei es fraglich bleibt, ob der Brief hier ein geeignetes Mittel zur Annäherung ist.

Kafka berichtet über sein "Selbstmißtrauen". In "Das Geschlecht der Gedanken" beschreibt sich die Ich-Erzählerin als eine "Brennesselwüste". Kafka appelliert am Schluß seines Briefes auch an die Verständigungsbereitschaft des Vaters, die dadurch entstehen soll, daß der Sohn seine Lage dem Vater aus seiner Perspektive darstellt. Man kann sich vorstellen, daß diese Überschätzung der eigenen Überzeugungskraft dem Briefschreiber nur in noch tiefere Enttäuschungen gestürzt hätte, wenn die erhoffte Reaktion ausgeblieben wäre. Der Sohn bettelt um Gemeinsamkeit, er zeigt dadurch, daß er keineswegs vom Vater Abschied genommen hat. Wie ich

---

22. Franz Kafka zitiert von Wilhelm Emrich im Nachwort zu: Franz Kafka: op.cit. S. 76.
23. Franz Kafka: op.cit. S. 74.

oben schon ausgearbeitet habe, ist das Verhältnis Mutter-Tochter in Heinrichs Roman ähnlich.

Auch formal sind Übereinstimmungen zu Kafkas "Brief an den Vater" erkennbar. Heinrich benutzt am Ende auch die Briefform.[24] Die Tochter sucht den Vater "steckbrieflich", wie sie metaphorisch sagt. Man könnte den ersten Teil des Romans über Kindheit und Erwachsenenleben als einen imaginären Brief des Kindes an die Eltern deuten, um seine Lage - wie bei Kafka - letztlich um seiner selbst willen in einer Anklage deutlich zu machen, als einen Brief, der nie abgeschickt wurde. Nur der versöhnende Brief an die Mutter ist ausdrücklich als Brief konzipiert.

Wie ein Brief, der heimlich geschrieben wurde und dessen Absender nicht bekannt werden durfte, erscheint Sylvia Plaths "Die Glasglocke"[25], eine weitere Verbindung. Plath schrieb den Roman 1963 unter einem Pseudonym[26]. In dem Roman wird aus der Perspektive eines jungen Mädchens mit ihrer Erziehung und ihrer Mutter - der Vater starb früh - abgerechnet. Symptomatisch für Plath ist hier das Pseudonym.[27] Dagegen zeigen ihre gleichzeitigen Briefe an die Mutter eine fröhliche, mutige, eifrige Tochter, die ihrer Mutter alle Ehre macht.[28] In "Die Glasglocke" greift Plath eine Art der Erziehung an, die kein Recht einräumt, unglücklich zu sein. Die Ich-Erzählerin Esther bricht zusammen, als sie für einen Sommerkursus abgewiesen wird. Ihre auf Leistung ausgerichtete und ausschließlich durch Erfolge definierte Persönlichkeit kann den von der Mutter auf sie übertragenen Maßstäben nicht mehr entsprechen. Als der Erfolg ausbleibt, wird Esther mit ihrem "falschen Selbst" konfrontiert. Sie hat keine eigenen Selbstwertmaßstäbe und versinkt in Depressionen.

> Wenn Mrs. Guinea mir eine Fahrkarte nach Europa geschenkt hätte oder eine Reise um die Welt, es hätte für mich nicht den geringsten Unterschied gemacht, denn wo immer ich auch saß - auf dem Deck eines Schiffes oder in einem Straßencafé in Paris oder Bangkok - immer saß ich unter der gleichen Glasglocke und schmorte in meiner eigenen sauren Luft.[29]

Hier wird der unfreiwillige und erstickende Rückzug auf sich selbst im Verbleiben unter einer Glasglocke verbildlicht. Dieser Vergleich beinhaltet, daß die Außenwelt keinen Unterschied zum 'wahren' Selbst

---

24. Man kann in dem Gebrauch der Briefform auch eine Referenz an die weibliche (Kunst-)Tradition des Briefschreibens und des Briefromans sehen.
25. Sylvia Plath: Die Glasglocke. Frankfurt a/M. 1975.
26. Das Pseudonym lautete: Victoria Lucas.
27. Der Gedichtband "Ariel" wurde erst posthum unter ihrem Namen 1965 von ihrem Ex-Ehemann, dem Dichter Ted Hughes, herausgegeben.
28. Sylvia Plath: Letters From Home. Correspondence 1950-1963. Selected & Edited with a Commentary by Aurelia Schober Plath. London 1975.
29. Sylvia Plath: Die Glasglocke, op.cit. S. 179.

merkt, die Glasglocke ist ja durchsichtig. Diejenige, die unter der Glasglocke sitzt, kann sich jedoch aus dem beengenden Raum nicht befreien; auch ist die Luft verbraucht, was bedeuten könnte, daß jegliche Erneuerung an emotionalen Impulsen aufgebraucht ist. Die Ich-Erzählerin deutet an, daß sie immer in dieser Verfassung ist, gleich, wo sie sich befindet. Wir könnten dies mit der psychischen Konstitution der Ich-Erzählerin in Heinrichs Roman vergleichen. Conni befindet sich in einem beinahe analogen Pendant zur Glasglocke, sie befindet sich 'im unberührbaren Geschlecht der Gedanken'. Diesen isolierten Standort verläßt sie nicht bis zum letzten Kapitel, willentlich oder gezwungen. Beide Protagonistinnen können in dieser Isolierung nur noch auf negative, heftige Stimuli ansprechen.

Von Heinrichs Ich-Erzählerin Conni weiß man, daß sie sich nur an der Zerstörung von Menschen erregen kann. Esther, Plaths Protagonistin, berichtet über gleiche Wünsche:

> Ich sah gerne anderen Leuten in kritischen Situationen zu. Wenn es einen Verkehrsunfall oder eine Schlägerei oder ein im Laboratoriumsgefäß eingemachtes Baby für mich zu sehen gab, dann blieb ich immer stehen und sah es mir so genau an, daß ich es nie mehr vergaß.
> Ich habe auf diese Weise bestimmt eine Menge Dinge begriffen, die ich anders nie begriffen hätte, und sogar wenn es mich überraschte oder mir deshalb übel wurde, ließ ich mir das nie anmerken, sondern tat so, als ob ich wußte, daß die Dinge immer so waren.[30]

Esther probiert sich hier der Welt, so wie sie sie selektiv sieht, anzupassen. Man könnte von einer Introjektion der Drohung von Liebesentzug sprechen. Die Mutter probiert die Tochter lebenstüchtig zu machen, abzuhärten. Die Tochter paßt sich dieser dauernden Überforderung an, kann die Außenwelt nur noch als grausam erfahren. Das, was ihr selbst angetan wird, diese Grausamkeit, projiziert sich nach außen als objektive Gegebenheit der Welt. Sie verinnerlicht den Abhärtungsprozeß, so daß sie behaupten kann, viel durch die erschreckenden Begebenheiten zu lernen. Typisch ist auch die Haltung, jede Überraschung emotional schon abgewehrt zu haben. Der Schmerz und die Angst, die die Protagonistin mit niemand teilen kann, müssen im voraus als zu schwer und gefährlich abgewehrt werden. Diese emotionale Erstarrung sehen wir auch bei Heinrichs Ich-Erzählerin. Conni fühlt entweder Verachtung für schwache Menschen - sie unterdrückt ihr Mitleid, wenn es sich unerwartet doch ankündigt - oder sie empfindet Vergnügen an dem in ihren Augen mechanischen Spiel der Menschen in ihrer Umgebung, wenn sie in Not geraten.

Heinrichs Ich-Erzählerin versucht das Verhältnis zur Mutter am Ende

30. Sylvia Plath: Die Glasglocke, op. cit. S. 18-19.

wieder zu glätten. Sylvia Plaths Biographie ist eine einzige imaginäre Versöhnung mit der drohend-liebenden Mutter. Was Plath im Leben nicht schafft - den Konflikt mit der Mutter auszutragen - versucht sie in "Die Glasglocke". Esther macht ihre Mutter für ihr Versagen verantwortlich und äußert so offen ihren Haß, daß das Pflegepersonal der Klinik, in der sie nach einem Selbstmordversuch verbleibt, sich entschließt, der Mutter die Besuche zu verbieten. Esther hat das Glück von einer verständnisvollen Ärztin betreut zu werden, die den Haß nicht bestraft, sondern Verständnis für Esthers Emotionen aufbringt.

Die entscheidende und sicher zur Genesung Esthers beitragende Episode beschreibt Plath wie folgt:

> Wenn man mich in Ruhe ließ, dachte ich, würde ich etwas Frieden haben.
> Meine Mutter war am schlimmsten. Sie schalt mich nie, aber mit bekümmerten Gesicht bat sie mich immer wieder, ihr zu sagen, was sie falsch gemacht hätte. Sie sagte, die Ärzte glaubten bestimmt, sie hätte etwas falsch gemacht, denn sie hätten eine Menge Fragen gestellt, ab wann ich als Kind sauber gewesen sei, und ich sei doch schon sehr früh völlig sauber gewesen und hätte überhaupt keine Schwierigkeiten gemacht.
> Am Nachmittag hatte meine Mutter mir die Rosen mitgebracht.
> "Heb sie für mein Begräbnis auf", hatte ich gesagt.
> Das Gesicht meiner Mutter zog sich zusammen, und sie sah aus, als würde sie gleich anfangen zu weinen.
> "Aber Esther, weißt du denn nicht, was für ein Tag heute ist?"
> "Nein."
> Ich dachte, es wäre Valentinstag.
> "Es ist dein Geburtstag."
> Und dann warf ich die Rosen in den Papierkorb.
> "Das war dumm von ihr", sagte ich zu Doktor Nolan.
> Doktor Nolan nickte. Sie schien zu verstehen, was ich meinte.
> "Ich hasse sie", sagte ich und wartete auf den Schlag.
> Aber Doktor Nolan lächelte mich nur an, als hätte ihr etwas besonders gut gefallen, und sagte: "Ja, das tun Sie wohl."[31]

Wir erfahren in dieser kleinen Episode auch vieles über die Welt der Mutter. Die ratlose, perfektionistische Frau, die von einer idealen Erziehung ausgeht, ohne das Kind zu sehen, und daher in abstracto über "falsch machen" sprechen kann. Die Mutter, die der Agression der Tochter entweicht. Die Mutter, die sich wie die Tochter nichts anmerken läßt, wenn ihr Schmerz zugefügt wird. Die Tochter agiert zum ersten Mal am richtigen Objekt ihre Aggressionen aus. Sie ist aber zu unsicher, als daß sie nicht gleich eine Strafe erwartete. Trotzdem kann man das zufriedene Lächeln der Psychiaterin angesichts dieses ersten kleinen Erfolges ihrer Patientin verstehen. Das Mitleid und die Solidarität, die Heinrichs Ich-Erzählerin für die Mutter empfindet, das konfliktlose, briefliche

---

31. Sylvia Plath: Die Glasglocke, op. cit. S. 195-196.

Heranschleichen an die Mutter ähnelt der Haltung der Schriftstellerin Plath in ihren Briefen, nicht ihrer Romanfigur Esther.

In Heinrichs "Das Geschlecht der Gedanken" äußert Conni schon frühzeitig den Wunsch, nicht mehr wachsen zu müssen. Ihre Widerstände der eigenen Rolle gegenüber kulminieren in dem völligen emotionalen Rückzug auf sich selbst. Sie behindert sich beim eigenen emotionalen Wachstum. Die Weigerung, nicht wachsen zu wollen, stellt auch Günter Grass in "Die Blechtrommel"[32] dar. Wie "Das Geschlecht der Gedanken" ist "Die Blechtrommel" aus der Perspektive eines Ich-Erzählers geschrieben, hier aus der Sicht des kleinen Oskars. Ebenso wie in Heinrichs Roman hat der Ich-Erzähler schon bei der Geburt den Bewußtseinsstand und die Beobachtungsgabe eines Erwachsenen. In "Die Blechtrommel" heißt es:

> Damit es sogleich gesagt sei: Ich gehörte zu den hellhörigen Säuglingen, deren geistige Entwicklung schon bei der Geburt abgeschlossen ist und sich fortan nur noch bestätigen muß. So unbeeinflußbar ich als Embryo nur auf mich gehört und mich im Fruchtwasser spiegelnd geachtet hatte, so kritisch lauschte ich den ersten spontanen Äußerungen der Eltern unter den Glühbirnen. Mein Ohr war hellwach. Wenn es auch klein, geknickt, verklebt und allenfalls niedlich zu benennen war, bewahrte es dennoch jede jener für mich fortan so wichtigen, weil als erste Eindrücke gebotenen Parolen. Noch mehr: was ich mit dem Ohr einfing, bewertete ich sogleich mit winzigstem Hirn und beschloß, nachdem ich alles Gehörte genug bedacht hatte, dieses und jenes zu tun, anderes gewiß zu lassen.[33]

Bei Heinrich gibt es eine vergleichbare Stelle, wenn auch nicht mit der Grassschen humoristischen Würze.

> Wie alt ich war, als ich geboren werden mußte, weiß ich nicht; jedenfalls war ich schon älter, denn das Leben außerhalb des Bauches erschien mir so furchterregend, wie ich es eh und je erlebt hatte: hier und da ein beklemmender Brotkasten. (...) ich kam mit großen Ohren auf die Welt und hatte ein empfindliches Gehör, wachsam und argwöhnisch, das vom Ende eines Lebens. (S. 7 f)

Grass spricht von der Entwicklung, die bei der Geburt abgeschlossen ist, Heinrich von einem Sensorium bei der Geburt, das sogleich alle Erfahrungen des Lebens erfaßt. Beide Kinder richten sich sofort auf das Geschehen außerhalb. Bei beiden spielt das Gehör eine große Rolle. Der kleine Oskar entwickelt sich zum eigenwilligen Meister des gesellschaftlichen Protests, das Mädchen Conni zieht sich in ihre gefühlsmäßige Isolation zurück, von wo aus sie nur private Abrechnungen begleicht.

Conni wehrt sich gegen das Heranwachsen zum Mädchen, da ihr diese

---

32. Günter Grass: Die Blechtrommel. Frankfurt a/M. [11]1965.
33. Günther Grass: op.cit. S. 35.

Rolle nichts Gutes verspricht. Als sie dann ein Teenager ist, wehrt sie sich zum zweiten Mal gegen das Wachsen, indem sie in die psychische Immigration flüchtet. Im Alter erläutert Oskar beim Betrachten von Photos aus seiner Jugend die Beweggründe für das Ausbleiben seines Wachsens:

> Da stehen mir die Haare wie eine putzsüchtige Bürste auf dem Kopf, da spiegelt sich in jedem meiner blauen Augen der Wille zu einer Macht, die ohne Gefolgschaft auskommen sollte. Da gelang mir damals eine Position, die aufzugeben ich keine Veranlassung hatte. Da sagte, da entschloß ich mich, da beschloß ich, auf keinen Fall Politiker und schon gar nicht Kolonialwarenhändler zu werden, vielmehr einen Punkt zu machen, so zu verbleiben - und ich blieb so, hielt mich in dieser Größe, in dieser Ausstattung viele Jahre lang. (...)
> Um nicht mit einer Kasse klappern zu müssen, hielt ich mich an die Trommel und wuchs seit meinem dritten Geburtstag keinen Fingerbreit mehr, blieb der Dreijährige, aber auch Dreimalkluge, den die Erwachsenen alle überragten, der den Erwachsenen so überlegen sein sollte, der seinen Schatten nicht mit ihrem Schatten messen wollte, der innerlich und äußerlich vollkommen fertig war, während jene noch bis ins Greisenalter von Entwicklung faseln mußten (...).[34]

Grass hält sich hier keineswegs an psychologische Fakten. Er wählt die Gattung des Schelmenromans,[35] in dem der kleingebliebene Oskar sich nicht den Wünschen der Erwachsenen anpaßt. Im Gegenteil, er verspottet ihre Sehnsucht, sich bis ins Alter weiterentwickeln zu wollen. In seiner kindlichen Schlauheit wird Oskar später durch die Distanz zu den angepaßten Erwachsenen manche Analyse gesellschaftlicher Entwicklungen schneller und besser machen als diese. Wie unterschiedlich die Begründung der Wachstumsstörung und die Wahl der spezifischen Romanform bei beiden Autoren auch sein mögen, beide Protagonisten weigern sich zu wachsen, weil sie die ihnen von den Erwachsenen zugedachten Rollen nicht übernehmen wollen.

Zum Abschluß soll hier auf verbindende Momente zum Magischen und Phantastischen in Heinrichs Roman hingewiesen werden. Bei Heinrich arrangiert die Ich-Erzählerin, wie schon erwähnt, Szenen, in denen sie andere Personen vernichtet. Sie wird dabei anscheinend durch nichts gehindert, alle Pläne, die sie sich ausdenkt, gelingen, sie wird nie bestraft. Diese phantastisch anmutenden Szenen erinnern an Carlos Sauras Film

---

34. Günter Grass: op.cit. S. 47.
35. Schelmenroman: Mittelpunkt ist der Schelm (Picaro), keine geschlossene Individualität im Sinne des Entwicklungsromans, sondern ein Abenteurer und Herumtreiber niederer Herkunft. Er benutzt unerlaubte Mittel wie List, Betrug, Lügen, Schliche, Gerissenheit, um sich durchs Leben zu schlagen, berührt dabei viele Gesellschaftsschichten und betrachtet sie aus der Perspektive von unten. Erzählperspektive aus der Ich-Instanz, meist mit sozialem Engagement (Siehe Gero von Wilpert: Sachwörterbuch der Literatur. Stuttgart [5]1969, S. 683).

"Cría Cuervas".[36] Die Handlung spielt in Spanien in einer reichen Patrizierfamilie. Die Hauptakteurin ist ein kleines, stilles Mädchen mit großen Ohren und Augen. Sie sieht, daß ihr Vater die Mutter betrügt, und beschließt daraufhin, ihn zu töten. Anderntags ist der Vater auch wirklich tot. Der Becher mit in Wasser aufgelöstem Puder, den das Mädchen ihm gab, hat anscheinend seine Wirkung getan. Sie wird mutiger und räumt allmählich alle Personen, die sie nicht mag, aus dem Weg. Der Zuschauer wird jedoch verwirrt, als viele dieser Personen in späteren Szenen wieder auftreten. Langsam kommt man zu der Einsicht, daß die Tötungen kindliche Phantasieprodukte sind. Da die Phantasien ohne Übergang in Geschehnisse des täglichen Lebens der Familie hineinmontiert sind, erhält der Zuschauer ein eigenartig schwebendes Realitätsgefühl. Man bekommt einen 'Einblick' in die magisch-phantastische Kinderwelt des kleinen Mädchens, das noch keine feststehenden Realitätsgrenzen kennt und das in einer magischen Handlung das Böse glaubt ausmerzen zu können.

Die Ich-Erzählerin Conni in "Das Geschlecht der Gedanken" hat ähnliche magische Phantasien. Wenn der Vater schläft, stürzen sich zur Rache Horden Ameisen auf ihn.

> Schwärme von Ameisen zogen über unsere Betten, sammelten sich im Bett meines Vaters, besetzten seine klebrige Haut.
> Mein Vater lag ahnungslos, wehrlos, die ganze Nacht hindurch, während ihm tausendfach die Haut durchlöchert wurde.(...)
> Wenn ich meinem Vater in der Frühe nach der Nacht begegnete, versuchte ich, ihn und seine Haut zu beschielen, doch sie war mit einem Bademantel verhüllt; (...).
> Nie entdeckte ich Löcher in den Händen, und ich war froh, daß die nächtlichen Überfälle spurenlos blieben. (S. 13 f)

Das Kind Conni glaubt anscheinend, dem Nachsatz nach zu urteilen, sehr wohl an die Realität seiner Rachephantasien.

Als letzte literarische Querverbindung könnte man "Alice im Wunderland"[37] von Lewis Carroll ansehen. In diesem berühmten Kinderbuch für Erwachsene erzählt Alice ihre Erlebnisse, die sie in einem Traum hatte. Ich möchte auf das traumhafte Element in "Alice im Wunderland" im nächsten Abschnitt ausführlicher eingehen, da aus diesem Ansatz das Traumhafte in "Das Geschlecht der Gedanken" eine weitere Interpretationsmöglichkeit erhält.

4.4. Conni im Traumland

Jutta Heinrich erklärte in einem Gespräch mit Ricarda Schmidt, sie

---

36. Film von Carlos Saura: Cría Cuervas. Madrid 1978.
37. Lewis Carroll: Alice im Wunderland. Frankfurt a/M. 1973.

vermische "ganz bewußt Traum und Realität auch in den Geschichten, die nicht als Traum ausgegeben sind."[38] Diese Feststellung veranlaßte mich, Übereinstimmungen zwischen dem berühmten Traumbuch "Alice im Wunderland" und dem "Geschlecht der Gedanken" zu suchen. In "Alice im Wunderland" geht das Geschehen in der Welt des Wachens unmerklich in die phantastische Welt des Traumes über. Erst am Ende des Textes erhält der Leser Klarheit über den Traumcharakter der Erlebnisse von Alice, indem ihre Schwester sie aus dem Schlaf weckt:

"Wach auf, liebe Alice!" sagte ihre Schwester. "Wie lange du geschlafen hast!" "Ach, und ich hatte einen so seltsamen Traum!" sagte Alice und erzählte ihrer Schwester, so gut sie sich noch erinnern konnte, die sonderbaren Erlebnisse, die ihr gerade vernommen habt; und als sie damit fertig war, gab ihr die Schwester einen Kuß und sagte: "Das war wirklich einmal ein seltsamer Traum; aber jetzt rasch heim zum Tee, es ist schon spät." Und da stand Alice also auf und rannte davon und dachte im Laufen noch einmal - und da hatte sie ja auch ganz recht -, welch ein wundersamer Traum es gewesen war.[39]

Alice hat viele spannende Abenteuer im Schlaf erlebt, vor allem auch Verschiebungen in Zeit und Raum. Einmal war sie sehr groß, einmal sehr klein; einmal war die Zeit schnell vorüber gegangen, einmal dehnte sie sich endlos. Ein kleines Beispiel soll hier die Traumräumlichkeit und Zeiterfahrung erläutern. Alice kriecht hinter einem Hasen in einen Erdgang:

Ein Stück weit führte der Bau wie ein Tunnel geradeaus, doch dann fiel der Gang plötzlich ab, so unvermittelt, daß an ein Innehalten nicht mehr zu denken war und Alice auch schon in einen abgrundtiefen Schacht hinunterfiel. Dieser Schacht war nun entweder wirklich überaus tief, oder aber sie fiel ihn sehr langsam hinunter, denn sie konnte sich während des Sturzes in aller Ruhe umsehen und überlegen, was mit ihr jetzt wohl geschehen sollte.[40]

Unten angekommen, kann sie nicht durch eine kleine Tür gehen, weil sie zu groß ist. Alice wünscht sich, wie ein Teleskop zusammenklappen zu können. Sie findet plötzlich ein Fläschchen mit Flüssigkeit ("das vorher bestimmt noch nicht dagestanden hat") mit der Aufschrift "Trink mich". Sie trinkt und verkleinert sich auf das gewünschte Maß:

"Was für ein ulkiges Gefühl!" sagte Alice. "Anscheinend schiebe ich mich jetzt zusammen wie ein Fernrohr." Und so war es in der Tat: sie war höchstens noch eine Spanne groß, und ihre Miene hellte sich auf, als ihr einfiel, daß sie jetzt durch die kleine Tür paßte, um in den herrlichen Garten zu gelangen.[41]

Man erkennt hier eine typische Traumsituation: Alice fällt und hat im Fall

---

38. Judith McAlister/Ricarda Schmidt: Gespräch mit Jutta Heinrich. In: mamas pfirsiche. 11 (o.J.), S. 13.
39. Lewis Carroll: op.cit. S. 125-126.
40. Lewis Carroll: op.cit. S. 12.
41. Lewis Carroll: op.cit. S. 17.

keinen Maßstab mehr für Zeit und Raum. Wünsche, die geäußert werden, erfüllen sich. Die Dinge passen sich der Träumenden an. Alice kann auf ihren Wunsch hin die ersehnte Körpergröße annehmen. Hier läßt sich nun eine Parallele zu Heinrichs Text ziehen. Ein Kapitel trägt den expliziten Titel "Der Traum". Am Ende des Traumes heißt es: "Plötzlich rief er mich, mein Schlaf sprang aus mir heraus, ließ mich allein und fremd mit offenen Augen in meinem Bett zurück. Jemand klopfte an die Tür, und ich stand auf" (S. 129). Hier erwähnt die Ich-Erzählerin deutlich einen Unterschied zwischen Wachen und Träumen. Im Traum verbinden sich Erinnerungsfetzen aus vorherigen Textfragmenten mit neuen Traumsituationen. Auffallend dabei ist, daß auch hier die Träumende verschobene Zeit- und Raumerfahrungen macht, wie wir sie aus dem Traumerlebnis kennen:

> Er war nirgends zu sehen, und ich fing an zu laufen, einfach zu laufen, und ich hoffte, wenn ich mich bewegte, könnte er mir keinen Vorwurf machen. (S. 122)
> (Die Örtlichkeit verändert sich dauernd, als Conni ihren Vater sucht; niemand nimmt in der Stadt von ihr Notiz, MB)
> Plötzlich endeten alle Straßen in einer nachtdunklen Arena, und ich rettete mich hinein, ließ mich in eine der unzähligen Stuhlreihen fallen, die sich allmählich mit Menschen füllten. (S. 124)

Wir kennen alle die Traumerfahrung, daß man den Auftrag bekommt, an einen bestimmten Ort gelangen zu müssen, und daß das Laufen einen nicht vom Fleck bringt. Der Nachsatz, "wenn ich mich bewegte, könnte er mir keinen Vorwurf machen", zeigt, wie tief in den Traum hinein die Angst vor dem Liebesentzug der Eltern wirkt. Die Träumende sieht sich einer amorphen Menschenmasse gegenüber, die ihr nicht helfen kann oder will, den Weg zum Vater zu finden. Der Wunsch, ihn zu finden, ist so stark, daß sich auch hier, wie bei Alice, die Dinge dem Wünschen anpassen. Ohne Übergang führen auf einmal alle Straßen auf den gleichen Platz, in eine Arena. Die Träumende zweifelt auffälligerweise nicht daran, daß dies der richtige Ort sei, wo sie ihren Vater treffen könne; sie sinkt mit einem Gefühl der Erleichterung auf einen Stuhl und wartet. Man kann aus dieser Sequenz lesen, daß 'alle Wege zum Vater führen'. Dieser Vater entzieht sich letztlich in einem akrobatischen Akt der Tochter:

> (...) er atmete wieder aus und ein, wobei er mit seinem Einatmen implosionsartig in Sekunden seinen Körper von den Füßen, über die Beine, über den Rücken verschlang.
> Ich steckte vor Entsetzen meine Hand in den Mund, (...).[42]

---

42. Jutta Heinrich: op.cit. S. 125-126. Hier ist eine Parallele zu einem früheren Traumfragment zu erkennen (S. 31). Dort verschlingt der Vater die Tochter: "Auf einmal zog mein Vater die Zunge mit einem einzigen Einsaugen nach hinten, bis in den tiefsten Halsschlund, und ich erstickte in der luftlosen Höhlung."

Der Vater ist im Traum augenscheinlich nicht an die Gesetze der Naturwissenschaft gebunden. Nach der Schilderung des Entsetzens springt der Traum in eine andere Szene über. Die Träumende wird von der Mutter gerufen. Diese stellt sich der Tochter als zornige, kraftvolle Frau dar:

> Ich rief nach ihr, weil die große Fremde mir so weh tat.
> (Die Mutter verläßt sie unter verachtenden Bemerkungen gegenüber dem Vater, MB)
> Schon auf dem Weg drehte sie sich um und rief mir zu: (...)
> All das sagte sie in einem Tonfall, von dem ich nicht wußte, ob er für mich oder gegen mich war (...).
> Aber als sie einfach nur verschwand, alle Zeichen hinter die Wand aus Rauch mit sich nahm, ließ sie mich ausgehöhlt und als Kind zurück, wo ich mein Leben damit zugebracht hatte, das, was ich durch die Schlüssellöcher gesehen hatte, in mir vergraben zu tragen, ein schweigendes Geheimnis (...). (S. 127 f)

Die Mutter entpuppt sich als Fremde. Der in manchen Interpretationen suggerierten Vermutung, Conni hätte die Gewalttätigkeiten nur inszeniert, um die Frauen - letztlich die Mutter - zum Aufstand zu bewegen, wird hier im Traum widersprochen: Die Träumende zeigt keine Freude über die starke Mutter. Außerdem verläßt sie diese Mutter, was letztlich in anderen Fragmenten aus dem Leben der Mutter nach des Vaters Tod bestätigt wird. Deutlich wird auch die emotionale Abhängigkeit von der Mutter dadurch, daß die Tochter sich Sorgen macht, ob die verachtenden Bemerkungen ihr gälten. Die Mutter entzieht sich ihr ohne Erklärung und ohne Andeutung eines anderen Raumes, sie löst sich gleichsam in Rauch auf! Es erscheint wie eine Strafe, denn das Kind beklagt sich: Es sei der Mutter doch nicht zur Last geworden, sondern habe alle Entdeckung allein gemacht. Die Mutter müsse diese Unabhängigkeit doch mit Liebe und Abhängigkeit ihrerseits honorieren.

Man kann den Hinweis auf das Schlüssellochgucken noch auf eine andere Weise deuten. Eingangs berichtet die Ich-Erzählerin über genaue Kenntnis der sexuellen Praktiken ihrer Eltern. Es wäre durchaus möglich, daß sie den Koitus durchs Schlüsselloch des elterlichen Schlafzimmers beobachtet hat. Das schamvolle Schweigen deutet darauf hin, daß die Ich-Erzählerin, in diesem Fall die Träumende, mit niemandem darüber gesprochen hat. Diese unerklärten, aus der Optik eines Kindes brutalen Handlungen könnten eine Erklärung für die traumatischen Wiederholungsinszenierungen sexueller Handlungen und deren Zerstörung sein.

Neben diesem ausdrücklich als Traum angedeuteten Textfragment sind noch andere Elemente im Text zu finden, die zu der Überlegung führen, ob es sich im ganzen Roman, abgesehen von dem Kapitel "Der Brief", nicht eigentlich um Traumprotokolle handelt. Freud weist darauf hin, daß im Traum des Erwachsenen das Kind mit seinen Impulsen weiterlebt.

Elisabeth Lenk trennt in Analogie zu Freud recht scharf zwischen Unbewußtem und Bewußtem:

> Es gäbe also ein verborgenes, lebendes Subjekt jenseits der Tagesperson, die wir kennen und nennen, ein Subjekt, das sich ständig auf abweichende Weise zur Realität der Erwachsenen verhielte, das sich ständig in seine Realität einmischte. Das Älteste in uns wäre bis auf die Gegenwart rezent geblieben. Das Älteste ist eben die Traumform, eine lebende Form, die das Bedürfnis zeigt, sich in den Interstizien der anderen Welt zu manifestieren, eine archaische Form, die sich wechselnde Stoffe assimiliert. (...) Das Älteste ist nichts in die Vergangenheit Eingesperrtes, Abgeschlossenes, sondern etwas in uns Weiterlebendes, das nach Vergegenwärtigung drängt.[43]

Dies unterscheidet sich von rezenteren Rezeptionsweisen von Freud.[44] Freud macht einen Unterschied zwischen Sachvorstellungen und Wortvorstellungen. Diese liegen seiner Meinung nach auf verschiedenen topologischen Niveaus: die Sachvorstellung im Unbewußten, die Wortvorstellungen im Bewußten. Nach Freud zeigt sich die Sachvorstellung mittels Verdichtung und Verschiebung in Symptomen im Bewußten. Der unbewußte Inhalt wird jedoch nicht gänzlich im Symptom erfaßt, da er sich durch Verzweigung und Verschiebung bewegt. Ein Symptom liegt auf der Grenze zwischen Bewußtem und Unbewußtem. Lacan sieht in diesem Prozeß eine Analogie zu dem Prozeß des Bezeichnens in der Sprache. Der Signifikant bezeichnet das Signifikat nie erschöpfend, da das Signifikat selbst auf andere Signifikate verweist, und so zum Signifikanten wird. Bei Freud ist die Verschiebung und Verdichtung nur für die Struktur der Sachvorstellungen kennzeichnend, bei Lacan wird jedoch jeder Signifikant von diesem Produktionsmechanismus beherrscht. Lacan betrachtet Verschiebung und Verdichtung als eine grundlegende Struktur der Sprache und sieht auch keine wesentliche Trennung von Unbewußtem und Bewußtem ("Das Unbewußte ist strukturiert wie eine Sprache."). Das Unbewußte ist seiner Meinung nach nur zugänglich, wenn es sich sprachlich einholen läßt. Dies ist jedoch ein endloser Prozeß, da das Unbewußte überdeterminiert ist. Es ist daher verständlich, daß im Bestreben, das Unbewußte erschöpfend zu bezeichnen, dauernd Geschichten produziert werden. Freud weist darauf hin, daß es Geschichten, Handlungen oder Bilder gibt, die von der

---

43. Elisabeth Lenk: Die unbewußte Gesellschaft. Über die mimetische Grundstruktur in der Literatur und im Traum. München 1983, S. 31.
44. Jacques Lacan: Schriften I und II (1966). Frankfurt a/M. 1975.

'Wahrheitssuche' des Subjekts am liebsten ausgeschlossen werden. Im Traum fällt die Kontrolle der bewußten Ich-Instanz weitgehend weg, und so kann man das bewußte Ich als aufgelöst betrachten. Im Traum werden jedoch auch die Gegensätzlichkeiten be- und verarbeitet. Im Traum erhalten die Eindrückt, die von außen das Ich bezeichnet haben, eine gleichwertige Autonomie. Der Träumende inszeniert sich so nachträglich sein eigenes Theater, um die Geschichten zu inkorporieren. Diese werden im Traum in Verschiebungen und Verdichtungen in Szene gesetzt, wodurch der Trauminhalt nicht in einem direkten Spiegelverhältnis zu den Tageserlebnissen steht. Wichtig für die Korrektur und Verarbeitung im Traum sind nicht primär die Trauminhalte, die Metaphern, die bei jedem Träumenden einer individuellen Deutung bedürfen, sondern die Traumarbeit selbst:

> Der Traum ist im Grunde nichts anderes als eine besondere *Form* unseres Denkens, die durch die Bedingungen des Schlafzustandes ermöglicht wird. Die *Traumarbeit* ist es, die diese Form herstellt, und sie allein ist das Wesentliche am Traum, die Erklärung seiner Besonderheit.[45]

Heinrichs Text läßt sich auch als ein Traumprotokoll lesen. Bei der ersten Lektüre fällt bereits auf, daß die verschiedenen Fragmente keine lineare Erzählung ergeben. Es sind vielmehr Episoden, in denen heftige Emotionen geschildert werden. Das traumatische Grunderlebnis der Ich-Erzählerin äußert sich in modulierten Wiederholungshandlungen, die in verschiedenen Fragmenten im Text beschrieben werden.

Wenn man die dargestellten Episoden lokalisieren will, ergibt sich eine durchgehende Unbestimmtheit, was den Ort des Geschehens angeht. Szenen werden eingeleitet durch Orts- oder Zeitbestimmungen wie diese:

In den ersten Lebensjahren... (S. 7)
Jeden Morgen... (S. 14)
Wenn mein Vater gegangen war... (S. 17)
Es war an einem jener schrecklichen Frühstücksmorgen... (S. 19)
Es muß ein Sonntag gewesen sein... (S. 30)
Am Rande des Dorfes... (S. 34)
In einem Frühjahr, es könnte mein vierzehntes gewesen sein... (S. 40)
Eines Abends... (S. 48)
An einem Sonntag... (S. 53)
Um achtzehn Uhr kam ich in der Stadt an... (S. 69)
Ich verbrachte ein paar Urlaubstage an der Küste... (S. 82)
In den ersten Tagen des Monats Dezember... (S. 98)
Nach dem Tode meines Vaters... (S. 111)
Ich kämpfte gegen den Schlaf... (S. 121)

---

45. Sigmund Freud: Zusatz (1925) zu: Die Sekundäre Bearbeitung. In: Die Traumdeutung. Frankfurt a/M. 1972 (Studienausgabe, Bd. 2), S. 486.

Die Episoden werden nicht durch Überleitungen miteinander verbunden. Sie stehen als kleine abgeschlossene 'Inszenierungen' da. Für eine Verknüpfung wären genaue Zeit- und Ortsangaben wichtig, um die Texte in eine zwingende Chronologie oder Topographie einordnen zu können. Da dies nicht geschieht, erhalten alle Episoden einen schwebenden Charakter. Die Stadt, der Urlaubsort, der Wohnort werden nicht näher beschrieben, als wollte die Ich-Erzählerin sagen: dies ist auch völlig nebensächlich. Die Zeitangaben sind entweder ungenau oder geben längere Zeiträume an, während das Geschilderte eher im Typischen anzusiedeln ist. Bei einem Träumenden verwischen und verschieben sich oft Ort und Zeit. Auch ist der Träumende nicht an Naturgesetze gebunden. Conni kann sich durch die Wand an den Körper der Mutter schmiegen:

> (...) ich drückte mich fest an die Wand, an ihren Körper, hielt mein Zwiegespräch mit ihr, denn ich wußte, daß sie mich um Verzeihung bitten würde. (S. 11)
> Die Hand meiner Mutter tastete nach einem Lichtschalter und wie im Austausch unserer Wesen übernahm ich ihre Angst, fühlte meinen Körper in einem Anfall von Furcht hinüborgleiten. (S. 10)

Im folgenden Fragment verschmilzt die Tochter völlig mit der Mutter:

> Bis etwa zu meinem achten Lebensjahr hatte ich des öfteren eine wunderbare Verbindung mit meiner Mutter.
> Dann begann ein Kriechen, Schleifen, eine Bewegung aus allen Ritzen und Steinen auf mich zu. Meine Mutter antwortete, endlich, und obwohl ich das Kribbeln über die Haut nur schwer aushielt, kratzte ich mich niemals, um nicht ihren Siegeszug über meinen Vater zu unterbrechen.
> Schwärme von Ameisen zogen über unsere Betten, sammelten sich im Bett meines Vaters, besetzten seine klebrige Haut. (S. 13)

Die Tochter liegt als Mutter im Bett. Es sei daran erinnert, daß die Tochter die Mutter eine Ameise genannt hat. Diese Bezeichnung verselbständigt sich zu einer Invasion dieser Tierchen, die aus Spalten, die anscheinend auf einmal im Schlafzimmer da sind, kriechen, um den - schlafenden - Vater zu quälen. Bezeichnenderweise wacht der Vater durch diese Tortur nicht auf. "Mein Vater lag ahnungslos, wehrlos, die ganze Nacht hindurch, während ihm tausendfach die Haut durchlöchert wurde" (S. 13). Durch den Schlaf wehr- und ahnungslos gemacht, bleibt die Invasion der Ameisen unbemerkt. Dies ist sicherlich im Reich der (Wunsch-)Träume anzusiedeln. Auffällig sind die Tiere und die Perspektive des Erzählens. Die Tiere, die Ameisen, verweisen auf die Mutter. Die Mutter ist eine Frau, genau wie ihre Tochter. Die Ameisen durchlöchern die Haut des Vaters. Sie tasten seinen Körperpanzer an; im tausendfachen Durchlöchern könnte man eine Umkehrung der väterlichen Rolle beim Koitus sehen. Es schwingt auch eine Todesdrohung mit. Die Ich-Erzählerin hat eine "wunderbare Verbindung" mit der Mutter dadurch, daß die Mutter ihr antwortet. Im selben Satz vermutet man, daß das Kind sich als Einheit mit der Mutter im selben Bett befindet, da die Ameisen auch über sie hinweglaufen, ohne sie jedoch zu durchlöchern. Bezeichnend für die Traumlogik ist die Bemerkung, daß das Kind sich nicht kratze, weil es den Gang der Ameisen nicht unterbrechen wollte. Es bleibt offen, ob sich die Ameisen dann auf sie (Conni) gestürzt hätten oder ob der Vater sonst aufgewacht wäre. Das Kind beobachtet triumphierend ("Siegeszug") und ohne Mitleid die Zerstörungen, die die Ameisen am Vater anrichten.

Aus zahlreichen späteren Episoden wird ersichtlich, daß Männer immer in der gleichen Weise dargestellt werden, wie als erster der Vater. Dies gilt für den Jugendfreund, für den schönen Jungen im Dorf, für den Sportwagenfahrer im Urlaub und für die Männer in der - unbekannten - Stadt. Alle tragen Zeichen der sexuellen Lust, der Abhängigkeit von Frauen und in verschiedenen Varianten die der Brutalität. Auch die Frauen ähneln sich in den verschiedenen Beschreibungen. Sie erinnern die Ich-Erzählerin oftmals an die Mutter und erwecken dadurch ihren Haß, ihre Verachtung und lassen ihre Zerstörungswut einsetzen. Die Mutter tritt in verschiedenen Kostümierungen auf. Einmal ist sie eine bleiche Hausfrau, dann eine herabgekommene Asoziale, dann eine Klosterschülerin, dann eine aufgeputzte Ehefrau, dann eine heruntergekommene Hure. Allen Frauenvariationen gemeinsam ist ihre Lethargie, ihr Defätismus und ihre Duldsamkeit. Allen gemeinsam ist zudem ihre Bereitschaft zu sexuellen Handlungen mit Männern. Man kann die verschiedenen Frauen als Aspekte der Rezeption der Mutter durch das Kind sehen. Dabei ist auffallend, daß in der zweiten Mutterepisode die asoziale Mutter mehrere Kinder hat. Wenn man diese Szene als einen Verweis auf die elterliche Situation wertet, könnte es durchaus sein, daß die Ich-Erzählerin keineswegs ein Einzelkind war, sondern die anderen Kinder aus ihrem Traumspektrum kurzerhand ausgeschlossen hat - als nicht problematisch.

Oftmals geht eine scheinbar realistisch einsetzende Episode unmerklich ins Phantastische über. Zum Beispiel hat der Vater der Tochter ein Fahrrad gekauft, er heißt sie aufsitzen und zieht sie an einer Leine zu sich hin. Diese Leine ist in der Traumsequenz überdeterminiert, wovon sich Vater und Tochter von vornherein wortlos bewußt sind.

> Herausfordernd trat ich meinem Vater entgegen, wunderte mich nicht ein bißchen, als er mir von weitem das Ende der Leine zuwarf und mich an ihr in seine Nähe zog. Sekundenlang fielen wir uns gegenseitig mit den Augen an, ohne daß mich auch nur einmal Übelkeit überkam. Nie hatte ich in den Augen meines Vaters ein solches Flackern gesehen, zweimal, so als hätte sich ein Dorn unter die Lider geschoben, und dicht an seinen Körper gepreßt spürte ich seinen Haß und seine Ratlosigkeit. Ein nervöses Frösteln befiel ihn und irritiert stieß er mich weg. Er befahl mir mit

wackliger Stimme, das Fahrrad zu greifen und so weit von ihm zu gehen wie der Strick reichte. Fünf Meter von ihm entfernt wartete ich auf seine Befehle. (S. 32)

Der Fahrradunterricht wird im weiteren als ein Zweikampf beschrieben. Als der Vater den Kampf zu verlieren droht, holt er sich eine Peitsche. Er schlägt damit seine Tochter beim Unterricht. Dann muß seine Frau Fahrrad fahren. Sie gehorcht und ist zaghaft. Nun übernimmt die Tochter die Befehle für die Mutter:

> (...) aber ich befahl ihr, sich ganz aufzurichten. Ich feuerte sie an, ließ sie nicht aus den Augen. Und endlich straffte meine Mutter die Zügel, knallte mit der Peitsche, zerhieb um sich herum das Gras.
> Sie stand inmitten einer Verwüstung und mein Vater brach außerhalb des Kreises in sich zusammen, die Fäuste vor das Gesicht gepreßt, wimmerte er in seine Hände. (S. 34)

Zusammen mit der Mutter oder als Mutter besiegt die Tochter hier ihren tyrannisch dargestellten Vater. Auffallend ist, daß die Mutter auf einmal die Peitsche in der Hand hat, als sie sich "ganz aufrichtet". Das Fragment bricht nach dem zuletzt zitierten Satz ab. Anschließend wird eine neue Zerstörungsepisode beschrieben, an der die Ich-Erzählerin initiierenden Anteil hat.

In den obigen Szenen sieht man, daß die Bilder flottieren. Sie beziehen sich nicht auf ein zentrales Signifikat. Deutlich wird dies an dem Bild der Leine, die zur Peitsche wird, als die Kräfteverhältnisse sich ändern. Die Peitsche in der Hand der Mutter wird mit dem Bild des 'Zügelns' (des Vaters) und mit Destruktion verbunden. Auch bei der Mutter wird Macht (sich aufrichten) mit Verwüstung verbunden, als die Mutter auf das Gras schlägt. Im Verschmelzen mit der Mutter beteiligt sich das Kind an der Destruktion.

In allen Zerstörungsschilderungen ist auffallend, daß die Ich-Erzählerin sich omnipotent aufführt. Sie nimmt den Beschluß, jemanden zu vernichten, und das willige oder unwillige Opfer fügt sich ihren Wünschen (außer in einer Episode). Paraphrasen der Vernichtungsbeschlüsse wären:

> (...) ich hatte dabei nur einen Gedanken: so schnell wie möglich zu vernichten, solange noch etwas von ihr vorhanden wäre. (S. 42)
> Ich beschloß, sie nicht mehr aus den Augen zu lassen. (Anvisieren des Opfers, S. 58)
> (...) und meine und ihre Trostlosigkeit beflügelten mich in dem Wunsch, ihnen allen den Rest zu geben, das Gespenstische ihrer Lage auf den Höhepunkt zu treiben. (S. 72)
> (...) und so nahm ich mir vor, zuerst die Frau in die Irre zu führen. (S. 85)

Bei dieser Vernichtung geht die Ich-Erzählerin planmäßig vor, benutzt andere Menschen als 'Werkzeuge' (S. 4, 73) und hat ein befriedigtes, befreiendes Gefühl nach erfolgreicher Ausführung ihrer Pläne. Wenn man an die Traumdarsteller denkt als verschiedene Varianten eines Ichs, so könnte man hier sagen, die Ich-Erzählerin, das träumende Ich, das die Handlungen inszeniert, gruppiert alle Figuren des Traumes so um sich herum, macht sie biegsam und unfähig zu eigenem Handeln, daß die Träumende immer einen Siegeszug ihrer eigenen Wünsche erreicht. Daß das so seriell wiederholt werden muß, weist auf nichtverarbeitete traumatische Erfahrungen, die im Traum bewältigt werden sollen.

Rückblickend auf alle Traumsequenzen kann man nun feststellen, daß das träumende Ich immer wieder die gleichen Konstellationen zwischen Personen herstellt, daran seine Agressionen auflädt und letztlich die Verbindungen zwischen Menschen wieder selbst zerstört. Man erkennt Symbole (sexueller) Abhängigkeit wie die Leine, die Peitsche (S. 33 ff). Auffallend oft wird der Atem von Personen beschrieben.[46] Die Fragmente stehen nicht in einem Verhältnis narrativer Kausalität. Sie könnten auch einzeln oder in anderer Reihenfolge gelesen werden.

Der Roman "Das Geschlecht der Gedanken" bleibt sehr rätselhaft. Dem Leser vermittelt sich bei dem Puzzlespiel, der Suchaktion nach dem Schlüssel zum Verständnis, stets das Gefühl einer alles zusammenhaltenden und gleichzeitig sprengenden Angst der Ich-Erzählerin, die sofort in Bilder der Aggression umschlägt. Die Offenheit der Erzählstruktur ermöglicht keine identifikatorische Haltung. Der Leser ist nach Lektüre dieses Textes genötigt, die verschiedenen Leseweisen, die der Roman ermöglicht, in einer Topographie zusammenzubringen, wobei Strukturen des Traumes und der Wirklichkeit, des Unbewußten und Bewußten nicht in verschiedene Landkarten einzutragen sind, da sie - wie hier gezeigt wurde - miteinander im Zusammenhang stehen.

Indem Heinrich sich in ihrem Roman auf Bilder des Unbewußten und des Traumes konzentriert, erhält ihr Text eine Ausdehnung, die den Raum des Ausgeschlossenen auslotet, sowohl des individuellen Unbewußten als auch verdrängter Erfahrungsmechanismen. Es könnte sein, daß dies den Schrecken, aber auch die Anziehungskraft des Buches erklärt, die beide in der feministischen Diskussion zu spüren waren. Der Text sperrt sich hinsichtlich einer direkten Verwendbarkeit und macht eine direkte operationelle Aneignung für den Feminismus nicht möglich.

46. Jutta Heinrich: op.cit.S. 12, 19, 27, 28, 30 ff, 45, 61, *63*, 71, 76, 93, 96, 104, 119, 124, 125, 126. Ich sehe drei Interpretationsmöglichkeiten: Zum ersten ist der Atem Ausdruck des als Maschine empfundenen Menschen, er gleicht dem Rasseln der sich bewegenden Einzelteile. Zum zweiten weisen die Textstellen darauf hin, daß der Atem als eine intime Verbindung zweier Körper empfunden wird. Conni betrachtet es als unangenehm, gleichzeitig mit jemandem zu atmen und dessen Atem möglicherweise einzuatmen. Zum dritten wird der Atem zitiert als Signalgeräusche bei sexueller Erregung. Alle drei Aspekte des Atems werden negativ konnotiert.

5. Einsicht macht den Aufstand nicht leichter

Birgit Pausch: Die Verweigerung der Johanna Glauflügel

Als die Erzählung "Die Verweigerung der Johanna Glauflügel"[1] 1977 erschien, wurde sie durchweg lobend empfangen. Alfred Andersch sah in ihr "die Grundlinien einer Literatur der Zukunft"[2] und Heinrich Böll schrieb über Pauschs Erzählstil: "Birgit Pausch hat eine sehr eigene, so spröde wie intensive Art, zu der ich keine Parallele kenne."[3] Auch in der Frauenbewegung erhielt die Erzählung positive Kritiken. Ilse Braatz charakterisiert die Erzählung als einen "Widerstandstext":

> (...) vom ersten bis zum letzten Satz konfrontiert sie den Leser mit den Verbrechen der Realität, gegen die der Abscheu eher Verzweiflung als bewußten Widerstand hervorbringt; aber eine kämpfende Verzweiflung, keine Resignation.[4]

Braatz gibt hier meines Erachtens lediglich wieder, daß sie der Text beeindruckt hat. Die markige Beschreibung erscheint mir zu grobschlächtig. Auf das Verhältnis von Kampf, Verzweiflung und Resignation in dieser Erzählung werde ich im weiteren noch eingehen. Außer Lob findet man in der Kritik von Gabriele Dietze auch Bedenken dem Text gegenüber. Sie schreibt:

> Die Schnelligkeit der Umwandlung von braver Tochter, Ehefrau und Arbeitnehmerin in Exilierte, Sozialistin und selbständige Frau legt die Gewaltsamkeit der Konstruktion frei. Offenkundig dauert hier ein Mißverständnis fort: daß nämlich eine allgemeingesellschaftliche Emanzipation eine gesonderte für Frauen überflüssig machen würde.[5]

Dietze spielt hier auf eine alte Diskussion in der Frauenbewegung an, in der die Frage gestellt wird, ob man einer gesellschaftlichen Umstrukturierung nicht den Vorrang vor feministischen Forderungen

---

1. Birgit Pausch: Die Verweigerung der Johanna Glauflügel. Erzählung. Berlin 1977. Zitate in Kapitel 8, die nur mit einer Seitenzahl versehen sind, beziehen sich auf diesen Text.

2. und 3. Siehe Schutzumschlag zu: Birgit Pausch: Die Schiffschaukel. Darmstadt/Neuwied 1982.

4. Ilse Braatz: Birgit Pausch: "Die Verweigerung der Johanna Glauflügel". In: mamas pfirsiche (o.J.) 8, S. 126.

5. Gabriele Dietze: Birgit Pausch. In: Neue Literatur der Frauen. Deutschsprachige Autorinnen der Gegenwart. Hrsg. von Heinz Puknus. München 1980, S. 192.

geben müsse.[6] Hinter dieser Überlegung steht die Überzeugung, daß eine menschlichere Gesellschaft automatisch für Frauen günstigere Lebensbedingungen schaffe. Dietzes Meinung, daß Pausch sich in ihrer Erzählung der oben erwähnten Auffassung zuneige, läßt sich zum Teil daraus erklären, daß die Protagonistin Glauflügel ihre Bewußtseinsveränderung nicht mit der Arbeit in der Frauenbewegung verbindet, sondern aus der Auseinandersetzung mit marxistisch orientierten Analysemodellen ableitet. Ich möchte auf diesen Punkt im weiteren noch näher eingehen. Wichtig für das Textverständnis ist für mich die gewählte Form, da sie zur Klärung der von Dietze aufgeworfenen Streitfrage, 'erst Sozialismus und dann Feminismus oder umgekehrt,' beitragen kann. In der Erzählung selbst wird zudem explizit auf die Funktion des Künstlers eingegangen. Ich möchte diese Passage ausführlicher diskutieren, da sie mir als Schlüssel zum Verständnis von Pauschs eigener Schreibtätigkeit erscheint. Als letzter Punkt bei der Analyse von Pauschs Text ist es mir wichtig, auf Querverbindungen der Erzählung zu anderen Texten in der literarischen Tradition hinzuweisen.

5.1. Formale Aspekte

5.1.1. Autobiographischer Ansatz

Es ist auffallend, daß in keiner Kritik auf die literarische Form Autobiographie angespielt wird, obwohl deutliche Anzeichen einer Semiautobiographie zu erkennen sind. Ebenso wie die Protagonistin Glauflügel ist die Autorin nach Italien emigriert, sie lebt seit 1973 in Florenz.[7] Ein zweiter autobiographischer Zug verbindet sich mit einer anderen Protagonistin: Ingrid Merks ist Schauspielerin von Beruf. Auch Birgit Pausch war viele Jahre Schauspielerin. Für das Verständnis der Erzählung sind diese biographischen Verweise nicht von Bedeutung. Ich erwähne sie jedoch, da es auffallend ist, daß oft nur ein in der Ich-Form geschriebener Text dem Vorwurf ausgesetzt ist, autobiographisch zu sein, was dann so viel heißt wie 'nicht ästhetisch durchgearbeitet' oder 'nicht von allgemeinem Interesse'. Dieser Vorwurf wird gegen Texte, in denen aus auktorialer Warte in der dritten Person Singular erzählt wird, selten gebraucht.

6. Frigga Haug und Jutta Menschik beziehen dabei deutliche Positionen. Für sie gibt es kein überdachendes Frauenproblem. Sie basieren eine feministische Analyse lauter auf der Klassenanalyse. Im Gegensatz dazu weisen A. Böhm, Maria Dalla Costa u.a. auf die integrale, geschlechtsspezifische Unterdrückung von Frauen, die in traditionellen, materialistischen Analysen kaum berücksichtigt worden sind.

7. Siehe Biographie in Birgit Pausch: op.cit. S. 95.

5.1.2. *Montagetechnik*

Pausch wählt für ihre Erzählung eine weibliche Hauptperson, Johanna Glauflügel. Die Erzählung ist in der dritten Person Singular geschrieben, der traditionellen auktorialen Erzählhaltung. Obwohl der Text im Untertitel "Erzählung" genannt wird, wählt Pausch nicht die lineare Erzählform. Sie arbeitet mit einer Montagetechnik, die dem Stil von John Dos Passos, Laurence Durrell, Ingeborg Bachmann oder Alfred Döblin ähnelt,[8] wobei sie verschiedene Bewußtseinsebenen ineinander übergehen läßt und unterschiedliche Zeitebenen vermischt. Manchmal geschieht dies als Assoziationskette, manchmal wird ein Bruch im Erzählfluß durch mehrere weiße Zwischenräume gekennzeichnet. Diese doppelte Bewegung von Verkettung und Brechung gibt an, daß zum einen mehrere Themenkreise eng miteinander verbunden sind und daß zum anderen eine individuelle Geschichte oder Entwicklung nicht linear verläuft, sondern daß das Handeln einer Person von Erlebnissen und Prägungen durchzogen ist, die in keinem chronologischen Zusammenhang stehen.

Zur Illustration möchte ich eine Textpassage analysieren. Johanna Glauflügel, die mit dem Arzt Ronnen verheiratet ist, geht ins Theater, um sich eine Vorstellung, in der ihre Freundin Ingrid Merks spielt, anzusehen.

> Eine Garderobenfrau lehnte an der Theke der Theaterbar, mit halb geschlossenen Augen schaute sie heraus. Ihre Blicke trafen sich, Glauflügel trat ins Dunkle zurück. Bei einer Bretterwand blieb sie stehen. Auf einem Plakat fuhren zwei Paare auf Motorrädern und in Jeans in einen grünen Wald, der Zukunft entgegen, stand darauf, und: Wende dich an die Bausparkasse. Der Zukunft entgegen mit Ronnen, der Wald wird noch grüner, aus dem Volkswagen wird der Mercedes, aus dem Assistenzarzt der Oberarzt, die Ehefrau sitzt auf dem Beifahrersitz. Die Entsagung wird zur Gewohnheit, die Gewohnheit gültige Wahrheit. (S. 22 f)

Man sieht hier eines der Verkettungsmittel, die Pausch im Erzählen anwendet. Aus der konkreten Situation in den ersten zwei Sätzen, in denen gehandelt wird - wenn auch minimal -, entwickeln sich Reflexionen. Diese werden durch das Sehen ausgelöst. Die Anschauung stimuliert hier die Reflexion. Dabei ist das auslösende Bild eine Reklame, die auf Wünsche des Betrachters einspielt: zu zweit sein, jung, Natur, sportlich, zukunftsträchtig. Diese latenten allgemeinen Wünsche assoziiert die Protagonistin mit ihrer individuellen Situation und deren Möglichkeiten. Diese scheinen durchaus aussichtsreich: Glauflügel ist auch zu zweit, ein Ausflug mit dem Auto ist im Bereich der Möglichkeiten, auch steht materieller wie beruflicher Aufstieg des Ehemanns in Aussicht. Verdächtig macht erst der doppelsinnige Nachsatz: "die Ehefrau sitzt auf dem

---

8. John Dos Passos: Manhattan Transfer; Laurence Durrell: Justine; Ingeborg Bachmann: Malina; Alfred Döblin: Berlin Alexanderplatz.

Beifahrersitz". Hierdurch spaltet sich die Perspektive in die Interessen des Mannes und die der Frau. Sie ist nicht diejenige, die diesen Erfolg erringt, sie darf daran teilhaben. Dafür muß sie mit Untätigkeit bezahlen: nicht sie sitzt am Steuer, sondern er. Dieser Nachsatz geht über die Rollenverteilung beim Autofahren hinaus und verweist auf die ungleiche Machtposition zwischen den Ehepartnern.

In diesem Nebensatz verändert sich auch kaum merklich die Erzählperspektive. Glauflügel bezieht die Werbeslogans auf die eigene Lage und schildert ihre Zukunft. Der letzte Satz könnte als Fazit des auktorialen Erzählers gelesen werden, da die Einsicht schwerlich als Selbstverständnis der Glauflügel gewertet werden kann. Zum Zeitpunkt dieser Szene befindet sich Glauflügel noch in einem Bewußtseinsstand, der diese Einsicht nicht zulassen kann. Sie versucht, ihre Lebensweise, wenn auch mühevoll, zu rechtfertigen und in Einklang zu halten mit gängigen Vorstellungen bürgerlicher Freiheit, die hier Aufstiegschancen, Individualisierung, Konsumverhalten und Harmonisierung sozialer Ungleichheiten beinhalten. Der Nachsatz: "Die Entsagung wird zur Gewohnheit, die Gewohnheit gültige Wahrheit", entspricht denn auch mehr einer kathartischen, analysierenden Warnung, den der auktoriale Erzähler als Bezeichnung der Lebenseinstellung von Glauflügel der Szene hinzufügt, als einer Assoziation Glauflügels selbst. Ich werde auf die Effekte der Perspektivenbrechung im Zusammenhang mit einer Stilanalyse bei Schroeder noch einmal zurückkommen.

Eine andere Art der assoziativen Verknüpfung findet man im Zusammengehen von konkreten Situationen oder Beobachtungen und phantasierten Handlungswünschen. Ich möchte das an einer Szene darstellen, die sich auf dem Nachhauseweg von der Arbeitsstätte abspielt. Glauflügel geht im Dunkeln an einer Häuserreihe entlang.

> Die Hausfassaden waren so nah. Glauflügel zweifelte nicht, daß ihr Arm, wenn sie ihn herausholte, die langen Terrassenfenster berühren könnte. Zwei Frauen schlugen ihren Hund mit dem Halsband, er hockte auf der Erde und wollte nicht weiter. Regentropfen, die herunterfielen, vom Baum ins Haar, von da auf die Hände, in die Manteltaschen und herunter in die Schuhe. Sie träumte nicht, sie sah sich, wie sie die langen Fenster eindrückte. Sie drang in die verrammelten Wohnzimmer und zerschlug die Fernsehapparate, es war kein Widerstand da. Aber sie träumte auch nicht. Sie war sich sicher, daß sie die Bücherregale mit den Bestsellern über die Abendbrottische kippte. Sie stellte sich vor, was geschehen würde, wenn sie auf der Bank sitzen bleiben würde, man würde sie finden, spätestens in zwei Tagen. Sie würde die Sprache verloren haben. Ronnen würde sich zu Tode schämen, er müßte sich als ihr Ehemann ausgeben. (S. 17 f)

Anfänglich erhält man eine detaillierte Beschreibung des Ortes: Häuserfronten, Frauen mit Hunden auf der Straße. Dann folgen zwei Empfindungsbeschreibungen. Hunde wollen nicht weiterlaufen, vermutlich, weil es regnet. Der Regen tropft auch bei den Menschen überall in die Ritzen der Kleidung. Durch diese Beschreibungen der Menschen und der Tiere im Regenwetter wird eine trostlose Stimmung heraufbeschworen. Dann wird der Blick abermals auf Glauflügel gerichtet. Ihre Feststellung, daß sie die Fensterfassaden mit dem Arm berühren könnte, zeigt, daß sie ganz dicht an den Häusern vorbeigeht und daß sie die Möglichkeit hat, in die Fenster zu gucken. Mit dem Satzfragment: "sie träumte nicht, sie sah sich", wird eine Szene eingeleitet, in der Glauflügel Zerstörungen vornimmt, wobei deutlich ist, daß es sich hier um Tagträume handelt. Glauflügel stellt sich vor, sie zerstöre die Fensterscheiben, werfe Fernsehapparate und Bücherschränke um. Die Einleitung der Zerstörungsszene wird noch weitgehend als Phantasie dargestellt. Zum Abschluß liest man jedoch die paradoxe Bemerkung, daß Glauflügel sich dessen sicher sei, daß sie *nicht* träume. Die Protagonistin kann in diesem Moment anscheinend Realität und Phantasie nicht unterscheiden. Die Objekte von Glauflügels Zerstörungswut tragen symbolischen Charakter. Die Fensterfronten stehen für die Isolierung und Individualisierung der Familien in ihren Wohnungen, Glauflügel will diese Atmosphäre durchbrechen. Zudem will sie die Fernsehapparate und Bestseller vernichten. Beide Sachgegenstände sind Zeichen einer Massenkultur. Besonders der Fernseher kann als Zeichen der Isolierung und Kontaktarmut gesehen werden. Pausch beschreibt noch weitere Szenen, in denen der Fernseher eine zentrale Rolle spielt. Fernseher und Einkaufstaschen stehen das ganze Buch hindurch als Zeichen für eine konsumptive Massenkultur.[9] Glauflügel wehrt sich intuitiv gegen diese Gegenstände, in denen sie die Ursache für die weitgehende Kontaktarmut der Menschen sieht. Pausch zeigt diese Zerstörung als phantasierte Affekthandlung, in der die unzufriedene Glauflügel Ursache und Folge verwechselt oder zumindest zu abgekürzt sieht. Die Phantasien der Aggression brechen plötzlich ab und schlagen um in Resignation. Dies hat den Charakter einer "Übersprunghandlung" (K. Lorenz), die auftritt, wenn etwas aussichtslos erscheint. Zugleich erfährt der Leser, daß die Protagonistin während ihres Phantasierens auf einer Bank sitzt. Diese Lage wird zum Ausgangspunkt einer weiteren Assoziationskette. Glauflügel sieht sich tagelang auf einer Bank sitzen, wobei sie sich vorstellt, daß sie die Sprache verloren habe. Dieses Bild erweckt Assoziationen an eine Geisteskranken. Glauflügel denkt an den Effekt, den diese Tat auf ihren Mann haben würde. Bezeichnenderweise kann sie sich nur vorstellen, daß ihr Mann sich ihrer schämte. Dieser letzte Satz gibt Glauflügels Einschätzung ihrer ehelichen Beziehung wieder. Idealiter hätte sie sich vorstellen können, daß Ronnen erschrocken oder um ihren Zustand besorgt wäre.

9. Fernsehapparat: S. 12, 30, 67, 87; Einkaufstasche: S. 34, 52, 56, 58, 61, 63, 70.

Pausch vermittelt in dieser kleinen, aus Traum und Wirklichkeit
montierten Szene ein komplexes Bild der seelischen Notlage, in der sich
Glauflügel befindet. In knapper, unpathetischer Sprache entwirft Pausch
ein Bild der Vereinsamung, wobei die Protagonistin sich so bedrängt fühlt,
daß sie verschiedene Bilder ratlosen Widerstands phantasiert. Es sind
Bilder der Regression, sowohl in der Aggression anderen gegenüber als auch
in der Selbstzerstörung. Das Defizit an Aktionsmöglichkeiten löst einen
Überschuß an regredienter Phantasietätigkeit aus.

Pausch verwendet die Montagetechnik noch auf einer anderen Ebene. Sie
schiebt in erzählte Handlungen Rückblenden aus der Jugend der
Protagonistin ein:

> Von den beleuchteten Weihnachtssternen fielen Regentropfen auf die Bürgersteige.
> Durch den laufenden Regen und den Autolärm dröhnte ein Flugzeug herunter. Eine
> Haustür, die von innen verschlossen wurde, Schilder von Versicherungen,
> Geschäftsvertretungen, ein Bretterzaun bei einer Baustelle. Zwischen zwei Brettern
> zwängte sich ein Mann durch, Glauflügel ging auf die andere Straßenseite. Oben, wo
> der Kran an den Himmel stieß, war Stille. Gegen ihren Willen schaute sie in die
> erleuchteten Schaufensterauslagen. Tannenzweige, Lametta, Damenunterbeklei-
> dung. Sie wählte einen Büstenhalter aus. Sie entdeckte die verschlossene Ladentür
> und war erleichtert. Den ersten Büstenhalter hatte ihr eine Verkäuferin im Kaufhof
> übers Kleid gezerrt, er paßte nicht. Ihre Mutter steckte eine Hand unter den
> Verschluß, und es klaffte immer noch ein Loch. Die Verkäuferin schüttelte den Kopf
> und ließ sie stehen. Von der Rolltreppe schaute ein Mann herunter. - Der erste Junge,
> mit dem sie zusammen war, steckte seinen Kopf unter ihren Pullover. Er hakte den
> Büstenhalter auf und zu. Sie wollte ihn aber ausziehen. Er sagte, sie solle ihn ja
> anbehalten, er wolle nur an den Büstenhalter ran, das sei ein so schweinisches
> Gefühl. Dann stöhnte er und faßte sich an die Hose. (S. 16)

Wie im vorherigen Textbeispiel schließt sich an eine knappe
Ortsbeschreibung eine detailliertere Skizze von Empfindungen an. Augen
und Ohren nehmen zahlreiche Stimuli auf. Das plötzliche Erscheinen eines
Mannes veranlaßt Glauflügel, die Straßenseite zu wechseln. Diese
Angstreaktion weist auf frühere unangenehme Erlebnisse, die im
Textfragment selbst angesprochen werden und sich in Rückblenden durch
den ganzen weiteren Text ziehen. Glauflügels Blick richtet sich nicht auf
den Mann, sondern erst nach oben und dann auf Schaufensterauslagen, ein
bekanntes Ausweichmanöver von Frauen, da sie damit angeben,
beschäftigt zu sein. Sie reagiert erleichtert, als durch äußere Umstände der
Kauf eines Büstenhalters verhindert wird. Das Kleidungsstück löst eine
Kette von Assoziationen aus. Eine ähnliche Passage über den ersten
Büstenhalterkauf findet man in "Häutungen".[10] In Pauschs Text wird die

10. Siehe: Verena Stefan: Häutungen. München⁴1976, S. 10: "der stolz auf den ersten
büsten halter, den ersten hüft gürtel und den ersten lippenstift! anleitungsriten und
Vorbilder rückten von allen seiten an mich heran."

Anprobe als peinlich beschrieben. In aller Öffentlichkeit wird dem kleinen Mädchen ein Büstenhalter übers Kleid angepaßt. Das Kind war anscheinend noch so klein, daß der Büstenhalter viel zu groß war, was den Kauf als Ritual kennzeichnet. Daß das Kind die Anprobe peinlich fand, geht aus dem Satz: "Von der Rolltreppe schaute ein Mann herunter", hervor. Das Mädchen schaute sich anscheinend um, ob jemand es beobachtete. Die Erinnerung an den männlichen Zuschauer löst eine weitere Assoziationskette aus, die mit dem Büstenhalter zusammenhängt. Der erste Freund, der Glauflügel berührte, wollte nicht ihre Haut, sondern den Fetisch der Weiblichkeit, den Büstenhalter, anfassen. Lust, "ein so schweinisches Gefühl", entsteht nicht durch Körperkontakt und schon gar nicht durch ein Interesse an dem jungen Mädchen. Vielmehr sind es kodierte Zeichen der Weiblichkeit aus der Massenindustrie, die unabhängig von der Person als erregend empfunden werden.

Auffallend an diesem Textfragment ist die spezifische Montage von Erinnerungsfragmenten. Kein einziges Mal wird eine Beschreibung eingeflochten, die explizit die Gefühle oder Empfindungen von Glauflügel erwähnt. Dem Leser wird es überlassen, Verbindungen zwischen den Sätzen herzustellen. Die Verbindungen werden möglich, indem man der Verkettung der Signifikanten nachgeht. Hierdurch entsteht allmählich ein Bild der Befindlichkeit der Hauptperson.

5.1.3. Erzählhaltung

Pausch schrieb die Erzählung im Imperfekt. Es fehlt jegliche direkte Rede. Diese zwei Stilelemente vergrößern den Effekt der Distanz zwischen Protagonistin und Erzähler. In einer mündlichen Erzählung wird meist das Tempus des Perfekts gewählt, wodurch der erzählte Inhalt den Charakter des Spontanen erhält. Das Imperfekt wird eher bei Protokollen benutzt. Das gleiche gilt für den Gebrauch der indirekten Rede. Will man einem Text Lebendigkeit geben, werden Beschreibungen häufig mit Dialogen in der direkten Rede abgewechselt. Das Erzähltempus und der Gebrauch der indirekten Rede erschweren eine Identifikation mit der Protagonistin Glauflügel sowie mit allen anderen. Das Gefühl des Abstands vom Text verstärkt sich durch die Nennung der Personen mit ihrem Nachnamen. Dadurch erhalten die Personen etwas Typenhaftes. Der achronologische Montagestil zwingt den Leser zu einer Haltung des ordnenden Abstands. Er ermöglicht aber zugleich, die verschiedenen Motive des Handelns der Protagonistin zu schildern, so daß der Leser einen Eindruck von der Komplexität von Motivketten bekommt, die das Handeln bestimmen. Pausch führt diese Komplexität anhand der Hauptperson vor, um die sich verschiedene Nebenfiguren gruppieren. Zudem ist die Schauspielerin Ingrid Merks eine Verdopplung der Hauptperson, die eingeführt wird, um

die Figur kontrapunktisch widerzuspiegeln. Ich werde hierauf noch im
Abschnitt über verschiedene Erzählstränge näher eingehen.

5.2. Entwicklungsmöglichkeiten durch analysierendes Erkennen

Auffallend in "Die Verweigerung der Johanna Glauflügel" sind die
zahlreichen und breit ausgeführten Erörterungen über Klassenunter-
schiede. Daneben zieht sich wie ein roter Faden eine stets manifester
werdende feministische Kritik durch den Text. Die beiden Themenkreise
sind eng miteinander verbunden und treffen in der Hauptperson der
Erzählung, Johanna Glauflügel, zusammen. Dies sollte nicht
vereinfachend zusammengestrichen werden wie zum Beispiel in der Kritik
von Uwe Schweikert, der den Roman als eine Darstellung "privater
Frustrationen" aufgrund "sozial bedingter Neurosen" ansieht.[11] Im
Klartext bedeutet das, die Entfremdung im Kapitalismus sei Schuld an der
beinahe krankhaften Zurückgezogenheit der Hauptperson Glauflügel.
Wenn sich das gesellschaftliche System ändern würde, wäre Glauflügel
glücklich und zufrieden. Im Grunde schimmert hier die bekannte
Diskussion durch, derzufolge der Sozialismus dem Feminismus
mindestens vorangehen sollte. Der Feminismus könnte dann sogar
überflüssig sein. Ich will zeigen, daß Pausch eine solche Einseitigkeit nicht
intendierte.

5.2.1. Verweigerung als Rückzug

Zu Anfang des Textes besteht eine krasse Divergenz zwischen denen, die
sprechen, und denen, die schweigen. Ein Freund des Ehepaares ist zu
Besuch und debattiert mit Ronnen über die richtige Analyse der
wachsenden Arbeitslosigkeit. Glauflügel sitzt bei ihnen, näht und
schweigt. Der Freund bemerkt ihre Anwesenheit wohl, faßt sie jedoch
gleich in Standardklischees seines historisch-materialistisch geschulten
Begriffsapparates:

> Dortrecht kam herauf. Zu Glauflügel schaute er nicht, der Haufen Nähzeug störte
> ihn. (...) Es ist ein Jammer, sagte er wieder, wie den berufstätigen Frauen von ihren
> Männern zugemutet wird, nach Feierabend auch noch den Haushalt zu versehen,
> und nicht weniger jammervoll diese treuen und tapferen Hausweibchen. (S. 5 f)

Diese Sätze hindern Dortrecht jedoch nicht, über Glauflügels Kopf hinweg
theoretische Gespräche mit Ronnen zu führen. Außerdem manövriert er
Glauflügel hiermit in die Opferrolle, den Ehegatten stilisiert Dortrecht

---

11. Uwe Schweikert, zitiert bei Gabriele Dietze: op.cit. S. 191.

zum paschaartigen Unterdrücker. Dortrecht beschäftigt sich eigentlich erst mehr mit Glauflügel, als die Diskussion mit dem Ehemann so fruchtlos wird, daß Dortrecht anscheinend sein Interesse daran verloren hat. Nicht der verbohrte Liberale weckt Dortrechts Mitleid, ihn rührt die schweigsame, eifrige Frau. Sie paßt anscheinend besser in seine Klischeevorstellungen von unterdrückten Klassen:

> Dortrechts Gesicht verdüsterte sich immer mehr. Ihn rührte Glauflügel. Er hatte sie noch nie so gesehen - undurchsichtig, so lichtlos und eingeschränkt, das Nähzeug in ihrem Schoß, eingesperrt wie in einen Bleiabguß, ein krabbelnder Käfer, Silvester gegossen und fürs Jahr hingestellt - dieses Zugedrücktwerden und Stillehalten. (...) Er dachte daran, Glauflügel nicht mehr allein zu lassen. (S. 7)

Abgesehen von der etwas herablassende Haltung, Glauflügel 'retten' zu müssen, analysiert Dortrecht jedoch scharf Glauflügels psychische Situation, die er in das Bild des in Blei eingegossenen Käfers faßt.

Der Leser trifft auf Glauflügel im Text, als sie sich in einer Krise befindet. Aus Rückblenden auf die Erziehung im elterlichen Haus und in der Schule wird deutlich, daß Glauflügel eine Erziehung genossen hat, die darauf abzielte, sich den gegebenen Umständen stets anzupassen. Glauflügels Sensibilität für soziale Mißstände wird in traditionelle Bahnen geleitet: sie wurde Krankenschwester. Im Krankenhaus begegnet sie den gleichen unmenschlichen Zuständen wie überall in der Gesellschaft. Die strenge Hierarchie macht Schwestern zu Handlangern der achtlosen Haltung der Ärzte. Die ärmeren Kranken und die Sterbenden werden lieblos behandelt. Glauflügel registriert dies alles, lehnt sich nicht auf, sondern versucht, den Kranken nach Möglichkeit in ihrem Leiden zu helfen. Ein Arzt weist Glauflügel auf ihren 'Fehler': "Lachen Sie doch einmal, sagte der Arzt. Sie müssen sich nicht mit den Frauen identifizieren, die hier sterben. Ein Leben, mit mehr Verstand verbracht, führe auch zu einem angenehmeren Ende" (S. 11).

Der Arzt hat in gewisser Weise recht. Glauflügel sieht, wenn auch unbewußt, Analogien zwischen den zerschundenen, machtlosen Frauen, die sie pflegen muß, und sich selbst. Sie versucht, innerhalb des unmenschlichen Krankenhaussystems individuell Frauen zu helfen. Die Mißstände, die diese Unmenschlichkeit produziert, greift sie jedoch nicht an, obwohl sie darunter leidet. Der Arzt nennt einen Grund, der wie eine Rechtfertigung für das Leiden der armen Patientinnen klingt: sie hätten ihr Leben nicht mit Verstand verbracht. Man kann dasselbe auch über Glauflügel sagen. Auch sie handelt aus dem Gefühl heraus. Der Begriff 'Verstand', einer der Kernbegriffe des aufkommenden Bürgertums des achtzehnten Jahrhunderts, ist hier zu einer Haltung des rationalen Kalküls geworden, wodurch Wünsche soweit kanalisiert werden, daß sie ausschließlich dem Zweck der Handhabung in der Gesellschaft dienen. Im Begriff 'Verstand' klingt Entsagung und Verzicht mit; Pausch formuliert es

wie folgt: "Die Entsagung wird Gewohnheit, die Gewohnheit gültige Wahrheit" (S. 23). Dieter Kamper sieht die Vertreibung der Wünsche als Tribut für die einseitige Akzentuierung der Ratio seit der Aufklärung:

Ein zentraler Mechanismus des Ausschlusses (der Wünsche, MB) ist der in der Aufklärung anhebende, mit dem die sogenannte "Irrationalität" aus der Verallgemeinerung des Begreifens und damit aus der Allgemeinheit der öffentlichen Rede in der Gesellschaft vertrieben wird, (...). Die verhängnisvolle Trennung von Emotionalität und Rationalität, die keine frühere Epoche der Menschheit in einer derartigen Zuspitzung gekannt hat, führt schließlich zu einer leidvollen, dumpfen Antilogik auf der einen Seite, die nach dem Schema von Herrschaft und Ausbeutung auf die Emotionalität zurückwirkt und die beteiligten Menschen zu bloßen Funktionsträgern der theoretischen Praxis werden läßt.[12]

Wir sehen diese Bewegung bei Glauflügel. Sie unterzieht ihre Emotionen keiner rationalen Analyse, sondern stürzt sich in nimmerendenwollenden Harmonisierungsbewegungen auf alles Elend in der Welt. Die Ohnmacht, die sie dabei spürt, wandelt sich in geträumte Aggression um. Glauflügel fehlt der analytische Zugang zu ihren intuitiven, spontanen Protesten, die dadurch in der Phantasie zur bloßen Ablehnung werden und zu weiterer Resignation führen. Die im Titel thematisierte Verweigerung der Johanna Glauflügel erhält hier zunächst die Bedeutung des fortschreitenden Verzichts, was im Bild des eingekapselten Käfers seinen Ausdruck erfährt.

5.2.2. Äußerungsformen der Phantasieproduktion

Die Ablehnung des Konsumdenkens kann im allgemeinen durchaus regressive Züge enthalten. Man spürt in gutbürgerlichen Kreisen, die sich von 'der Masse' abheben möchten, eine Verachtung der Massenkultur: man spielt Geige statt Grammophon, und man liest Goethe und Fontane statt Jerry Cotton und Micky Maus, um sich von anderen Menschen abzusetzen und zu unterscheiden, nicht, um sich mit den Mitteln der Kunst mit gesellschaftlichen Problemen auseinanderzusetzen. Die Debatte über den Wert der Massenkunst findet man zu Anfang der dreißiger Jahre in den Kreisen der Frankfurter Schule.[13] Die - bis auf Benjamins Analyse des Films - ablehnende Haltung gegenüber der Massenkultur als Volksverdummung wird in den siebziger Jahren differenziert, obwohl man auch hier noch schroffe Verurteilungen antrifft. Wolfgang Fritz Haug formuliert in der "Kritik der Warenästhetik" seine Analyse der Verwertung der Wünsche wie folgt:

12. Über die Wünsche. Ein Versuch zur Archäologie der Subjektivität. Hrsg. von Dieter Kamper. München 1977, S. 15.
13. Z.B.: Walter Benjamin: Das Kunstwerk im Zeitalter seiner technischen Reproduzierbarkeit. Frankfurt a/M. 1980 (Werkausgabe, Bd. I.2); Herbert Marcuse: Kultur und Gesellschaft. Frankfurt a/M. [11]1973 (Bd. 1); Theodor W. Adorno: Noten zur Literatur. Frankfurt a/M. 1974.

Der Standpunkt der Kapitalverwertung als Selbstzweck, dem alle Lebensanstrengungen, Sehnsüchte, Triebe, Hoffnungen nur ausbeutbare Mittel sind, Motivationen, an denen man die Menschen fassen kann und an deren Ausforschung und Indienstnahme eine ganze Branche der Sozialwissenschaften arbeitet, dieser Verwertungsstandpunkt, der in der kapitalistischen Gesellschaft absolut dominiert, steht dem, was die Menschen von sich aus sind und wollen, schroff gegenüber. Was, ganz abstrakt gesprochen, die Menschen mit dem Kapital vermittelt, kann nur etwas Scheinhaftes sein.[14]

In Haugs Analyse ist alle Triebphantasie des Menschen von Waren besetzt, wodurch die Wünsche scheinbefriedigt werden. Oskar Negt und Alexander Kluge sehen in dem Überangebot an Waren in den hochindustrialisierten Gesellschaften eine Möglichkeit, die Phantasieproduktion - außer abzulenken - auch zu bereichern.

Die Menschen unterliegen hier nicht einer bloßen "Vorführung", die ihnen äußerlich ist; die Triebkräfte, die sie zu dem Warenzusammenhang drängen, sind ihre eigenen. Ihr Vorstellungsvermögen wird abgelenkt und gleichzeitig reicher. Das unter den gegenwärtigen Aneignungsbedingungen nicht einzulösende Versprechen der Warenwelt führt das Bewußtsein der Menschen über diese Warenwelt hinaus.[15]

Für Negt und Kluge besteht eine Wechselwirkung zwischen Warenangebot und Phantasieproduktion. Letztere übersteigt die Vermarktung, da erstens die Triebkräfte der Wünsche letztlich nicht völlig durch das Warenangebot kaserniert werden können und zweitens die Phantasieproduktion überhaupt gereizt wird, die nach Negt und Kluge nicht notwendigerweise in den Erwerb von Waren zu münden braucht. Negt und Kluge sehen drei Möglichkeiten, mit diesem Überschuß an Bewußtsein umzugehen:

(Der Einzelne, MB) kann versuchen, aus der Gesellschaft auszubrechen auf private Weise oder durch kollektive Anstrengung, zum Beispiel in politischen Gruppen - oder aber er wird veranlaßt, in diesem System seine Wünsche selber zu befriedigen, durch Weiterbildung, Selbstverwertung, Aufstiegsmotivation. In der Regel gelingt beides nicht. Das ist die Chance der Bewußtseinsindustrie; sie bietet die synthetische dritte Lösung: sie zieht die im System nicht zu befriedigenden Triebwünsche von der Realität ab, wo sie für das Kapitalinteresse zerstörerische Wirkung haben könnten. (...) Eine einfache Negation dieses Zusammenhangs, wie sie von der avancierten Kulturkritik vertreten wird, bewirkt nur wenig. Da die Phantasieproduktion eine spezifische Aktionsform auch der breiten Masse der Arbeiter darstellt, kann die Kritik nur durch diese Phantasieproduktion hindurchgehen. (...) Die einzige Möglichkeit, diesen Zwangszusammenhang aufzubrechen, besteht darin, innerhalb einer proletarischen Öffentlichkeit jene Versprechen von Sinn, Welt, die mit großer Sensibilität wirkliche Wünsche spiegeln (...) aufzugreifen und in autonome Betätigungsformen der Arbeiter einzureihen.[16]

14. Wolfgang Fritz Haug: Kritik der Warenästhetik. Frankfurt a/M. 1971, S. 16.
15. Oskar Negt/Alexander Kluge: Öffentlichkeit und Erfahrung. Zur Organisationsanalyse von bürgerlicher und proletarischer Öffentlichkeit. Frankfurt a/M. [3]1974, S. 288 ff.
16. Oskar Negt/Alexander Kluge: op.cit. S. 289.

In Pauschs Erzählung findet man eine Auseinandersetzung mit gerade diesem Umgang mit dem Überschuß an Phantasie. Ronnen, der Arzt, repräsentiert den Weg über Weiterbildung zur Karriere. Dabei paßt er sich an das vorgegebene Versprechen an, daß man weiterkomme, wenn man ein Leben mit Verstand gebrauche. Glauflügel dagegen verschließt sich zunächst in den Rückzug. Eine Umorientierung ihrer Wünsche findet letztlich statt, geht aber von privaten Bindungen im Stile ihrer Ehe aus:[17] da sie Dortrecht liebt, öffnet sie sich seinen Gesellschaftsanalysen. Sie verharrt nicht länger in ihren Zerstörungsphantasien, die man als 'einfache Negation' der bestehenden Zusammenhänge werten kann, in denen Wünsche mit dem Erwerb von Waren oder dem Konsum von Massenkultur scheinbefriedigt werden. Die Sensibilisierung für die eigenen, wirklichen Wünsche führt bei Glauflügel dazu, daß sie sich von ihrem Mann trennt, den Arbeitsplatz aufgibt und nach Italien zieht. Die Italienreise hat eine private und eine politische Motivation. Glauflügel möchte in der Nähe ihres Freundes Dortrecht sein, und sie verspricht sich ein sinnvolleres Arbeitsfeld in einem Krankenhaus, in dem die hierarchischen Strukturen abgebaut werden. In diesem Krankenhaus sind die Unterschiede zwischen Privat- und Kassenpatienten wie auch in der personalen Hierarchie verwischt worden, die Patienten bauen die alten Hierarchien jedoch selbst wieder auf, wie aus einem Dialog zwischen zwei Patientinnen hervorgeht:

> Die Frau des Spielzeugfabrikanten kam ins Schwärmen, sie lehnte sich weit in ihren Sessel hinein: Wie schön sich ihre Kleinen im Park ihres Landhauses ausnehmen, wieviel Glück sie mit ihrem Kindermädchen hat, je natürlicher die Kinder aufwachsen, desto freier werden sie. Meine Großmutter, fuhr sie fort, ich war kaum vierzehn Jahre alt, nahm mich mit auf ihre Landgüter in den Süden und führte mich in das Mägdehaus. Eine junge Magd lag auf dem Boden und gebar einen Jungen, die Alte half, es war schrecklich, aber ich war begeistert. - Abfälliges Rühren auf den Lippen der Lehrerin, ihre Großmutter, meinte sie, hat die ihre Kinder auch in einem Mägdehaus zur Welt gebracht. - Natürlich nicht, der Leibarzt des Großherzogs hat assistiert. Die Fabrikantenfrau trat ans Fenster. Die steigende Kriminalität der Jugendlichen, fing sie wieder an, ist das Resultat der Gleichmacherei, die natürlichen Unterschiede werden ausgeschaltet. (S. 66 f)

Man sieht hier, daß die Gleichbehandlung im Krankenhaus von der Fabrikantenfrau im Grunde nicht gebilligt wird, da sie sich im letzten Satz im allgemeinen gegen gleiche Rechte als "Gleichmacherei" wehrt. Es wird auch deutlich, daß die "Natürlichkeit" und "Freiheit", die ihr für die Erziehung der Kinder am besten erscheinen, von viel Geld abhängig sind.

---

17. Glauflügel zu Dortrecht (S. 23): "Mit ihm zusammen könne sie ein neues Leben beginnen, unabhängig von ihm nicht, dann werde sie nicht die Kraft haben, Ronnen zu verlassen."

99

Dadurch werden diese rousseauistischen Erziehungsideale[18] zu Privilegien einiger weniger Bürger.
Glauflügel ist am Ende der Erzählung recht verzweifelt über die gesellschaftlichen Verhältnisse in Italien. Immer wieder kritisiert sie die Kommunisten, die ihre Ideale einer praktischen Kompromißlösung unterordnen:

> Wenn wir auf einer Versammlung das Selbstverwaltungsmodell für unser Krankenhaus diskutieren wollen, kommt der Genosse der PCI mit Hinweisen auf die finanzielle Situation der Kommune und der Religion und schiebt den Entwurf wieder auf, indem er von den Prozenten spricht, die die Kommunisten bei den Wahlen hinzugewonnen hätten. (S. 92)

Glauflügel setzt sich auch mit Dortrecht und einer kommunistischen Krankenschwester und mit deren Kompromißbereitschaft auseinander. Dortrecht weist auf die zahlreichen Lehrstühle an den italienischen Universitäten hin und darauf, daß der Eurokommunismus sich in zehn Jahren überlebt haben werde. Als Glauflügel enttäuscht bemerkt: "Die Kommunisten, sagte sie weiter, nennen sich die 'Partei mit den sauberen Händen' und versprechen ihren Wählern Reformen, aber darüberhinaus wird nichts geschehen" (S. 91 f), antwortet Dortrecht defensiv: "Sie könne ja zurückgehen" (S. 92). Dordrecht hat sich hinter seiner Malerei verschanzt und steht einer Hinterfragung des Kommunismus als sozialrevolutionäre Lebensform breiter Schichten der Bevölkerung nicht mehr offen gegenüber. Er versucht, sich und Glauflügel auf die Zukunft zu vertrösten. Auch die Schwester, mit der Glauflügel zusammenarbeitet, setzt sich nicht kritisch mit ihrer Partei auseinander.

> Der Nachtschwester (...) ist alles so selbstverständlich geworden, daß sie meine Zweifel nicht verstehen kann. Sie kritisiert zwar die PCI, sagt, daß sie die Arbeiterklasse verrate, aber sie sagt es mit der Stimme der Partei. (...) Der historische Kompromiß, so schreibt *manifesto*, (...) bewegt sich auf einer taktischen Ebene vorwärts, die wirklichen Interessen werden zu Störfaktoren eines schönen Entwurfs. Dann, ganz plötzlich, weil sie erkennt, wie weit das geht, beugt sie sich übers *manifesto*, blättert hektisch und schiebt es wieder weg. (S. 92)

Die italienische Schwester weist die Analyse der Zeitung "Il Manifesto" genauso wie Dortrecht mit dem Hinweis ab, daß eine Volksfront keine realisierbare Möglichkeit sei. Glauflügel jedoch gibt sich damit nicht zufrieden. Sie nimmt sich den Aufstand der Ciompi, der florentinischen Weber im Mittelalter, zum Vorbild. Dieser Weberaufstand wurde niedergeschlagen, da die Ciompi sich nicht mit der mächtigeren Gruppe

18. Jean Jacques Rousseau: Emile oder Über die Erziehung. Stuttgart 1970. Siehe hierzu: die Kritiken von Jacques Derrida: "Dieses gefährliche Supplement...". In: Grammatologie. Frankfurt a/M. 1974, S. 244-283; René Schérer: Das dressierte Kind. Sexualität und Erziehung. Über die Einführung der Unschuld. Berlin 1975.

der Zunftgenossen gegen die Patrizier verbündeten.[19] Glauflügel bewundert ihren todesmutigen Kampfgeist, den sie in der PCI und bei ihren Freunden vermißt. Dortrecht hat sich in seine künstlerische Tätigkeit zurückgezogen, und die italienische Krankenschwester träumt vom Glück in Trivialformat: "Spanische Treppe, Farbfernsehen, Adelswappen über dem Bett - die Stationsschwester findet ihre Liebhaber in ihren Fotoromanen" (S. 87). Die kurze Charakterisierung der Krankenschwester entspricht genau dem verhaßten Konsumverhalten, das Glauflügel anfangs in ihren Phantasien zerstören wollte.

Glauflügel wird am Ende des Textes nicht als eine linientreue, starke Genossin dargestellt, die klar zwischen reaktionären Bourgeois und progressiven Proletariern trennen kann. Sie sieht die Widersprüche zwischen revolutionärem Anspruch und praktischen Möglichkeiten sowohl bei Individuen als auch in gesamtgesellschaftlichem Zusammenhang. Diese Widersprüche versucht sie nicht zu harmonisieren: "Sie bemühte sich, mit der Unruhe fertig zu werden, die Widersprüche waren offener, sie konnte sich nicht mehr in sich zurückziehen wie früher" (S. 84).

Es ist sicher deutlich, daß Glauflügel von ihrem gewonnenen Bewußtsein von gesellschaftlichen Zusammenhängen nicht abzugehen gedenkt. Wie weit sie dem Druck der Widersprüche jedoch auf die Dauer standhalten kann, bleibt für den Leser offen. Besonders die letzten Fragmente stimmen nachdenklich. Glauflügel geht nicht zur Arbeit. Sie sitzt auf einer Bank, stundenlang, und denkt und träumt:

> Sie stellt sich vor, die Welt könne sich verändern. (...) Die Schritte, die an ihrer Bank vorübergingen, waren wie entrückt, die Stimmen weit weg, sie hörte sie aus der Ferne. (...) Oben arbeiteten sie seit einer Stunde. Ich warte noch, dachte Glauflügel, vielleicht sitze ich hier den ganzen Tag. Wie das Mädchen, das vor zwei Tagen eingeliefert worden ist. Es sitzt im Bett und spricht nicht mehr. Auf dem Zeitungsfoto sieht sein Gesicht aus wie ein Stück sich auflösendes Holz. Man hat es im Wald gefunden. Es spricht nicht mehr. (S. 89 ff)

Man wird hier an das frühere Textfragment erinnert, in dem Glauflügel phantasierte, sie wolle tagelang auf einer Bank sitzen und sich vorstellen, die Sprache verloren zu haben. Ich deutete die Haltung Glauflügels als eine Immigration nach innen, eine Verweigerung, einen Rückzug. Oben wurde gezeigt, daß Glauflügel nicht mit der Haltung der italienischen Kommunisten zufrieden ist. Man könnte dies auch als Verweigerung ansehen; hier erhält die Verweigerungshaltung den Aspekt eines

---

19. Aufstand der Ciompi, 28.-31. August 1378; Forderungen waren Erlaß der Steuerschulden, Beteiligung in der Regierung der Stadt Florenz. Siehe hierzu: Mauro Martines: Power and Imagination. City States in Renaissance Italy. London 1980, S. 185 ff.

Festhaltens an Idealen. Glauflügel weigert sich, ihre Erkenntnisse und ihre Wünsche einer politischen Praxis anzupassen, die sie nicht radikal genug in der Verwirklichung ihrer Ziele findet. Die Bilder der Lethargie am Anfang und am Ende gleichen einander erschreckend. Die Zielvorstellungen sind anders geworden. Pausch macht aber deutlich, daß die Frustrationen nicht kleiner werden müssen, wenn man die gesellschaftlichen Gegensätze zwar adäquat analysieren kann, jedoch keine ausreichende Möglichkeit einer realisierbaren Veränderungsperspektive sieht. Pausch läßt den Gegensatz zwischen bewußten individuellen Wünschen, gesellschaftlichen Widerständen und deren persönlicher Verarbeitung stehen.

Neben den Kompromißversuchen der Krankenschwester und Glauflügels gibt es noch eine dritte Variante. Die Figur der Schauspielerin Ingrid Merks wird kontrapunktisch zu der Protagonistin Glauflügel eingesetzt. Die Schauspielerin ist beruflich außergewöhnlich erfolgreich. Sie wird als eine bewußte Marxistin dargestellt, die auch den Warencharakter ihres eigenen Berufs kennt.

> Ihre Freunde, sagte sie, beurteilen sie alle nach vorgefaßten Meinungen, nach ihren pornographischen Wunschvorstellungen. (...) je mehr sie über sie verfügen, desto hemmungsloser der Haß und desto sicherer werde sie auf der Bühne. (S. 73 f)

Merks schildert sich hier in einer Rolle, die der der Prostituierten nur um Nuancen entkommt. Ihre Schauspielkunst ist an ihren Körper gebunden, den sie jeden Abend in der Vorstellung verkauft. Das Spielen der Rollen erfordert eine psychische Konzentration auf die Personen, die Merks verkörpern muß. Sie kann den Druck, den die traditionellen Frauenrollen auf sie ausüben, kaum noch aushalten. Theaterrollen und Wirklichkeit gehen immer nahtloser ineinander über. Das Gefühl der Befreiung wird im masochistischen Nachspielen des Leidens der Theaterfiguren erlebt. Die Spannung zwischen dem eigenen Leben und den Theaterrollen entlädt sich schließlich in einer terroristischen Gewaltaktion.

> In der Sonne, die durchkam und die sie blendete, rückten die Bilder weg, bei dem Versuch, sich Ingrid Merks bewaffnet in der Bankschalterhalle vorzustellen, lenkte sie ab, sie wehrte sich gegen diese Vorstellung. (...) Glauflügel zog sich die Zeitungsberichte vor Augen, die damals erschienen waren. Ein Banküberfall, ein Angestellter wollte die gesuchte Schauspielerin Ingrid Merks wiedererkannt haben, ein Flugblatt führte politische Hintergründe an. In einer Zeitung stand: Verrückte Schauspielerin probt Bankraub, in einer Abendausgabe: Emanzipation macht Frauen kriminell. (S. 76)

Ingrid Merks hat, um es mit Negt/Kluge auszudrücken, den Überschuß an Phantasieproduktion im Ausbruch aus der Gesellschaft und im Einstieg in eine terroristische Gruppe kanalisiert. Man könnte vermuten, daß sie hier den Haß auf die Gesellschaft mit ihren Zerstörungsphantasien, die sie nun nicht länger passiv denkt, sondern aktiv auslebt, in Verbindung bringen kann. Inwiefern diese Handlungsweise unter dem Druck der Verhältnisse nicht auch einer schleichenden Selbstzerstörung ähnelt, ist aus der jüngsten Geschichte zu ersehen.[20] Bemerkenswert ist die Erwähnung der Zeitungsschlagzeilen, die den Dreisatz kreieren: 'Verrückt, Emanzipation, kriminell'.[21] Das sind gängige Diffamierungsversuche politischer Radikalität (hier als Variante des Angriffs auf die Frauenbewegung), wodurch die Massenmedien letztlich den Prozeß der Zerstörung, Radikalisierung und Depression selbst mitinszenieren. Das Thema Presse wird bei der Analyse von Reinigs Roman "Entmannung" noch einmal angesprochen.

Auffällig ist das Unbehagen, daß Glauflügel bei der Vorstellung, ihre Freundin sei eine Terroristin geworden, befällt: "Die Gleichheit, die sie verband, ängstigte Glauflügel" (S. 74). Die Frustration durch die traditionelle Frauenrolle ist die gleiche wie die von Merks, auch die latent masochistische Zerstörungswut und die Radikalität der Forderungen in bezug auf Veränderungen. Die Freundinnen treffen sich in einer Phase, in der beide ihre Möglichkeiten und den gesellschaftlichen Rahmen genau analysiert haben. Ihre Entscheidungen treffen sie jedoch unterschiedlich. Merks sieht schon lange die Differenz zwischen ihrem Beruf und ihrem Bewußtsein. Sie steigert diesen Widerspruch bis ins Unerträgliche, bricht dann ihr früheres Leben radikal ab und steigt aus der Gesellschaft aus. Glauflügel zieht ihre Konsequenzen für Beruf und Privatleben, als sie sich der Ursachen ihrer Frustrationen bewußt wird. Sie paßt ihre Lebenssituation soweit wie möglich ihren bewußten Wünschen an. Sie wird dadurch jedoch nicht zu einer gemäßigten Reformistin, sondern kämpft gegen die Trägheit bei Veränderungsmöglichkeiten und -willigkeit der Gesellschaft. Sie wird auch nicht zur Terroristin. Glauflügel wirkt am Ende der Erzählung lethargisch und mutlos. Sie nimmt sich zum Schluß vor, mit der befreundeten Krankenschwester den ihr so wichtigen Film über den Aufstand der Ciompi anzusehen. Aus dem Plan entwickelt sich eine Phantasie, in der Glauflügel vom Fenster des Krankenhauses aus die flüchtenden Ciompi zu sehen meint, wobei sie sich die gräßlichen Geräusche der Tötungen und des Sterbens vorstellt. Der Nachsatz: "Sie werden ans Fenster treten", ist als eine Geste des Verzichts zu interpretieren. Man ist nicht in der Masse anwesend, man greift auch nicht ein, man wird zum Zuschauer der Geschichte. Hieraus kann gelesen werden, daß Glauflügel den Anspruch aufgibt, daß spontane massale Empörung als Aufstand der Massen ein wirkungsvolles und

---

20. Frauen und Terror. Versuche, die Beteiligung von Frauen an Gewalttaten zu erklären. Hrsg. von Susanne von Paczensky. Reinbek bei Hamburg 1978.
21. Siehe auch Zeitungsschlagzeilen anläßlich des Ihns-Prozesses, zitiert in: Christa Reinig: Entmannung. Darmstadt/Neuwied 1977, S. 76 ff.

103

gesellschaftsveränderndes politisches Mittel sei. Im Kapitel 5.4 gehe ich näher auf die literarische Motivik Fensterblick ein.

5.3. Diskussion über Kunst und Künstler

In Pauschs Erzählung "Die Verweigerung der Johanna Glauflügel" gibt es zwei Textstellen, die sich mit der Funktion von Kunst und Künstlertum in unserer Gesellschaft im Zusammenhang mit Theater und Malerei auseinandersetzen. Über Literatur äußert sich Pausch in einem späteren Text, in der Novelle "Die Schiffschaukel".[22] Zwei Frauen unterhalten sich über die Funktion, die Literatur haben sollte, wobei Ida abfällig über die Stoffwahl in Viktorias Roman spricht, da dieser von einer Frau zur Zeit der Inquisition handelt.

"Aber ist deine Laura-Geschichte nicht trotzdem eine Flucht vor den Verpflichtungen des Tages, denen gerade wir Frauen uns bis jetzt immer entzogen haben? Wir dürfen die Gegenwart und vor allen Dingen die Zukunft nicht mehr den Männern allein überlassen. Und ist es nicht gerade die Gefahr bei einer historischen Erzählung, daß sie den modernen Leser nicht erreicht? Ich stelle mir eine Literatur vor, die man erwirbt und benutzt wie einen Gebrauchsgegenstand, mit dem man besser leben kann. Heute brauchen wir Dichter, die vor der Gegenwart keine Angst haben."
"Um sich unbekümmert von ihr feiern zu lassen," fügte Viktoria hinzu. "Die scheinbar so menschenfreundliche Hinwendung zum Zeitgenossen verstümmelt den Schreibenden zum Wortlieferanten, der wie die Dienerschaft angehalten wird, die Hintertreppe zu benutzen. Wenn sein Produkt der Mode nicht mehr entspricht, wird es weggeworfen, und den Dichter kann man gleich hinterherwerfen."[23]

Die Protagonistin Ida plädiert für eine Gebrauchsliteratur, die dem Leser konkrete Verhaltensdirektiven gibt. Sie ordnet damit die Literatur anderen Gebrauchsgegenständen zu, die für das tägliche Leben nötig sind. Dabei werden historische Stoffe als veraltet gewertet, die dem heutigen Leser keine Erkenntnismöglichkeiten mehr bieten. Die Protagonistin bezieht sich dabei anscheinend ausschließlich auf Texte, die inhaltlich bloße Nacherzählungen historischer Fakten liefern, sogenannte historische Romane, die als Geschichten keine Brücke zu aktuellen Geschehnissen schlagen. Diese Literatur lehnt sie ab und hält ein Plädoyer für eine operationalistische Literatur[24] und aktive Beteiligung von Frauen am Literaturbetrieb. Dieser Standpunkt läßt sich mit der Forderung aus den siebziger Jahren vergleichen, es müsse mehr Schriftstellerinnen geben,

22. Birgit Pausch: Die Schiffschaukel, op.cit.
23. Birgit Pausch: Die Schiffsschaukel, op.cit. S. 67 ff.
24. Siehe: Ulla Hahn: Literatur in der Aktion. Zur Entwicklung operativer Literaturformen in der Bundesrepublik. Wiesbaden 1978.

um den Literaturbetrieb zu revolutionieren.[25] Dabei wurde die Tatsache
übergangen, daß das Geschlecht des Autors noch keine Garantie für eine
bestimmte Art der ästhetischen Verarbeitung bedeutet. Auch zeigt die
Forderung nach operativer Literatur Parallelen zu Tendenzen der
siebziger Jahre, wo Literatur nur noch verteidigbar schien, wenn sie sich
politischen Zwecken unterordnete.[26] In der Frauenbewegung mündete das
in Texte, in denen der Hausfrauenalltag oder die Monotonie am
Arbeitsplatz gezeigt wurden.[27] Die Form war dabei nicht wichtig; Form
war sogar verdächtig als männlicher Ästhetizismus.

In "Die Schiffschaukel" kritisiert die zweite Protagonistin, Viktoria, diese
Art der Literatur, indem sie den Schriftsteller als "Wortlieferanten"
bezeichnet. Die Aktualität dieser Texte erschöpfe sich mit der Mode, die
sie trage. Die Protagonistin moniert die Modeliteratur: "Wir müssen uns
immer bewußt machen, daß unsere Tagesmeinungen, die meistens ein
willkürliches Modeprodukt sind, weder unsere Erkenntnisse vertiefen
noch uns inspirieren können."[28] Viktoria hat daher einen Stoff aus der
Vergangenheit gewählt, an dem sie aus einem analysierenden Abstand
historische Muster aufzeigen kann und mit dem sie so dem Leser Einsicht
in die Veränderbarkeit der Geschichte vermitteln will. Das erinnert an die
Motive, die Brecht für seine Beschäftigung mit dem historischen Julius
Cäsar angab:

> Meinen eigenen Standpunkt nehme ich ein in der Montage der beiden fiktiven
> Schreiberstandpunkte. (...) Als nötig hat sich jedoch diese Technik herausgestellt für
> eine gute Erfassung der Wirklichkeit, ich hatte rein realistische Motive.[29]

Brecht wandte sich hier gegen platten Realismus im inhaltlichen
Nacherzählen, indem er formale Momente und historische Inhalte
einsetzte, um Erkenntnisse beim Leser zu erzielen. Realismus definiert
Brecht wie folgt:

> Realistisch heißt: den gesellschaftlichen Kausalkomplex aufdeckend/ die
> herrschenden Gesichtspunkte als die Gesichtspunkte der Herrschenden entlarvend/
> vom Standpunkt der Klasse aus schreibend, welche für die dringenden

---

25. Diese auf Quantität ausgerichtete Forderung garantiert jedoch, wie ich eingangs
schon andeutete, keineswegs innovierende Qualität. Leidenstexte und Dokumentationen aus dem Haushalt revolutionieren nicht die ästhetischen Traditionen.
26. Siehe hierzu: Ulla Hahn: op.cit.
27. Alice Schwarzer: Der 'kleine Unterschied' und seine großen Folgen. Frauen über
sich - Beginn einer Befreiung. Frankfurt a/M. [3]1975; Erika Runge: Frauen. Versuche
zur Emanzipation. Frankfurt a/M. [5]1974; Marianne Herzog: Von der Hand in den
Mund. Frauen im Akkord. Berlin 1976.
28. Birgit Pausch: Die Schiffsschaukel, op.cit. S. 68.
29. Bertolt Brecht: Über den formalistischen Charakter der Realismustheorie. In:
Marxismus und Literatur. Hrsg. von Fritz Raddatz. Reinbek bei Hamburg [3]1972 (Bd.
2), S. 89.

Schwierigkeiten, in denen die menschliche Gesellschaft steckt, die breitesten Lösungen bereithält/ das Moment der Entwicklung betonend/ konkret und das Abstrahieren ermöglichend.[30]

Wenn man an dieser Definition die Erzählung "Die Verweigerung der Johanna Glauflügel" mißt, so könnte man sie in gewissem Sinne realistisch nennen. Pausch stellt verschiedene ideologische Standpunkte einander gegenüber. Sie zeigt dabei deutlich, daß diese Sichtweisen klassengebunden sind.[31] Darüber hinaus zeigt sie die ideologischen Einflüsse des Kapitalismus auch auf Personen der Arbeiterklasse, indem diese gegen ihre eigenen Interessen handeln. Pausch introduziert außerdem die spezifische Problematik der Geschlechtszugehörigkeit und verwebt dieses Thema mit der Gesellschaftsdarstellung. Sie wartet nicht mit Lösungen auf, sondern zeigt die Widersprüche, die sie in der Gesellschaft registriert.[32] Sie betont wohl das Moment der Veränderbarkeit, zeigt aber auch die konkreten Schwierigkeiten. Der Text enthält dadurch eine tragische Note, die man auch in vielen Stücken von Brecht findet. Man denke unter anderem an "Die heilige Johanna der Schlachthöfe",[33] wozu man zahlreiche Parallelen ziehen kann. Auch diese Johanna, sie hat den gleichen Vornamen wie Pauschs Heldin, versucht aus Mitleid das Elend der Arbeiter zu mildern. Als sie später davon überzeugt ist, daß sie organisiert kämpfen muß, verpaßt sie den richtigen Zeitpunkt, sie erkältet sich, wodurch sie letztlich stirbt. Die Erkältung dient als Metapher für die Unfähigkeit der Heldin, ihre Einsichten in die realen politischen Verhältnisse zu ertragen. Sie 'erkältet' sich an der 'Kälte der Verhältnisse'. Pauschs Heldin verfällt in lähmende Lethargie. Die letzte Fensterpassage deutet einen Rückzug als Überlebensakt an.

Dem letzten Punkt der Brechtschen Realismusdefinition entspricht wohl Pauschs Erzählung. Ausgehend von konkreten Personen und Situationen werden die dargestellten Konflikte zu Modellen, hinter denen die Individualität der Figuren zurücktritt. Sie erhalten Demonstrationscharakter. Dies stimmt mit der Forderung Brechts überein, dem Individuum im Text seinen historischen Platz zu geben und es nicht als von der Geschichte unabhängiges Agens zu betrachten:

Den Individuen kann in den Büchern nicht viel mehr Platz eingeräumt und vor allem kein anderer Platz eingeräumt werden als in der Wirklichkeit. Rein praktisch

30. Bertolt Brecht: Volkstümlichkeit und Realismus. In: Marxismus und Literatur, op. cit. S. 101.
31. Siehe Eltern, Ronnen, Fabrikbesitzerin.
32. Siehe in der Erzählung die Schokoladenfabrikarbeiterin, die Schauspielerin oder die kommunistische Krankenschwester in Italien.
33. Bertolt Brecht: Die heilige Johanna der Schlachthöfe. In: Bertolt Brecht: Die drei Johanna-Stücke. Frankfurt a/M. 1964, S. 5-141.

gesprochen: Für uns entstehen die Individuen bei der Gestaltung der Prozesse des menschlichen Zusammenlebens, und es kann dann "groß" sein oder "klein".[34]

In diesem Sinne ist eine Interpretation des Pauschtextes verfehlt, in dem es heißt: "Im Mittelpunkt steht die politische und sexuelle Emanzipation einer Frau. (...) aber eine kämpfende Verzweiflung, keine Resignation."[35] Die Optik, die aus dieser Beschreibung spricht, fixiert sich auf eine große Heldin, die aus eigener Einsicht und Stärke gegen die Macht der Verhältnisse kämpft. Pausch dagegen zeigt eher die Schwerkraft und Widersprüchlichkeit der gesellschaftlichen Strukturen. Es ist gerade die drohende Resignation, die Kurzschlüsse, die an der Protagonistin Glauflügel beschrieben werden, die die Erzählung zu einer realistischen Darstellung im Sinne Brechts machen. Die Einsichten in die Trägheit der gesellschaftlichen Veränderungen werden an der Protagonistin deutlich und glaubhaft. Die Bewertung 'Größe' betrifft hier nicht den Erfolg der Protagonistin, sondern ihr Bemühen.

In der Erzählung selbst wird auf Brechts ästhetische Prinzipien verwiesen. Als Glauflügel sich mit Freunden über den Erfolg der Schauspielerin Ingrid Merks unterhält, bemerkt sie:

> Empfindlichkeiten, als Glauflügel unvermittelt sagte, daß die beste Schauspielerin diejenige sei, die sich nicht mit der Rolle der Frau, die ihr die Gesellschaft zuweist, identifiziere. Sie fügte hinzu: Eine solche Schauspielerin gibt es nicht. (S. 31)

Diese Bemerkung ist doppeldeutig. Zum einen weist sie auf die repräsentative Rolle hin, die Schauspielerinnen auch in der Wirklichkeit oft spielen müssen. Wir sehen später, daß die Freundin diese Rolle wohl spielt, sie aber nicht ertragen kann. Zum zweiten kann man aus dem Textfragment lesen, daß Rollen, die für Frauen geschrieben wurden, der Frau meist eine Opferrolle abverlangen. Als Beispiele werden Ophelia, Nora, Julia genannt. Diese Rollen und ihre Funktion im Theater zielen auf identifikatorisches Mitleid, wobei traditionell die Illusion geweckt werden sollte, die Schauspielerin und die dargestellte Person seien identisch. Dieses Mitleiden bringt dem Zuschauer nach Brecht nichts: "Denn dieser Zuschauer gibt seine Vernunft mit dem Mantel in der Garderobe ab."[36] Brecht kehrt sich gegen den Typ der "Erleberin"[37] und fordert von der

---

34. Bertolt Brecht: Bemerkungen zu einem Aufsatz. In: Marxismus und Literatur, op.cit. S. 96.

35. Ilse Braatz: op.cit. S. 126.

36. Bertolt Brecht: Dialog über Schauspielkunst. In: Der Weg zum zeitgenössischen Theater. In: Gesammelte Werke. Frankfurt a/M. 1973 (Bd. 15: Schriften zum Theater I), S. 189.

37. Bertolt Brecht: Über den Typus moderne Schauspielerin. In: Gesammelte Werke, op.cit. S. 186.

Schauspielerin, daß sie mit Distanz und reflektiert Zusammenhänge
zeigt, darstellt, analysiert:

> Ihr Wissen zeigend. (...)
> Bewußt darbietend. Schildernd. (...)
> Spirituell. Zeremoniell. Rituell. Nicht nahekommen sollten sich Zuschauer und
> Schauspieler, sondern entfernen sollten sie sich voneinander. Jeder sollte sich von
> sich selber entfernen. Sonst fällt der Schrecken weg, der zum Erkennen nötig ist. (...)
> Nicht so sehr den Menschen, mehr vielleicht die Vorgänge (schildern).[38]

Beim Zuschauer wird die Katharsis also nicht über identifizierendes
Mitleid, ein Standpunkt des frühen Bürgertums (Lessing), erreicht,
sondern über die erschreckende Erkenntnis der Fremdheit des
Dargestellten.

Was die Schauspielerin bei Pausch selbst nicht fertig bringt und woran sie
zerbricht, der mangelnde Abstand zur Frauenrolle im Beruf und im
Privatleben, diese Fremdheit bringt Glauflügel wohl auf. Sie sperrt sich der
überkommenen Selbstverständlichkeit und prüft verschiedene Standpunkte, um zu einer gewissen Synthese von Erlerntem und Erlebtem zu
kommen, was letztlich mißlingt.

Pausch bezieht den Leser in die Diskussion mit ein. Sie stellt verschiedene
Gesellschaftsanalysen kommentarlos nebeneinander, sie zeigt verschiedene Lebensmodelle, sie montiert vergangene Erlebnisse mit
gegenwärtigem Handeln, es werden Brüche im Bewußtsein und Handeln
der verschiedenen Personen deutlich angegeben. Dem Leser wird dadurch
nicht erlaubt, sich in eine Perspektive einzulesen oder sich mit einer Person
zu identifizieren. Er steht zwischen allen und muß aktiv die
Zusammenhänge herstellen. Er kann 'seine Vernunft nicht an der
Garderobe abgeben'.

Das zweite indirekte Zitat Brechtscher ästhetischer Theorie ist aus
Dortrechts Auffassung über seine Malerei herauszulesen. Dortrecht hat
sich von der abstrakten Malerei und dem Surrealismus abgewandt. Er
huldigt auch nicht dem Geniekultus, der um Künstler kreiert wird, da er in
der zugestandenen Freiheit des Künstlers nur "das erwünschte
Feigenblatt" (S. 26) der Gesellschaft sieht. Dortrecht versucht, seine
Erkenntnisse in die Malerei zu übertragen:

> Dortrecht zeigte abwechselnd auf verschiedene Stellen: Zwei Elemente der Meninas
> habe er für seine Arbeit eingesetzt. Der Maler und sein Objekt stehen auf einer Ebene
> und der Spiegel im Hintergrund. Um die freischwebende Subjektivität des modernen
> Künstlers zu negieren, stelle er den Maler und sein Objekt auf eine Ebene. Das
> Objekt ist nicht mehr der absolutistische Hofstaat, die Infantin und die Hoffräulein,
> sondern die friedliche Koexistenz mit ihren Massakern, ein Erschossener im

---

38. Bertolt Brecht: Dialog über Schauspielkunst. In: Der Weg zum zeitgenössischen
Theater, op.cit. S. 188 ff.

Augenblick des Niederstürzens. Aber der Maler in seinem Bild mit den Scheuklappen seiner ästhetischen Vorurteile, fuhr Dortrecht fort, wolle weder verurteilen noch verherrlichen, deshalb zeige er im Spiegel, was dieser Maler auf seine Leinwand bringt: Eine kobaltblaue Diagonale trennt zwei Punkte von einem gelben Quadrat. (S. 27)

Dortrecht moniert hier deutlich die abstrakte Malweise, in der der Maler in seinem Bild politische Vorfälle wiedergibt. Man sieht eine Parallele zu Brechts Kritik an der abstrakten Malerei:

Ihr gebt wieder die Mischung der Linien und Farben, nicht die Mischung der Dinge. (...) Denn die Dinge (wozu auch die Menschen gehören), wie sie jetzt sind, erwecken zum größten Teil starke Unlustgefühle, gemischt mit Gedanken, die an ihnen Kritik üben, sie anders haben wollen, als sie sind, und die Malerei würde, sie erkennbar wiedergebend, in diesen Streit der Gefühle und Gedanken hineingeraten, und wenn ihr also dienstbare Geister der Herrschenden wärt, wäre es von euch schlau, die Dinge unkennbar zu machen, da es doch Dinge sind, die im argen liegen.[39]

Dortrecht versucht dagegen, die "Mischung der Dinge" darzustellen, indem er sowohl den Erschossenen als auch den abstrakt malenden Künstler darstellt. Dortrecht bringt auf diese Weise seine Interpretation vom Verhältnis von moderner Kunst und Wirklichkeit ins Bild und versucht den Betrachter, zur Reflexion über den Stellenwert der abstrakten Kunst als revolutionäres Mittel zu zwingen. Wie weit dies jedoch möglich ist, wird durch eine kleine nachträgliche Bemerkung Glauflügels relativiert: "Er müsse, wenn er das Bild ausstelle, ein Foto der Meninas dazuhängen mit seinen Erklärungen" (S. 28).

Mit diesem Kommentar drückt Glauflügel ihren Zweifel aus, ob der Betrachter des Bildes die Intentionen des Künstlers wohl erkennen könne, mit anderen Worten, ob hier nicht der didaktische Wille dem künstlerischen Gestaltungsvermögen davonlaufe. Das kann zum einen in der Überladenheit des Bildes liegen, zum andern jedoch auch an der mangelnden Rezeptionsfähigkeit des breiten Publikums. Negt und Kluge bescheinigen einer bestimmten Avantgardekunst, daß sie "auf verschiedenen Stufen der bürgerlichen Gesellschaft immer wieder gesellschaftliche Erfahrungsgehalte in Werken zu vergegenständlichen versucht".[40] Sie sind jedoch pessimistisch, was die bewußtmachende Rezeption anbelangt, und registrieren die Isolation der Avantgardekunst, da der Kreis der Rezipienten sehr klein ist, weil die Erfahrungen des großen Publikums nicht mit dem in Kunstwerken Dargestellten korrespondieren.

Sie (die künstlerischen Ausdrucksformen, MB) besitzen einen organisatorischen Vorsprung vor der Entwicklung der Erfahrungen der Massen, wie sie andererseits auch den Stand der gesellschaftlichen Produktivkräfte und Produktionsverhältnisse

---

39. Bertolt Brecht: Über gegenstandslose Malerei. In: Gesammelte Werke, op. cit., Bd. 18: Schriften zur Literatur und Kunst I, S. 266.
40. Oskar Negt/Alexander Kluge: op.cit. S. 291.

in ihren Werken transzendieren. Die authentische Kunst bleibt jedoch weitgehend ohne Adressaten; teilweise korrespondiert sie mit kleinen gebildeten Schichten, mit avancierter Kritik.[41]

Negt und Kluge zeigen hier, daß es in der Auseinandersetzung zwischen Ästhetik und Gesellschaftsanalyse nicht nur um die Darstellung eines gesellschaftskritischen Inhalts geht, sondern auch um die Erkenntnisfähigkeit des Betrachters. Das erklärende Schildchen, das Glauflügel dem Bild hinzufügen wollte, wäre für viele Betrachter daher durchaus von Nöten. Das Erklären von Kunst sollte jedoch nicht nötig sein, das Kunstwerk müsse selbst zu Erkenntnissen führen.[42] Ich gehe auf diesen Punkt so ausführlich ein, da sich diese Problematik auch bei Texten, die eine literarische Verarbeitung von Themen der Frauenbewegung vornehmen, abzeichnet.[43] Der durch die ästhetische Form erzielte Abstand antwortet oftmals nicht auf die Rezeptionsgewohnheiten der Leser(innen). Kompliziertere Formen, die dem Inhalt gerade seine Komplexität erhalten können, stoßen oft auf Widerstand, auf Begriffslosigkeit. Dies hängt möglicherweise mit dem Wunsch nach schnellen, griffigen Veränderungsperspektiven und Vorbildern zusammen. In diesem Zusammenhang könnte man Pauschs Titel noch einmal zitieren und in Analogie dazu sagen, es geht in diesem Text auch um die Verweigerung der Birgit Pausch, dem Leser einfache (Schein-)Lösungen anzubieten.

5.4. Literarische Querverbindungen

Neben Verweisungen auf ästhetische Diskussionen findet man in Pauschs Erzählung "Die Verweigerung der Johanna Glauflügel" Elemente, die inhaltlich auf Traditionen in der Literatur zurückzuführen sind.

5.4.1. Trivialroman

Wenn man die Schilderung von Glauflügels Privatleben betrachtet, so erhält man eine Geschichte, die der Gattung Arztroman ähnelt. Glauflügel

41. Oskar Negt, Alexander Kluge: op.cit. S. 291.
42. Siehe: Louis Althusser: Lettre à André Daspre. Paris 1966.
43. Elfriede Jelinek sagte in einem Interview: "Und ich weiß aber, daß das die Leute sind, also Studenten oder Intellektuelle oder Künstler, die halt Bücher kaufen. Und ich glaube nicht, daß man sagen kann, daß es denen auch nicht mehr bringt. Denn ich glaube, wenn man kein theoretisches Buch schreibt, sondern wenn man das ihnen sinnlich erfahrbar macht, so 'ne Literatur, daß sie doch wohl auch davon profitieren können." (Jelinek spricht hier über ihren Roman "Die Liebhaberinnen"). Siehe: Interview mit Elfriede Jelinek (Münchner Literaturarbeitskreis). In: mamas pfirsiche (o.J.) 9/10 S. 8.

ist Krankenschwester, sie arbeitet in einem Krankenhaus und ist mit einem Arzt verheiratet, der eine erfolgreiche Karriere vor sich hat. In den Trivialromanen[44] wird meist der Weg der Krankenschwester gezeigt, der sie zur Heirat des Arztes führt. Das ist dann die Krönung ihrer Laufbahn, und sie gibt ihren Beruf auf, um im häuslichen Kreis dieselbe pflegende Funktion zu übernehmen. Meist bricht der Trivialroman bei der Heirat ab. Die Ärzte werden als integere Herrscher in Weiß geschildert, eine Art säkularisierte Priester der Moderne. Die Krankenschwestern im Trivialroman können denn auch nur von Glück sprechen, wenn sie von einem solchen edlen Menschen 'erhört' werden.

Pausch bringt einige signifikante Modifikationen in diesem Modell des Trivialromans an. Am Anfang des Romans ist die Krankenschwester bereits mit dem Traumgatten verheiratet. Der Arzt entspricht - wenigstens in seinem Privatleben, und dort lernt man ihn ausschließlich kennen - nicht dem integeren Halbgott, sondern entpuppt sich als ein ziemlich reaktionärer Aufsteiger, der mit seiner Frau grob und egoistisch umgeht, bis hin zu einer Vergewaltigung. Glauflügel entspricht zu Anfang dem Bild der Krankenschwester aus dem Trivialroman, die sich unreflektiert in den versorgenden Beruf stürzt. Sie leidet jedoch auch da schon unter dem inhumanen Umgang mit den Patienten im Krankenhaus. Dieser Aspekt wird im Trivialroman nie erwähnt, dort sind Krankenhäuser immer Oasen im Dienste der Menschlichkeit.

Das im Trivialroman idealisierte Verhältnis zwischen Arzt und Personal wird in Pauschs Erzählung mit einem kritischen Kommentar versehen:

> Eine Krankenschwester findet sich nichtswürdig, wenn sie vor dem Arzt steht. Sie himmelt seine Krawatten an. Der Arzt steht über den aufreibenden Kleinigkeiten. Er kämpft um den Oberarztposten. Das ist der Grund, weshalb sie ihn für eine Persönlichkeit hält. Die Selbstverständlichkeit, mit der der Arzt die geltenden Regeln der Humanmedizin übergeht, macht ihn unantastbar. Das ist der Grund, weshalb sie ihn fürchtet. (S. 14)

Pausch spielt hier mit den Elementen des Trivialromans. Sie erwähnt die als selbstverständlich empfundene Hierarchie zwischen Krankenschwester und Arzt, die im Krankenhaus mit dem größeren Wissen des Arztes legitimiert wird. Der Arzt wird jedoch hier als ein gewissenloser Scharlatan und Karrierejäger geschildert, dessen Autorität von seiner Kaltblütigkeit, mit der er medizinische Regeln übertritt, abgeleitet ist. Man wird an die zahlreichen Fälle erinnert, in denen Ärzte Fehler machten, weil sich aus ihrer Stellung eine Arroganz ableitet, in der sie es nicht nötig fanden, bei Kollegen Informationen einzuholen. Pausch spielt im Textfragment auch

---

44. Peter Nusser: Romane für die Unterschicht. Groschenhefte und ihre Leser. Stuttgart ²1973; Klaus Ziemann: Romane vom Fließband. Die imperialistische Massenliteratur in Westdeutschland. Berlin 1969.

auf die Verehrung der Krankenschwester dem Arzt gegenüber an. Sie macht diese Verehrung lächerlich, indem sie mit dem Lob eines völlig nebensächlichen Kleidungsdetails darauf hinweist, daß die Verehrung der Krankenschwester oft die Qualität des sich Anbiederns um jeden Preis hat. Die Kritik am Verhalten der Krankenschwester wird von Pausch noch weiter ausgeführt, indem sie aus der Perspektive der Schwester die Gründe für diese Verehrung angibt. Seine Arroganz und sein Karrierestreben wertet sie als positive männliche Eigenschaften. Der sozialdarwinistische Kampfgeist ist für sie ein Zeichen einer starken Persönlichkeit. Sie macht sich durch das Wissen und Tolerieren seiner Fehler im medizinischen Bereich an einer beinahe kriminellen Praxis mitschuldig. Pausch räumt hier auf mit der Illusion einer sinnvollen Hierarchie im Krankenhaus, wo jeder nur das Wohlergehen des Patienten im Auge habe. Sie zeigt ein soziales Gerangel, wobei jedes der Geschlechter so egoistisch wie möglich seinen Zielen folgt. Der Arzt ist an seiner Karriere interessiert, und die Krankenschwester versucht, über die Heirat oder wenigstens die Achtung des Arztes an seinem Höhenflug teilzunehmen. Pausch beläßt es jedoch nicht bei dieser Kritik. Sie zeigt am Beispiel der späteren Arbeitsstätte Glauflügels in Italien, daß es durchaus Experimente gibt, bei denen man die unnötigen Hierarchien in Krankenhäusern abzubauen versucht. Vielleicht hat Pausch das Modell des Arztromans als Gattungsvorlage genommen, weil diese Texte vor allem von Frauen gelesen werden. Pausch würde damit an eine Tradition anknüpfen, die Frauen bekannt ist. Durch die Modifikationen der Gattung erhält der Leser nicht nur ein zynisches Bild vom Krankenhausbetrieb, sondern auch die Möglichkeit, die Divergenz zwischen Pauschs Text und dem Muster des gängigen Trivialromans kritisch zu reflektieren.

5.4.2. Fenstermotiv

Auffallend in Pauschs Erzählung ist neben dem persiflierenden Gattungszitat das Motivzitat Fenster. Das Fenster hat eine vielfältige symbolische Bedeutung in der Literatur.[45] Ich möchte hier eine Auzahl nennen, die im Zusammenhang mit dem Gebrauch bei Pausch stehen. Das Fenster gilt als Symbol für einen Durchgang zu und eine Trennung von Luft, Licht oder (visionärer) Kenntnis. Man findet diesen Gebrauch z.B. in Hauptmanns "Die Weber".[46] Im letzten Akt des Schauspiels wird das aufrührerische Geschehen von einem Haus aus beschrieben, wobei ein

---

45. Siehe: Ad de Vries: Dictionary of Symbols and Imagery. Amsterdam/London 1974, S. 502.
46. Gerhardt Hauptmann: Die Weber. In: Hauptmann: Die Weber. Dichtung und Wirklichkeit. Hrsg. von H. Schwab-Felisch. Frankfurt a/M. 1963.

112

Fenster, das Ausblick auf den Tumult bietet, eine mehrfache Funktion hat. Es schafft gleichzeitig Distanz und Nähe zu dem Aufstand. Das Fenster symbolisiert die Absage des alten Hilse an das Treiben der Weber. Er betrachtet das Geschehen, nimmt aber nicht daran teil, da er Gewalt verurteilt. Mit dem Blick aus dem Fenster erklärt er seine Motivation:

> Ich sag dirsch, Gottlieb! zweifle nich an dem eenzigten, was mir armen Menschen haben. Fer was hätt ich denn hier gesessen - und Schemel getreten uf Mord vierzig und mehr Jahr? und hätte ruhig zugesehn, wie der dort drieben in Hoffahrt und Schwelgerei lebt und Gold macht aus mein'n Hunger und Kummer. Fer was denn? Weil ich 'ne Hoffnung hab. Ich hab was in aller der Not. (Durchs Fenster weisend:) Du hast hier deine Parte, ich drieben in jener Welt: das hab ich gedacht. Und ich laß mich vierteln - ich hab 'ne Gewißheet. Es ist uns verheißen. Gericht wird gehalten; aber nich mir sein Richter, sondern: mein is die Rache, spricht der Herr, unser Gott.[47]

Der alte Hilse weist hier auf seine Gottergebenheit, indem er durch das Fenster auf den Himmel weist. Zugleich bedeutet das Zurückbleiben im Haus auch Isolation vom Geschehen draußen. Daß sich der alte Hilse nicht gänzlich distanziert, zeigt sein Verweilen am Fenster. Die Verbindung nach draußen wird akzentuiert, indem Hilse von draußen durchs Fenster erschossen wird. Die Trennung durch das Fenster ist hier ein illusionärer Schutz.

Auch bei Pausch gibt es zwei Hinweise auf das Fenster als visionäres Symbol und gleichzeitig als Symbol der Isolation. Glauflügel stellt sich eingangs vor, die Fenster der Häuser einzudrücken, um die Einrichtungen zu zerstören. Hierbei entsteht noch eine Verdopplung des Fenstermotivs, da Glauflügel es vor allem auf die Fernseher abgesehen hat. Man schaut durch dieses 'Wunder der Technik' auf das Weltgeschehen. Zugleich bedeutet dieses Fenster eine Isolation des Einzelnen und eine Kommunikationsbarriere. Das zweite Zitat des Fenstermotivs findet man bei Pausch am Ende der Erzählung, wo Glauflügel sich vorstellt, vom Fenster aus dem Aufstand der Ciompi zuzuschauen. Auch das könnte man als ein visionäres Bild deuten. Glauflügel phantasiert anhand dieses historischen Beispiels über die Möglichkeit und das Mißlingen eines spontanen Volksaufstands. Im Gegensatz zu Hauptmanns "Webern", wo der Aufstand vorübergehend gelingt und der pazifistische Hilse getötet wird, sieht Glauflügel das Zerbrechen der Knochen der Wollkratzer, also die Unterdrückung des Aufstands. Die Fensterperspektive bei Pausch ist oben schon als Absage an diese Form des Protests gedeutet. Es könnte auch als Absage an fundamentale eigene Wünsche gelesen werden. Ich sehe hier eine Parallele zu dem Ende der Erzählung "Tonio Kröger" von Thomas Mann.[48]

47. Gerhardt Hauptmann: op.cit. S. 64.
48. Thomas Mann: Tonio Kröger. In: Sämtliche Erzählungen. Frankfurt a/M. 1971.

Tonio Krögers sehnlichster Wunsch, ein gewöhnlicher Bürger zu sein und eine bestimmte Frau zu heiraten, ist nicht in Erfüllung gegangen. Der bewunderte Freund hat seine Angebetete erobert. Tonio Kröger sieht die beiden auf einem Ball, wobei Tonio auf der Terrasse steht und durch ein Fenster die Gäste beobachtet.[49]

> Die Veranda war leer und unerleuchtet, aber die Glastür zum Saale, wo die beiden großen, mit blanken Reflektoren versehenen Petroleumlampen hell erstrahlten, stand geöffnet. Dorthin schlich er sich auf leisen Sohlen, und der diebische Genuß, hier im Dunkeln stehen und ungesehen die belauschen zu dürfen, die im Lichte tanzten, verursachte ein Prickeln in seiner Haut. Hastig und begierig sandte er seine Blicke nach den beiden aus, die er suchte (...).[50]

Tonio Kröger benutzt die Außenperspektive, um seine Wünsche und sein Leben noch einmal miteinander zu vergleichen. Der immer heftiger wirbelnde Tanz spiegelt die stets größer werdende innere Verzweiflung und Verwirrung im Künstler wider, die sich letztlich löst in einem heilsamen Akzeptieren seiner eigenen Persönlichkeit. Dies ist jedoch gleichzeitig mit einem endgültigen Abschied von den geliebten Personen Hans und Ingeborg verbunden. Auch hier leitet die Reflexion, die vom Standort am Fenster aus, hier eine Verandatür aus Glas, unternommen wird, zum Verzicht. Bei Tonio Kröger erfährt man aus dem Brief, den er am Ende der Erzählung an eine Freundin schreibt, daß dieser Verzicht gut für ihn war. Bei Pausch bleiben die weiteren Folgen von Glauflügels Verzicht in der Schwebe, da der Text dort abbricht.

Bei Pausch läßt sich die Position am Fenster am Ende des Textes eventuell noch auf eine weitere Art interpretieren. Es wäre möglich, das Fenster als eine soziale Barriere oder eine Klassenschranke zu sehen. Ich möchte hier auf ein Beispiel aus der Romantik zurückgreifen, in dem das Fenster als ein Symbol für Klassenschranken, also Abstand, und zugleich für ein mögliches - erotisches - Versprechen steht.
In Eichendorffs "Taugenichts"[51] findet man das Fenster als durchgehendes Motiv. Der Taugenichts erblickt eine wunderschöne, rätselhafte junge Frau am Fenster des Schlosses, in dem er als Zolleinnehmer angestellt ist.

> Gleich vor dem Schlosse, grade unter den Fenstern, wo die schöne Frau wohnte, war ein blühender Strauch. Dorthin ging ich dann immer am frühesten Morgen und

---

49. In "Tonio Kröger" ist die Fenstermetapher ein Ausdruck für Tonios Einstellung zum Leben und Selbstkenntnis. Verhangenes Fenster als Symbol der Abkapselung (S. 226), Blick durch geschlossenes Fenster auf aufgehende Sonne der bevorstehenden Selbsterkenntnis (S. 256) und Ansatz zur Akzeptanz seiner Andersartigkeit (S. 259), siehe weitere Ausführungen in dieser Arbeit.
50. Thomas Mann: op.cit. S. 259.
51. Joseph von Eichendorff: Aus dem Leben eines Taugenichts. Stuttgart 1970.

duckte mich hinter die Äste, um so nach den Fenstern zu sehen, denn mich im Freien zu produzieren hatt' ich keine Courage. Da sah ich nun allemal die allerschönste Dame noch heiß und halb verschlafen im schneeweißen Kleide an das offene Fenster hervortreten. Bald flocht sie sich die dunkelbraunen Haare und ließ dabei die anmutig spielenden Augen über Busch und Garten ergehen, bald bog und band sie die Blumen, die vor ihrem Fenster standen, oder sie nahm auch die Gitarre in den weißen Arm und sang dazu so wundersam über den Garten hinaus, daß sich mir noch das Herz umwenden will vor Wehmut, wenn mir eins von den Liedern bisweilen einfällt - und ach, das alles ist schon lange her![52]

Das Fenster steht offen, die junge Frau lehnt sich weit heraus, Blumen und Musikinstrument verstärken noch den Eindruck, daß das offene Fenster ein Zeichen einer erotischen Einladung ist. Zugleich steht die Frau am Fenster eines *Schlosses*, wodurch sie für den Taugenichts zu einer Gräfin wird. Diese Frau ist über Taugenichts Stand, und so schließen sich die Fenster und bleiben verschlossen. Geschlossene Fenster symbolisieren im "Taugenichts" meist Isolation und Traurigkeit, offene Fenster dagegen Fröhlichkeit und Geborgensein. Am Ende der Novelle kehrt der Taugenichts zum Schloß zurück und findet die Fenster im Zollhaus weit offen. Ihm wird schließlich die schöne vermeintliche Gräfin als Gattin versprochen, und beide gehen zu einem Sommerpavillon:

Wir aber waren fast zu gleicher Zeit in einem Sommerhause angekommen, das am Abhange des Gartens stand, mit dem offnen Fenster nach dem weiten, tiefen Tale zu. (...) Endlich faßte ich ein Herz, nahm ihr kleines weißes Händchen - da zog sie mich schnell an sich und fiel mir um den Hals, und ich umschlang sie fest mit beiden Armen.[53]

Das geöffnete Fenster zeigt - wieder symbolisch - eine weite Perspektive. Dem Taugenichts eröffnen sich Lebensperspektiven wie im Traum, da ja die Gräfin keine standesgemäße Gattin ist. Das geöffnete Fenster und die weite Aussicht können jedoch schon als symbolische Vorboten für das gelten, was der Taugenichts später erfährt. Die vermeintliche Gräfin entpuppt sich als die Tochter des Portiers, die auf dem Schloß aufgenommen worden war. Die soziale Gleichheit ist wieder hergestellt.[54] In Pauschs Erzählung heißt es angesichts der durch den Film inspirierten Phantasie über die Ciompi: "Sie wird von einem aufgeschlagenen Bett zurücktreten und die Nachtschwester ans Fenster rufen. (...) Sie werden

52. Joseph von Eichendorff: op.cit. S. 8 f.
53. Joseph von Eichendorff: op.cit. S. 98 f.
54. Siehe hierzu auch: Alexander von Bormann: Natura loquitur. Naturpoesie und emblematische Formel bei Joseph von Eichendorff. Tübingen 1968. Von Bormann weist auf das Motiv des Fensters (S. 121) in der Lyrik als "erhöhte Aussicht" des Subjekts, das kraft seiner Subjektivität Natur und Dichtung wieder vereinigen möchte. Letztlich ist nach von Bormann bei Eichendorff diese Harmonisierung kein "Ausbruch aus gesellschaftlich-historischer Problematik (S. 122); sie gerät vielmehr zur Legitimation bestehender gesellschaftlicher Verhältnisse und Unterschiede.

ans Fenster treten" (S. 94). Hier ist nicht die Rede vom Fenster-Öffnen, Fenster-Zerschlagen wie in der ersten Phantasie oder vom Zum-Fenster-Hinauslehnen. Die Frauen stehen innerhalb des Krankenhauszimmers am Fenster und schauen hinaus. Diese Haltung ist mit der des alten Hilse oder der unnahbaren schönen Gräfin am geschlossenen Fenster zu vergleichen. Der alte Hilse will sich nicht mit den gewaltsam losschlagenden Webern identifizieren, er sagt sich los von einer Gruppe, die man mit den Ciompi vergleichen könnte. Die Gräfin hinter verschlossenen Fenstern symbolisiert auch eine gesellschaftliche Barriere, die erst genommen werden muß.[55]
Der Fensterblick wird bei Pausch noch durch den Aufstand als historischem Ereignis, das zudem in einem Film gezeigt wurde, verdoppelt. Der Abstand am Fenster symbolisiert daher möglicherweise auch die Unmöglichkeit, solche historischen Vorbilder eindimensional als Handlungsdirektive zu übernehmen.

5.4.3. Italienreise

In Pauschs Erzählung findet man noch ein Motiv mit historischer Dimension: die Italienreise von Glauflügel und Dortrecht. Vor allem seit Goethes "Italienischer Reise"[56] ist Italien zu einem klassischen Bildungsziel geworden. Die Klassik fand ihr Vorbild in der Antike, die Romantiker suchten dort mehr den musischen Aspekt. Auch diente Italien in Deutschland als Vorbild für die Kämpfe um nationale Einheit. In den Nachtagen der Studentenrevolte in den siebziger Jahren unseres Jahrhunderts galt Italien als das einzige westeuropäische Land, in dem die Arbeiterbewegung sich massal in der kommunistischen Partei organisierte, und wurde daher zu einem begehrten Lernobjekt. Ich möchte hier auf zwei literarische Verarbeitungen einer Italienreise aus den siebziger Jahren hinweisen.

1975 erschien die Erzählung "Lenz" von Peter Schneider.[57] Schneider verweist mit seinem Titel sowohl auf den radikalen Dichter Jakob Michael Reinhold Lenz des Sturm und Drang als auch auf dessen literarische Verarbeitung in Georg Büchners Erzählung "Lenz". Zwei Elemente in Lenz' Leben inspirierten Büchner zu seiner Erzählung: das radikale soziale Engagement und der einsetzende Wahnsinn. Beide Elemente findet man

---

55. Diese Barriere des Adelsstandes der Gräfin erweist sich letztendlich als Täuschung, als Scheinbarriere. Man könnte in Analogie zu dieser Konstellation vermuten, daß der Unterschied zwischen Glauflügel und den Ciompi vielleicht auch nicht so groß ist, wie man auf den ersten Blick vermuten würde.
56. Beginn der Klassik im engeren Sinne mit Goethes Italienreise 1786-1788.
57. Peter Schneider: Lenz. Berlin ³1975.

auch in der Erzählung von Peter Schneider. Ein junger Student, der Lenz heißt, verliert sein Interesse an der Studentenrevolution, da er die Hohlheit der Menschen, ihre oberflächliche Kommunikation und ihre unreflektierte Phrasendrescherei im marxistischen Jargon nicht mehr ertragen kann. Zusehends verliert er die Fähigkeit, sich in der Realität zurechtzufinden und diese von seinen Phantasien zu trennen.

> Eine Zeitlang stellte er sich vor, daß die Häuser und Straßen auf Schienen an ihm vorüber rollten. Er wunderte sich über die Helligkeit, die jeden Gegenstand besonders hervorhob. (...) Dann wieder die alte kindische Vorstellung: das Hochhaus des Verlegers sackt brennend in sich zusammen.[58]

Da Lenz in Berlin wohnt, wird diese Zerstörungsphantasie wohl das Verlagshaus von Springer betreffen, ein Konzern, dem der Protest der Studenten damals besonders galt. Außerdem ist die Springer-Presse ein Symbol für triviale Massenmedien. Man kann hier eine Analogie zu den Beschreibungen von Glauflügel sehen. Auch sie läuft geistesabwesend durch die Straßen und stellt sich die Vernichtung von Symbolen der Massenmedien vor. Im Gegensatz zu Glauflügel, die politisch nicht geschult ist und einem Beruf nachgeht, verzweifelt Lenz an der Differenz zwischen seinen politischen Zielen und der bourgeoisen Haltung der Studenten. Er sucht sich eine Arbeitsstelle in einer Fabrik, um den Arbeitern näher zu sein. Als dieser Versuch scheitert, fährt er aus einer spontanen Eingebung heraus nach Italien zu einer alten Freundin. Bei dieser regeneriert sich Lenz wieder. Wie Glauflügel vermeidet er es, mit der Freundin ein sexuelles Verhältnis zu haben, um nicht in neue emotionale Abhängigkeiten zu geraten. Er arbeitet in Italien nicht und gerät wieder in Akademikerkreise, bestehend aus Künstlern, Psychoanalytikern und Leuten aus der Filmbranche. Diese engagierten Künstler sind ihm verdächtig, da auch sie ein geschlossenes System von Gesten und Werten zeigen:

> Ihre Freunde, behauptete er, bewegten sich in einer ähnlich geschlossenen Welt wie die politischen Gruppen, in denen er es nicht mehr ausgehalten habe. Führten jene jeden Konflikt, auch noch den privatesten, auf den Widerspruch zwischen Kapital und Arbeit zurück, so versteiften sich diese darauf, jeden Konflikt, auch noch den gesellschaftlichsten, aus der Familiensituation abzuleiten. Er wüßte nicht, welche von beiden Gruppen verrückter sei, nur, welche ihm lieber sei.[59]

Lenz bewegt sich bei seinem Italienaufenthalt zunächst in entgegengesetzte Richtung wie Glauflügel, was sein ideologisches Umfeld betrifft. Er trifft jedoch nach einigem Suchen auf eine Wohngruppe kommunistischer Arbeiter in einer kleinen Industriestadt, in der er sich wohl fühlt.

> Wie er da oben stand und hinunterschaute, erschienen ihm die Kämpfe, die er auf

58. Peter Schneider: op.cit. S. 6 ff.
59. Peter Schneider: op.cit. S. 71.

dem Schauplatz seiner Stelle austrug, unwichtig und lächerlich. Er spürte, wie sich die Richtung seiner Aufmerksamkeit änderte, wie seine Augen aufhörten, nach innen zu schauen. Er mochte nicht mehr da oben bleiben, er wollte hinunter, wieder einer von diesen vielen Punkten werden, die sich da unten bewegten. (...) Die theoretischen Kenntnisse, die er sich früher angeeignet hatte, erschienen Lenz plötzlich unentbehrlich, er wunderte sich, warum sie ihm früher so oft wie hohles Gerede vorgekommen waren.[60]

Im Gegensatz zu den Italienerlebnissen Glauflügels ist der biedermeierliche Ton auffällig, den Lenz angesichts der Modellsituation einer aktiven Arbeitergruppe, die er hier vorfindet, anschlägt. Später wird von Hautkontakt, spontanen Aktionen, Gitarrenspiel nach getaner Arbeit, gleichen Bedürfnissen von Studenten und Arbeitern gesprochen. Hier herrscht 'pure Menschlichkeit'. Wohlgemerkt, in dieser kleinen Enklave, in die Lenz sich zurückzieht. Glauflügel dagegen hält ihre Ansprüche einer strukturellen gesellschaftlichen Veränderung aufrecht und leidet an ihrer Unverwirklichbarkeit. Die Beschreibung eines neuen Umgangs mit Frauen und Sexualität wird bei Lenz völlig ausgeblendet. Auch benutzt Schneider einen Kunstgriff, um Lenz nicht der italienischen Alltäglichkeit und den möglicherweise auftauchenden Zweifeln an der Idylle auszusetzen. Lenz wird von Agenten des Geheimdienstes kurzerhand aufgegriffen und über die deutsche Grenze gesetzt, wo er sich schließlich in Berlin wiederfindet. Im Gegensatz zu Glauflügel kehrt Lenz mit neuem Elan wieder nach Deutschland zurück.

Ein weiterer Text aus den siebziger Jahren, der die Reise eines Deutschen nach Italien thematisiert, ist "Rom, Blicke" von Rolf Dieter Brinkmann.[61] Der Text ist als Tagebuch und Brieffragment geschrieben, als eine labyrinthische Berichterstattung von Eindrücken aus der Stadt Rom, vermischt mit sozialkritischen und privaten Überlegungen. Hinzu kommen die eingearbeiteten Fotos, die dem Text eine zusätzliche Dimension verleihen. Der Autor des Textes hat diese Reise mit einem Stipendium der Villa Massimo machen können und lebte ein Jahr lang in Rom.
Brinkmann - ich möchte das Ich im Text einfachheitshalber so nennen - geht mit einer "Sehnsucht nach Erlebnissen"[62] nach Rom. Er sträubt sich gegen die Sprache, um möglichst wenig von den Massenmedien beeinflußt zu werden:

(...) ich werde kein Italienisch lernen, da verstünde ich zu viel von dem Unterhaltungsdreck, und die ganzen Reklamen bleiben fremde Zeichen für mich,

60. Peter Schneider: op.cit. S. 80.
61. Rolf Dieter Brinkmann: Rom, Blicke. Reinbek bei Hamburg 1979.
62. Rolf Dieter Brinkmann: op.cit. S. 32.

überdies schult der Zustand die Wachsamkeit und die Augen, lasse mir Preise immer aufmalen, und was ich brauche, erhalte ich auch so.[63]

Brinkmann, der sich selbst einen "Künstler im Denken"[64] nennt, registriert beinahe mikroskopisch die Morphologie der Stadt. Er setzt unhierarchisch Wortfetzen, Reflexionen über Literatur, Beobachtungen von Reklame und Kunst nebeneinander. Dabei wählt er bewußt einen individuellen Beobachtungsstandpunkt. "Freude wie Schmerz, beides läßt sich allein erfahren, wieder die blöden stumpfen gefühllosen Allgemeinwesen. - Ich bin für den Einzelnen, davon gehe ich nie wieder ab!"[65]

Man bemerkt bei Brinkmann kein politisches Engagement wie bei Glauflügel. Brinkmann ist eher eine moderne Version des Baudelaireschen Flaneurs, wobei er bei der Beobachtung der sinnlichen Eindrücke seine eigene Körperlichkeit zentral stellt. In den Briefen an seine Frau weist er jede Art der Familieneinengung zurück: "doch habe ich es bisher nicht fertig gebracht, Dich als Familienfrau zu sehen - es war etwas anderes, was ich wollte und gesehen habe."[66]

Man könnte hier eine Parallele zu Pausch ziehen, wo Glauflügel letztlich auch eine kodierte Zweierbeziehung abweist. Auffallend ist jedoch die männliche Perspektive der Unwissenheit, aus der Brinkmann über Frauen und weibliche Sexualität spricht:

Eine Frau! Was denkt sie? Was fühlt sie? Bei all dem, was ich hier gesagt habe - sie ist ganz sicher anders als ein Mann - aber gilt für sie nicht auch diese Erleichterung, diese Entspannung, die konkret ist? Man kann es nur einmal mit Gedanken beleuchten, aber das heißt nicht, man könne es total verstehen.[67]

Schon Freud hat über das Rätsel Frau spekuliert, und auch Brinkmann trifft einen gönnerhaften Ton - nach aller Relativierung -, wenn er seine eigene Frau, die mit Kind zu Hause geblieben ist, anspricht: "Machs gut. Bleib gesund. Bleib eine Frau. Bleib Maleen. Ich fasse Dich an den Schultern an und streichel Deine Brust."[68] Diese platten Formeln erstaunen einen, wenn man davor Seiten lang große, spannende, geistreiche und subtile Ausführungen über Literatur, Wahrnehmungsproblematik, Staatsformen, ästhetische Fragen und Beobachtungen des sozialen Gefüges in Rom gelesen hat. Die Zentralperspektive ist hier ein männliches Ich. Die vielen Briefe an die Frau erscheinen wie eine Flüssigkeit, die man in eine Flasche füllen kann, dank der Leere des

---

63. Rolf Dieter Brinkmann: op.cit. S. 33.
64. Rolf Dieter Brinkmann: op.cit. S. 68.
65. Rolf Dieter Brinkmann: op.cit. S. 209.
66. Rolf Dieter Brinkmann: op.cit. S. 209.
67. Rolf Dieter Brinkmann: op.cit. S. 209.
68. Rolf Dieter Brinkmann: op.cit. S. 210.

Gefäßes. Der Unterschied zu Pauschs Erzählung ist evident: Die subjektive Wahrnehmung einer weiblichen Erzählerin kommt zu einer anderen Auswahl von Beobachtungen und Erlebnissen, die das für die weibliche Betrachterin Besondere aufzeigt. Pausch und Brinkmann erzielen in ihren Texten dieselbe Bewegung, wohlweislich von verschiedenen Seiten kommend. Eine Frage hat Pausch dabei Brinkmann aus eigener Sicht zu beantworten versucht, nämlich: "Eine Frau! Was denkt sie? Was fühlt sie?" Doch vielleicht hätte Brinkmann, sie angehört habend, doch nun wieder sein eigenes Echo im Ohr hörend, ihr mit dem Jean-Paul-Zitat geantwortet: "Auf der Erde ist ein erfüllter Traum ohnehin bloß ein wiederholter."[69]

69. Rolf Dieter Brinkmann: op.cit. S. 448.

6. Sprachspiel als Widerstandsmoment

Margot Schroeder: Ich stehe meine Frau

Die Auflage von Margot Schroeders Roman "Ich stehe meine Frau"[1] erreichte kurze Zeit nach Erscheinen des Buches über 50.000 Exermplare. Dabei läßt sich aus der Erstehungsgeschichte des Romans nicht sofort auf einen *feministischen* Klassiker schließen. "Ich stehe meine Frau" wurde von der Hamburger Werkstatt Schreibender Arbeiter herausgegeben, in der Margot Schroeder mitarbeitete. Dieser Hamburger Werkkreis ist einer von vielen, die Anfang der siebziger Jahre in der Bundesrepublik gegründet wurden. In seinem Programm heißt es unter anderem:

> (Der Werkkreis, MB) will dazu beitragen, die gesellschaftlichen Verhältnisse im Interesse der Arbeitenden zu verändern. (...) Die im Werkkreis Literatur der Arbeitswelt hergestellten Arbeiten wenden sich vor allem an die Werktätigen, aus deren Bewußtwerden über ihre Klassenlage sie entstehen.[2]

Bewußtwerdung der eigenen Klassenlage wird hier betont und nicht ein Bewußtwerden der besonderen Position von Frauen innerhalb der Gesellschaft. Es ist daher auch nicht verwunderlich, daß der Roman von Schroeder, der das Leben einer Frau mit Halbtagsbeschäftigung (Kassiererin in einem Supermarkt) schildert, in erster Linie als das Protokoll einer klassenbewußten Arbeiterin gelesen wird:

> Schreiben dient hier nicht primär der Ichbefindung und Identitätsvergewisserung der Autorin, sondern ein bereits stattgefundener Prozeß der Ichfindung und des aktiven Handelns wird *dargestellt*, um andere durch das Beispiel der Heldin zu ähnlichen Veränderungen anzuregen. (...) Charlie macht im Verlauf des Romans vorbildliche Erkenntnis- und Handlungsprozesse, die die Leser/innen nachvollziehen sollen.[3]

Ricarda Schmidt sieht in der weiblichen Hauptperson Charlie Bieber nur das Demonstrationsobjekt einer Autorin, die gesellschaftsveränderndes

---

1. Margot Schroeder: Ich stehe meine Frau. Roman. Frankfurt a/M. [3]1977. Zitate in Kapitel 6, die nur mit einer Seitenzahl gekennzeichnet sind, beziehen sich auf diesen Text.

2. Programm des Werkkreises Literatur der Arbeitswelt. In: Peter Kühne: Arbeiterklasse und Literatur. Dortmunder Gruppe 61, Werkkreis Literatur der Arbeitswelt. Frankfurt a/M. 1972, S. 251.

3. Ricarda Schmidt: Westdeutsche Frauenliteratur in den 70er Jahren. Frankfurt a/M. 1982, S. 27.

Handeln über ihre Romanfiguren transportieren will. Dieser Meinung ist auch Tobe Joyce Lewin, die eine klassenkämpferische Darstellung positiv wertet: "Aber die Hauptfigur handelt gemäß einer revolutionierenden Ideologie, wobei sie ihr Beispiel als Ermutigung für andere meint."[4] Ein Grund, weswegen Schmidt und Lewin die Protagonistin Charlie Bieber als eine vorbildliche Heldin charakterisieren, liegt möglicherweise im suggestiven Titel "Ich stehe meine Frau". Der Titel ist eingangs die Antwort der Protagonistin auf eine lobende, wenn auch sprachlich unkorrekte Bemerkung ihres Ehemanns:

> Wie ich so da sitz. Ausgepumpt, die Fingernägel zwischen den Zähnen. 'ne dösige Mama. Der Wasserkessel pfeift. "Und ich tanz, tanz nach deiner Pfeife". Ein dämlicher Schlager. Die Frauen verarschen. Mit Charlie nicht. Werner sagt: Du stehst deinen Mann. Auch sone Redensart. Ich stehe meine Frau. (S. 5)

In diesem kleinen Textfragment wird die Problematik der Protagonistin bereits beispielhaft verdeutlicht. Charlie Bieber wird als eine (recht gehemmte) Hausfrau dargestellt, die ihre Pflichten als Mutter, Hausfrau, Arbeiterin erfüllt und auf diese Weise ihrem Mann gleichwertig erscheint. Diese Art der Gleichwertigkeit könnte mit der direkten Umkehrung der Redensart angedeutet sein. Man liest dann eine Art von Emanzipationsanspruch nach dem Muster männlicher Vorstellungen. Man würde jedoch angesichts des grauen Alltags der Ehepartner und ihrer abhängigen Stellung im Arbeitsprozeß nicht spontan darauf kommen, diese Praxis als das Ziel einer weiblichen Emanzipation anzuweisen.

Läse man die Kritiken vor dem Roman, dann erwartete man eine Heldin, die stark und unbeirrbar den Aufstieg einer klassenbewußten Arbeiterin vormacht. Das dem nicht so ist, macht gerade den Reiz des Romans aus. Schroeder beschreibt eher eine Antiheldin, deren Fortschrittsbewegung nicht selten wie 'ein Schritt nach vorn, zwei Schritte zurück' aussieht. In Kapitel 6.1 gehe ich näher auf den Aufbau der Hauptfigur ein.

Schroeders Roman wird als "radikal-feministischer"[5] oder "neo-realistischer"[6] Text bezeichnet, wegen der "farbenfrohen Milieuzeichnung".[7] Die Schilderung des Hausfrauenalltags geschieht in einer Sprache, die zahlreiche Übereinstimmungen mit der Umgangssprache zeigt, wobei die verschiedenen Protagonistinnen ihren eigenen Sprachduktus haben. Dieser umgangssprachliche Duktus hat Tradition, eine Tradition, die sich nicht auf den (Neo-)Realismus der Arbeiterliteratur beschränkt. Schon im

---

4. Tobe Joyce Lewin: Political Ideology and Aesthetics in Neo-Feministic German Fiktion: Verena Stefan, Elfriede Jelinek, Margot Schroeder. London 1982, S. 25 (Übersetzung von mir, MB).
5. Tobe Joyce Lewin: op.cit. S. 2.
6. Ricarda Schmidt: op.cit. S. 19 ff.
7. Ricarda Schmidt: op.cit. S. 27.

Sturm und Drang, im "Götz von Berlichingen" und in den "Räubern"[8] findet man diesen Umgang mit der Sprache, der größere Direktheit und Emotionalität suggerieren sollte. Später, im Naturalismus, wird im Sekundenstil eine möglichst originalgetreue Volkssprache eingeführt. Im zwanzigsten Jahrhundert findet man ähnliche Versuche in der Arbeiterliteratur der Weimarer Zeit, in der Dokumentarliteratur der sechziger Jahre und in Texten des Regionalismus in neuester Zeit. Die ästhetischen Ziele beim Gebrauch der Umgangssprache sind dabei nicht die gleichen: sie variieren von genialer Regel- und Maßlosigkeit im achtzehnten Jahrhundert bis zum Aufzeigen von sozialen Restriktionen, die sich in Sprache niederschlagen. Immer jedoch ist dieser Umgang mit Sprache gegen eine standardisierte Sprachnormierung und gegen die Sprachkonventionen des herrschenden (Literatur-)Diskurses gerichtet. In diesem Sinne möchte ich Schroeders Gebrauch der Umgangssprache analysieren, wobei man zwei Bezüge erkennen kann. Zum einen ist Schroeders Roman in die ästhetische Diskussion des Werkkreises Literatur der Arbeitswelt eingebettet. Zum anderen verweist der Umgang mit Sprache in Schroeders Text auf eine vorbürgerliche Romantradition. Ich möchte auch auf diesen Punkt näher eingehen, da er meines Erachtens einen sinnvolleren Schlüssel zur Erklärung des Erfolgs des Romans bietet als sein didaktischer Impetus.

6.1. Zwischen Nagetier und Clown

6.1.1. Autobiographische Aspekte

Auffallend an den Kritiken, die sich mit der Hauptperson Charlie Bieber beschäftigen, ist, daß zwar immer von einer strammen Heldin gesprochen wird, daß diese jedoch nie auf autobiographische Züge hin untersucht wird. Dabei bietet sich ein Vergleich geradezu an. Genauso wie die Autorin, ist die Hauptperson klein, Anfang vierzig (zur Entstehungszeit des Romans), Hausfrau, vierzehn Jahre verheiratet, hat zwei Kinder, wohnt in einem Vorort von Hamburg.[9] Der Vergleich dringt sich nahezu auf. Hinzu kommt, daß der Roman aus der Perspektive der Hauptperson geschrieben ist. Es ist daher äußerst verwunderlich, daß man Schroeder nicht nach ihrer Ehe befragt oder ihren Text als privates Geplänkel abgewertet hat. Das könnte zwei Ursachen haben: Zum einen identifiziert man eine Schriftstellerin nicht mit einer zickigen, kleinen Hausfrau, die

---

8. Friedrich von Schiller: Die Räuber (1781); Johann Wolfgang von Goethe: Götz von Berlichingen mit der eisernen Hand (1773).
9. Ricarda Schmidt: op.cit. S. 27.

ihre Sprachhemmungen im Alkohol ertränkt. 'Das kann doch nur eine Persiflage sein!' Und zum anderen ist Schroeder durch ihre Mitarbeit im Werkkreis Literatur der Arbeitswelt geschützt. Die aufklärerische Zielsetzung dieser Gruppe läßt nicht erwarten, daß man sich selbst als Beispiel einer vorbildlichen Handlungsweise - und so wird der Roman ja anscheinend gelesen - nimmt. Man sieht hier, daß die Kritik sich leicht in ihrer Interpretation von verlauteten Intentionen des Werkkreises und seinen rezeptionsästhetischen Direktiven leiten läßt. Ich möchte im folgenden den Text noch einmal eingehend im Hinblick auf die vermeintliche Beispielhaftigkeit der Protagonistin Charlie betrachten.

6.1.2. Nomen est omen?

Das erste, was an der Protagonistin auffällt, ist ihr Name: Charlie Bieber. Sowohl der Vor- als auch der Nachname wecken bildhafte Assoziationen. Der Vorname Charlie verweist auf den Schauspieler und meisterhaften Komiker Charlie Chaplin. Die Protagonistin beschreibt sich selbst mehrfach als Clown:

> Du siehst wieder aus. Sagt Susanne.
> Wie denn?
> Ich weiß nicht wie, vielleicht wie'n Clown.
> Ja, Charlie, wie 'n Clown. 157 cm klein, Augen arisch blau, Plattbusen, Plattfüße, Breitarsch. Und das Gesicht ziemlich schmal zwischen Angebot und Nachfrage. (S. 91)

Und nachdenkend beim Abwaschen:

> Und du spülst den Dreck von den Tellern, Charlie. Und dein Meer ist eine Soße aus Wasser, Spülmitteln und Abfällen. Du schlägst Schaum. Die Sonne kneift in die Küchengardinen. Gabelgerippe leuchten auf. Gläser blitzen. Junge, ist Abwaschen schön. Im blankgeputzten Topfdeckel siehst du breitwinkelverzerrt deine Poren glänzen. Du bist ein Clown, Charlie. (S. 92)

Die kleine Gestalt der Protagonistin hat Ähnlichkeit mit Charlie Chaplin. Beim Abwaschen sieht sie sich verzerrt in einem Topfdeckel gespiegelt. Daneben zaubert sie sich eine bunte Welt aus den 'Ingredienzien' des Abwaschs, indem sie die Teile zu einer abenteuerlichen Ferienlandschaft ver-dichtet und verschiebt. Man kann hier eine Verbindung zu Chaplins Clownerien herstellen: Chaplin wandelt die profanen Dinge des Alltags in kleine subjektive Abenteuer um. Das geschieht auf eine Weise, die dem Zuschauer deutlich macht, daß es Manipulationen aus Not sind, um sich die Welt erträglicher zu machen.[10] Das phantasierte Glück hat denn auch keine größere Beständigkeit als eine Seifenblase.
Das Zubehör zum Clownsein, die Bühne, wird im Roman fortwährend

---

10. Siehe z.B. Charlie Chaplins Filme: "The Tramp" und "Modern Times".

erwähnt: Charlie braucht Applaus (S. 125, 188), sie kommt nicht aus den Kulissen zum Vorschein (S. 169, 179), einige Male fühlt sie sich wie in einem Film,[11] der dann ab und zu reißt. Diese Bilder weisen auf ein Gefühl von Unwirklichkeit, das die Erlebnisse trägt. Die Protagonistin bestätigt das immer wieder, indem sie auf eine beinahe unüberbrückbare Divergenz zwischen ihrem forschen Auftreten und ihrer inneren Angst und Unsicherheit hinweist. "Diese verfluchten Hemmungen. Die Kolleginnen sagen: Sie und Hemmungen? Werner sagt: Du hast 'n Mundwerk wie 'n Stemmeisen. Deine Freundin Elke sagt: Dein Selbstbewußtsein möchte ich haben" (S. 99).

Die Protagonistin muß sich eingestehen, daß sie ihren Esprit dazu einsetzt, geliebt und bewundert zu werden und im Mittelpunkt zu stehen. Diese ihre Fähigkeit haßt sie selbst, und dieser Haß durchzieht den ganzen Text, beeinflußt ihr politisches Handeln und hindert sie daran, sich mit anderen zu solidarisieren. Am Ende des Textes sieht man Charlie als grübelnde, deprimierte Frau, die sich in der Toilette einschließt und in gnadenlosem Selbsthaß mit sich abrechnet.

> Ich zieh mich auf's Klo zurück. (...) 'ne kleine Filosofin, wenn andere feiern. (...) Du begreifst dich. Aber du kannst dich nicht an die Hand nehmen wie 'n kleines Kind. Du bist 'n kleines Kind. Und was machst du? Du heulst. Ich könnte dich umbringen, Charlie. (...) Ich will dir was sagen: Du bist zum Abschaffen. (...) Ich bin nichts, also trink ich. (S. 188 f)

Dieser Monolog zeigt alles andere als eine vorbildliche Heldin. Er konfrontiert den Leser eher mit einer Figur, die trotz aller Initiative auf politischem Gebiet letztlich genauso unzufrieden mit sich selbst geblieben ist, wie sie es war, als sie sich noch nicht engagierte. Wichtig ist, daß Schroeder nicht eine Figur konstruiert, die durch politisches Engagement *automatisch* zu einer selbstbewußten, selbstzufriedenen Persönlichkeit wird.[12] Schroeder läßt die Figur Charlie Bieber - als Diskrepanz zwischen privaten Schwächen und einer recht erfolgreichen politischen Tätigkeit - unentschieden. Die Autorin weist dennoch auf einen positiven Effekt der Solidarisierung mit anderen. Die Anstöße, die die Protagonistin zuerst selbst gegeben hat, empfängt sie in kritischen Momenten des Selbstzweifels von 'den Geistern, die sie gerufen hat'. Der Roman klingt mit einer Szene aus, in der sich einige Mitglieder der von ihr einberufenen Bürgerinitiative Sorgen um sie machen und sie dadurch wieder aus ihrer selbstquälerischen Grübelei ziehen.

> Eine der Frauen klopft an die Klotür.
> Geht es dir nicht gut, Charlie?

11. Siehe Filmhinweise im Text: S. 20, 35, 53, 67, 68, 110.
12. Ich sehe hier eine Parallele zur Beschreibung von Glauflügel in Pauschs Erzählung.

Es ist Helga.
Ich komm gleich. Sag ich.
Fehlt dir was?
Es ist nichts. Sag ich.
Na, gottseidank.

Ich tusch 'n bißchen in meinem Gesicht rum. Die solln nicht sehn, daß ich beinahe
pleite gegangen wäre mit mir. Und du wirst keinen Schluck mehr nehmen, Charlie.
Du wirst überhaupt keinen Schnaps mehr trinken in diesem Jahr. Nur noch Bier. (S.
189f)

Hiermit endet der Roman. Signifikant sind hier zwei Aspekte. Das
Fragment zeigt, daß nicht die Protagonistin Charlie individuell stark
geworden ist, sondern daß in der Gruppe ein solches Interesse aneinander
besteht, daß im kritischen Moment ein einzelnes, schwächeres Mitglied
wieder aus der Lethargie gerissen werden kann. Hier klopft man keine
große Sprüche oder zitiert bewußtmachende Lehrsätze. Schroeder zeigt
die Solidarisierung an ganz kleinen Gesten. Die adverbiale Bestimmung
"beinahe" weist zudem darauf hin, daß die Protagonistin nicht wieder
völlig zum Anfang zurückgekehrt ist, sondern nur "beinahe pleite
gegangen wäre". Der Gewinn aus der Solidarisierung mit den Nachbarn ist
nach außen hin kaum meßbar. Dieses "beinahe" erbringt keine große
öffentliche Geste. Es ist ein bescheidener, jedoch letztlich substantiell
wichtiger Fortschritt. Doch auch der wird sofort wieder relativiert. Charlie
spielt zum Schluß noch einmal den Clown, indem sie große Vorsätze
ankündigt, die sie aber durch relativierende Nuancierung sofort wieder
ironisch zurücknimmt: "Du wirst überhaupt keinen Schnaps mehr trinken
in diesem Jahr. Nur noch Bier" (S. 190).
Der Alkohol nahm einen zentralen Platz im Leben der Protagonistin ein,
da sie sich mit Alkohol Hemmungen wegtrank und Alkohol gebrauchte,
um sich dem Nachdenken über gewußte und störende Probleme zu
entziehen. Wenn sie an die Stelle der Schnäpse den Bierkonsum setzen will,
könnte man sich fragen, ob hier wirklich eine grundlegende Veränderung
vorgenommen werden soll.
Schroeder macht es dem Leser jedoch nicht leicht. Man findet auch
Hinweise im Text, daß die Protagonistin das Bild des Clowns
problematisiert. Als Charlie Bieber zum ersten Mal bei den neureichen
Nachbarn Conrad zu Besuch kommt, wird sie wie ein 'Original' aus dem
Volke behandelt.

Sie sind originell, sagt Frau Niedermeyer, das Kohlbild war grandios.
Noch ein Körnchen? Fragt Frau Conrad.
Sie wittert eine abendfüllende Nummer. Kann sie haben.
Zum Kostümfest geh ich auch immer als Clown. (S. 56)

Mit dem Nachsatz macht die Protagonistin zwei Dinge deutlich: Sie
betrachtet die Gesellschaft, abwertend und leicht belustigt, als eine Art von

Kostümfest und durchschaut die selbstgefällige Überheblichkeit auf der Party. Charlie fühlt, daß man sie als Kuriosum behandelt. Hier hat die Metapher des Clowns eine soziale Konnotation. Der Clown darf zwar für Amüsement und Kritik sorgen, er bleibt jedoch eine gesellschaftliche Randfigur. Seine Kritik wird nur geduldet, da man ihn als im wahrsten Sinne des Wortes a-sozial, also außerhalb der Gesellschaft stehend, wertet. Diese Ausgeschlossenheit fühlt Charlie und erfaßt sie im Bild des Clowns.

Die Protagonistin gebraucht das Bild des Clowns noch einmal und diesmal deutlich als negative Qualifikation:

> Ich bin anomal. Mir fehlt das weibliche Image. Ich bin nicht wie die anderen konsequenten Malerinnen, die nur sich selbst anmaln. (...) Ich bin keine Persönlichkeit. Wer ein Persönlichkeit ist, zeigt sie als perückengepflegte Einkaufsdame, als modebeflaggter Industriekörper. Kein Teppich ohne Popo. Kein Sekt ohne Brustwarzen. Ein echtes Weib ist ein Geschäft.
> Ich bin kein Clown. Ich bin keine Dauerausstellung. Ich führ meine ungeschminkte Wahrheit zur Bushaltestelle. (S. 13)

Hier wird das Bild des Clowns auf die weibliche Form bezogen. Die Protagonistin benutzt das Bild für die zahlreichen Maskeraden, die eine Frau nach den gängigen Modevorschriften veranstalten sollte. Hinzu kommt die Vermarktung des Frauenkörpers zu Verkaufszwecken. Die Protagonistin dreht bei ihrer Selbstbewertung die landläufigen Wertmaßstäbe um. Im gängigen Sprachgebrauch spricht man von einer Persönlichkeit, wenn jemand nach eigenen Maßstäben lebt. Hier wird eine Frau eine Persönlichkeit genannt, wenn sie sich dem gängigen Modeideal anpaßt, sich eigentlich permanent verkleidet, maskiert. Der Vergleich mit einem Clown gibt dem Ganzen noch die Note des Lächerlichen, da der Clown die Kostümierung übertreibt, um durch die Übertreibung das wohlwollende Mitleid und den darauf folgenden Beifall des Publikums zu erzielen. Durch den Vergleich gibt Charlie Bieber an, daß sie Übereinstimmungen zwischen dem beifallerheischenden Clown und der Erscheinungsweise der Frauen sieht. Das ist das 'Normale', gegen das sie sich wehrt: "Ich bin anomal. (...) Ich bin kein Clown." Der Clown wird hier als der untertänige, um Anerkennung bittende Außenseiter der Gesellschaft gesehen. Den Protest, die 'Ungeschminktheit', kann Charlie Bieber nur streckenweise durchhalten. Ihre bevorzugte Kostümierung ist die der Intellektuellen. Ihrer Außenseiterposition ist sie sich jedoch auch dann bewußt:

> Ich schlag den Kragen meiner Jeansjacke hoch. Salopp, knabenhaft intellektuell, Charlie. Die Stadtläufer solln dir nicht ansehn, daß du 'ne Hausfrau bist. Du bist 'ne freie, schick Entwurzelte. Der ironische Zug um die Mundwinkel: Deine Überlegenheit. Die geschwollenen Tränensäcke: Du verstehst zu leben. Jugendlich, interessant, kühl. Du gefällst dir heute. (S. 120)

Charlie Bieber trifft sich im schicken Pöseldorf mit einem Freund Ulli, der der linken Studentenbewegung angehört. "Aus der Musikbox seufzt Nostalgie: Yes, I'm the great pretender. Soll ich tanzen? Das wär doch was, die große Heuchlerin. Noch'n Korn und du hast die selbstbewußte Traurigkeit vom Proficlown drauf" (S. 141).

Zweimal wird in dieser Textstelle auf eine Verkleidung hingewiesen: mit dem Wort "pretender" im Schlagertitel und mit der Bezeichnung "Heuchlerin". Diese beiden Hinweise werden im Bild des Clowns vereinigt. Man könnte hier eher an die Figur der Columbine denken, die in ihrer mysteriösen Melancholie Männer anzieht.[13] Die moderne Columbine ist hier die schick entwurzelte Intellektuelle. Dieses Bild übt auf Charlie Bieber einen besonderen Reiz aus, und zugleich weist sie es als Maskierung ab.

Durch den ganzen Text zieht sich das Spiel mit Maskierungen und Kostümierungen, ob es sich nun um Kleidungsfragen oder Sprachspiele handelt. Charlie Bieber ist keine naive Heldin, die aus einem Gefühl für Recht und Unrecht heraus geradlinig handelt. Ihr größter Wunsch ist, die umfassende Selbstverständlichkeit zu besitzen, die sie bei einer Nachbarin beobachtet, die sie jedoch letztlich wegen ihres kleinbürgerlichen Idylls ein wenig verachtet.

Charlie Bieber macht einen Versuch, aus ihrem Alltagsleben und den sie umringenden Zweifeln auszubrechen und ein Erlebnis der Ganzheitlichkeit zu haben:

> Mal absolut sein, wie du das in den Illustrierten liest. Oder ist das billig, weil du's dir unterjubeln läßt, bis du nicht mehr weißt, bist du das oder 'ne Illustrierten-Nutte? Aber wenn du Lust drauf hast, Charlie, wenn's mit dir durchgeht? (...) Es ist nicht einfach, hemmungslos zu sein. (...) Kannst du nicht wenigstens in diesen Augenblicken vergessen, was du gelesen hast, Charlie. Das ist ja 'ne Triebbremse. (S. 78)

Die Spontaneität wird zu einer inszenierten Geste nach Vorlagen in Illustrierten. Abgesehen davon, daß diese Vorbilder die Illusion von Originalität oder Hemmungslosigkeit wecken, wirken sie als Anleitung gerade zwingend. Dabei wird die ständige Distanz zwischen der Vorlage

---

13. Die Kombination von männlichen Wunschvorstellungen in bezug auf Weiblichkeitsbilder und deren Realisierung in der Figur Colombine findet man in Fellinis Film "Casanova", wo der Titelheld schließlich seine Traumfrau in der Gestalt einer columbineartigen Puppe findet. Die Puppe macht alle Bewegungen, die Casanova von ihr wünscht. Da sie ein lebloser Gegenstand ist, heuchelt sie dem Mann ihre Koketterie nicht vor. Vielmehr ist es Casanova, der sich einbildet, die Puppe sei imstande, seine Wünsche zu erfüllen. Fellini kommentiert hier ironisch die männlichen Wünsche nach der idealen Geliebten, die letztlich im Verlangen nach der völlig beherrschbaren, verfügbaren und identitätslosen Projektion seiner Wunschvorstellungen in einen leblosen Gegenstand münden.

und dem Eigenen verkleinert. Sowohl vorgelebte als auch vorgeschriebene Lebensmuster verhelfen der Protagonistin nicht zu einem größeren Maß gewünschter Echtheit. Die Suche nach einer 'wahren Persönlichkeit', nach 'wahren Interessen', nach einer 'ursprünglichen Originalität' wird bei Schroeder zu einem Wechselspiel von ideologischen Standpunkten, in die individuelle Wünsche eingebettet sind und die sich in verschiedenen gesellschaftlichen Kostümierungen artikulieren.

Neben dem Vornamen Charlie hat auch der Nachname der Protagonistin eine Schlüsselfunktion. Ich möchte daher auf den Nachnamen "Bieber" näher eingehen. Dieser Name und der Tiername Biber sind homonym. Es sollen nun einige Eigenschaften des Nagetiers mit Textstellen des Romans verglichen werden. Über den Biber heißt es unter anderem:

> Der Biber ist in Europa bis auf geringe Restbestände ausgerottet. (...) Der Biber errichtet sich unterirdische Baue, ferner "Burgen" im Wasser. Um Baustoff und seine Nahrung zu gewinnen, fällt er durch ringförmiges Umnagen auch starke Bäume.[14]

Es erscheint interessant, die drei dem Biber zugeschriebenen Punkte, das Aussterben, den Bau von unterirdischen Gängen und das Verschaffen von Nahrung durch kreisförmiges Annagen von großen Objekten, festzuhalten, da sie als symbolische Charakterisierung der Charlie Bieber gesehen werden können.

In einer Textstelle wird sie wörtlich "Nagetier" genannt, als es um ihre politische Arbeit als Vertrauensfrau in der Gewerkschaft geht. Ihr Chef sagt: "Wenn ich wirklich mal was für meine Kolleginnen durchpauk, bezeichnet er mich als Nagetier" (S. 60). Wenn man diesen Hinweis auf die politische Arbeit und das Bild des Nagetiers ausweitet, könnte man auch das Aussterben der Biber symbolisch erklären. Überblickt man die Tradition großer Politikerinnen, die die bürgerliche Gesellschaft kritisierten, so könnte man zu dem Schluß kommen, daß 'diese Tierart vom Aussterben bedroht ist'. Revolutionäre Persönlichkeiten wie Klara Zetkin, Rosa Luxemburg oder Alexandra Kollontai wirken wie Giganten neben ihren bürgerlichen Schwestern, die den Bundestag oder die Landesparlamente bevölkern. Außerdem passen diese Politikerinnen nicht zum Bild des Nagetiers. Sie versuchen zumeist nicht oder nur sehr marginal, bestehende Ordnungen zu modifizieren. Man kann einwenden, daß die Protagonistin Charlie Bieber auch nur Stückwerk und politische Kleinarbeit leistet, die systemerhaltend funktionieren, wie zum Beispiel eine Bürgerinitiative. Hierzu könnte man sagen, daß diese ihre Teilnahme an der Bürgerinitiative nur Ausdruck ihrer persönlichen Unzufriedenheit ist. Im Schlußmonolog heißt es:

14. DTV-Lexikon. München 1973 (Bd. 2), S. 140.

Ich kenn dich. Die Sache mit dem Abenteuerspielplatz reizt dich nicht mehr so. Du willst 'ne Dauerinitiative. Du willst 'n Frauenzentrum, du willst 'n Babysitterring, du willst Gemeinschaftsräume. Du willst 'n Kollektiv aus Nachbarn. Du willst 'n Mini-Sozialismus. (S. 189)

Die Vorstellungen der Protagonistin gehen hier bei weitem über eine Bürgerinitiative hinaus und ähneln den utopischen Plänen zur Kollektivierung der Privatsphäre, die Friedrich Engels[15] und August Bebel[16] schon beschrieben und die in Ansätzen in den siebziger Jahren in Wohngemeinschaften in die Praxis umzusetzen versucht wurde.[17] Das Bild des immer weiter nagenden Tieres paßt also zu Charlie Bieber, was ihre Pläne betrifft. Das Aussterben der Nager könnte aber auch auf die Aktivität des Nagens selbst hin interpretiert werden. Mit anderen Worten, die Bezeichnung des Nagens würde nicht für Personen zutreffen, die ihren politischen Kampf aufgeben. Und diese Gefahr wird bei der Protagonistin immer wieder deutlich. Sie droht oft, angesichts der Widerstände in der Familie, bei den Nachbarn, angesichts ihrer Unerfahrenheit mit behördlichen Instanzen und in der Organisation von politischer Arbeit und angesichts ihrer Selbstzweifel und ihrer Unsicherheit ihre politischen Ambitionen und Aktionen aufzugeben.

Ich möchte zu einem weiteren Vergleich mit dem Leben des Bibers, nämlich zu den unterirdischen Bauen und den Wasserburgen, kommen. Die Biber schützen sich vor Angreifern, indem sie ihren Wohnplatz isolieren oder unter die Erde verlegen. Charlie Bieber untergräbt mit ihrer Aktion für einen Kinderspielplatz alte Gewohnheiten. Sie solidarisiert die Nachbarn, sie baut Kommunikationsgänge. Durch diese Verständigung werden die Nachbarn aus ihrer Isolation herausgeholt, sei es auch nur in einem ganz winzigen Bereich. Diese Arbeit könnte jedoch modellhaften Charakter bekommen und sich ausweiten. Mit dem Graben unterirdischer Gänge könnte man diese Arbeit insofern vergleichen, als Kommunikationsketten keine gesellschaftlichen Umstürze verursachen; sie zerstören nicht die Oberfläche des gesellschaftlichen Selbstverständnisses, bilden jedoch ein wichtiges Element für eine Politik, die auf alternative, weniger aggressive Veränderungsstrategien gerichtet ist. Das Bild von der Wasserburg der Biber könnte man dahingehend auf den Roman übertragen, daß diese kleine, sich solidarisierende Bürgerinitiative in einem Vorort von Hamburg trotz ihrer Isoliertheit und ihres geringen Radius doch eine gewisse Sicherheit und Stärke für die Bewohner der Gruppe bedeutet.

15. Friedrich Engels: Der Ursprung der Familie, des Privateigentums und des Staates. Berlin [12]1974.
16. August Bebel: Die Frau und der Sozialismus. Stuttgart [25]1895.
17. Siehe hierzu: Ger Arons u.a.: Kollektivering van Huishoudelijke Arbeid. Verslag van een onderzoek. Amsterdam 1980.

130

Zusammenfassend kann man sagen, daß die Namen der Protagonistin in ihrer Überdeterminiertheit auf die Widersprüchlichkeit und Komplexität der Heldin weisen. Der Vorname Charlie steht für die Frage, inwiefern man von einer ursprünglichen, originellen Persönlichkeit überhaupt sprechen kann. Zugleich weist das Bild des Clowns im Zusammenhang mit der Rolle der Frau auf spezifische Aspekte gesellschaftlicher Zwänge, denen Frauen ausgesetzt sind. Der Nachname Bieber bezieht sich mehr auf die politisch-aktionistische Tätigkeit der Protagonistin, die lediglich die Möglichkeiten kleinerer Aktionen in ihrer Wohnsiedlung aufgreift und recht und schlecht versucht, diesen zum Erfolg zu verhelfen.

Es entsteht auf diese Weise kein Abziehbild einer idealen Frau mit modellhaften Handlungsweisen. Aber es zeigt sich trotz der vielen Schwierigkeiten, die in ihrer Alltäglichkeit dargestellt werden und sicher zur Identifikation auffordern, welche Möglichkeiten politischen Handelns doch genutzt werden können. Man kann die politische Tätigkeit der Protagonistin in gewisser Weise dem gesellschaftlichen Aspekt der Regionalismus zurechnen.

6.2. Ein Biber im Werkkreis Literatur der Arbeitswelt

Eingangs wurde schon darauf hingewiesen, daß Margot Schroeder Mitarbeiterin des Werkkreises Literatur der Arbeitswelt war. Ich möchte hier einige Bemerkungen zu den ästhetischen Vorstellungen und den gesellschaftlichen Zielen des Werkkreises machen. Dabei soll eine Positionsbestimmung von Schroeders Text eingeflochten werden.

Auf den ersten Blick erscheint es fast paradox, daß Schroeders Roman im Werkreis herausgegeben wurde, da dieser die Kategorie Frau subsumiert unter Klasseneinteilung. "Aus dem Bewußtwerden über ihre Klassenlage soll die von ihm (dem schreibenden Arbeiter, MB) hergestellte Literatur entstehen."[18] Daß es sich hier um Lohnarbeit handelt und der betreffende Arbeiter wie selbstverständlich als männlich klassifiziert wird, geht aus dem folgenden Zitat hervor:

> Die Werkkreis-Mitarbeiter sollen lernen, betriebliche Alltagserfahrungen, wie jeder sie macht und wie sie bereits in den Werkstätten aufgeschrieben und diskutiert wurden, mit Blick auf die Fragen "Wie hätte sich Mitbestimmung in dieser Situation auswirken können?" und "Warum brauchen die Arbeiter Mitbestimmung?" darzustellen.[19]

Da hier Arbeitserfahrungen nur als betriebliche dargestellt werden,

18. Peter Kühne: op.cit. S. 191.
19. Peter Kühne: op.cit. S. 192.

entfällt die Auseinandersetzung mit der Arbeit einer großen Gruppe von Frauen, nämlich mit der Hausarbeit, die Frauen unbezahlt, isoliert in einzelnen Haushalten, oft neben ihrer bezahlten Tätigkeit, verrichten. Die Frauen können sich nicht auf eine Organisation zwecks Mitbestimmung berufen, ihre Rechte und Möglichkeiten hängen von den finanziellen Möglichkeiten des Ehemanns ab und oft von seiner Vorstellung von der Rolle, die seine Ehefrau auszufüllen hat. In dieser Hinsicht ist der Roman von Schroeder zwischen den anderen Texten des Werkkreises eine Ausnahme. Schroeder wählt zwar ihre Protagonistin aus einem Arbeitermilieu - Charlie Bieber arbeitet halbtags -, der Schwerpunkt des Romans konzentriert sich jedoch nicht auf den Kampf um Mitbestimmung am Arbeitsplatz. Der Hauptakzent liegt auf der Verständigung von Frauen aus verschiedenen Milieus und auf der Auseinandersetzung der Protagonistin mit ihren eigenen, privaten Schwächen und Idealen. Erst an zweiter Stelle und mehr als Aufhänger zur Kontaktfindung mit anderen Frauen wird eine Bürgerinitiative ins Bild gebracht. Gleichwertig zu diesem Erzählstrang ist die Auseinandersetzung der Protagonistin mit ihrem Mann über die Qualität ihrer Ehe und die Rechte und Pflichten der Ehepartner. Hier wird eine Thematik bearbeitet, die eher den Diskussionen der Frauenbewegung nahe steht als dem Arbeitskampf und die eher Elemente einer proletarischen Literatur aufgreift, um sich als Werkkreisliteratur zu legitimieren, als daß sie Mitbestimmung und Arbeiteralltag thematisiert. Soweit das geschieht, wird dies explizit aus der Optik der weiblichen Protagonistin vorgenommen.

Inhaltlich sollten die Texte des Werkkreises so authentisch wie möglich der von den Autoren erlebten Realität entsprechen. Mit einem Hinweis auf die Berichte von Günter Wallraff wird informativen und dokumentarischen Texten der Vorrang gegeben. Dabei sollten die Texte nicht zu lang sein und nicht tradierte bürgerliche Formen aufgreifen. Schroeder weicht auch hier von der Wunschliste ab. Sie wählt für ihren Text die Form des Romans, also keine Form, die Kürze garantiert, wohl aber Fiktionalität und ästhetische Verarbeitung zuläßt. Ich werde später über die spezifische Form von Schroeders Roman noch eingehender sprechen. Im Zusammenhang mit den ästhetischen Zielen des Werkkreises formulierte Hans Jürgen Beck 1973 auf dem Umschlag von Schroeders Roman richtungsweisend eine Stilvorstellung:

(...) Notiz von der Arbeitswelt nehmen - und zwar aus der Sicht des Betroffenen, der seine Erfahrungen frei von stilistischer Künstlichkeit notiert und sich vermittels des Schreibprozesses seiner Abhängigkeit und der vielfältigen Zwänge im Arbeitsalltag bewußt wird.[20]

20. Hans Jürgen Beck in: "werden", Jahrbuch für die deutschen Gewerkschaften 1973, zitiert auf der Rückseite des Buchumschlags von "Ich stehe meine Frau".

Die Direktive, der Autor solle einen Stil frei von stilistischer Künstlichkeit schreiben, schwingt auch in der Rezeption durch Lewin und Schmidt mit, bei ihrer Beurteilung des Stils von Schroeders Roman. Lewin meint: "Der Roman bleibt dichter bei der Tradition des sozialistischen Realismus oder des Stils moderner Trivialautoren."[21]
Und Schmidt fügt hinzu:

> Sie will die Krankheit des (kapitalistischen) Systems leicht verständlich erklären, indem sie die gesellschaftlich herausgebildete Trennung zwischen Kunst und Lebenspraxis durch eine so authentisch wie möglich erscheinende Wiedergabe potentiell erlebter Realität überbrückt. Wesentliches Mittel hierbei ist der umgangssprachliche Stil.[22]

Wir könnten der Autorin gratulieren, da ihre Interpretinnen ihr genau das bescheinigen, was Beck als wesentliches ästhetisches Prinzip einer Literatur aus der Arbeitswelt dargestellt hat, obwohl schon bei Schmidt eine gewisse Nuancierung angesichts der Forderung nach unmittelbarer Transponierung von Realität aufs Papier zu erkennen ist. Die Forderung nach Authentizität der Berichte wurde auch im Werkkreis zu einem Problem. Zum einen stellte man sich die Frage, ob man seiner eigenen Zielsetzung nicht letztlich schade, wenn man den Realismusbegriff so eng nähme, daß Formexperimente gar nicht mehr gestattet wären. Kühne plädiert für eine Weiterentwicklung von "Tatsachenliteratur":

> Aufgabe der theoretischen Arbeit des Werkkreises kann es deshalb nicht sein, dem Druck publizistischer Restriktionen und unternehmerischer Repression nachzugeben und den ohnehin vorhandenen werkkreisinternen Trend zu literarischer Verfremdung noch einmal zur Norm zu erheben. Zunächst müssen alle Möglichkeiten einer Weiterentwicklung kontrastierender-kommentierender Tatsachenliteratur bei selbstverständlich maximaler Schonung individueller Informanten ausgeschöpft werden.[23]

Kühne faßt hier mehrere wesentliche Punkte in der Diskussion des Werkkreises zusammen: Der Werkkreis mußte sich mit den 'bürgerlichen' Ambitionen seiner Autoren auseinandersetzen. Die meisten Texte wurden trotz des Postulats der Kollektivität von individuellen Autoren verfaßt, wie auch "Ich stehe meine Frau". Hinzu kommt, daß einige Autoren unumwunden Anspruch auf die eigene Leistung und den nachfolgenden 'Ruhm' erhoben. Kühne kommentiert: " (...) das Motiv für ihre Schreibarbeit könnte in der Hoffnung liegen, sich im Bücherschrank

---

21. Tobe Joyce Lewin: op.cit. S. 23.
22. Ricarda Schmidt: op.cit. S. 30. Auffallend ist, daß dagegen Ulla Hahn gerade das "hohe Maß an literarischer Realisation" bei Schroeder im Gegensatz zu anderen Texten des Werkkreises hervorhebt. Siehe: Ulla Hahn: Literatur in der Aktion. Zur Entwicklung operativer Literaturformen in der Bundesrepublik. Wiesbaden 1978, S. 169.
23. Peter Kühne: op.cit. S. 200.

zwischen Enzensberger und Grass wiederzufinden."[24] Kühnes Bemerkung zielt darauf hin, daß die Autoren ihre Texte in erster Linie als literarische Werke, die sich mit den 'großen' Autoren der Nachkriegszeit messen können, auffassen könnten und deshalb bewußt ästhetische Formen im literarischen Text anwenden, die nicht dem sozialistischen Realismus entsprechen. Schroeders Text verhält sich zu dieser Forderung ambivalent. Zum einen ist er in der Umgangssprache geschrieben, was ihm auf den ersten Blick den Anschein des Realistischen, des Spontanen gibt. Zum anderen kann man den Text als einen einzigen inneren Monolog der Protagonistin Bieber lesen. Er wäre dann zu vergleichen mit Avantgardetexten von Joyce oder Proust, die diese Technik perfektionierten. Man könnte dann bei Schroeder auch Übereinstimmungen mit Schnitzler, zum Beispiel "Leutnant Gustl" und "Fräulein Else", finden. In beiden Texten ist die äußere Handlung Anlaß zu einem im Innern der Protagonisten sich abspielenden Drama. Auch bei Schroeders Text läßt sich die äußere Handlung, die Tatsachen, auf einer Seite zusammenfassen, vielleicht sogar in einigen Sätzen: eine Hausfrau aktiviert Nachbarn aus Anlaß einer Hausmeisterbeschwerde über spielende Kinder, um einen besseren Spielplatz für die Siedlung durchzusetzen. Ob das gelingt, bleibt offen, da der Roman mit einer Versammlung endet, in der erfolgversprechende Schritte ausgedacht werden sollen. Diese Handlung ist minimal. Es ist also nicht ein detailliert beschriebener, realistischer Tatsachenbericht, sondern es sind eher Reflexionen der Protagonistin Bieber. Der Text ist nicht chronologisch aufgebaut; oftmals werden Assoziationsketten von Erinnerungsfragmenten unterbrochen.

Kühnes Vermutung, daß mancher Autor sich gern im Bücherschrank zwischen Enzensberger und Grass wiederfinden möchte, ist zu differenzieren, wenn man nicht stillschweigend davon ausgeht, daß die Autoren des Werkkreises Männer sind. Weibliche Autoren, die in ihren Texten explizit auf eine Auseinandersetzung mit weiblicher Geschichte eingehen, werden traditionsgemäß im Alphabet nicht unter dem Buchstaben ihres Nachnamens, sondern unter dem Buchstaben 'F' eingereiht. Meist besteht im Bücherschrank eine Kategorie 'Frauenliteratur', in der diese Texte untergebracht werden. Selten wird dabei berücksichtigt, ob es sich hier um Sachtexte oder literarische Texte handelt. Man könnte einwenden, daß es im Grunde nicht wichtig ist, ob ein Text als 'hohe' Literatur akzeptiert wird oder nicht, wenn er nur eine aufklärende Wirkung hat. Ich halte diesen Verzicht für einseitig, unnötig und gefährlich. So nämlich würde Frauen die Fähigkeit abgesprochen, ästhetisch durchgeformte Texte produzieren zu können. Es beträfe alle

24. Peter Kühne: op.cit. S. 202.

Schriftstellerinnen, da die Unterscheidung 'Frauenliteratur' im Gegensatz zu Literatur von Männern steht. Diese Zweiteilung weicht ab von der Einteilung in soziale Klassen. Wenn man die Literaturproduktion nach Klassen einteilt, so bietet dies den männlichen Autoren die Möglichkeit, verschiedenartige Texte zu schreiben, je nach politischem Standort und ästhetischer Zielsetzung. Indem man die Literatur von Frauen nach geschlechtsspezifischen Kategorien einteilt, läuft man Gefahr, daß diese Literatur thematisch und formal auf spezifische Themen eingegrenzt wird. Aus Vergangenheit und Gegenwart sind zahlreiche Beispiele für eine solche Einengung bekannt.[25] Zudem wird die so zurechtgestutzte Literatur von Frauen meist als literarisch zweitrangig klassifiziert und auf diese Weise aus der literarischen Diskussion über Innovationen ausgegrenzt.[26] Es wäre daher auch wünschenswert, wenn die Literatur von Frauen - möglicherweise aus dem Werkkreis - zwischen Grass und Enzensberger eingereiht würde, was soviel bedeutete, als daß diese Literatur im kulturellen Betrieb ernst genommen und als der von männlichen Autoren gleichwertig angesehen würde. Dies setzt jedoch voraus, daß weibliche Autoren in gleichem Maße wie ihre männlichen Kollegen experimentieren dürfen. Die literarischen Produkte sollten auf ihre Qualität hin beurteilt und nicht an geschlechtsspezifischen Rollenerwartungen gemessen werden, was leider immer wieder passiert. Ich gehe auf diesen Punkt so ausführlich ein, weil hier eine Analogie zum Werkkreis zu sein scheint, wo die Problematik des Schreibens auf ein Klassenproblem reduziert wird. Dadurch wird das große Schweigen von Frauen völlig ausgeklammert. Schroeder macht in ihrem Roman kein Hehl daraus, daß sich die fest eingenisteten Rollenvorstellungen von Mann und Frau nachteilig für beide, am nachteiligsten jedoch für Frauen, auswirken. Über das eheliche Verhältnis denkt Charlie Bieber wie folgt:

> Vierzehn Jahre Familienoberhaupt. Verantwortlich für unseren Lebensunterhalt. Ein Mann, ein Starker, ein Beschützer. Er saß in seinem Sessel und trank Bier, eins nach dem anderen. (...) Ich konnte ihm nicht helfen. Charlie Bieber, 37 Jahre alt, Beruf Kontoristin. Momentan: Halbtagsbeschäftigung als Kassiererin. Und zwischenzeitlich: zehn Jahre unbezahlte Arbeitskraft. (...) 'n Bratkartoffelverhältnis. Was anderes bringt er nicht zustande. Wir haben fürs Leben gelernt, gegeneinander zu arbeiten. Wie sollten wir plötzlich miteinander arbeiten können? Wenn du erstmal dahintersteigst, wie beschissen sone totale Arbeitsteilung zwischen Mann und Frau ist, säufst du dir einen. Wie er, wie ich. Zwei resignierte Mitesser. Mittrinker. Von Mitbürgern kann keine Rede sein. (S. 122)

25. Siehe hierzu: The World Split Open. Women Poets 1552-1950. Hrsg. von Louise Bernikow. London 1973, Introduction, S. 4-47.
26. Julia Kristeva macht auf die Gefahren weiblicher Ghettoformung, die keine avantgardistischen Experimente zuläßt, aufmerksam in: Kein weibliches Schreiben? Fragen an Julia Kristeva. Interview mit Francoise van Rossum-Guyon. In: Freibeuter (1979) 2, S. 80.

In diesem Textfragment differenziert Schroeder ganz deutlich nach geschlechtsspezifischen Gesichtspunkten. Die vermeintliche Interessengleichheit der Arbeiterklasse bricht auf, wenn es sich um relationelle Aspekte handelt.

Neben allen Abweichungen erkennt man in Schroeders Roman einige inhaltliche Beziehungen zu Arbeit und Tradition des Werkkreises. Meiner Meinung nach beinhaltet aber die Art des Bezuges eine gewisse Kritik am Werkkreis. Ich möchte auf einige Beispiele näher eingehen. Wie oben zitiert, weist Kühne darauf hin, daß bei der Tatsachenliteratur auf eine "maximale Schonung individueller Informanten" geachtet werden müsse. Dieser Hinweis kommt nicht von ungefähr, da Kühne von dem Arbeiter Sowka berichtet, der seine literarische Tätigkeit mit dem Verlust seiner Arbeitsstelle bezahlen mußte. Gerd Sowka war ursprünglich Chemiefacharbeiter, ist schon älter und hat eine Familie mit drei Kindern. Bei der Arbeit zerquetschte eine Maschine ihm eine Hand, und er wurde Halbinvalide und als Pförtner beschäftigt. In seinem Theaterstück "Im Mittelpunkt steht der Mensch" berichtete Sowka so wirklichkeitsgetreu von seiner Arbeitsstätte und dem Unfall, daß seine Firma ihn durch einen Prozeß zwang, einen Vorspann dem Einakter vorangehen zu lassen, in dem jede Ähnlichkeit mit Vorfällen in der Firma zurückgewiesen wird.[27] Interessant an diesem Beispiel ist, daß der DGB seinen Mitgliedern daraufhin riet, ihre "Schilderung unter Darstellung der tatsächlichen Gegebenheiten mit einer gewissen literarischen Verfremdung zu behandeln".[28] Dieser Rat ist den ästhetischen Forderungen des Werkkreises Literatur der Arbeitswelt diametral entgegengesetzt. Kühne geht nicht weiter auf die psychischen Konsequenzen ein, die der Prozeß und die damit verbundenen Erlebnisse für Sowka nach sich zogen.

In Schroeders Roman wird eine asoziale Familie beschrieben, in der die Eltern trinken und die Kinder verkommen. Vom Vater heißt es:

> Und den Alten habn sie kaputt gemacht. War richtig son Leistungstiger an der Maschinenfront. Immer die Finger in 'ner Produktion. Bis er sie wirklich reinkriegte in sone Maschine. Akkord und so, weißt du. Da habn sie aus ihm son vornehmen Pinkel gemacht, son Portier in Uniform. Darüber ist der Alte nicht weggekomm'. Seitdem säuft er wie 'n Loch. Und die Alte muß ganztags arbeiten. (S. 39)

Die Beschreibung des Vaters hat auffallende Übereinstimmungen mit der Geschichte von Sowka: das Unglück, bei dem eine Hand in die Maschine gerät, und die nachfolgende Stellung als Portier. Bei Kühne ist der 'tragische Held' Sowka das Opfer seiner ehrlichen Berichterstattung. Schroeder geht noch einen Schritt weiter, indem sie die Konsequenzen

---

27. Peter Kühne: op.cit. S. 209 ff.
28. Werner Vitt, 2. Vorsitzender der IG Chemie, zitiert in: Peter Kühne: op.cit. S. 212.

eines solchen Konflikts in seinen Auswirkungen auf die Familie darstellt. Die psychische und finanzielle Position des Mannes ist schließlich die Ursache für den Zerfall der Familie und die Mehrbelastung der Frau. Man könnte hieraus auf eine Kritik Schroeders an der unbedachten Risikobereitschaft, die eine Tatsachenliteratur fordert, schließen. Im Werkkreis wird nur das Verhältnis von Arbeitgeber und Arbeitnehmer kritisiert. Schroeder weist aber darauf, daß die 'Emanzipation' der Arbeiter und der Frauen durchaus nicht Hand in Hand geht, sondern daß die Frauen und Kinder der kämpfenden 'Helden' einfach vergessen und nicht gefragt werden und stillschweigend dazu verurteilt sind, die Scherben aufzuräumen. Das Heldentum der Proletarier und ihrer schreibenden Vorkämpfer wird auf diese Weise von Schroeder angekratzt.

Schroeder nimmt auch direkt Stellung zum Thema 'Sozialismus-Feminismus'. In einer Unterhaltung zwischen Nachbarinnen wird das Buch "Gleichberechtigung oder Emanzipation" von Jutta Menschik[29] erwähnt:

> Emanzipation, ich habe viel darüber gelesen. Wissen Sie, das Thema ist bei meinen Freundinnen wahnsinnig "in". Haben Sie mal die Menschik gelesen? Warten Sie mal, "Gleichberechtigung oder Emanzipation" heißt das, glaube ich.
> Ich komm in letzter Zeit wenig zum Lesen, Frau Conrad, die Gewerkschaftsarbeit kostet viel Zeit. (S. 63)

Dialogpartner sind hier Frau Conrad aus der gehobenen Mittelschicht und Charlie Bieber. Frau Conrad arbeitet nicht außer Haus. Sie hat Zeit, sich mit ihren Freundinnen zu unterhalten und Bücher über Feminismus zu lesen. Charlie Bieber dagegen lasten Haushalt, Arbeit und Gewerkschaftstätigkeit völlig aus. Wenn man diese beiden Frauen in die Kategorien 'Gleichberechtigung' und 'Emanzipation' einteilen wollte, wäre Charlie Bieber in die erste, Frau Conrad in die zweite einzuordnen. Den Hinweis auf das Buch von Menschik könnte man als einen Kommentar und eine Wertung beider Kategorien ansehen. Menschik schreibt an anderer Stelle:

> Der Kapitalismus braucht zu seiner Selbsterhaltung Eigentumsverhältnisse, die es möglich machen, daß eine Minderheit über die arbeitende Mehrheit bestimmt. Solange diese Eigentumsverhältnisse nicht in Frage gestellt werden und damit nicht der gesellschaftlichen Unterdrückung der Kampf angesagt wird, ist es schlicht undenkbar, daß die Unterdrückung der Frau durch den Mann (die sich zu allererst im privaten Bereich ausdrückt und allgemein überhaupt nicht kontrolliert, geschweige denn organisiert angegangen werden kann) endgültig aufhebbar ist. Hausfrauen können gegen ihre Männer aufbegehren, indem sie sich etwa weigern zu kochen, aber was wäre dadurch für die Befreiung der Frau gewonnen? Deshalb ist die Erwerbstätigkeit der Frau im Kapitalismus nicht nur eine wirtschaftliche

---

29. Jutta Menschik: Gleichberechtigung oder Emanzipation. Frankfurt a/M. 1971.

Notwendigkeit für die Arbeiterfrau und eine Möglichkeit zur Existenzsicherung für die bürgerliche Frau, sondern zugleich die Chance, bewußt und organisiert einzutreten für mehr Rechte am Arbeitsplatz, Arbeitsschutz, Lohngleichheit und politische Mündigkeit. (...) Solange es in einer Gesellschaft verschiedene Klassen und Schichten und damit auch evident unterschiedliche Interessen gibt, sind die Klassenschranken, die Frauen voneinander trennen, stärker als die Geschlechtsbande.[30]

Nach Menschik ist ohne Sozialismus eine Umstrukturierung des Geschlechterverhältnisses undenkbar. Menschik begründet ihren Standpunkt mit dem Argument, daß in einer Klassengesellschaft eine effektive Solidarität zwischen Frauen verschiedener Schichten nicht möglich sei, wobei Menschik eine strikte Trennung zwischen bürgerlichen Frauen und Proletarierinnen macht. Schroeder denkt da wesentlich differenzierter. Zum einen zeigt sie, daß die Solidarisierung zur Erreichung konkreter Ziele bei gleichen Interessen quer durch die Klassen verläuft. Frauen aus verschiedenen Schichten schließen sich zusammen, um den Kinderspielplatz zu erkämpfen. Zum zweiten ist Charlie Bieber keine typische Proletarierin; sie hat Marx gelesen, verkehrt in Studentenkreisen, trifft politische Entscheidungen aus purem Narzißmus und ist - trotz Erwerbstätigkeit - in ihrer Ehe abhängig von den Vorstellungen ihres Mannes, die verdächtig stark den Vorstellungen der Männer aus bürgerlichem Milieu ähneln. Die Frau soll nett, freundlich, häuslich, sorgend sein. Charlie Biebers Beruf wird von ihrem Mann nur als ein 'Nebenberuf' gewertet und nicht als ein wirklich gleichwertiger Beitrag zum häuslichen Einkommen. Schroeder zeigt auch, daß auf der Arbeitsstelle im Supermarkt Frauen einander kontrollieren und antreiben. Von gegenseitiger Solidarität ist dort keine Rede. Auch das Bild der bürgerlichen Frau wird differenzierter dargestellt. Frau Conrad ist ebenso wie Charlie Bieber in ihrer Ehe von ihrem Mann abhängig. Sie diskutiert jedoch mit ihren Freundinnen nicht nur feministische Texte, sondern arbeitet in einem Frauenzentrum mit und motiviert Nachbarinnen, in einer Anti-Abortus-Demonstration mitzulaufen. Biebers Solidarität ihren eigenen Klassengefährtinnen gegenüber entpuppt sich dagegen in einer Selbstbefragung als zweifelhaft:

Du bist an deine Nachbarinnen mit derselben ironischen Überheblichkeit herangegangen wie an Werner, wie an deine Kolleginnen. Das sind Menschen, Charlie, keine Basisprolcten, keine ausgebeuteten Arbeiterklassiker. Begreifst du sie als Abziehbilder? Ins Klassenkampfbuch zu kleben, wenn möglich mit Widmung? Wie siehst du sie? Sind Frau Thiede und Frau Conrad vielleicht Proletarierinnen? Aber die Ludwig, Charlie, da hast du Material. Sprich es ruhig aus: Menschenmaterial. Hast du vergessen, woran deine Liebe zu Ulli kaputtging? Der

---

30. Grundlagentexte zur Emanzipation der Frau. Hrsg. von Jutta Menschik. Köln 1976, Vorwort, S. 10.

Mensch, sagte er zu oft, ist im Grunde ein Mittel zum Zweck. Das Liebesgetue drumherum ist sentimentale Augenwischerei. Und son Idiot gibt vor, für 'ne humanere Zukunft zu kämpfen. Mitm Hirn wie 'n Computer: Der neue soziale, gerechte, zärtliche Mensch entsteht aus Theorien, aus der Retorte. (S. 100)

Schroeder zeigt in diesem Text ihre Meinung zum Primat von oder gegenüber Feminismus. Es wird sowohl die Klischeehaftigkeit angeprangert, mit der Menschen in verschiedene ideologisch vorgeformte Kategorien eingeteilt werden, als auch die Art und Weise, wie über Menschen gesprochen und gedacht wird, als Menschenmaterial zum Klassenkampf. Außerdem wird hier über die Kontroverse zwischen strukturellem und individuellem Denken nachgedacht. Schroeder kritisiert das ausschließlich auf Klassenkampf ausgerichtete Denken, in dem für eine sorgfältige zwischenmenschliche Beziehung kein Platz zu sein scheint, wie das Beispiel des Studentenfreunds Ulli deutlich macht. Schroeder trifft damit keine ausschließende Wahl für eine exklusive Hinwendung zu individuellen Beziehungen und deren Verbesserung. Durch den ganzen Roman ziehen sich jedoch Hinweise darauf, daß eine strukturelle Veränderung nicht ohne individuelle Veränderung im privatesten Bereich möglich ist. Dazu gehört auch die Korrektur der eingeschliffenen Rollenverteilung zwischen Mann und Frau. Schroeder gibt Menschik daher nicht uneingeschränkt recht. Sie zeigt, daß Menschiks Theorien nicht wirken, wenn im Familienbereich die Frau weiterhin unmündig bleibt, wie es bei Frau Conrad der Fall ist. Schroeder weist aber auch darauf hin, daß die Erwerbstätigkeit noch keine Gleichberechtigung nach sich zieht und damit auch nicht die erwünschte Rollendurchbrechung im ehelichen Verhältnis, was am Beispiel von Charlie Bieber deutlich wird. Schroeder berichtet in ihrem Roman einen eigenen Standpunkt, indem sie Klischeevorstellungen von klassengebundenem Denken und Handeln abbaut und Solidarisierungsbewegungen als situationsbezogen und -gebunden darstellt.

6.3. Der Roman als Sprachspiel

Im vorhergehenden Abschnitt versuchte ich zu zeigen, daß sich Schroeders Roman nicht ohne weiteres unter die ästhetischen Forderungen des Werkkreises und damit stilistisch unter sozialistischem Realismus einorden läßt. In dem nun folgenden Abschnitt wird näher auf die Bedeutung, die der Sprache in diesem Roman zukommt, eingegangen. Zugleich möchte ich den spezifischen Gebrauch der Gattung Roman näher betrachten, da Schroeder Elemente dieser Gattung verwendet, die noch aus vorbürgerlicher Tradition stammen. Bei dieser Analyse sind strukturalistische Betrachtungen von Julia Kristeva zur Tradition und Form des Romans hilfreich.

Kristeva beschäftigt sich vorrangig mit einer Form des Romans, der sie die Qualifikation "polylogisch" gibt.[31] Dieser Romantypus ist nach Kristeva auf Texte aus der Karnevalstradition des Mittelalters zurückzuführen. Diese Tradition wiederum hat eine bestimmte Dialogform, nach Kristeva den "Menippischen Dialog"[32], aufgenommen. Die Form dieses Romans, die sich durch Doppeldeutigkeit und das Spiel mit anderen Texten, was Kristeva "Intertextualität" nennt, kennzeichnet, hat in Texten von Joyce, Proust und Kafka einen kontemporären Ausdruck gefunden. Auch in Schroeders Roman fällt auf, daß der Text eine minimale äußere Handlung aufweist, jedoch fortwährend um die Sprache kreist, in und mit dieser arbeitet, diese thematisiert.

Oben wurde schon gesagt, daß Schroeders Roman die Form eines inneren Monologs hat, in den einzelne Dialoge eingeschoben werden. Diese Dialoge sind zum Teil eine Art Gedankenreferat oder Anlässe zu neuen Reflexionen. Es ist auffällig, daß der ganze Romantext von Dialogen durchzogen ist. Man findet ausführliche Gespräche zwischen den Ehepartnern, der Mutter mit ihren Kindern, der Protagonistin mit Nachbarn und ihrem Freund. Diese Gespräche sind in den reflektierenden Monolog der Protagonistin eingebettet, wobei auch hier wieder eine dialogische Struktur sichtbar wird. Gleichwertig neben dem Ich der Erzählperspektive der Protagonistin, wird ein Du introduziert, das mehrere Funktionen hat. Zum ersten ist es der Adressat des inneren Monologs und fällt also zusammen mit dem Ich der Erzählerin. Zum zweiten tritt die Perspektive der zweiten Person auf als Korrektiv und Kritik an der Erzählerin. Als drittes Element des Dus findet man vereinzelt den Leser als Adressaten, der direkt angeredet und um seine Meinung gefragt wird. Ich sehe in diesem dialogischen Spiel ein Element des karnevalesken Dialogs, den Kristeva wie folgt definiert:

> Die Karnevalsszene führt die Verdopplung der diskursiven Instanz ein: Der Schauspieler (l'acteur) und die Menge (la foule) sind nacheinander und gleichzeitig Subjekt und Adressat des Diskurses. Der Karneval ist auch die Brücke, welche die beiden getrennten Instanzen zusammenführt und auf der jede der beiden Komponenten im Autor (Schauspieler = Zuschauer) Gestalt annimmt. Diese dritte Instanz wird von der Interferenz des Romans aufgegriffen und in der Aussage des Autors verwirklicht. (...) Die Aussage im Roman kristallisiert sich als nicht-syllogistische Interferenz, als Kompromiß zwischen dem Augenzeugenbericht und dem Zitat, der Stimme des Buches.[33]

31. Siehe auch: Julia Kristeva: Polylogue. Paris 1977, S. 173-220.
32. Julia Kristeva: Le mot, le dialogue et le roman. In: Julia Kristeva: Semeiotichē. Paris 1969, S. 103 ff.
33. Julia Kristeva: Der geschlossene Text. In: Kristeva, Eco, Bachtin u.a.: Textsemiotik als Ideologiekritik. Frankfurt a/M. 1977, S. 207.

Auch bei Schroeder ist meiner Meinung nach diese strukturelle Beobachtung in ihrem Roman wiederzufinden. Die Kontrapunktierung der Ich-Perspektive durch das Du macht die Protagonistin Charlie Bieber zugleich zum Akteur und zum Adressaten. Die scheinbare Dominanz der Ich-Perspektive wird beherrscht von dem reflektierenden Du, das als Korrektiv für die Denkprozesse der Protagonistin die Stimme des Buches darstellt oder das Subjekt des Diskurses in diesem Text.

Nach Kristeva werden im Roman Gegensätze aufgebaut, um die Romanhandlung in Gang zu setzen, die letztlich als Scheingegensätze erkannt werden. Kristeva weist darauf hin, daß die Psychologie auch mit nichtdisjunktiven Gegensätzen arbeitet, Gut und Schlecht wird nicht scharf getrennt, sie fallen in einer Person zusammen.[34] Auch in Schroeders Roman kann man diese Bewegung erkennen. Die scheinbare Trennung zwischen dem spontanen, narzißtischen Ich der Protagonistin und dem relativierenden, reflektierenden Du der Anrede fällt in essentiellen Momenten zusammen. Als Charlie Bieber über die Faszination, die die bürgerliche Nachbarin auf sie ausübt, spricht, heißt es: "Deine Mutter hat dir dieses Leitbild zu oft vorgebetet, du bist fast gläubig geworden, Charlie" (S. 103).

Am Ende des Textes heißt es: "Die solln nicht sehn, daß ich beinahe pleite gegangen wäre mit mir" (S. 190).

Auffallend sind an diesen Sätzen die Worte "fast" und "beinahe". Sie weisen darauf hin, daß die Protagonistin nie ganz auf der Seite der Narren steht, sondern immer auch ein Stück des reflektierenden Dus in sich hat. Die aufgebaute Gegensätzlichkeit zeigt sich letztlich als eine in der Protagonistin anwesende Ambivalenz, die aus nichtdisjunktiven Gegensätzen zusammengestellt ist.

Die Ambivalenz ist der zentrale Begriff für den karnevalesken Text. Kristeva unterscheidet drei Varianten, die im Roman anweisbar sind:

> (...) der Autor kann die Worte eines anderen benutzen, ihnen eine neue Bedeutung geben, während die alte Bedeutung, die sie schon hatten, beibehalten wird. Das Resultat ist ein Wort mit zwei Bedeutungsebenen: es wird ambivalent. Dieses ambivalente Wort ist deshalb das Resultat einer Zusammenfügung zweier Zeichensysteme. Innerhalb der Genreentwicklung tauchen ambivalente Wörter in menippischen und karnevalesken Texten auf. (...) Die Ausformung von zwei Zeichensystemen relativiert den Text. Stilistische Wirkungen erzeugen einen Abstand zum Wort des anderen. (...) Die Kategorie der ambivalenten Wörter wird durch die Ausnutzung von andermanns Sprache(Sprachgebung) durch den Autor - ohne den Ideen zu widersprechen - für seine eigenen Zwecke gekennzeichnet; er folgt der Richtung, während er sie relativiert. Es stellt sich heraus, daß eine zweite Kategorie ambivalenter Wörter, die Parodie zum Beispiel, ganz anders ist. Hier introduziert der Autor eine Bedeutung, die in Opposition zum Wort des anderen

---

34. Julia Kristeva: Der geschlossene Text, op.cit. S. 205 und 208 ff.

steht. Eine dritte Kategorie ambivalenter Wörter, deren verborgene innere Polemik beispielhaft ist, wird durch den aktiven (modifizierenden) Einfluß des Wortes eines anderen oder eines anderen Autors gekennzeichnet. Der Autor ist derjenige, der 'spricht', aber ein fremder Diskurs ist dauernd in der Sprache anwesend, die er stört. In dieser aktiven Art des ambivalenten Wortes wird das Wort des anderen vom Wort des Erzählers repräsentiert. Beispiele schließen die Autobiographie, polemische Bekenntnisse, Frage-und-Antwort-Spiel und verborgene Dialoge ein. Der Roman ist das einzige Genre, in dem ambivalente Worte vorkommen; das ist das spezifische Charakteristikum seiner Struktur.[35]

Ich meine, daß alle drei von Kristeva genannten Charakteristika des karnevalesken Textes in Schroeders Roman nachzuweisen sind. Das parodistische Element, bei Kristeva die zweite Art der Ambivalenz, ist bei Schroeder sowohl auf sprachlicher Ebene als auch als Handlungsmoment nachzuweisen. Charlie Bieber spielt mit Redewendungen, setzt sie in einen anderen Kontext und parodiert damit ihre ursprüngliche Bedeutung. Zwei der vielen Beispiele wären:
"Ich will als Einzelgängerin nicht zur Blindgängerin werden" (S. 57) und "Nicht damenhaft, sondern in Damenhaft" (S. 104).
Auf der Handlungsebene parodiert die Protagonistin die Erwartungen der Intellektuellen, indem sie sich als Modellproletarierin ausgibt. Sie parodiert im Grunde die Erwartungen der anderen und schafft damit sowohl zu den anderen als auch zu der ihr zugedachten Rolle eine Distanz. Demgegenüber könnte man die studentenmäßige Verkleidung der Protagonistin eher als die Imitation einer Rolle sehen, die sie gerne innegehabt hätte, was die zahlreichen Hinweise auf ihren Bildungshunger und die Bewunderung von Intellektuellen deutlich machen. Auch hier funktioniert die Du-Instanz als Korrektiv, die eine kritiklose Adaption der Intellektuellenrolle verhindert.
Der erste und dritte Punkt in dem Textfragment von Kristeva weisen auf die Funktion der Intertextualität im Roman. Was den ersten Punkt betrifft, die Anwesenheit von mehreren, unterschiedlichen Zeichensystemen oder Diskurstypen, wurde schon auf die Dialogizität zwischen der Ich-Erzählerin und einer Du-Instanz bei Schroeder hingewiesen. Der Dialog wird ausgeweitet durch Differenzierung und Verdopplung, indem die Nachbarinnen verschiedene Ansichten und Sprachstile repräsentieren. Hinzu kommen der Sprachstil und die ideologischen Standpunkte eines Rockers, eines Intellektuellen, mehrerer Arbeiter aus verschiedenen Berufen. Die verschiedenen Diskursvarianten zentrieren sich um ein Thema, das durch die Handlung der Protagonistin angegeben wird, nämlich Vor- und Nachteile und Strategien einer kollektiven Aktion. Dadurch, daß die verschiedenen Ansichten vorgestellt und gegeneinander

---

35. Julia Kristeva: Le mot, le dialogue et le roman, op.cit. S. 93 ff (Übersetzung von mir, MB).

gestellt werden, ergibt sich für die Protagonistin - dem Leser vorgeführt - eine Distanz, aus der Einsichten über die Komplexität und Widersprüchlichkeit des Geschehens erwachsen. Der Dialog zwischen der Ich- und der Du-Instanz erweitert sich so zu einem Polylog, zu einer Vielstimmigkeit, bei der es nicht um einen festzustellenden Wahrheitsgehalt oder um den richtigen (klassenbewußten?) Standpunkt geht. Den dritten Aspekt, den Kristeva nennt, das Zustandekommen einer inneren Polemik durch das Einfließen von anderen Texten in den Text des Protagonisten, findet man bei Schroeder in ausgedehnten metonymischen Verkettungen. Auf den ersten vier Seiten des Romans entfaltet sich ein innerer Monolog, bei dem eine Assoziation aus der anderen entsteht. So wird ein Panorama von Schlagertexten, Reklametexten, Ermahnungen, Briefen, politischen Werbesprüchen entfaltet, das von der Protagonistin verarbeitet, konterkariert, weitergesponnen und kommentiert wird, indem sie diese Texte auf ihre eigenen Lebenssituation und ihre Einsichten bezieht.

Zentriert wird dieser vielstimmige Monolog um eine Ambivalenz, die durch einen Brief entsteht. Der Hausmeister hat der Protagonistin einen Brief geschrieben, in dem er Schadenersatz für das Spielen der Kinder auf dem Rasen vor den Mietshäusern verlangt. Auf der anderen Seite wird immer wieder der Wahlslogan einer Partei zitiert, der meint: "Hamburg hat ein Herz für Kinder". Aus beiden Texten, dem Brieftext und dem Werbeslogan, entwickeln sich metonymische Verkettungen. Der Brief weist auf Wohnkomfort, auf Mieterhöhung, auf sonstige Spielgelegenheiten, auf Spiele im allgemeinen, auf die Gefahr von Kinderspielen auf der Straße, auf die Reaktion der Nachbarn beim Unglück eines Kindes, auf die Anpassung der Kinderspiele an die Umstände auf der Straße und auf die wachsende Aggressivität der Kinder. Die andere metonymische Verkettung zentriert sich um den Werbespruch "Hamburg hat ein Herz für Kinder". Ausgehend vom Verständnis der Protagonistin für das Verhalten der Kinder, reflektiert sie über Mitspracherecht bei der Auswahl einer Spielgelegenheit für Kinder, über Mitspracherecht im allgemeinen, über Wahlverhalten, über Wahlversprechungen, über die Scheinheiligkeit der Wahlversprechen, über die Möglichkeit eines Protests, über verschiedene Arten eines Protests, über ihre eigene Variante, den Alkoholkonsum, über mögliche sinnvollere Proteste. Schroeder verbindet die verschiedenen Texte, die in diese Verkettung einfließen, zu einem widersprüchlichen Gemisch, wobei die Erzählinstanz (die Ich-Erzählerin) von einer Du-Instanz begleitet wird. Diese Du-Instanz wartet auch mit Texten aus Büchern und Statistiken auf, so daß von dieser Seite noch ein weiterer intertextueller Einschub zu verzeichnen ist.

Auffallend an Schroeders Roman ist, daß die Protagonistin ihre Existenz der Sprache verdankt. So, wie der Gesamttext fast ausschließlich aus monologischen und dialogischen Textfragmenten besteht, so definiert sich die Protagonistin Charlie Bieber durch die Sprache. Ohne Sprache empfindet sie sich als nichtexistent. Umgekehrt verhilft ihr das Sprechen zu einem Selbstgefühl: "Ich rede reichlich, also bin ich auferstanden" (S. 59). Diese Feststellung könnte man auch als eine Parodie auf den Satz von Descartes: "Cogito, ergo sum" betrachten. In Schroeders Roman ist das Erkennen an Sprache gebunden. Es ist daher auch nicht verwunderlich, daß das auslösende Moment für die Handlung im Roman ein Text ist, nämlich der Brief des Hausmeisters. Ein Brief, der letztlich nur als Signifikant funktioniert, da der Unfriede der Protagonistin einen 'Namen' haben, in Sprache umgesetzt werden mußte. Die Protagonistin sagt am Ende des Romans: "Es war nicht nur die Wut über den Brief des Hauswirts. Der war der letzte Anstoß. Du wirst immer zurechtgestoßen, Charlie" (S. 188). Man könnte hier eine Analogie zu Edgar Allan Poes Text "Der entwendete Brief"[36] sehen. Auch hier fungiert ein Brief als auslösendes Moment, um die Handlung in Gang zu setzen, die auf der Suche nach dem Brief das soziale Netz der feudalen Hofstruktur aufdeckt. Auch bei Schroeder wird die Struktur der Gesellschaft über die Kontakte aus Anlaß des Briefes dargelegt.

Neben der Nichtdisjunktion und den metonymischen Verkettungen weist Kristeva noch auf ein weiteres Element des Romans, nämlich auf die Ambivalenz des Abschlusses, der für den Roman notwendig ist.

Die gegensätzlichen Termini, die sich gegenseitig ausschließen, geraten in das Räderwerk zahlreicher, immer möglicher Abweichungen (die Überraschungen in narrativen Strukturen), das die Illusion einer offenen Struktur produziert, die keinen Abschluß zuläßt und ein willkürliches (arbitraires) Ende hat. (...) Es handelt sich um einen illusorischen Eindruck, der für jede Art von 'Literatur' (und 'Kunst') kennzeichnend ist, da ja der Verlauf vom zeichensetzenden Ideologem vorprogrammiert wird, und zwar durch den abgeschlossenen (endlichen) dyadischen Vorgang, der: 1. eine Hierarchie Referent-Signifikat-Signifikant begründet; 2. die gegensätzlichen Dyaden verinnerlicht, so daß sich ihre Komponenten deutlich artikulieren und der Vorgang sich (...) als Auflösung von Gegensätzen (solution de contradictions) darstellt.[37]

Diese Kennzeichnung einer fiktiven Offenheit, die gepaart ist mit Geschlossenheit durch die Auflösung von Gegensätzen, dem Aufzeigen der Nichtdisjunktion, ist meiner Meinung nach auch für Schroeders Roman zutreffend: Die Protestaktion und die daraus sich ergebenden Initiativen, die Verkettung von Ereignissen ist noch keineswegs

36. Edgar Allan Poe: Der entwendete Brief. Siehe hierzu auch: Jacques Lacan: Das Seminar über E.A. Poes "Der entwendete Brief". In: Jacques Lacan: Schriften I. Frankfurt a/M. 1975, S. 7-60.
37. Julia Kristeva: Der geschlossene Text, op.cit. S. 200.

144

abgeschlossen, sondern erst an dem Punkt angelangt, von dem aus sich neue Handlungsstränge ergeben könnten. Der geplante Abenteuerspielplatz zieht möglicherweise weitere Bürgerinitiativen nach sich und damit weitere Kontakte zwischen den Nachbarn und anderen Bürgern. Der Ausgang bleibt ebenfalls ambivalent. Die Abgeschlossenheit bahnt sich auf einer anderen Ebene an. Es ist auffallend, daß sich der Anfang und das Ende des Romans sehr ähneln. Beides sind Monologe. In beiden Textfragmenten geht es um die ambivalente Haltung der Protagonistin Charlie Bieber: auf der einen Seite das soziale Engagement und auf der anderen Seite die indiviuelle Selbstbestätigung. Am Schluß werden in einer Art kathartischem Monolog die gegensätzlichen Bestrebungen aufgehoben, indem deutlich wird, daß beide zusammengehören, daß der Narzißmus eine Triebfeder für soziales Engagement sein kann, das wiederum das Selbstwertgefühl verstärkt. Das Ideologem in Schroeders Roman könnte man in der Du-Instanz sehen. Kristeva definiert das Ideologem wie folgt:

> Das Ideologem ist die intertextuelle Funktion, die während der Lektüre auf den verschiedenen Ebenen einer jeden Textstruktur 'Gestalt annimmt', die den Text bei seiner Entfaltung begleitet und das sozio-historische Koordinatensystem liefert, in dem er entsteht.[38]

In einem Roman mit einer Erzählerinstanz, sei es einer auktorialen oder einer subjektiven, könnte man die Funktion des Lenkers und Erklärers der erzählenden Instanz zuweisen. Diese 'erzählt' einen (literarischen, fertigen) 'Text' und deutet ihn. In Schroeders Roman macht sich die erzählende, erklärende Instanz in den Kommentaren zu allen Gedanken und Gesprächen in der Form der Du-Instanz kennbar. Sie bleibt als eine Art allwissender Schatten über dem ganzen Text. Das Erzählte, der Text, hat die Form einer Ich-Erzählung, wobei die äußeren Vorgänge zweitrangig sind. Die Protagonistin sagt selbst: "'n Abenteuerspielplatz, das 'n Aufhänger oder 'ne Rahmenhandlung" (S. 131). In diesem Rahmen wird eine Kette von Texten in der Form von Gesprächen entworfen, wobei die Figuren im Roman nur Träger, Transporteure von Sprachketten sind. Der Vorwurf von Schmidt, "deshalb geraten die anderen Personen ihrer (Biebers, MB) Umgebung zu Typen"[39], wäre daher verfehlt, da sie vom Text erwartet, daß die Gespräche zur Individualisierung einzelner Figuren, einem traditionellen Erzählmuster des Romans, benutzt werden. In Schroeders Text dagegen bezieht sich die Individualität auf Signifikantenketten aus verschiedenen Diskursen, die aufeinandertreffen und so das soziohistorische Koordinatensystem bilden, in dem die

38. Julia Kristeva: Der geschlossene Text, op.cit. S. 195.
39. Ricarda Schmidt: op.cit. S. 35.

Protagonisten situiert werden. Im abschließenden Monolog von Charlie Bieber sind die im Roman aufgebauten Gegensätze als nichtdisjunktive Gegensätze dargestellt. Dies deutet darauf hin, daß die gesellschaftlichen Gegensätze nicht als einander ausschließende Oppositionen betrachtet werden können, sondern auch hier eng zusammenhängen. Die Reflexionen der Protagonistin über Freiheit und Zwänge illustrieren dies, da jeder Abschnitt jeweils mit einem dieser Begriffe beginnt, um nach einer Assoziationskette bei dem jeweilig anderen zu enden (S. 121 ff). In dieser Denkfigur erscheint das soziohistorische Feld als ein geschlossenes System, zu dem es keine Opposition in einem kulturellen Abseits gibt. Der Schlüssel, der diese Geschlossenheit öffnen könnte, liegt nach Kristeva - und ich vermute, auch nach Schroeder - nicht im Zerbrechen von Formen, in revolutionären Taten, sondern im Aufdecken der Ambivalenzen[40] - sowohl in der Sprache als auch in der sozialen Interaktion. Dadurch werden Freiräume aufgedeckt, die Möglichkeiten zu weiteren Denk- und Handlungsketten zulassen. In Analogie hierzu erscheint es konsequent, daß Schroeder ihre Protagonistin einen *Abenteuerspiel*platz und keine Revolution initieren läßt!

---

40. Siehe hierzu auch Kristevas eigene Experimente im Hinblick auf eine polylogische Textpraxis in: Polylogue, op.cit.

7. Schonungsloses Mitleid

Elfriede Jelinek: Die Liebhaberinnen

Als Elfriede Jelinek ihren Roman "Die Liebhaberinnen"[1] 1975 veröffentlichte, reagierte die Kritik teilweise sehr negativ, wie auch vorher schon auf frühere Veröffentlichungen der Autorin. Die Kritiker meinten, Jelineks Werk sei "unmenschlich, unweiblich, gehässig, bösartig, kalt, entmenscht, ohne Liebe für die Figuren".[2] Die Hilflosigkeit und Aggression der Kritik signalieren den Anspruch an eine weibliche Autorin auf einfühlende, psychologische Personenbeschreibung, und die möchte doch dann bitte positiv, lieb und erbauend sein. Hier mischen sich bestimmte Vorstellungen im ästhetischen Bereich mit geschlechtsweise zugeordneten Eigenschaften, die sich in einer spezifisch weiblichen Schreibweise zeigen sollten. Jelineks Texte kennzeichnen sich durch eine typenhafte Darstellung der Protagonisten. In den Texten "wir sind lockvögel baby!"[3] und "Michael. Ein Jugendbuch für die Infantilgesellschaft"[4] sind die Protagonisten Typenträger in einer Welt, die durch die Massenmedien beherrscht wird. Der Roman "Die Liebhaberinnen" differenziert diese Thematik und Darstellungsweise, wobei Jelinek behauptet: "'Die Liebhaberinnen ist eigentlich der erste (Roman, MB), der die Wirklichkeit direkt zum Thema hat."[5] Diese Wirklichkeit wird jedoch nicht als ein realistisches Abbild gesellschaftlicher Ereignisse und Zusammenhänge dargestellt, wodurch die meisten Kritiker die Protagonisten als "'Vertreter einer Klasse' und mithin als 'Typenträger' reinsten Wassers" sehen.[6]

---

1. Elfriede Jelinek: Die Liebhaberinnen. Roman. Reinbek bei Hamburg [3]1977. Zitate in Kapitel 7, die durch eine Seitenzahl gekennzeichnet sind, beziehen sich auf diesen Text.
2. "Jedes Werk von ihr ist eine Provokation". Interview von Sigrid Löffler mit Elfriede Jelinek. In: Bücher. Brigitte Sonderheft (1983), S. 27.
3. Elfriede Jelinek: wir sind lockvögel baby! Reinbek bei Hamburg 1970.
4. Elfriede Jelinek: Michael. Ein Jugendbuch für die Infantilgesellschaft. Reinbek bei Hamburg 1971.
5. gespräch mit elfriede jelinek (Münchner Literaturkreis). In: mamas pfirsiche (o.J.) 9/10, S. 173.
6. Hanno Beth: Elfriede Jelinek. In: Neue Literatur der Frauen. Deutschsprachige Autorinnen der Gegenwart. Hrsg. v. Heinz Puknus. München 1980, S. 136.

Ich möchte auf die Funktion des Typischen in Jelineks Roman "Die Liebhaberinnen" später, im Zusammenhang mit einer Analyse der Form des Textes, ausführlicher eingehen. Jelinek selbst hat sich zu dem Punkt des Typischen wie folgt geäußert:

> Für mich war es ein großer, wichtiger Schritt, daß ich in den "Liebhaberinnen" plötzlich über Menschen schreiben konnte. Ein starkes Schamgefühl hat mich immer gehindert, über mich selbst zu schreiben. Ich habe die Dinge immer sehr stark verschlüsselt in meinen Büchern, ich habe mich immer zwanghaft getarnt. Bei Selbstoffenbarung hatte ich Ekelgefühle. Das ist vielleicht zwangneurotisch: Ich muß das, was mir geschieht, in einem gesellschaftlichen Kontext beschreiben.[7]

Jelinek weist auf zwei Vorbilder für ihre Verschlüsselungstechnik, nämlich auf Bertolt Brecht und Karl Kraus:

> Brecht wohl nicht so direkt als literarisches Vorbild, sondern mehr so als politisches, und für eine Theorie eines literarischen Realismus (...). (...) in der Satire, da bin ich in der Karl-Kraus-Tradition.[8]
> Ich arbeite immer mit Satire, also mit einer Beugung der Wirklichkeit. Das habt ihr auch gut rausgekriegt. Nicht die Wirklichkeit, wie es ist, weil man ja auch laut Brecht da immer nur so ein flaches Abziehbild der Wirklichkeit kriegt, sondern eine übertriebene, eine gebeugte Wirklichkeit. Sie also schärfer zu beleuchten und dadurch wirklicher zu machen.[9]

Der oben von der Autorin erwähnte Realismus in "Die Liebhaberinnen" bezieht sich daher nicht auf eine naturalistische, detailgetreue Wiedergabe von Fakten, sondern auf die Zuspitzung von Ereignissen zu verdichtetem Demonstrationsmaterial für ihre Aussage. Dieses Material wird satirisch durch Übertreibung und Verschiebung verfremdet, so daß der Leser spielerisch von den dargestellten Fakten Abstand nehmen muß. Jelinek verschweigt dabei keineswegs, daß die dargestellten Stoffe und Themen durchaus autobiographischen Ursprungs sein können. Auch bei den "Liebhaberinnen" kann man darauf hinweisen, daß der Ort der Handlung, die österreichische Steiermark, der Gegend entspricht, in der Jelinek aufgewachsen ist und die sie daher sehr gut kennt. Doch wird die Autorin in keiner Kritik oder in irgendeinem Interview gefragt, ob die geschilderten Ereignisse autobiographische Zusammenhänge zeigen. Jelinek selbst sprach in einer Diskussionsgruppe darüber.[10] Sie habe konkrete, erlebte Ereignisse festgehalten, von Personen, die sie kenne. Diese Mitteilung klingt provokativ und beinahe unglaubhaft angesichts der im Roman geschilderten Ereignisse. Vermutlich faßt der Leser wegen des satirischen Stils und der dadurch erfolgten Brechung die zumeist

---

7. "Jedes Werk von ihr ist eine Provokation", op.cit. S. 29.
8. gespräch mit elfriede jelinek, op.cit. S. 172.
9. gespräch mit elfriede jelinek, op.cit. S. 172.
10. Jelinek erwähnte die autobiographischen Elemente in einer Diskussion mit dem Münchner Literaturkreis.

moritatenhaft erzählten Fakten als eine gelungene Spielerei auf. Jelinek sieht ihre schriftstellerische Tätigkeit jedoch ernster. Sie versucht dem Leser durch die modellhafte Darstellung Erkenntnisse über gesellschaftliche Widersprüche zu vermitteln. Hierin folgt sie der Brechtschen Intention. Jelinek selbst stellt die Transformation von individuellem Impuls zu künstlerischer Verarbeitung wie folgt dar:

> (...) also der Anstoß zum Schreiben, der libidinöse Anstoß sozusagen, ist rein Gefühl bei mir, auch aufgrund von persönlichen Erfahrungen, die ich aber mit dem Kopf geradezu zwanghaft auf allgemeingesellschaftliche Nenner bringe. Das ist die Arbeit, die ich im Kopf dann leiste. Das Gefühl ist, daß ich also wirklich mit großem Haß zum Teil so etwas schreibe, aber immer wieder überlege, wie kann ich das abstrahieren, daß ich es auf eine allgemeine gesellschaftliche Ebene bringe, daß man sozusagen was draus lernen kann. Das ist jetzt überspitzt.[11]

Das Gefühl, hier der Haß, wird von den Ereignissen abgehoben und zum Motor für die schriftstellerische Tätigkeit, wodurch keine subjektiven Leidensberichte entstehen, sondern modellhaft überhöhte Parabeln, die nach der Absicht der Autorin einen aufklärerischen Effekt haben sollen. Jelinek bearbeitet diesen Stoff mit den Mitteln der Satire und der literarischen Verfremdung. Zudem setzt sie sich mit bestehenden literarischen Formen auseinander. Ich möchte im folgenden zunächst zeigen, wie die Begriffe Zukunft, Glück, Liebe, individuelle Freiheit, Schicksal und Erfolg auf ihre ideologische Ladung hin abgetastet werden. Hierbei fließt eine Stilanalyse ein. Danach möchte ich mich näher mit der von Jelinek gewählten Romanform, deren Implikationen und den von der Autorin angebrachten Modifikationen auseinandersetzen.

7.1. Der Stoff, aus dem die Träume sind

7.1.1. Ein gefährliches Spiel mit Klischees

Der Titel des Romans "Die Liebhaberinnen" wurde von Jelinek in Anlehnung an D.H. Lawrence' Roman "Söhne und Liebhaber" ("Sons and Lovers")[12] gewählt. In beiden Romanen nimmt das Thema Liebe eine zentrale Stelle ein. Nach Lawrence manifestiert sich der 'Wille zum Leben' in großen Emotionen, vor allem in Liebe und Haß, die oft kaum voneinander zu unterscheiden sind. Die Kombination von Liebe und Haß

---

11. gespräch mit elfriede jelinek, op.cit. S. 173.
12. D.H. Lawrence: Söhne und Liebhaber. Reinbeck bei Hamburg 1960. - Jelinek nennt diesen Roman eine Vorlage für ihren Text in: gespräch mit elfriede jelinek, op.cit. S. 177. Siehe hierzu auch die Analyse von Lawrence' Frauenbild in: Kate Millett: Sexus und Herrschaft. Die Tyrannei des Mannes in unserer Gesellschaft. München 1971, Kapitel: E.D.H. Lawrence, S. 311-371.

durchzieht auch Jelineks Roman. Ein Beispiel ist folgende Textstelle:

> brigitte traut sich nicht einmal sagen, ob sie hunger oder durst hat. wenn heinz dann
> später hunger hat, hat auch brigitte das, ein einziger körper mit allen konsequenzen.
> heinz und brigitte sind eins.
> eine erfreuliche situation für zwei junge leute.
> brigitte haßt heinz sehr glühend. (S. 44)

Jelinek spielt hier mit der christlichen Vorstellung, "ein Fleisch werden",
einer Metapher, die die höchste Form von Liebe angibt. Diese Vorstellung
wird jedoch banalisiert durch die Beschreibung der Form der Einheit, die
sich als eine durch ein hierarchisches Verhältnis erzwungene Angleichung
der Frau an die Wünsche des Mannes herausstellt. Die im ersten Teil des
Textes angegeben Passivität der Frau steht im Gegensatz zu dem letzten
Satz. Der 'glühende Haß' wird als eine eigene, aktive Emotion der Frau
dargestellt. Dazwischen schiebt sich als eine Art von Verbindungsglied der
Satz: "eine erfreuliche situation für zwei junge leute." Diese klischeehafte,
positive Feststellung verbindet zwei negative Inhalte, Unterwürfigkeit und
Haß. Gleichzeitig zeigt Jelinek, daß das, was nach außenhin wie eine
Einheit aussehen mag, in seiner tatsächlichen Gestalt eine ganz andere
Funktion haben kann. Haß und Liebe sind hier untrennbar miteinander
verbunden, wobei letztlich nur der Haß eine eigenständige Emotion
darstellt, die Liebe jedoch als ein Anpassungsritual der Frau an die
Wünsche des Mannes erscheint. Jelinek gibt damit einen sarkastischen
Kommentar zur Darstellung der Freundschaften bei Lawrence und
speziell zu "Söhne und Liebhaber", wo der männliche Held Paul Morel die
Frauen, die ihn umgeben, zwingt, sich seinen Wünschen unterzuordnen.
Geschieht das nicht, dann werden sie verstoßen.

Es gibt noch eine weitere Parallele zwischen "Die Liebhaberinnen" und
"Söhne und Liebhaber". In Lawrence' Roman werden zwei Frauentypen
dargestellt. Zum einen trifft man auf den Typ der kühlen, rationalen Frau,
deren sexuelle Leidenschaften unter ihrer Vergeistigung und
Intellektualität gelitten haben. Die ehrgeizige Mutter Gertrude und die
spirituelle Geliebte Miriam könnte man diesem Frauentyp zurechnen.
Zum anderen findet man einen Frauentyp, der ausschließlich auf
körperliche Sinnlichkeit reduziert wird. Die Geliebte Morels, Clara, stellt
einen solchen Typ dar. Lawrence schildert diese Art der Leidenschaft als
minderwertig. Sie führt letztlich zur Zerstörung aller menschlichen
Bindungen.

In Jelineks Roman findet ebenfalls eine Zweiteilung in bezug auf den
Umgang mit Leidenschaften statt. Die zwei weiblichen Protagonistinnen
repräsentieren jede einen Lösungsversuch, wie mit Emotionen, vor allem
mit erotischen Leidenschaften, umzugehen sei. Brigitte, die eine der
Protagonistinnen, verkörpert den rationalen Frauentyp. Ein Koitus
zwischen ihr und ihrem Freund Heinz wird wie folgt beschrieben:

brigitte fühlt nichts als ein seltsames unangenehmes schaben in sich. brigitte fühlt die liebe in sich. (...)

in der liebe versteht brigitte keinen spaß. es ist das ernsteste, was sie, so ganz ohne startkapital, für ihr eigenes geschäft tun kann. (S. 44)

Der Begriff Liebe wird hier in zwei Aspekten beschrieben. Als körperliche Empfindung wird sie reduziert auf eine als unangenehm empfundene, mechanische Reizung. Auf gesellschaftlicher Ebene ist dieser emotional unwichtige Akt jedoch für die Frau von großer Bedeutung, da er die Möglichkeit bietet, den für den sozialen Aufstieg so wichtigen Mann an sich zu binden. Liebe wird hier als Startkapital für ein eigenes Geschäft dargestellt. Hierdurch wird der Faktor der Unsicherheit in bezug auf einen möglichen Erfolg angedeutet. In Jelineks Roman wird wiederholt darauf hingewiesen, daß die Sexualität der Frau wohl einen Machtfaktor darstellt, dieser jedoch nicht, wie es romantisierende Schilderungen von unter anderem D.H. Lawrence erscheinen lassen wollen, die Frau dazu befähigen könne, kraft ihrer erotischen Anziehungskraft dauerhaften gesellschaftlichen Einfluß von größerer Wichtigkeit zu erlangen.

Jelinek spielt in dem oben zitierten Textabschnitt mit den Redewendungen "Spaß verstehen" und "Spaß haben". Der Satz im Text: "in der liebe versteht brigitte keinen spaß", klammert jegliche leidenschaftliche Emotion von vornherein aus. Man könnte hieraus folgern, daß bei Jelinek nicht die Rationalität der Frau die Leidenschaft abtötet, sondern daß von Beginn an die Verbindung von Emotionalität und Sexualität gar nicht vorhanden ist. Bei der Protagonistin Brigitte sind die Emotionen an Sachwerte, die dann auch liebevoll gepflegt werden, gebunden. Zum Beispiel gönnt Brigitte einer Konkurrentin nicht, eine Kaffeekanne festzuhalten und den Kaffee einzuschenken: "brigitte hat schließlich die familienkanne vor einem eindringling gerettet. sie preßt das porzellan noch immer an sich, das porzellan ist schon körperwarm, anders als heinz, der immer kalt gegen b. ist" (S. 68).

Die Protagonistin verteidigt das Streitobjekt entschlossen und emotioniert, was durch die Worte "eindringling" und "gerettet" verdeutlicht wird. Der Vergleich zwischen der Wärme der Kaffeekanne und der Kälte des Freundes verstärkt den Eindruck, daß hier Sachwerte einen gleichrangigen Status einnehmen wie menschliche Emotionen und Handlungsweisen, wobei die menschlichen Emotionen durch den Vergleich mit der Wärme einer Kaffeekanne mechanistisch und 'unmenschlich' im wahrsten Sinne des Wortes erscheinen.

In Anlehnung an Lawrence' Frauenfiguren beschreibt Jelinek in "Die Liebhaberinnen" einen weiteren Frauentyp, der von der Protagonistin Paula repräsentiert wird. Diese Frau ist der Meinung, daß die Liebe sie aus dem täglichen Einerlei erlösen würde. Aus den Beschreibungen im Roman geht hervor, daß Paula eine gefühlvolle, verträumte Frau mit romantischen Vorstellungen von der Sexualität ist, die sie aus den Darstellungen in den Massenmedien aufgebaut hat.

daß paula die liebe mit sinnlichkeit verbindet, ist eine folge der zeitschriften, die sie gerne liest. das wort sexualität hat paula schon gehört, aber nicht ganz verstanden. (S. 24)
paula ist auf liebe aus wie ein schwein auf die eicheln. (S. 70)

Offensichtlich besteht für Paula zwischen dem Begriff Liebe und der Empfindung von Sinnlichkeit keineswegs eine natürliche Verbindung, sondern diese vermitteln ihr erst die Massenmedien. Aus dem Text ist ersichtlich, daß Paula nicht romantisch erzogen wurde, sondern daß ihre Eltern auf den Tauschwert ihres Körpers hingewiesen haben. Die Protagonistin identifiziert sexuelle Annäherungen keinesfalls mit Liebe.

frühzeitig lernt paula, ihren körper und das, was mit ihm geschieht, als etwas zu betrachten, das einem andren passiert als ihr selbst. einem nebenkörper gewissermaßen, einer nebenpaula. (S. 25)
die liebe, das ist eine freude, eine erholung, und geschieht daher dem hauptkörper. (...)
in paulas schädel kann nur mehr ein betonmischer ordnung schaffen. in all der körperlichen liebe und in all der geistigen liebe zu filmschauspielerinnen, schlagersängern und fernsehstars. (S. 26)

Obwohl die Protagonistin mit dem Begriff Sexualität nichts anfangen kann (was darauf hindeuten könnte, daß sie zum einen nicht über ihre körperlichen Funktionen aufgeklärt ist und daß die Protagonistin zum anderen keine körperlichen Leidenschaften kennt), ist sie dennoch völlig von dem Begriff 'Liebe' fasziniert. Die realen Ereignisse werden dabei als nebensächlich eingestuft, die Verheißungen der Droge Liebe durch Massenmedien, dem Phantasma der Boulevardpresse, werden dagegen als das Reale kategorisiert und erstrebt. Die Bemerkung, "paula (sei) auf liebe aus, wie ein schwein auf die eicheln", ist keinesfalls mit der Beschreibung des leidenschaftlichen, sinnlichen Frauentyps bei Lawrence im Einklang. In Jelineks Roman wird der Begriff Liebe als Konstrukt geschildert, in das reale Wünsche nach Zärtlichkeit und Harmonie Eingang finden, jedenfalls in den Vorstellungen der Protagonistin Paula. Paula kann die Gefühle von Bewunderung und sexuellem Verlangen nur in phantasierten Verbindungen zu Personen ausleben, die in den Massenmedien die körperlichen Repräsentanten der Traumindustrie darstellen. Diese Figuren sind jeder Alltäglichkeit entblößt und verheißen ein Leben in Schönheit, Jugend und Harmonie. Die Bilder, die als Erkennungssignale für ein erträumtes, konfliktfreies Leben stehen, werden zu Irrlichtern, denen Paula in der Meinung nachjagt, daß die Rekonstruktion dieser Bilder im eigenen Leben schon den Inhalt der Versprechungen realisieren könnte. Diese unter dem Begriff 'Liebe' subsumierten Wünsche sind, wie man weiß, in der Wirklichkeit nicht in einer Kausalkette miteinander verbunden. Die unreflektierte Hingabe der Protagonistin an einen schönen jungen Mann muß sie denn auch mit einer ungewollten Schwangerschaft und ungeheueren Demütigungen durch die Umgebung bezahlen. Im Gegensatz zu Lawrence, der dem Frauentyp Clara eine 'ursprüngliche' ausgelebte Sinnlichkeit und Leidenschaft zuschreibt, sieht man bei Jelinek, daß Paula gerade zur Unsinnlichkeit für reale Situationen erzogen wurde und daß sie die Verwirklichung ihrer sinnlichen Wünsche an Bildern der Traumindustrie orientiert und anhand dieser Vorbilder Äquivalente in der Realität sucht. Als Paula diese gefunden zu haben glaubt und ihre Leidenschaft ausleben will, stößt sie auf die Macht der Realität, da das Bild, in das sie sich verliebt hat, nicht die Versprechungen der Medien einlösen kann. Sie geht folglich auch nicht an der hemmungslos ausgelebten Sinnlichkeit zugrunde, wie bei Lawrence, sondern an dem Versuch, die Versprechen der Massenmedien auf Liebe zu konkretisieren. Jelinek zeigt, daß die Protagonistin ihre Zielvorstellungen nicht aufgrund von Erfahrungen korrigieren kann, die den Versprechungen der Medien entgegenstehen. Sie versucht krampfhaft, ihre Traumvorstellungen zu retten, indem sie die Divergenz zwischen dem eigenen Leben und den Idealen dem eigenen Versagen zuschreibt und manövriert sich so systematisch in eine stets aussichtslosere Lage.

Jelinek übernimmt in ihrem Roman "Die Liebhaberinnen" einige strukturelle Komponenten von Lawrence' Roman "Söhne und Liebhaber". Hier wie dort werden zwei Frauentypen dargestellt, die auf unterschiedliche Art und Weise mit ihren Emotionen und Leidenschaften umgehen. In beiden Romanen sind die Protagonistinnen von dem Wohlwollen der Männer abhängig. Im weiteren trennen sich jedoch die Wege. Lawrence schildert zwei Frauentypen, die man der klassischen und folgenreichen Zweiteilung der weiblichen Sexualität nach männlichem Kriterium zuordnen kann. Auf der einen Seite findet man die asexuelle Heilige, der Lawrence zumindest in der Figur der Mutter Gertrude dominierende Rationalität zuschreibt. Auf der anderen Seite erkennt man das Bild der Hure, die in ihrer ungebrochenen sexuellen Leidenschaft die menschliche Ordnung zu zerstören droht. Man kann hier ein altes Rezeptionsmuster weiblicher Sexualität erkennen, das als Projektions-schirm für - männliche - Ängste dient. Diese Ängste werden von Max Horkheimer und Theodor W. Adorno in einen strukturellen Zusammenhang mit der Beherrschung der inneren und äußeren Natur gestellt.

Die Frau ist nicht Subjekt. (...) Ihr war die vom Mann erzwungene Arbeitsteilung wenig günstig. Sie wurde zur Verkörperung der biologischen Funktion, zum Bild der

Natur, in deren Unterdrückung der Ruhmestitel dieser Zivilisation bestand. Grenzenlos Natur zu beherrschen, den Kosmos in ein unendliches Jagdgebiet zu verwandeln, war der Wunschtraum der Jahrtausende.[13]

In Lawrence' sowie in Jelineks Roman ist die Frau beherrschtes Objekt, obwohl ihr bei Lawrence noch in der Gestalt der Hure eine gewisse Verführungskraft zugesprochen wird. Im Unterschied dazu - und das mag daran liegen, daß in Jelineks Roman der auktoriale Erzähler in erster Linie den Beweggründen der Handlungen der weiblichen Protagonistinnen folgt - enthalten die Verführungskünste von Brigitte und Paula keinerlei Naturhaftigkeit und Kraft. Bei Jelinek antizipieren die Frauen den geringen Aktionsraum, der ihnen gelassen wird, und formulieren zwei Antworten darauf. Zum einen eine Angleichung an die Forderungen, wobei eine Art von Doppelleben geführt wird: nach außen hin Angleichung an die Bilder der Medien und die Rollenerwartungen an Frauen, im Innern eine Operationalisierungsbewegung in Hinsicht auf Emotionen und Sexualität zum Zwecke des sozialen Aufstiegs. Im gängigen Verständnis erscheint gerade diese zweite Art der Berechnung im Zusammenhang mit Gefühlen als hurig. Sie wird von der Protagonistin Brigitte repräsentiert, die sich mit ihrer Verhaltensweise jedoch in die herrschende Moral des Kleinbürgertums einfügt. Die andere Antwort auf den geringen Spielraum gibt die Hauptfigur Paula: Sie gebraucht die (Vor-) Bilder aus den Massenmedien als Fluchtmöglichkeit und als Refugium für ihre Wünsche, die sich nicht ausschließlich durch materielle Werte befriedigen lassen. Die Suche nach realer Befriedigung dieser medial vorgeprägten Wünsche bringt Paula dauernd in Konflikt mit den Normen ihrer Umgebung, wodurch sie zuletzt als Hure abgestempelt werden kann. Paula hat ihre Wünsche nicht im Rahmen der Warengesellschaft operationalisieren können. Faktisch trennt Jelinek nicht zwischen dem Bild der Heiligen/Mutter und der Hure, Bilder, die einer gesellschaftlichen Moral entsprechen, die Frauen in verschiedene Aufgabenbereiche exklusiv einengt und danach bewertet. Jelinek zeigt vielmehr, daß die beiden äußerlich so gegensätzlich erscheinenden Frauenrollen den gleichen gesellschaftlichen Bedingungen entsprechen, die jedoch von den Frauen verschieden operationalisiert werden. Beide Frauen sind einer latenten, zeitweilig sogar manifesten Frauenverachtung der Männer ausgesetzt, die letztlich auf einem Wissen um die gesellschaftlich erzwungene Doppelzüngigkeit der Frauen und die Rudimente ihrer nicht gänzlich pazifierten[14] Wünsche beruhen könnte. Eine derartige Erklärung geben Horkheimer und Ardono für die permanente Misogynie von Männern.

13. Max Horkheimer/Theodor W. Adorno: Dialektik der Aufklärung. Amsterdam 1947, S. 298.
14. Hélène Cixous: Le rire de la Méduse. In: L'ARC (1975), S. 61.

154

Der Affekt, der zur Praxis der Unterdrückung paßt, ist Verachtung, nicht Verehrung, und stets hat in den christlichen Jahrhunderten hinter der Nächstenliebe der verbotene zwanghaft gewordene Haß gegen das Objekt gelauert, durch das die vergebliche Anstrengung stets wieder in Erinnerung gerufen wird: das Weib. Es hat für den Madonnenkult durch den Hexenwahn gebüßt, der Rache am Erinnerungsbild jener vorchristlichen Prophetin, das die geheiligte patriarchale Herrschaftsordung insgeheim in Frage stellte. Das Weib erregte die wilde Wut des halb bekehrten Mannes.[15]

Bei Lawrence sieht man das Muster der Trennung in Heilige und Hure, die beide die Abweisung durch den Mann erfahren, dessen Optik den Roman dominiert. Bei Jelinek entsteht das Bild des Endstadiums der von Horkheimer/Adorno geschilderten dualistischen Bewegung. Zwar sind hier die Frauen völlig domestiziert, die ersehnte totale Herrschaft der Männer oder ihre Befreiung oder Zivilisierung ist jedoch nicht eingetreten. Die männlichen Protagonisten in Jelineks Roman werden ebenfalls als in ihren Möglichkeiten und Wünschen eingeengt dargestellt. Doch weiß Jelinek zwischen den Beschränkungen, die Frauen auferlegt werden, und denen, mit denen Männer konfrontiert werden, zu differenzieren. Vielleicht ist der wichtigste Unterschied zwischen beiden, daß die Männer ihre Unzufriedenheit und Aggression an den von ihnen abhängigen Frauen abreagieren können, ohne daß den Frauen eine Möglichkeit zum Widerstand geboten wird. Jelinek weist fortwährend auf die Hierarchie zwischen Männern und Frauen hin. Dieser Aspekt wird bei Lawrence nicht problematisiert. Man kann die auch in diesen Roman eingeschriebene Hierarchie daran erkennen, daß bei aller Gleichwertigkeit in Verschiedenheit zwischen Mann und Frau es letzlich immer der Mann ist, der als wertende und entscheidungsbefugte Instanz auftritt. Jelinek macht diese Hierarchie zu einem zentralen Thema im Roman.

7.1.2. Durchstreichen und Verzeichnen

Ich möchte hier auf den Titel von Jelineks Roman eingehen. Auffallend ist die weibliche Form, da das Wort meist in seiner männlichen Form benutzt wird. 'Liebhaber' hat eine mehrfache Bedeutung, laut Wahrig:

> Verehrer, Geliebter, Bewerber um ein Mädchen; jemand, der nicht beruflich, sondern nur aus Freude auf einem künstlerischen, wissenschaftlichen oder sportlichen Gebiet tätig ist, Amateur; Kenner, Sammler (auf künstlerischem Gebiet)[16]

Der dritte Aspekt, der des Kenners und Sammlers, erweckt Assoziationen an Luxus, Freiheit und Erotik. Das Objekt des Kennens und Sammelns

---

15. Max Horkheimer/Thedor W. Adorno: op.cit. S. 133.
16. Wahrig: Deutsches Wörterbuch. Gütersloh 1970, Spalte 2285/6.

liegt meist auf künstlerischem Gebiet; so findet man Ausdrücke wie 'Liebhaber klassischer Musik' oder 'Liebhaber der schönen Künste'. In dem Ausdruck 'Liebhaber schöner Frauen' wird die erste mit der dritten Bedeutung des Wortes verbunden. Hier ist der Mann Subjekt des Sammelns und Kennens, die Frau (meist im Plural) ist das geliebte, begehrte Objekt, meist in der Form einer Mätresse, Muse oder Geliebten. Jelinek nun gebraucht die weibliche Form des Wortes, "Die Liebhaberinnen". Dies macht neugierig. Die Frauen sollten doch nicht etwa selbst Subjekt des Begehrens sein und sich einen Harem von Männern anlegen können? Und was ist das Objekt ihrer Liebhaberei, wenn wir das Wort in seiner dritten Bedeutung mit einem Genitivobjekt versehen wollen?

Die *Namen* der beiden "Liebhaberinnen" wecken Assoziationen zu dem Umfeld, aus dem die Frauen kommen. Der Name Brigitte erinnert an eine der größten, deutschen Frauenzeitschriften. Diese Zeitschrift beschäftigt sich mit Mode, Reisen, Rezepten, Wohnungseinrichtung und Lebenshilfen, und sie erscheint zweimal im Monat. Die BRIGITTE propagiert ein Frauenbild, das Aufgeschlossenheit, Heterosexualität, Jugend und dynamisches Verhalten ausstrahlt. Es ist ein Bild der progressiven, durchschnittlichen, angepaßten Frau. Der Name Paula klingt dagegen altmodischer, mehr nach Gartenlaubenromantik. Die Namen sind bezeichnend für die zwei Frauen. Die Protagonistinnen kommen - wie der Titel des Buches vermuten läßt - keineswegs aus der Oberschicht; sie sind Arbeiterinnen in einer Fabrik für Unterwäsche in der österreichischen Steiermark. Schnell wird deutlich, daß die eintönige Arbeit in der Fabrik keine Liebhaberei der zwei Frauen ist. Die 'Liebhaberei' der Protagonistinnen ist die Liebe selbst. Nur hier stockt die Feder, denn Jelinek zeigt, daß der Begriff einen Status von Freiheit, Freiwilligkeit und Selbstverfügbarkeit voraussetzt, den die zwei Frauen nicht haben. Im Gegenteil! Die 'Liebhaberei der Liebe' ist mit viel Mühe und Strategie verbunden. Beide Frauen sind wohl 'Bewerber um die Liebe', hier eines Mannes, sie weisen sich jedoch mehr als Amateure denn als Kenner der Materie aus. Das Sammeln beschränkt sich auf das mühsame Festhalten eines einzigen Mannes. Hier wird auch nicht die Freude am Sammeln, was Freiwilligkeit voraussetzt, gezeigt, sondern die absolute Notwendigkeit, sich einen Mann zu erringen, um Sicherheit und sozialen Aufstieg für sich zu ermöglichen. Dies gilt besonders für die Protagonistin Brigitte, Paula stellt eine eigene Variante der 'Liebhaberei der Liebe' dar.

Das sicherste Mittel für den Aufstieg ist meist, sich den Vorstellungen der Eltern hinsichtlich eines guten Ehepartners anzupassen. Dies bedeutet hier, und Brigitte hat das schnell erkannt, daß die zukünftige

Schwiegertochter sich nützlich und praktisch hausfraulich zeigen sollte. Sie akzentuiert diese Eigenschaften, indem sie besonders ungeliebte Tätigkeiten angeblich mühelos verrichtet. Diese Haltung könnte man auch 'sich anbiedern' nennen oder wie es reichlich grob im täglichen Sprachgebrauch heißt: 'jemandem in den Arsch kriechen'. Jelinek nimmt diese Redewendung zum Ausgangspunkt einer Lagebeschreibung von Brigitte:

> brigitte kriecht der mutti in den arsch. dort findet sie auch nichts anderes als die gleiche scheiße wie in der muschel, die sie gerade schrubbt. aber einmal wird diese hinter mir liegen, dann liegt die zukunft vor mir. nein, wenn die scheiße hinter mir ist, bin ich schon in der zukunft. zuerst muß ich mir einen status erarbeiten, der mich befähigt, überhaupt eine zukunft haben zu DÜRFEN. zukunft ist luxus. allzuviel gibts nicht davon.
> diese kleine episode soll nichts weiter zeigen, als daß brigitte arbeiten *kann*, wenn es sein muß.
> und es muß sein. (S. 12 f)

Auffallend an dieser Passage ist der Perspektivenwechsel zwischen dritter und erster Person Singular. Das wie ein kleines Gedankenreferat anmutende Fragment über den Sinn der Schinderei zeigt, daß die Protagonistin hart arbeiten muß, um eine bessere Position in der Gesellschaft zu erringen. Die Bemerkung, daß Zukunft 'Luxus' sei, relativiert den Erfolg der Bemühungen. Der Text läßt offen, ob es wenig 'Zukunft' oder wenig 'Luxus' für Brigitte gibt. Zudem könnte man sich fragen, welche Qualität dieser Luxus hat, da die Zukunft ja schwer erarbeitet werden muß und der Begriff 'Luxus' gerade Dinge assoziiert, die man eigentlich nicht braucht, die einem im Überfluß gehören und die außerhalb von Arbeit und Strategie etwas Spielerisches haben. Dadurch wird der Dreisatz 'Status erarbeiten, Zukunft, Luxus' zu einer Rechenaufgabe, bei der wohl die Paare 'Status erarbeiten und Zukunft' und 'Zukunft und Luxus' denkbar sind, die Zusammenfügung aller drei Elemente jedoch paradox erscheint. Außerdem beinhaltet der Nachsatz "zukunft ist luxus", daß eine Veränderung der eigenen Lage für diese Frau aus der Unterschicht anscheinend nicht ohne weiteres möglich ist. Jelinek spielt hier auf das bürgerliche Postulat an, jeder sei seines Glückes eigener Schmied bzw. Glück lasse sich erarbeiten. Der Nachsatz "zukunft ist luxus" zeigt dagegen, daß dieses unbestimmte Zahlwort "jeder" zu pauschal gebraucht wird, da anscheinend nicht jeder die Freiheit und Möglichkeit hat, seine Wünsche nach gesellschaftlicher Anerkennung und nach Aufstieg zu realisieren. Es erscheint hier schon als ein Los aus einer Loterie, daß die Protagonistin sich - um mit Jelinek zu sprechen - aus ihrer Scheiße herausarbeiten *darf*.

Jelinek komponiert dieses kleine Textfragment äußerst sorgfältig. Sie nimmt die Metapher "in der Scheiße sitzen" beim Wort und spinnt das Bild aus. "In der Scheiße sitzen" bedeutet, daß es einem schlecht geht. Dies kann sowohl psychisch als auch gesellschaftlich-sozial interpretiert werden. Der Grund dieser Konstellation wird auch angegeben, wiederum mit einer Metapher, "brigitte kriecht der mutti in den arsch." Dieses Bild des Anbiederns wird wörtlich genommen und leitet über zu den Tätigkeiten, die Brigitte aus Unterwürfigkeit tut, nämlich die Toiletten reinigen. Durch das Spiel mit der wörtlichen und der übertragenen Bedeutung der Redewendung erzielt Jelinek den Effekt, daß man die beiden Metaphern in ihrer übertragenen Bedeutung in einen ursächlichen Zusammenhang bringt. Hierdurch wird sowohl das psychische als auch das soziale Dilemma der Protagonistin einsichtig.

Jelinek schließt das oben zitierte Textfragment mit einem kommentierenden Nachsatz ab, der Assoziationen mit Brechtscher Lehrstücktechnik weckt, bei der in Merksätzen und -gesängen dem Publikum die didaktische Bedeutung der dargestellten Szene deutlich gemacht wird. Bei Brecht haben diese Lehrsätze meistens den Charakter einer historisch-materialistischen Analyse des Dargestellten, wodurch 'falsches Bewußtsein' als korrigierbar aufgezeigt wird. Brecht leistet diese Arbeit schon im Stück selbst. Der Rezipient braucht nur den dargebotenen aufklärerischen Erkenntnissen zu folgen. Jelinek modifiziert die Brechtsche Technik unmerklich. Der kommentierende Nachsatz bleibt bewußt innerhalb der Vorstellungswelt und den Denkkategorien der Protagonistin. Er geht bewußt an der Essenz des Dargestellten, nämlich am Mangel an Aufstiegschancen der Unterschichtfrau, vorbei. Der Nachsatz spielt noch einmal auf den Merksatz an, daß Glück sich erarbeiten lasse. Jelinek dreht hier unmerklich das Brechtsche Modell um, indem sie im vorgeführten Beispiel eine Analyse der Lage der Protagonistin gibt, um diese scheinbar im verschleiernden Nachsatz wieder aufzuheben. Hierdurch klingt die 'Lehre' desto zynischer und zwingt den Leser zu fortwährender Distanz zum Text, da er selbst permanent in die Irre geführt wird und deshalb selbst eine Analyse jedes Textstückes vornehmen muß und nicht auf Analysen warten kann, die eine kathartische Wirkung in ihm erzielen wollen.

Die 'Liebhaberinnen der Liebe' mühen sich auf unterschiedliche Weise und mit verschiedenen Zielvorstellungen um ihr Glück. Neben dem Begriff 'Luxus' wird der Begriff 'Schicksal' eingeführt und unter die Lupe genommen.

es ist absolut dem zufall überlassen, ob brigitte lebt, mit heinz, oder dem leben entkommt und verkommt.
es gibt keine gesetzmäßigkeiten dafür. das schicksal entscheidet über das schicksal von brigitte. nicht was sie macht und ist, sondern heinz und was er macht und ist, zählt, das zählt. (...)
heinz soll die geschichte von brigitte werden, er soll ihr ein eigenes leben machen,

dann soll er ihr ein kind machen, dessen zukunft wiederum von heinz und seinem beruf geprägt sein wird.

die geschichte von b. und h. ist nicht etwas, das wird, sie ist etwas, das plötzlich da ist (blitz) und liebe heißt.

die liebe kommt von der seite von brigitte. sie muß heinz davon überzeugen, daß die liebe auch von seiner seite her kommt. er muß erkennen, daß es für ihn ebenfalls keine zukunft ohne brigitte geben kann. es gibt natürlich für heinz schon eine zukunft, und zwar als elektroinstallateur. das kann er haben, auch ohne brigitte. elektrische leitungen kann man legen, ohne daß b. überhaupt vorhanden ist. ja sogar leben! und bowling oder kegeln gehen kann man ohne brigitte.

brigitte hat jedoch eine aufgabe. (S. 10)

Schicksal und Zufall sind hier Synonyme für die Ohnmacht, der die Protagonistin in ihrem Kampf um einen sozialen Aufstieg ausgeliefert ist. Kraß wird die Asymmetrie des Abhängigkeitsverhältnisses dargestellt, bei dem Liebe als brüchiges Bindemittel in harter Arbeit immer wieder aufgetragen werden muß. Jelinek beschreibt in diesem Textfragment gnadenlos den Mechanismus, den Brigitte in Gang setzen muß, um Heinz an sich zu binden. Liebe ist hier harte Arbeit und keine plötzliche emotionale Anziehungskraft. Es wird hier ausdrücklich darauf hingewiesen, daß die Liebe nicht 'wie ein Blitz aus heitrem Himmel' über die beiden Protagonisten kommt. Diese Art der Darstellung von Liebe als schicksalhafte Naturgewalt findet man vorrangig in der Trivialliteratur. Darauf wird noch in Zusammenhang mit der Vorstellung von Liebe bei Paula und bei der Analyse der Romanform zurückgekommen.

Im Gegensatz zu gängigen Romanen, die Personen liebevoll und detailliert beschreiben und wo ihr Handeln und ihre Konflikte ernst genommen werden, zeigt Jelinek die völlige Bedeutungslosigkeit ihrer Protagonisten durch die Abkürzungen "b." und "h.". Wäre nicht die ironische Anspielung auf BH darin enthalten[17], könnte man die zu einem einzigen Kleinbuchstaben zusammengeschrumpften Protagonisten auch mühelos durch andere Buchstaben des Alphabets ersetzen, wodurch andere Vornamen abgekürzt wären. Hierdurch wird auf die Tatsache angespielt, daß die Handlungsweise der beiden Protagonisten nicht einmalig ist, sondern strukturelle Züge zeigt.

Die in dem oben zitierten Textfragment verwendete Außenperspektive macht es möglich, die gegensätzlichen Ausgangspositionen darzustellen. Dabei kommt es zu so paradoxen Sätze wie "er muß erkennen lernen, daß es für ihn ebenfalls keine zukunft ohne brigitte geben kann" (S. 10). Da aus den nachfolgenden Sätzen deutlich wird, daß Heinz sehr wohl seinen Mann steht, ohne Brigitte zu brauchen, wird der 'Lernprozeß', den Heinz durchmachen muß, zur Augenwischerei: er soll sich freiwillig in eine

---

17. Brigitte arbeitet in einer BH-Fabrik; eine witzige Anspielung Jelineks auf den Tauschwertcharakter der Beziehung.

Abhängigkeit bringen, was dem Leser natürlich unglaubhaft vorkommt. Man erhält auf diese Weise einen Einblick in die recht aussichtslose Lage von Brigitte. Der Nachsatz, "brigitte hat jedoch eine aufgabe", akzentuiert die Entschlossenheit der Protagonistin. Er könnte auch als zustimmender, ermutigender Kommentar des auktorialen Erzählers gelesen werden. Der Leser könnte nach der obigen Schilderung zweideutig antworten: "und was für eine Aufgabe!" Man könnte der Protagonistin beinahe raten, bei dem Wort 'Aufgabe' an 'Aufgeben' dieser Sisyphusarbeit zu denken.

Die Darstellung der Liebe als einer Aufgabe könnte im ersten Moment an die den Frauen traditionell zugeschriebene größere Emotionalität, in deren Mittelpunkt die Liebe steht, erinnern. Bei Jelinek ist der Begriff 'Liebe' ein funktionelles Mittel im Warentausch der Geschlechter, aber er erweist sich jedoch keineswegs als die Wunderwaffe, wie sie die Tradition der Bilder von zum Beispiel Salomé, Lulu und Eva vorgibt, Bilder, die von meist reichen, bürgerlichen Frauen wie Lou Salome, Alma Mahler-Werfel und anderen nachgespielt wurden. Die harte Arbeit und das Kalkül wird von Jelinek aufgedeckt; dies geschieht so kühl, daß man Mitleid empfinden könnte angesichts der risikoreichen Schwerarbeit, die sich 'Liebe' nennt.

Als Kontrapunkt zu Brigitte fungiert die zweite Protagonistin, Paula. Diese kommt, wie Brigitte, aus proletarischen Verhältnissen. Paula probiert, sich dem Kreislauf des vorgegebenen weiblichen Lebenslaufes in ihrem Milieu, dem sogenannten 'natürlichen' Kreislauf, zu entziehen, der sich für sie so darstellt:

> geburt und einsteigen und geheiratet werden und wieder aussteigen und die tochter kriegen, die hausfrau oder verkäuferin, meist hausfrau, tochter steigt ein, mutter kratzt ab, tochter wird geheiratet, steigt aus, springt ab vom trittbrett, kriegt selbster die nächste tochter (...). (S. 13)

Paula will etwas lernen, einen Beruf ergreifen, um sozial aufzusteigen. Nach vielen häuslichen Widerständen kommt sie zu einer Schneiderin in die Lehre. Neben oder unter diesem emanzipatorischen Gestus verbirgt sich eine andere Motivation. Paulas Vorstellungen von zwischenmenschlichen Beziehungen, vor allem von Freundschaft und Ehe, sind trotz negativer häuslicher Vorbilder gänzlich von Versprechungen und Vorstellungen in den Medien geprägt.
Wie oben schon ausführlich beschrieben, sucht Paula in ihrem Partner Werte wie Schönheit und Anziehungskraft, Eigenschaften, die sich traditionell mit dem Begriff Liebe decken. Nach dem Prinzip 'wer sucht, der findet' kündigt sich recht schnell der 'Auserwählte' an. Die Beschreibung klingt für den Leser recht unheilvoll: "erich ist nämlich der schönste im dorf." Es folgen Beschreibungen seiner ungünstigen,

unehelichen Herkunft, seiner zahlreichen Liebschaften, geringen Bildung und eines chancenarmen Berufes, die regelmäßig von Zwischenbemerkungen über Erichs Schönheit unterbrochen werden.

> das ist plötzlich alles wurscht für paula. wichtig ist nur, daß die liebe endlich gekommen ist, und daß sie nicht zu einem häßlichen, abgearbeiteten, versoffenen, ausgemärgelten, ordinären, gemeinen holzarbeiter und ihr, sondern zu einem schönen, abgearbeiteten, versoffenen, stämmigen, ordinären, gemeinen holzarbeiter und ihr gekommen ist. das macht das ganze zu etwas besonderm. die liebe an sich ist schon etwas besonderes, gewiß, aber wie besonders muß sie erst sein, wenn die umstände gerade erich und paula für die liebe aussuchen. erich und paula gibt es nur einmal unter tausenden, vielleicht sogar unter millionen! (S. 31)

Hier wird wieder das Schicksal zitiert, das angeblich zwei Liebende für einander bestimmt hat, wie es so schön heißt. Ich benutze absichtlich in der Paraphrase diese Redewendung, da sie deutlich macht, inwieweit Trivialmythen gängiges Denk- und Sprachgut geworden sind. Der Ausdruck, daß man für einander bestimmt sei, ist zwar etwas altmodisch, wird jedoch noch immer benutzt und entspricht den Klischeevorstellungen von der Liebe als einem Ereignis, das von höherer Hand geplant und einmalig ist. Dies nährt die Vermutung, daß jemand, den die Liebe heimsucht, ein Liebling des Schicksals und etwas Besonderes sein müsse. Im obigen Textfragment wird ausführlich auf dieses 'Besondere' in der ersten Texthälfte eingegangen. In der zweiten Texthälfte wird dagegen die Beschreibung eines gewöhnlichen Mannes gegeben. Vergleicht man die Typierungen des (All-)Gemeinen und des Besonderen miteinander und streicht man die gleichlautenden Epitheta gegeneinander weg, so bleibt als Resultat lediglich die Jugend ("schön, stämmig") des Holzhackers als das einzig Besondere. Damit wird der Nachsatz über die Einmaligkeit der Beziehung aufgrund der Außergewöhnlichkeit der Persönlichkeiten völlig eliminiert, da Jugend bekanntlich keine besondere Eigenschaft einzelner junger Leute ist.

Jelinek zeigt in diesem Textfragment zum einen, daß die Protagonistin in ihrer Auffassung von Liebe nicht strategisch und analysierend vorgeht, da sie ja sonst angesichts der sozialen Nachteile, die ihrem Freund anhaften, mißtrauisch hätte sein müssen. Zum anderen wird hier gezeigt, daß die Protagonistin ihre Wahl nach den Leitbildern der Medien ausrichtet, in denen Schönheit alle sozialen und persönlichen Mängel aufheben kann. Daß Jugend und Schönheit keineswegs und selbstverständlich eine ausreichende Valuta für ein dauerhaftes Glück darstellen, zeigt moritatenhaft der Lebenslauf Paulas: Sie bekommt ein uneheliches Kind, wird viel gequält durch verachtende Bemerkungen ihrer Eltern und der Dörfler und erhält reichlich Schläge. Durch schwere Arbeit verfällt Erichs Schönheit schnell. Er trinkt viel, läßt seine Frau ständig ohne ausreichendes Wirtschaftsgeld und interessiert sich nur für sein Moped.

Um Geld zu verdienen, prostituiert sich Paula, wird dabei von Nachbarn zufällig entdeckt, daraufhin schuldig geschieden und endet in jener Miederwarenfabrik als Rekordarbeiterin, in der wir die Protagonistin Brigitte zu Anfang des Romans antrafen. Der auktoriale Erzähler kommentiert Paulas Werdegang aus der Perspektive einer Opinio communis: "es ist lustig mitanzusehen, wie paula ständig auf die schnauze fällt. es ist für die aufrechtstehenden lustig mitanzusehen, wie paula ständig nach den gesetzen der schwerkraft und der liebe auf die schnauze fällt" (S. 91).

Jelinek spinnt hier wieder die Metapher "auf die Schnauze fallen" wörtlich aus. Neben dem tatsächlichen körperlichen Hinfallen steht die Anspielung, daß Paula durch ihren 'Fehltritt' als gefallene Frau gilt. Die Schwerkraft wird hier nicht näher beschrieben, man könnte jedoch an die "Schwerkraft der Verhältnisse"[18] denken, was so viel bedeutet wie sozial schwaches Milieu, geringe Aufstiegschancen und Bildung, mangelnde Aufklärung, Demotivation durch die Eltern. Der zweite Aspekt, weshalb Paula "auf die Schnauze fällt", wird als "die liebe" beschrieben. Man könnte diese Bemerkung dahingehend interpretieren, daß die Medienvorstellungen und -versprechen in Zusammenhang mit dem Begriff 'Liebe' in Paula derartig unrealistische Vorstellungen von den Möglichkeiten, die dieser Begriff beinhaltet, geweckt und genährt haben, daß Paula nicht im Stande ist, ihre Erwartungen nach nachteiligen Erfahrungen zu korrigieren, sondern immer wieder versucht, die konkreten Verhältnisse ihren mediengeprägten Vorstellungen anzugleichen.

Daß es kein Patentrezept für den Erfolg gibt, daß also der Zufall eine große Rolle spielt, wird deutlich am Stellenwert der Schwangerschaften der beiden Protagonistinnen. Paula devaluiert durch ihre Schwangerschaft zu einem verachtenswerten Klumpen Fleisch, der nicht einmal den Wert eines Tieres hat.

> paulas mickriger bauch, der bald schon dick aufgeschwollen sein wird, sodaß man für das gleiche geld plötzlich viel mehr kilogramm paula bekommen könnte, steht zur versteigerung. bei einem schwein wäre das ein enormer wertzuwachs. bei paula ist es ein zeichen, daß sie leicht zu haben war, zu leicht, und jetzt umso schwerer anzubringen ist. (S. 78)

Brigitte, 'das gute Beispiel', erzwingt sich mit einer Schwangerschaft die Heirat, da in dem kleinbürgerlichen Milieu, in dem ihr zukünftiger

---

18. Man wird an das gleichnamige Buch von Marianne Fritz erinnert: Die Schwerkraft der Verhältnisse. Frankfurt a/M. 1978. - Fritz schildert das Leben einer Hausfrau, die an der Eintönigkeit und Begrenztheit ihres Lebens verzweifelt, in einem Anfall von Wahnsinn ihre Kinder tötet und ins Irrenhaus kommt.

Ehemann aufgewachsen ist, die Auffassung herrscht, daß es eine Ehrenpflicht sei, die geschwängerte Frau zu heiraten. Brigitte erreicht ihr Ziel, sie wird Hausfrau und Mitbesitzerin eines Elektroladens, den ihr Mann Heinz aufgebaut hat. Der Erzähler zeigt die Protagonistin im vollen Triumpf über die erreichten Ziele:

> sie strahlt mit ihren küchenkästen um die wette. der haß hat sie innerlich schon ganz aufgefressen, aber die freude am besitz ist ihr geblieben, daran klammert sie sich mit eiserner faust. (S. 111)

Der mühevolle Aufstieg hat auch bei dieser Protagonistin trotz ihrer generellen Sachbezogenheit seinen Zoll gefordert. Die alternierenden Beschreibungen von Freude und Haß geben einen Einblick in die Beschädigungen der Persönlichkeit. Die Schilderung der Freude und des Strahlens bezieht sich auf materielle Erwerbungen. Haß kennzeichnet dagegen die psychische Landschaft. Der Nachsatz: "daran klammert sie sich mit eiserner faust", relativiert jedoch auch die Freude am materiellen Erfolg, die mehr eine Art von Kompensation, eine Art von Verzicht ist. Hinter ihrem 'Luxus' verbirgt sich letztlich auch der Wunsch nach emotionaler Erfüllung. Schon zu Beginn des Textes findet man einen Hinweis, daß sich Brigitte in sich selbst zurückzieht. Als unter großem Jubel der Schwiegereltern Brigitte von einem Kleinkind zerzaust wird, heißt es:

> brigitte macht gute miene zum bösen spiel und lacht herzhaft mit. dann geht sie sich waschen.
> ihre zähne knirschen ganz laut vor haß.
> vor soviel haß muß selbst die dauerhafteste liebe schweigen.
> sie zieht sich erschrocken zurück.
> soeben ist heinz von der liebe zur ernsten pflicht geworden.
> vom vergnügen zur arbeit.
> mit arbeit kennt sich brigitte sowieso besser aus. (S. 30)

Brigitte gibt ihre Gefühle, die eine Zuneigung zu Heinz bedeuten könnten, hier auf. Der Gegensatz von 'Pflicht und Arbeit' versus 'Liebe' und der Zusatz, Brigitte kenne sich mit Arbeit doch besser aus, weisen darauf hin, daß in ihren Zielvorstellungen anfänglich doch ein Platz für 'luxuriöse' Emotionen vorhanden war.

Ähnlich geht es Paula, die 'Liebe' als ein Allheilmittel ansah. Wie bei Brigitte ist ihre Zuneigung durch andauernde Erniedrigungen schon vor der Ehe in Haß umgeschlagen:

> es ist keineswegs liebe in paula.
> wenn etwas in paula ist, dann ist es der haß, der wächst und wächst.
> diese gefühle sind nicht von selber in sie hineingekommen, da haben einige schwer dran arbeiten müssen. (S. 82)

Beide Protagonistinnen haben ihre Zielvorstellungen auf dem Gebiet der Liebe nicht realisieren können. Paula hält jedoch trotz der negativen

Erfahrungen solange an den immer irrealer werdenden Versprechungen fest, bis sie völlig, psychisch und materiell, zerstört ist. Brigitte versucht, in den materiellen und sozialen Vorteilen, die ihr der Aufstieg in die Welt der kleinen Geschäftsleute gebracht hat, eine -wenn auch brüchige - Kompensation für ihre psychische Verarmung zu sehen. Die anfängliche Dichotomie zwischen den beiden Protagonistinnen ist am Schluß in einem Punkt aufgehoben. Beide sind in ihrem Glücksanspruch auf emotionalem Gebiet gescheitert. Jelinek zeigt, daß die gängige Auffassung, 'erst das Fressen, dann die Moral' oder auf Jelineks Roman hin paraphrasiert: 'erst die materielle Sicherheit, dann die Realisierung emotionaler Wunschvorstellungen', in ihrem Text nicht völlig stimmt.[19] Die Wunschvorstellungen passen sich nicht den materiellen Umständen an, sondern führen ein Eigenleben. Die Beschädigungen der Gefühle werden weniger aus materieller Armut als aus brutalen zwischenmenschlichen Beziehungen abgeleitet. Fluchtmöglichkeiten aus der psychischen Kälte sind bei beiden Protagonistinnen versperrt.

7.2. Trivialroman als Form der Aufklärung

Ebenso ironisch, wie Jelinek mit Begriffen wie individuelle Freiheit, Glück, Liebe, Schicksal, Erfolg und Zukunft umgeht, verfährt sie mit der Gattung des Romans. Sie schrieb "Die Liebhaberinnen" im Stil des Trivialromans, genauer noch, in der Form des Heimat-, Berg- und Liebesromans. Gerade diese Art der Trivialliteratur wird besonders von Frauen bevorzugt: 70% aller Leser dieser Romane sind Frauen.[20] Das wichtigste Thema des Frauentrivialromans ist die Liebe. Peter Nusser sieht einen Zusammenhang zwischen dem Romanstoff und der Disposition des Leserkreises.[21] Nusser stellt fest, daß im Trivialroman die Wunschvorstellungen der Heldinnen fast ausschließlich um das Thema Liebe zentriert sind.

Im Trivialroman, vor allem im sogenannten Frauen- oder Liebesroman, gibt es eine strikte Trennung von guten und schlechten Frauenfiguren. Erstere wünschen sich die romantische Liebe, die in eine Ehe mündet. Die schlechten Frauen versuchen mit ihrer Sexualität Männer zu beherrschen.

19. Ich teile daher nicht die Meinung: "Zum größten Teil wird das zerstörte Verhältnis zwischen Frauen und Männern auf die wirtschaftliche Basis zurückgeführt." Siehe: Tobe Lewin: gesprächsthema "die liebhaberinnen" von elfriede jelinek. In: mamas pfirsiche (o.J.) 8, S. 62.
20. Ich beziehe mich auf statistische Angaben aus: Klaus Ziemann: Romane am Fließband. Die imperialistische Massenliteratur in Westdeutschland. Berlin 1969.
21. Peter Nusser: Romane für die Unterschicht. Groschenhefte und ihre Leser. Stuttgart ²1973, S. 37.

Sie sind kühl, intelligent und berechnend und bezahlen diese Eigenschaften mit Frigidität und weiterem Unglück. Im Trivialroman siegt immer das Gute. Die Romane spielen sich meist in begüterten Kreisen ab, in die ein armes, aber moralisch untadeliges Mädchen hineingeraten kann. In der Ehe sind sich die beiden Partner treu und immer einig.[22] Der Stil im Trivialroman ist laut Nusser dem des Sprachverhaltens der Unterschicht angepaßt: kleiner Wortschatz, einfache Satzkonstruktionen, häufiger Gebrauch von Redewendungen.[23] Barbara Weinmayer[24] weist auf den stereotypen Gebrauch von beschreibenden Adjektiven hin. Der auktoriale Erzähler schaltet sich aktiv in den Handlungsverlauf durch Vorausverweisungen, Ratschläge, Ermahnungen und Ausrufe ein. Er vermittelt den Eindruck, als führe er die guten Figuren schützend und zielbewußt in ihr Glück hinein. Dabei werden fortwährend Schicksal und Zufall und andere kausal nicht einzuholende Begrifflichkeiten zitiert. 'Naturgewalten' bestimmen größtenteils die Handlungsabläufe, die sich aus spontanen, emotionalen Entschlüssen entwickeln. Hierdurch entstehen Leerstellen im Text, die den Leser befähigen, das Erzählte anzunehmen, ohne sich mit Gesetzen der psychischen und sozial-historischen Realität auseinandersetzen zu müssen. Dies macht den märchenhaften Charakter der Romane aus. Der moderne Zauberstab ist die nicht ausgefüllte Leerstelle, ein Stück 'Wirklichkeit', über die sich die Helden im Roman mühelos hinwegsetzen können.

Jelinek zeichnet das Schema des Trivialromans nach, wenn auch mit 'kleinen Korrekturen'. Ich möchte zunächst auf Übereinstimmungen eingehen, um später signifikante Unterschiede und deren Effekte aufzuzeigen. Jelinek teilt ihren Roman in kurze Kapitel ein, deren Titel an Kapitelüberschriften im Trivialroman erinnern:

doch eines tages
beim spaziergehen faßt brigitte
eines tages waren brigitte und heinz usw. (S. 30, 42, 49)

Der Stil ist durch kurze Sätze, kleinen Wortschatz und sich besonders im Vor- und Nachwort häufende beschreibende Adjektive gekennzeichnet. Der auktoriale Erzähler tritt mit Zwischenbemerkungen hervor wie:

22. Ich beziehe mich hier auf einen Forschungsbericht von Bärbel Schmidt und Ulrike Brunken: das bild der frau in heftromanen und frauenzeitschriften. In: mamas pfirsiche (o.J.) 8, S. 69-115.
23. Peter Nusser: op.cit. S. 25 ff.
24. Barbara Weinmayer: Frauenromane in der BRD. In: Kürbiskern (1971) 1, S. 80-91.

auf wiedersehen, und gute fahrt, paula.
man darf aber (schwerer fehler!) über die gegenwart natürlich die zukunft nicht ganz
außer auges lassen.
aber die liebe, die haben wir. halte also das glück fest!
ende gut alles gut.
jetzt wird alles gut!
das kostet paula den kopf.
hätte sie nur vorher überlegt, (...). (S. 40, 122)

Jelinek benutzt bei der Beschreibung ihrer Hauptfiguren scheinbar die strenge Bipolarität des Trivialromans, auf die auch deutlich hingewiesen wird: "und weiter geht das schlechte beispiel paula" (S. 22). Im weiteren wird jedoch nicht auf das Gütezeichen der anderen Protagonistin Brigitte eingegangen. Dies deutet darauf hin, daß es hier kein gutes Beispiel, sondern nur Gradunterschiede in der Negativität gibt. Im Trivialroman zentriert sich die Handlung um das Thema 'Liebe'. In Jelineks Roman versuchen beide Protagonistinnen, einen Mann zu heiraten, was Hanno Beth zu dem Vergleich veranlaßte, es handle sich hier um den beliebten Komödienstoff "Wie-angle-ich-mir-einen-Mann".[25] Die Hochzeit wird dann auch ausführlich im Roman beschrieben. Anspielungen auf emotionale Naturgewalten, das Schicksal, den Zufall und die Liebe häufen sich in "Die Liebhaberinnen". Jelinek benutzt die Form des Trivialromans, ohne seine ideologische Verschleierungstechnik mit zu übernehmen. Auch füllt sie die zahlreichen Leerstellen im Frauenroman auf. Hierdurch entsteht ein verzerrtes Bild der heilen Romanwelt. Ich will dem in einigen Punkten nachgehen.

Wenn man sich mit der Form des Romans beschäftigt, so fällt auf, daß Vorwort und Nachwort nahezu identisch sind. Sie haben die Funktion einer Rahmenerzählung. Hier wird der Ort der Handlung beschrieben und das Arbeitsfeld der Protagonistinnen.

kennen Sie dieses SCHÖNE land mit seinen tälern und hügeln? (...)
kennen Sie seine friedlichen häuser und die friedlichen menschen darinnen?
mitten in diese schöne landschaft hinein haben gute menschen eine fabrik gebaut.
geduckt bildet ihr alu-welldach einen schönen kontrast zu den laub- und
nadelwäldern ringsum. (S. 7)

Mit der ersten Frage, die den Text eröffnet, wird man unwillkürlich an Goethes Mignon erinnert, die sehnsuchtsvoll fragt: "Kennst du das Land, wo die Zitronen blühn?"[26] Zudem wird im ersten Satz das Wort "schön" in Großbuchstaben geschrieben, um dem Ganzen mehr Nachdruck zu verleihen. Das graphische Bild des Wortes "schön" erinnert nicht nur an

25. Hanno Beth: op.cit. S. 136.
26. Johann Wolfgang von Goethe: Wilhelm Meisters Lehrjahre. In: Gesamtausgabe.
München ³1969 (Bd. 15), S. 127.

das Natur- und Ferienparadies Steiermark, es weckt zudem Assoziationen zu dem Titel einer großen Zeitschrift für Wohnungseinrichtungen, SCHÖNER WOHNEN. Dieses Blatt, das meist teure und aufwendige Wohnideen propagiert und in dem man sich aus seiner eigenen Einzimmerwohnung in ein künstlerisch gestaltetes Eigenheim hineinträumen kann, hat zwei Funktionen: zum einen die Stimulanz der Phantasie und die Abfuhr der Wunschvorstellungen, wobei beide den Funktionen des Trivialromans entsprechen, zum anderen wirkt das Blatt - wie auch die eher genannte Frauenzeitschrift BRIGITTE - normierend und strukturierend auf die Wünsche der Leser.

Im obigen Zitat fallen die vielen gleichlautenden positiven Adjektive auf, die mit "schön, friedlich, gut" zusammenzufassen sind. Hier fallen die ersten Stilbrüche im Vergleich zum Trivialroman auf. "friedliche menschen" klingt noch glaubhaft, "friedliche häuser" kann man im metaphorischen Sinne auch noch begreifen. Weswegen jedoch eine wellblechgedeckte Fabrik ein "schöner Kontrast" sein soll, kann man nur beantworten, wenn man das Wort "schön" in seiner zweiten, beschwörenden oder ironischen Bedeutung begreift, im Sinne von: "Das ist ja eine schöne Bescherung." Diese Ironie ist dem Trivialroman nicht geläufig.

Bewußte Verweisungen auf den Trivialroman durchziehen den ganzen Text. Einige Textfragmente sind dem Heimatroman zum Verwechseln ähnlich komponiert, werden dann aber scharf und ironisch abgeblockt mit dem Hinweis, man wolle doch keinen Heimatroman lesen.

> die dunkelheit kommt herunter, im wald fangen einige tiere zu rascheln an, im fuchsbau rührt sich etwas, zwei müde männer gehen rasch über die dorfstraße, sie wollen heim, zur familie und zum fernsehn. einzelne lichter gehen an. in einigen küchen schreien einige kinder. die mutter bringt das abendessen auf den tisch. ein scheinwerfer schraubt sich mühsam durch den nebel. keiner denkt an den wald ist eine an eine landschaft. der wald ist eine arbeitsstätte. wir sind doch hier nicht in einem heimatroman! (S. 82)

Jelinek weist hier auf einen wichtigen Unterschied zwischen der Naturrezeption der Leser (oder Urlauber) und der autochtonen Bevölkerung, die die Landschaft als operationalisiertes Arbeitsfeld sieht, in der man sein Brot verdient und seine Gesundheit wahrscheinlich schädigt. Im Trivialroman sind die Waldbewohner meist Förster oder Gutsbesitzer mit Waldland, die die arbeitende Bevölkerung dirigieren. Bei Jelinek ist eine der männlichen Hauptpersonen ein Holzfäller, dessen Beruf als schwer und abstumpfend beschrieben wird. Der Holzfäller lebt nicht im Einklang mit der Natur, sondern besäuft sich jeden Abend, um seine Arbeit zu vergessen, und er träumt von einem Moped.

Der Erzähler greift auch ein, als eine Koitusszene zwischen Paula und Erich beschrieben wird:

endlich kann man still am rücken liegen und sich ausruhen.
über das abgemähte feld zieht ein schwarm vögel in den wald hinein, einer hinter dem
andren, bald kommt der herbst.
für Ihr geld können Sie hier nicht auch noch naturschilderungen erwarten! wir sind
doch nicht im kino. (S. 81)

Und umgehend wird diese vermeintliche Romantik zerstört, indem die
Leerstellen, hier die Ursächlichkeiten des beschriebenen Bildes, ausgefüllt
werden:

> paula liegt ganz still und ruhig auf ihrem rücken, sie hat in einem bild- und
> blickausschnitt den verarbeiteten rücken erichs, der da an ihr herumfuhrwerkt, aber
> sie kann sich auch ein wenig ausruhen und in den blauen himmel hinaufschauen, es
> wird schon kalt, bald werden die ersten schneewolken auftauchen. (S. 81)

Paula ist während des Koitus so unbeteiligt, daß sie über den Rücken ihres
Freundes hinweg nach draußen schaut. Das mildert die Romantik des
Bildes schon stark. Da sie auf dem Rücken liegt, und sicherlich auf dem
Fußboden des Stalles, in dem sie sich heimlich treffen, fühlt Paula die Kälte
des Bodens, die auf den Herbst hindeutet. Das Bild der Schneewolken
erhält eine weniger romantische Ladung, denn der Einbruch des Winters
bedeutet nämlich, daß die beiden sich hier vor Kälte nicht mehr treffen
können. Es entsteht vor Paulas Augen ein beängstigendes Bild, das für
einen ahnungslosen Betrachter, der die Zusammenhänge nicht kennt,
recht romantisch aussähe.
Jelinek spielt noch auf eine andere Variante der Trivialliteratur an, den
Fortsetzungsroman:

> paula soll nicht über ihren eigensinnigen kleinen kopf hinauswollen, tadelt der
> fortsetzungsroman.
> wenn paula im sinne des fortsetzungsromans vernünftig geblieben wäre, wäre sie
> nicht auf die bahn gekommen, die ihr untergang sein sollte. (...)
> das dorf und der fortsetzungsroman sagen, daß die frau den herd zu hause behüten
> muß, ihn bewahren und keinen schmutz hineinschmeißen darf. (S. 115)

Der erste Satz erinnert an den bekannten Roman in Fortsetzungen "Der
Trotzkopf",[27] einem Mädchenroman, der in hohen Auflagen erschienen
ist. In diesem Roman wird die Wandlung eines - um in der Trivialoptik zu
bleiben - eigensinnigen Mädchens, das sich immer wieder ins Unglück
stürzt, zu einer verständigen Ehefrau gezeigt. Der kritische Leser könnte
den Roman auch 'gegen den Strich' lesen und zu dem Urteil kommen, daß
es dem Mädchen unmöglich gemacht wird, ihre rollenabweichenden
Handlungen, die originell und keineswegs unsozial sind, sondern eher von
einer kreativen Intelligenz zeugen, mit der Rolle einer akzeptierten Frau zu
vereinbaren. Auffallend ist dabei die an anderen Personen gezeigte

---

27. Emmy von Rhoden: Der Trotzkopf. Erzählung für junge Mädchen.
Wien/Heidelberg 1975. Diese Neuauflage ist in 400.000 (!) Exemplaren erschienen.

Drohung vor den Konsequenzen abweichender Handlungen und die permanente Unsicherheit im späteren Leben, die auf der Angst beruht, wieder 'rückfällig' werden zu können. Ich gehe so ausführlich auf diesen Fortsetzungsroman ein, weil er mit seiner zwingenden moralisierenden Mitteilung Übereinstimmung mit dem oben zitierten Textfragment zeigt, obwohl bei Jelinek verschiedene Brechungen zu erkennen sind. Der zweite Satz im Zitat wäre hier näher zu untersuchen. Darin wird von Vernunft im Sinne des Fortsetzungsromans gesprochen. Man weiß, daß gerade diese Romanform eine Art der Vernunft darstellt, die zum einen dauernd von schicksalhaften, also nicht planbaren Ereignissen untergraben ist, wodurch Vernunft eigentlich untergeordnet wird. Zum anderen stellt der Trivialroman Vernunft nicht mit kritischer Intelligenz gleich, sondern vielmehr mit rollenkonformem, lethargischem, sich unterordnendem Verhalten. Vernunft wird hier nicht mehr kritisch-aufklärerisch gebraucht, sondern ist ein Synonym für Verzicht geworden. Jelinek breitet diesen Gedankengang über die Vernunft weiter aus, indem sie die Meinung der Dörfler mit den im Fortsetzungsroman propagierten Moralvorstellungen gleichsetzt. Dies wird deutlich durch die Direktive, eine Frau solle "den herd zu hause behüten". Man geht hier stillschweigend davon aus, daß eine Frau die Möglichkeiten und die Mittel dazu hat. Im Leben dieser Protagonistin gibt es keinen Herd zu 'behüten', geschweige denn zu "bewahren'. Bei Jelinek entsprechen diese Klischeevorstellungen der Dörfler den Bildern des Trivialromans. Der faktische Handlungsspielraum der Romanfigur bei Jelinek macht eine Realisierung dieser Vorstellungen unmöglich.

Jelinek konzipiert ihren Roman wie in der Trivialliteratur auf den Kulminationspunkt der Liebe hin: auf die Hochzeit. Wie keine anderes Kapitel trägt dieses seinen Titel in Großbuchstaben, um die scheinbare Wichtigkeit und Einmaligkeit dieses Rituals zu akzentuieren. Abgesehen von der Banalität, mit der die Hochzeiten von Brigitte und Paula beschrieben werden, entdeckt man einen mutwilligen stilistischen Schönheitsfehler. Jelinek schreibt denselben Satz mit unwichtigen Änderungen stets zweimal:

> brigitte hat ein bukett aus weißen rosen im arm.
> paula hat ein bukett aus weißen rosen im arm.
> heinz hat einen schwarzen anzug mit einem schmokingmascherl an.
> erich hat einen neuen schwarzen anzug mit einer schönen krawatte an.
> heinz macht ständig blöde witze über seine verlorene freiheit.
> über erich werden viele witze gerissen über dessen verlorene freiheit. (...)
> brigitte ist dankbar. paula ist dankbar. (S. 106)

Die seitenlange monotone Schilderung der fast identischen Rituale nimmt den Hochzeiten im wörtlichen Sinne das Einmalige, sie werden nämlich 'zweimalig', jedenfalls in der Schilderung. Der Charakter der Einmaligkeit, den diese Zeremonie vielleicht noch für die Betroffenen selbst haben könnte, wird relativiert, indem die beinahe identischen Wunschvorstellungen der beiden Frauen dargelegt werden. "die träume von brigitte und heinz sehen genauso wie die träume von paula aus" (S. 108).

Hier unterläuft nicht zufällig eine kleine Verschiebung, indem ein Paar gegenüber einer Einzelperson steht, denn "erich hat keine träume außer den träumen von seinen motoren, erich hat aber den alkohol" (S. 108). Hier endet die Gleichheit der zwei identisch aussehenden Hochzeiten. Hinter den Bildern verbirgt sich die Macht- und Interessenungleichheit der Paare und Partner. Auch verschleiern die Bilder, daß das Leben eigentlich genauso weitergeht wie vorher. Jelinek beschreibt die Hochzeiten als zeitweiligen Mummenschanz. Die im Trivialroman als schicksalhafte Wandlung dargestellte Eheschließung wird hier als banales Intermezzo der Alltäglichkeit gezeigt.

In "Die Liebhaberinnen" sind zwei Elemente des Trivialromans derartig miteinander in Verbindung gebracht worden, daß sie fortwährend in einem Spannungsverhältnis stehen. Nach Nusser will der Trivialroman bipolare Einteilungen in gut und schlecht erzielen. Zudem wird jede Übereinstimmung mit der Wirklichkeit vermieden, indem die Romanfiguren idealtypisch überhöht dargestellt werden. Leerstellen und Zitieren des Schicksals als Erklärungsinstanz hindern den Leser daran, die Geschichte(n) als historisch geworden und veränderbar zu betrachten und zu reflektieren. Die Form des Trivialromans zielt darauf ab, die kritische Distanz des Lesers hinsichtlich des Romanstoffs so klein wie möglich werden zu lassen. Jelinek unterscheidet fortwährend Einteilungen in gute und schlechte Charaktere, sinnvolle und sinnlose Handlungen, bedachte und unbedachte Reaktionen. Da die Autorin diese Unterschiede scheinbar macht, appelliert sie an das grobe Einteilungsmuster des Trivialromans. Bei näherer Betrachtung laufen jedoch die traditionellen Kategorien des Trivialromans durcheinander, sowohl was das Aussehen der Protagonisten betrifft als auch ihre moralische Haltung und die damit verbundenen Erfolgschancen. Im Kapitel "die HOCHZEIT" kulminiert Jelineks Technik in folgender Textstelle:

> zufällig hat paula pech gehabt und wird einen schlimmen untergang erleiden.
> zufällig hat brigitte glück gehabt und wird einen kometenhaften aufstieg erleben.
> dafür hat brigitte viel investiert, ihre ganzen körper- und geisteskräfte.
> dafür hat paula viel investiert, ihre ganzen körper- und geisteskräfte.
> brigitte sind glück und erfolg günstig.
> paula sind glück und erfolg nicht günstig. (S. 108)

Hier wird eine scheinbare Trennung in zwei polare Persönlichkeiten vorgenommen, indem die Protagonistin Brigitte Erfolg hat und die Protagonistin Paula nicht. Der Unterschied wird jedoch durch den verdoppelten Satz über die Bemühungen beider Hauptfiguren aufgehoben. Außerdem geht aus dem Roman hervor, daß die Erfolgserlebnisse von Brigitte recht zweifelhaft und zweideutig sind. Durch die adverbiale Beschreibung "zufällig" werden die beiden Lebensläufe einander nochmals angeglichen. Durch diese Zufälligkeit, wird das Trivialmuster - Erfolg durch gute Charaktereigenschaften oder moralisches Handeln - durchbrochen. Durch die scheinbare Aufteilung in gute und schlechte Romanfiguren kann Jelinek besonders beißend deutlich machen, daß das Konzept des Trivialromans in der Wirklichkeit nicht aufgeht, da im Trivialroman Eifer und moralische Stärke *immer* mit Erfolg belohnt werden.

Den Stil des Trivialromans imitiert Jelinek vielfach, wenn kausale Zusammenhänge angegeben werden müssen. Der Trivialroman arbeitet dann meist mit Evidenz, Schicksal und Naturgewalten. Jelinek folgt diesem Rezept, bringt jedoch auch hier wieder signifikante Modifikationen an. Pars pro toto möchte ich hier ein Beispiel analysieren:

> wenn paula geahnt hätte, was durch ihre zwar bedachte aber falsch gemachte eheverfehlung zerbrechen würde, sie hätte mit dem zerbruch gar nicht erst angefangen.
>
> es ist mit der gewalt einer naßschneelawine geschehen.
>
> mit der natur lebt man hier auf du und du, man kann sich nicht dagegen wehren, weil sie stärker ist. (S. 120)

Dieser Vergleich entspricht dem Erklärungsmuster des Trivialromans, da hier Schuldlosigkeit am eigenen Versagen als Naturkatastrophe dargestellt wird. Die oben zitierte Naturbeschreibung ähnelt denen im Bergroman, der Analogien zwischen Naturgewalten und Gewalttätigkeiten in der Gesellschaft herstellt. Dadurch wird eine Veränderbarkeit im gesellschaftlichen Feld von vornherein abgeblockt. Jelinek kritisiert diese mythische Erlebnisform, da der Lebensweg der Protagonistin Paula keineswegs naturhaft, schicksalhaft, ohne Verschulden und Einfluß der Umgebung denkbar ist. Die These, 'wir können nichts machen, alles kommt, wie es kommen muß', ist eine gängige Auffassung, die im Trivialroman stets wiederholt wird. Bei Jelinek sieht man jedoch, daß Paula gerade durch die Adaption dieser Trivialvorstellungen letztlich scheitert. Nicht nur die Umstände, hier Naturgewalt genannt, sind Ursache für das Scheitern der Protagonistin; sie versuchte sich ja anfänglich durch eine Schneiderlehre aktiv aus ihrer Lage herauszuarbeiten. Vielmehr sind es gerade die lähmenden Klischees der Trivialmythen von Liebe und Naturhaftigkeit, die letztlich Paulas Durchsetzungskraft zerstören.

Jelineks Arbeit mit Stilmitteln der Typisierung verweist nicht nur auf die

Tradition des Trivialromans. In den Klischeevorstellungen über die bipolare Einteilung der Frauentypen erkennt man eine Analogie zur gängigen Vorstellung von Weiblichkeit. Die Statistiken mögen dann zeigen, daß meist Unterschichtmänner und -frauen Trivialromane lesen, die klischeehafte Einteilung von Frauen in verschiedene, einander meist ausschließende Rollenmuster geschieht jedoch in allen Schichten der Gesellschaft. Die Typisierung kann hier als ein ironischer Kommentar zu trivialen gesellschaftlichen Auffassungen von Weiblichkeit gelten.

Jelinek individualisiert die Klischees in ihrem Roman, indem sie die Motivation und Möglichkeiten ihrer Romanfiguren als spezifische Variante der gesellschaftlichen Position von Frauen darstellt. Jelinek äußerte sich dazu in einem Interview:

> Als Frau macht man irgendwo, das wißt ihr alle, immer wieder die gleichen Erfahrungen, oder gleichartige Erfahrungen, die man nicht einfach jetzt als persönliches Schicksal oder Tragödie oder Liebeskummer oder wie auch immer bezeichnet, sondern hinter denen wirklich ganz konkrete Dinge stecken.[28]
> In hundert Fällen zahlt die Frau drauf, man kann sagen, also in 500 Fällen die Frau, und in ein paar Fällen zahlen halt auch Männer drauf. Aber die Frauen zahlen eben in diesem System schon öfter drauf, das muß man schon noch klar sehen (...).[29]

Jelinek nennt hier strukturelle Defizite bei Frauen, die diese oft zu individuellen Problemen herunterspielen. Jelinek verwendet die Klischeehaftigkeit, um diese typischen Strukturen deutlich zu machen. Die Technik der Typisierung, die im Trivialroman so geschickt gebraucht wird, damit sich die Leserinnen in ihre Heldinnen hineinträumen können, erhält hier die Funktion, die Leserinnen von "Die Liebhaberinnen" in der durch die Erzähltechnik bedingten Klischeehaftigkeit der Romanfiguren ihre eigenen Erfahrungen idealtypisch erkennen zu lassen und sich mit ihnen auseinanderzusetzen.

Jelinek gebraucht die Typenhaftigkeit der Charaktere, um die Klischeehaftigkeit gängiger Auffassungen von Weiblichkeit zu kritisieren und die Kausalitäten aufzuzeigen, die Frauen dazu bringen, sich diesen Klischees anzupassen und sie zu reproduzieren. Zudem wird der Ursprung der Klischees als geronnene allgemeine Erfahrung ernst genommen.

Kehrt man zu der anfänglich zitierten Kritik zurück, Jelineks Roman sei "unmenschlich, unweiblich, bösartig, ...", so zeigt diese 'Schelte' ein Unbehagen, das bei der Lektüre von "Die Liebhaberinnen" entsteht. Jelinek schrieb weder eine individuelle Leidensgeschichte noch einen Blaudruck zur Emanzipation der Frau. Sie zeigt in ihren Modellen, wie gesellschaftliche Zwänge, die geschlechtsspezifische, gesellschaftlich

---

28. gespräch mit elfriede jelinek, op.cit. S. 176.
29. gespräch mit elfriede jelinek, op.cit. S. 180.

kodierte und ausgebaute Ungleichheit von Männern und Frauen und der Kanon bürgerlicher Werte Frauen in eine ausweglose Lage bringen können, wobei die Möglichkeit, sich in individueller Anstrengung aus einer solchen Situation herauszuarbeiten, als gering eingeschätzt wird. Jelinek will die Reflexion über Verhaltensmuster, gesellschaftliche Zwänge und die Verführungskraft der Bilder in bezug auf die Rolle der Frau in Gang setzen. Sie prangert dabei nicht nur gesellschaftliche Erwartungen an, sondern zeigt in ihrer Gattungskritik auch, daß die kulturelle Praxis ihren Teil zur prägenden Bilderflut beisteuert. Der Beschuldigung der Unmenschlichkeit setzt Jelinek entgegen:

> Ich meine, dieser Schrei müßte doch durchdringen. Und in den "Liebhaberinnen" müßte man das Mitleid mit diesen zwei zerstörten Frauen doch in jeder Zeile spüren.
> (...)
> Mein Mitleid ist eine aufklärerische, parteiliche Wut.[30]

Wenn es diese Wut ist, die Jelineks Text als "unweiblich" erscheinen läßt, so sollte man diese Wut nicht länger als unweiblich ablehnen, wie es im Trivialroman der Fall ist, sondern sie auf ihre historisch-soziale Berechtigung befragen.

---

30. "Jedes Werk von ihr ist eine Provokation", op.cit. S. 28.

8. Geschichte(n) einer mißglückten Utopie

Christa Reinig: Entmannung. Die Geschichte Ottos und seiner vier Frauen erzählt von Christa Reinig

Christa Reinig hatte mit ihrem Roman "Entmannung"[1] einen geräuschvollen Einstieg in die Debatte um ein 'weibliches' Schreiben. Ihr Roman wurde als "Aufruf zum Männermord"[2] bezeichnet, sie selbst als eine Art Valerie Solanas.[3] Diese kämpferische Feministin schrieb das Manifest zur Ausrottung der Männer, S.C.U.M.,[4] das sie in die Tat umzusetzen versuchte, indem sie ein Attentat auf den Pop-Art-Künstler Andy Warhol verübte. Reinig zeigt keinerlei Neigungen, ihre kämpferischen Texte in die Praxis umzusetzen. Der doppeldeutige Titel "Entmannung" zielt eher auf einen geistigen Prozeß als auf eine konkrete Ausrottungskampagne gegen alle Männer. Reinig nimmt autobiographische Momente in die Textproduktion auf. Sie bezeichnet sich selbst als Renegaten.

> Ich bin ein zweifacher Renegat. Als Frau geboren, habe ich mich für die Sache der Männer stark gemacht und viele Jahre die Welt nur aus dem Blickwinkel der Männer betrachtet und nach dem Nutzen der Männer bewertet, ohne mich um einen Aspekt der Weiblichkeit zu bemühen, d.h. gegen mich selbst gehandelt. Dann in einem plötzlichen Entschluß bin ich auf die Seite der Frauen übergegangen.[5]

Diese plötzliche Hinwendung zum Feminismus ist bei Reinig zeitlich ziemlich genau zu bestimmen. 1974 wurde in der deutschen Kleinstadt Itzehoe ein Prozeß gegen zwei Frauen geführt, Ihns und Anderson, die von einem gedungenen Mörder den Mann von Ihns hatten ermorden lassen. Die Mordwaffe war ein Beil. Das Pikante an diesem Fall war das lesbische

---

1. Christa Reinig: Entmannung. Die Geschichte Ottos und seiner vier Frauen erzählt von Christa Reinig. Darmstadt 1977. Alle Zitate in Kapitel 8, die durch eine Seitenzahl gekennzeichnet sind, beziehen sich auf diesen Text.
2. Jürgen Sterke: Frauen schreiben. Ein neues Kapitel deutschsprachiger Literatur. Hamburg ²1979, S. 289.
3. Siehe: Mein Herz ist eine gelbe Blume. Christa Reinig im Gespräch mit Ekkehart Rudolph. Düsseldorf 1978, S. 20 ff.
4. Valerie Solanas: SCUM MANIFESTO. New York 1967. - SCUM ist die Abkürzung von Society for Cutting up Men.
5. Konradin Zeller: Christa Reinig. In: Neue Literatur der Frauen. Deutschsprachige Autorinnen der Gegenwart. Hrsg. von Heinz Puknus. München 1980, S. 200.

174

Verhältnis der Frauen. Dieser Aspekt wurde in der Presse genüßlich ausgeschlachtet, wobei sowohl eine Verbindung von Feminismus und Gewalttätigkeit als auch von Lesbianismus und Kriminalität hergestellt wurde. Die beiden Frauen erhielten eine lebenslange Haftstrafe wegen Mordes. Dieser Prozeß, der Umgang der Presse mit den Fakten und die Urteilsverkündung hatten eine schockartige Wirkung auf die Autorin, die sie wie folgt beschreibt:

> Und da steht da auf den drei verschiedenen Zeitungen überall dasselbe Wort: Lebenslänglich. Lebenslänglich. LEBENSLÄNGLICH. Und da lache ich und denke: Der Mann, der mich ermorden wird, der kriegt aber nur vier Jahre. Und in dem Augenblick weiß ich, daß ich lebenslänglich bekommen habe: mit meinem Kopf hier. - Ich fahre in die Stadtbibliothek und leihe mir Bücher über Feminismus aus. Dann komme ich nach Haus und bin jetzt irgendwie durchgebrochen: bin Feministin, und weiß gar nicht, was das ist. Ich lege mich ins Bett und liege mehrere Tage lang. Meine Lippen springen auf, werden ganz rauh. Und ich denke: ich bin krank. Aber ich weiß, was das ist. (...) Ich weiß genau, was mit mir los ist: Ich habe den inneren Schweinehund. Ich habe Angst. Mein Körper hat mich belehrt, was das bedeutet, daß ich jetzt gegen die Männer losgehen werde.[6]

Reinig stellt ihre Hinwendung zum Feminismus keineswegs als eine bedachte, ausgewogene Entscheidung oder als Wunsch nach Selbstverwirklichung dar. Sie resultiert eher aus Empörung gegenüber gesellschaftlichen Mißständen im Hinblick auf Frauen, hier der 'Geschlechtsjustiz', einem Erlebnisfeld, das nicht mit persönlichen Erfahrungen der Autorin übereinstimmt. Das autobiographische Element liegt mehr in einer plötzlichen Erkenntnis struktureller Machtdivergenzen als auf der Ebene eines vergleichbaren Erlebnisses. Reinig greift nicht zu gewalttätigen Mitteln, um sich abzureagieren, sondern beginnt nachzudenken und zu lesen. Letztlich greift sie zu dem Mittel, das ihre persönliche Waffe darstellt, zum Schreiben:

> Ich unterscheide zwischen Dingen, die in der Welt nicht stimmen und die man ändern kann, und Dingen, die man nicht ändern kann, obwohl sie auch nicht stimmen. Angenommen, ich würde auf irgendetwas stoßen, das ich ändern könnte, dann würde ich nicht literarisch herangehen, dann schriebe ich einen Brief an den Verantwortlichen und versuchte, mich mit ihm auseinanderzusetzen; das hat mit Literatur, wie ich sie verstehe, nichts zu tun. Wenn ich literarisch arbeite, dann arbeite ich meistens über die Dinge, die in der Welt nicht stimmen, die ich aber auch nicht ändern will, weil ich einsehe, daß ich sie nicht ändern kann. Das ist vielleicht mein literarisches Engagement.[7]

Auffallend an dieser Darstellung ist die Tatsache, daß Reinig nicht vorgibt, ihre literarische Tätigkeit solle gesellschaftliche Veränderungen zuwege bringen. Gerade den operationalistischen Ansatz, der der feministischen Literatur meist zugeschrieben wird, lehnt Reinig ab. Es geht der Autorin

6. Christa Reinig: Lebenslänglich. In: Emma (1981) 4, S. 40.
7. Mein Herz ist eine gelbe Blume, op.cit. S. 18-19.

vielmehr um die Darstellung gesellschaftlicher Fakten ohne das Anreichen von Lösungsversuchen. Reinig greift in "Entmannung" nicht nur aktuelle Ereignisse kritisch auf, die in Beziehung zum Feminismus stehen. Die Autorin vertieft ihre literarische Auseinandersetzung, indem sie vor allem das wissenschaftliche Denken als eine Form andauernder Bemächtigung des Weiblichen[8] auf dem Gebiet der Biologie, der Theologie und der Psychoanalyse angreift. Reinig verdeutlicht spielerisch an exemplarischen Beispielen einige ihrer Kritikpunkte am wissenschaftlichen Denken. Sie huldigt dabei keineswegs einem irrationalen Matriarchatdenken, sondern polemisiert sarkastisch dagegen. Auch Richtungen des Feminismus attackiert Reinig, vor allem die Reichweite theoretisch ausgearbeiteter Kampfpläne und den Mythos einer ursprünglichen weiblichen Kreativität. In diesem Zusammenhang steht auch Reinigs Auseinandersetzung mit ästhetischen Formen, wie Trivialroman und Utopie, die verdeutlicht, daß Reinig sich der bestehenden literarischen Traditionen bewußt ist und sich nicht auf ein unbeschriebenes weibliches Niemandsland beruft. Das Bewußtsein einer Tradition spürt man bei Reinig auch in der Frage, was nun eigentlich eine weibliche Identität beinhalte. Reinig benutzt zahlreiche literarische Anleihen, um die verschiedenen Darstellungen des Weiblichen vorzuführen und zu relativieren.

8.1. Literarische Verarbeitung des Ihns-Prozesses

Reinig hat den Roman "Entmannung" in vierzehn Kapitel eingeteilt und diese wiederum in kleinere Unterkapitel. Eines heißt "Ihns-Prozeß" und ist unterteilt in "Die Schlagzeilen", "Die Verbrecher", "Itzehoe" und "Die Meineide".[9] Im Gegensatz zu den anderen Kapiteln im Roman ist das Ihns-Kapitel reflektierend, dokumentarisch. In "Die Schlagzeilen" werden auf über zwei Seiten kommentarlos Schlagzeilen aus der Presse reproduziert. Dabei fallen einige durch ihre aggressive Mischung aus Ablehnung weiblicher Sexualität, weiblicher Autonomie und Lesbianismus auf, wie zum Beispiel die folgenden:

---

8. Ich benutze hier den Begriff 'Weiblichkeit' im Sinne Hassauers als asymetrische Negation. Siehe Kapitel 1, Anmerkung 5.
9. Christa Reinig: Entmannung, op.cit. S. 76-82. Ich sehe eine gewisse Analogie dieses Kapitels zum Roman "Die beiden Freundinnen und ihr Giftmord" von Alfred Döblin. Döblin nimmt genauso wie Reinig einen wirklichen Mord als Ausgangspunkt seines literarischen Textes. Auch in diesem Roman handelt es sich um ein lesbisches Paar, das den Ehemann der einen Frau ermordet. Im Gegensatz zu Reinig versucht Döblin in seinem Roman wohl, eine genaue Rekonstruktion der psychologischen und sozialen Aspekte seiner weiblichen Hauptpersonen vorzunehmen.

Marion hatte einfach nie genug vom Sex (...)
Wenn Frauen in einer Welt ohne Männer leben (...)
Die sieben Mordpläne der lesbischen Frauen (...)
So feierten die lesbischen Frauen den Mord (...)
Sie spielten die Herren über Leben und Tod... (...)
Lebenslänglich! Lesbische Frauen blieben eiskalt (S. 76 f)

Jede Schlagzeile spiegelt eine recht gnadenlose Hetze gegen Frauen wider, die sich nicht nur als Kriminelle abweichend benehmen. Die Frauen werden zugleich für ihre Tat und für die Abweichung von ihrer angestammten Rolle gestraft.

Reinig geht einer der Ungleichheiten in bezug auf die Bewertung von Aggressionen von Männern und Frauen im darauf folgenden Kapitel "Die Verbrecher" (S. 78) nach. Darin entrollt sie in einer fiktiven Argumentationskette, warum Männer und Frauen einander nicht begreifen und warum Männer an Frauen Verbrechen begehen dürfen, für die sie nicht bestraft werden. Bezeichnend für Reinigs Stil ist die Mischung von sogenanntem persönlichen Statement, pseudowissenschaftlicher Erklärung und allgemeinen Feststellungen. Man erkennt hieran schon Reinigs Kritik an Erklärungsmodellen, die scheinbar Eindeutigkeit suggerieren. Reinig geht von der Feststellung aus, daß Männer und Frauen schlecht miteinander kommunizieren können. Auf der Suche nach den Ursachen wird ein Erklärungsmodell zitiert, nach dem Männer und Frauen ursprünglich von verschiedenen Tierarten abstammen. Aufgrund dieser Behauptung wird das lesbische Verhalten als normal, das heterosexuelle als pervers dargestellt. Das männliche Verhalten wird als andauernde Vergewaltigung einer fremden Tierart geschildert, wofür eigentlich der Mann gestraft werden müßte. Als Pointe dieser krummen Argumentationskette steht die Schlußfeststellung: "Wäre Herr Ihns für die laufenden Meter Körperverletzung und Notzucht, begangen an der eigenen Ehefrau, ordnungsgemäß verhaftet, vor Gericht gestellt und hinter Gitter gebracht worden, wäre er heute noch am Leben" (S. 78).

Dieser Satz erscheint im Textzusammenhang als logische Folgerung aus dem vorhergehenden skurilen Erklärungsmodell, das im Lichte der vorherigen Spekulationen selbst unwahrscheinlich anmutet. Dadurch erhält die Schlußfolgerung einen schillernden, mehrdeutigen Realitätsbezug.

Auffallend in "Die Verbrecher" ist die Umkehrung der Zuordnung der Verbrechen. Hier werden Männer als Verbrecher in ihrem alltäglichen Umgang mit Frauen dargestellt, während von den wirklichen Mörderinnen gesagt wird: "Eine Ehefrau, die in dieser Situation nicht resigniert, sondern Selbstjustiz übt, tut das zum Ruhme der weiblichen Art und nicht zur Schande" (S. 78). Die Frau, die sich an ihrem Manne rächt, wird als Heldin dargestellt. Man wird hierbei an das klassische Vorbild der Rächerin, Klytaimnestra, erinnert, die mit einem Beil Agamemnon erschlug. Ich komme auf die mythologischen und historischen Verbindungen noch zurück.

Im dritten Kapitel, "Itzehoe" (S. 79 f), das den Namen der Stadt des Prozesses trägt, steigert sich die Wut über die einseitige historische als auch gegenwärtige Dominanz der Männer. Dabei teilt Reinig Frauen in zwei Kategorien ein: eine, die sich den Männern unterwirft, und eine, die Männer bekämpft. Hier wird wieder Klytaimnestra zitiert: "Die einzige Frau, die unschuldig ist am Weltuntergang, ist Klytemnestra" (S. 79). Das Verhalten Klytaimnestras wird als vorbildhaft dargestellt und sollte von jeder Frau, die sich gegen Männer auflehnen will, schon im Kindesalter übernommen werden:

> Sie muß bereits als 10jähriges Weib-Kind, wenn ihre Mädchenkameraden sich zur Unterwerfung drängen, dastehn wie ein geballtes Hornissennest, und in ihrem Bauch voll Zorn muß es summen: Ich töte den Mann, der mir in den Weg tritt. Und wenn er mir als Vater in den weg tritt, töte ich ihn, und wenn er mir als Bruder in den Weg tritt, töte ich ihn, und wenn er mir als Sohn ihn den Weg tritt, töte ich ihn, und wenn er mir als Gatte in den Weg tritt, töte ich ihn, töte ich ihn, töte, töte...! (S. 79)

Dieser Aufruf zur Vernichtung des Mannes übersteigt bei weitem die Tat der Klytaimnestra. Hier wird der Mann in allen Verwandtschaftsbeziehungen der Vernichtung unterworfen. Der Aufruf "Ich töte den Mann, der mir in den Weg tritt" entbehrt jedoch nicht einer gewissen Doppeldeutigkeit: Wenn man hier das Wort "Mann" als Synonym für männliches Verhalten und Denken interpretiert, so bezieht sich die Vernichtungskampagne auf alles Männliche, also auch die Züge in Frauen, die man als männlich umschreiben könnte. Einen Schlüssel für diese Lesart findet man in einer Erklärung der Autorin: "Ich selbst prüfe an mir, was an 'Männlichkeitswahn' ich von mir abtun kann."[10] Und noch direkter auf den obigen Text bezogen sagt Reinig:

> Es gibt im Buddhismus den Spruch: "Töte den Buddaa". Darüber muß ich erst lachen, dann entsetze ich mich davor, - und dann plötzlich weiß ich, ich habe den Buddha getötet. Ich bin durch die Undurchdringlichkeit dieser einzigartigen historischen Figur, dieses ewigen Vorbildes, hindurchgeschritten wie der Magier durch die Wand. Und dieses "Töte!", das hatte ich damals ganz deutlich an der Bushaltestelle, die Szene, die ich vorhin geschildert habe. Ich mußte durch den "Mann" hindurchgehen wie durch eine undurchdringliche Mauer in einem fürchterlichen Angstausstoß.[11]

Reinig nennt hier zwei Aspekte, unter denen der Tötungsaufruf betrachtet werden kann: zum einen gilt es, sich nicht automatisch und ausschließlich

---

10. Mein Herz ist eine gelbe Blume, op.cit. S. 20.
11. Mein Herz ist eine gelbe Blume, op.cit. S. 27 f.

178

an männlichen Maßstäben und Vorbildern zu orientieren und diese als die einzig gültigen für das eigene Handeln und Denken anzusehen, zum anderen sollten die bereits internalisierten Wertmaßstäbe rückgängig gemacht werden. Im letzten Satz zeigt sie, daß es nicht möglich ist, sich jenseits oder außerhalb männlicher Maßstäbe zu begeben, sondern daß die Feminisierung in der Auseinandersetzung mit dem männlichen Diskurs liegt. Dies erfordert Kräfte, die nur in äußerster Bedrängnis aktiviert werden ("Angstausstoß").

Das Rachemotiv der Klytaimnestra taucht in "Entmannung" noch dreimal in verschiedenen Varianten auf. Eine der Protagonistinnen heißt Klytemnestra mit Vornamen. Dieser Name wird jedoch in den wenig schreckenden Kosenamen "Menni" abgeändert. Die moderne Klytaimnestra ist wie ihre antike Vorfahrin Ehefrau, jedoch nicht die eines Königs, sondern eines kleinen Angestellten. Die Analogie zur Rache der Klytaimnestra ist im Roman dann auch gebührend verkleinert. Als der Ehegatte seine Frau schlägt und diese in der Küche rückwärts ausweicht, greift sie in Selbstverteidigung zum Gemüsehobel als eine Art von Schild. Beim Schlagen verletzt sich der Ehegatte leicht. In einem Gerichtsverfahren wird Menni wegen versuchten Todschlags zu zwei Jahren Gefängnis verurteilt. Reinig verkleinert die heroischen Vorgaben der Antike ins Lächerliche. Klytaimnestra wird zu Menni, das Beil zum Gemüsehobel, der Racheakt zu einem Ergebnis der Selbstverteidigung. Diese groteske Romanhandlung, bei der sich die Protagonistin keineswegs als antike Rächerin gebärdet, sticht schrill von den verbalen Drohungen im Kreise ihrer Freundinnen ab. Nachdem die Geschichte "The Unicorn in the Garden" von James Turber nacherzählt wurde, in der eine Frau anstatt ihres verrückten Mannes ins Irrenhaus eingeliefert wird, behauptet Menni in Analogie zu Hamlet: "Beil oder Nichtbeil, das ist hier die Frage" (S. 153).

Keine der Protagonistinnen setzt die verbale Drohung in die Praxis um. Die einzige reale Analogie zu dem Männermord mit einem Beil ist die Verzweiflungstat der unglücklich verliebten Doris, einer älteren Ärztin, die hoffnungslos in ihren männlichen Vorgesetzten verliebt ist. Sie verliert den Verstand und versucht, den vergebens geliebten mit einem Beil zu ermorden. Makaber ist hier wiederum die Variation des antiken Themas, das Motiv der Tat ist gekränkte, abgewiesene Zuneigung. Doris hat sich zu dieser Tat als Marylin Monroe verkleidet. Diese Schauspielerin gilt im allgemeinen als Prototyp der untertänigen Gespielinnen der Männer. Doris hatte in Analogie zur Monroe versucht, ihre Selbständigkeit aufzugeben und sich den Vorstellungen über eine gefügige Geliebte anzupassen. Sie entspricht daher weder dem Bild einer aufständischen Frauenkämpferin, noch paßt ihr Motiv in den Kanon einer emanzipatorischen Bewegung. Das Ende der Szene ist völlig unheroisch: Die Frau bekommt von ihrem Vorgesetzten eine Beruhigungsspritze und wird in ein Irrenhaus eingeliefert. Hiermit bewahrheiten sich die im Roman auf ein Kürzel zusammengefügten Endstationen aufständischer Frauen:

> Irrenhaus, Krankenhaus, Zuchthaus. Das ist der Dreisatz der Weiber-Weltformel. Lehnst du dich auf, kommst du ins Zuchthaus, lehnst du dich nicht auf, drehst du durch und mußt ins Irrenhaus und beneidest die Weiber, die zum Beil gegriffen haben. Unterwirfst du dich mit Lust, kommst du mit deinem kaputtgerammelten Unterleib ins Krankenhaus. (S. 153)

Verkürzt und moritatenhaft werden hier die Disziplinierungsinstanzen genannt, die als Drohung jeder Frau vor Augen stehen, die sich abweichend benimmt.

Im letzten Kapitel, das den Titel "Letzte Vorstellung" (S. 179-190) trägt, werden verschiedene Szenen aus Theaterstücken, deren Thema die Suche nach und die Versöhnung mit dem Weiblichen ist, gespielt. Hier wird unter anderem auch die Schlußszene aus der Oresteia[12] in einer modernisierten und modifizierten Form geprobt. Klytemnestra schließt ihren Sohn in die Arme, die Eumeniden werfen ihre Schreckensmasken ab. Das Zentrum der Schlußszene bildet Porkyas,[13] neben dem Sappho und Valerie Solanas stehen. Der männliche Regisseur selbst spielt Porkyas, und ein anderer männlicher Protagonist die Valerie Solanas. Als Schlußwort folgt ein Spruch aus dem I-Ging, dessen letzte Zeilen lauten:

> So verringert der Edle, was zuviel ist,
> Und vermehrt, was zu wenig ist,
> Er wägt die Dinge und macht sie gleich.[14]

Man könnte aus dieser Schlußsequenz eine allgemeine Versöhnung der Geschlechter herauslesen, da Klytemnestra ihren Sohn in die Arme schließt und Männer Frauenrollen spielen.[15] Es bietet sich bei näherer

---

12. Die Szene verweist nach Aischylos' "Oresteia". In: Sämtliche Tragödien. München 1977, S. 111-231. Ricarda Schmidt analysiert das letzte Kapitel im Zusammenhang mit anderen Textstellen aus "Entmannung" als Institutionalisierung patriarchalen Rechts in: Ricarda Schmidt: Westdeutsche Frauenliteratur in den 70er Jahren. Frankfurt a/M. 1982, S. 262-267.
13. Porkyas hat mehrere Konnotationen: 1. Tochter/Schwester des Cato Uticensius. 2. In der Mythologie ist Porkis oder Porkeus der Name einer der Schlangen, die Laokoon töteten. Die Schlange verweist auf die Erde; sie ist das Tier der Mutter Erde und dergestalt 'weiblich'.
14. I-Ging. Buch der Wandlungen; altes chinesisches Weissagungsbuch. Neu in deutscher Übersetzung herausgegeben von Richard Wilhelm. Düsseldorf/Köln 1977, S. 190.
15. Ricarda Schmidt sieht in diesem Zitat den Wunsch nach einem von Männlichkeitswahn gereinigtem friedlichen Nebeneinander der Geschlechter, in: Westdeutsche Frauenliteratur in den 70er Jahren, op.cit. S. 271-272.

Betrachtung jedoch noch eine zweite Interpretationsmöglichkeit an. Klytemnestra verzeiht ihrem Sohn ihre eigene Ermordung. Die Rachegöttinnen verzichten auf die Rache des Muttermordes. Die weiblichen historischen (Porkyas) und kontemporären Figuren (Valerie Solanas) werden von Männern dargestellt oder übernommen. Sappho, die wohl von einer Frau gespielt wird, hat eine Leier, aus der "kein Ton (...) erklingt" (S. 190). Die Dichterin schweigt also zukünftig. In dieser Leseweise bedeutet diese Szene die männliche Usurpation weiblicher Rollen und Talente. Die Frauen sind es, die sich mit diesem Schicksal versöhnen. Soweit sie Züge der Aggression oder des Widerstands tragen, werden sie von Männern gespielt, also entschärft. Der Schlußspruch erhält so einen polemischen Unterton. Hier erwägt der Edle, wobei man das 'der' hier durchaus mit männlich auffüllen muß, ein Gleichmaß, bei dem er "vermehrt, was zu wenig ist", er meint in diesem Zusammenhang, daß sich die Männer die Fähigkeiten und Eigenschaften der Frauen, die ihnen nützlich erscheinen, aneignen.[16] Die Bewegung dieses 'Gleichmachens' wird dadurch zu einer 'Gleichheit', bei der sich die Frauen ihre alten Rechte und Kräfte aus dem Wunsch heraus schmälern oder nehmen lassen, daß dann Frieden herrschen würde.[17] Hier wird der Widerstand, der im ganzen Roman formuliert wird, von den Frauen aufgegeben. In einer Verzichterklärung lassen sie sich ihre Eigenheit und ihre Trümpfe aus den Händen nehmen. Bei Reinig erschlägt weder Klytemnestra ihren Sohn, noch verflucht sie ihn als Toten, sie schließt ihn vielmehr in die Arme. Dieser Verzicht auf Rache, diese Versöhnungsgebärde, wird jedoch zweifelhaft, da die Frauenrollen von Männern gespielt werden und der Regisseur des Ganzen ein Mann ist. Man könnte hier auch von einem männlichen (!) Wunschtraum sprechen, in dem alle kulturellen Formen des Weiblichen von Männern übernommen werden und damit beherrschbar erscheinen. Durch den Titel des Kapitels "Letzte Vorstellung" wird zudem angedeutet, daß die Versöhnung der Geschlechter - auf der Basis des Verzichts der Frauen auf allen Ebenen - Frauen zum letzten Mal auf der Bühne der Geschichte zeigen würde. Danach wären sie völlig in den männlichen Vorstellungen aufgegangen. Die Versöhnung der Klytemnestra mit ihrem Mörder bedeutete dann, daß der Verzicht auf Rache und Auflehnung auch einen Verzicht auf jegliche eigenständige Repräsentanz beinhaltet. Da das Rachemotiv im ganzen Roman lautstark propagiert wird, könnte man das Adjektiv "letzte" im

16. Man wird hier an eine ähnliche Bewegung in Friedrich Schlegels Roman "Lucinde" erinnert (1799).
17. Reinig spricht sich im Interview mit Rudolph gegen ein Gleichheitsstreben in Entmannung aus: "Jedermann, jedefrau (...) kämpfen nicht um Gleichberechtigung, sondern um Selbstbehauptung (...)." Siehe: Mein Herz ist eine gelbe Blume, op. cit. S. 20.

Titel des Kapitels auch in seiner pejorativen Bedeutung lesen im Sinne von: 'dies ist ja das Letzte', was so viel bedeutet wie: 'dies ist unvorstellbar, unmöglich und unakzeptabel'. Hierfür spricht auch die Tatsache, daß diese unakzeptabele Versöhnung nur die Bühnenversion eines Theaterstücks oder ein Traumfragment des männlichen Protagonisten Kyra ist. Ich behandle den letzten Aspekt noch ausführlicher in Kapitel 8.4.3.

8.2. Krieg der Theorien

Der Roman "Entmannung" ist von theoretischen Ausführungen über den Ursprung des Geschlechterunterschieds, die weibliche Minderwertigkeit und von Plänen zur möglichen Ausrottung von sowohl Männern durch zornige Frauen als auch Frauen durch sich bedroht fühlende Männer durchzogen. Hinzu kommen fiktive Diskussionen von Wissenschaftlern und Künstlern über ihre Interpretation des Weiblichen. Gerade der Schwall an Theorie, in dem sich bestehende und von Reinig erfundene mischen, bewirkt, daß keine der Theorien mehr ernstgenommen werden kann. Reinig kritisiert die Weiblichkeitstheorien nicht direkt, indem sie sie durch wissenschaftliche oder historische Überlegungen zu widerlegen versucht, sondern inszeniert bösartig ein Gespräch zwischen zwei misogynen Berühmtheiten, Alfred Hitchcock und Sigmund Freud. Ich möchte hier ein Textbeispiel näher betrachten:

> "Nun denn!" sagt Väterchen Freud. "Ich sage: Die Frau ist ein Automat. Es ist wie mit dem ßygretts: Der Mann zieht seine Söhne aus dem weiblichen Geschlecht wie Zigaretten aus dem Automaten und mit dem gleichen gesundheitlichen Risiko."
> "Interesting", sagt Mr. Hitchcock.
> "Die Menschheit", sagt Väterchen Freud, "das sind die Väter und die Söhne. Nichts weiter."
> "Was weiter?" fragt Mr. Hitchcock.
> "Nichts", antwortet Väterchen Freud, so als antworte er auf die Frage, was sich in seiner linken Hosentasche befinde.
> "Aber die Mütter!" beharrt Mr. Hitchcock.
> "Die Mütter", sagt Freud, "das sind die Söhne."
> "Oh!" sagt Mr. Hitchcock, "das habe ich falsch gemacht. Bei mir sind die Söhne die Mütter."
> (...)
> "In der Kunst mag das durchgehen", bestimmt Freud. "Aber in der Wissenschaft! Sie verstehen?" (S. 22)

In diesem Gespräch fällt zuallererst die rudimentäre Sprache auf, eine Art von 'Steinkohlendeutsch', in dem sich zwei Personen, die die Sprache des anderen nicht beherrschen, zu verständigen versuchen. Schon dadurch erhält der Dialog etwas Lächerliches. Hinzu kommt der Eindruck, daß sich hier zwei pubertierende Herren über ihre Mechanismen verständigen, mit denen sie ihre Angst vor der Weiblichkeit eindämmen. Hierbei werden die persönlichen Präokkupationen der beiden deutlich, die ihre Theorien über die Frauen einfärben.

Reinig läßt den Protagonisten Freud die Frau als einen passiven Automaten schildern, aus dem der Mann seine Kinder wie Zigaretten herauszieht. Hier wird auf Freuds Auffassung angespielt, daß die echte Weiblichkeit mit Passivität verbunden ist. Freud behauptet im obigen Textfragment: "Die Mütter, das sind die Söhne." Man könnte diesen Satz dahingehend interpretieren, daß die Frau an sich nichts darstellt, durch die Geburt eines Sohnes jedoch ein Äquivalent für den heiß begehrten Penis, den sie nicht hat, erhält. Reinig verweist hier auf Freuds Vorlesung über "Die Weiblichkeit", wo es heißt:

> Mit dem Aufgeben der klitoridischen Masturbation wird auf ein Stück Aktivität verzichtet. Die Passivität hat nun die Oberhand, die Wendung zum Vater wird vorwiegend mit Hilfe passiver Triebregungen vollzogen. Sie erkennen, daß ein solcher Entwicklungsschub, der die phallische Aktivität aus dem Weg räumt, der Weiblichkeit den Boden ebnet. (...) Der Wunsch, mit dem sich das Mädchen an den Vater wendet, ist wohl ursprünglich der Wunsch nach dem Penis, den ihr die Mutter versagt hat und den sie nun vom Vater erwartet. Die weibliche Situation ist aber erst hergestellt, wenn sich der Wunsch nach dem Penis durch den nach dem Kind ersetzt, das Kind also nach alter symbolischer Äquivalenz an die Stelle des Penis tritt. (...) Das Glück ist groß, wenn dieser Kinderwunsch später einmal seine reale Erfüllung findet, ganz besonders aber, wenn das Kind ein Knäbchen ist, das den ersehnten Penis mitbringt. (...) So schimmert der alte männliche Wunsch nach dem Besitz des Penis noch durch die vollendete Weiblichkeit durch.[18]

Freud zeichnet hier ein Bild der weiblichen Passivität mit dem nimmer ablassenden Wunsch nach dem - später symbolischen - Besitz des Penis, den die Frau nach Freud in der Form eines Sohnes erhalten kann. Reinigs Kürzel, das sie Freud in den Mund legt, "Die Mütter, das sind die Söhne", hat in den Freudschen Ausführungen sein historisch-wissenschaftliches Pendant. Reinig polemisiert gegen die Auffassung, daß die Frau nur als Gebärmutter der gewünschten Söhne zu existieren scheint.

In dem Freud-Hitchcock-Dialog entwickelt der Regisseur eine eigene Optik hinsichtlich der Weiblichkeit: "Bei mir sind die Mütter die Söhne." Er dreht die Freudsche These um. Man denkt hier an die zahlreichen Filme von Hitchcock, in denen sich der Sohn nicht aus dem Bannkreis der phallischen Mutter befreien kann. Besonders deutlich wird dies in seinem Film "Psycho", in dem sich der Sohn in schizophrenen Anfällen völlig mit seiner Mutter identifiziert.[19]

---

18. Sigmund Freud: Die Weiblichkeit. In: Vorlesungen zur Einführung in die Psychoanalyse. Frankfurt a/M. 1969 (Studienausgabe Bd. 1), S. 558-559.
   19. Reinig gebraucht den Filmtitel im Kapitel "Psycho" (S. 161 f) in "Entmannung". Hier wird der Krimi genannt und als "besonders langweilig" beschrieben. Im Kapitel

Reinig stellt in dem Dialog zwei gleichwertige, gleichermaßen hypothetische, aber gesellschaftlich funktionierende Modelle einer Weiblichkeitsinterpretation einander gegenüber. Sowohl der historische Freud als auch Hitchcock haben ihre schwierige Mutterbindung zu einem Modell neutralisieren können, demzufolge sie, der eine in der Therapie, der andere in Filmbildern, ihre Beschwörungsformeln ausagieren konnten. Der nicht lachende Dritte ist in diesem Bilderkabinett die reale Frau, die in einem komplizierten Wechselspiel von Vorbild und Selbstbild diese direktiven Modelle nachahmen muß, um gesellschaftlich verständlich zu sein.

Der Protagonist Freud macht bei Reinig einen interessanten Unterschied zwischen dem Weiblichkeitsmodell in der Kunst und in der Wissenschaft. Angesichts der Mutterbindung von Hitchcock bemerkt er gönnerhaft: "In der Kunst mag das durchgehen, (...). Aber in der Wissenschaft! Sie verstehen?" (S. 22). Mit dieser Bemerkung wird darauf hingewiesen, daß in der Kunst das präödipale Element eine legitime und große Rolle spielen darf.[20] In der Wissenschaft jedoch sollte das logische, das symbolische Element überwiegen, das nach Jacques Lacan auch "das Gesetz des Vaters" genannt wird, bei dem das Weibliche als das "andere" ausgeschlossen ist.[21] Reinig persifliert auch diese strikte Trennung von präödipalen und symbolischen Elementen, indem sie andeutet, daß die beiden Herren die Triebfeder für ihre Theorien über die Weiblichkeit aus ihrer Bindung zur Mutter beziehen. In der weiteren Unterhaltung zwischen Hitchcock und Freud erweist sich Freud als unsensibel für die Herkunft seiner Theorie. Er verbarrikadiert sich hinter einem Vorverständnis seiner Superiorität, das so selbstverständlich ist, daß es mit symbolischen Zeichen schon jeden Zweifel zum Schweigen bringt. Dies wird deutlich in Antworten auf Hitchcocks bleibende Fragen:

"Nicht vergessen, die Perversität!" mahnt Alfred.
Sigmund stöhnt: "Ach, Symbole."
Alfred: "Wenn du tsum weibe gäßt..."
"Nein", ruft Sigmund, "zu wenig subtil. Sehen Sie, meine Zigarre."
(...)
Sigmund: "Nietzsche, das ist schon Verfehlung. Das ist am Ziel vorbeigeschossen. Vor dem Ziel bremsen. Interruptus. Schopenhauer. Über die Weiber."
Alfred: "Der auch?"
Sigmund doziert: "Ach gar kein Vergleich. Physis ist Psyche. Das schmalschultrige, breithüftige, bartlose Geschlecht. Darin liegt alles beschlossen. Man muß nicht nach

---

erinnert die Gewalttätigkeit der Ärztin an die Morde des Helden bei Hitchcock; in "Entmannung" versucht jedoch, im Gegensatz zum Film, eine Frau einen Mann zu ermorden.
    20. Siehe hierzu: Julia Kristeva: Produktivität der Frau. In: Alternative (1976) 108/9.
    21. Jacques Lacan: LA femme n'existe pas. In: Alternative (1976) 108/9.

dem Inhalt forschen. Die Form des Gefäßes drückt aus, ob es geschaffen ist, Wasser oder Wein zu bergen."
Alfred wendet ein: "Ihre Schülerinnen, Doktor?"
Freud witzelt: "Lange Haare, kurzer Sinn." (S. 23 f)

Hitchcock insistiert hier auf einer realen Bedrohung, die von der Frau ausgehe. Freud sieht diese jedoch nur symbolisch. Die Angst, die Hitchcock zeigt, indem er Nietzsche zitiert, deutet nach Freud schon auf viel zu große Anerkennung der Weiblichkeit hin. Freud verweist auf Schopenhauer, der die Frau bereits aufgrund ihrer Anatomie - schmale Schultern und breites Becken - als zweitrangiges Geschöpf ansah. Daß Freud hier eine Konformierung mit der Schopenhauerschen Theorie der Weiblichkeit in den Mund gelegt wird, weist daraufhin, daß nach Ansicht der Autorin Freuds Theorie ähnliche Züge trägt. Schopenhauer definiert die weibliche Psyche und die Fähigkeit zu kreativer Intelligenz aufgrund von körperlichen Gegebenheiten. Die Verarbeitung des Ödipuskomplexes beim Jungen und die davon abgeleitete größere Fähigkeit zur Sublimierung, die sich in kultureller Tätigkeit äußern kann, beruhte letztlich auf dem Haben oder Nichthaben des Penis. Der historische Freud sagt in "Die Weiblichkeit":

> An der körperlichen Eitelkeit des Weibes ist noch die Wirkung des Penisneides mitbeteiligt, da sie ihre Reize als späte Entschädigung für die ursprüngliche sexuelle Minderwertigkeit um so höher einschätzen muß. (...) Wir sagen auch von den Frauen aus, daß ihre sozialen Interessen schwächer und ihre Fähigkeit zur Triebsublimierung geringer sind als die der Männer.[22]

Man sieht hier große Übereinstimmung mit dem Text in "Entmannung", da beide Texte biologische Tatsachen als ursächliche Erklärungsmodelle für psychische Konstellationen benutzen. In "Entmannung" wird auch die Eleganz, mit der der historische Freud sich in Hypothesen und Metaphern über wissenschaftliche Beweisführung hinwegsetzen konnte, angedeutet und persifliert. Auf das Nietzsche-Zitat Hitchcocks hin weist Freud auf seine Zigarre. Diese Zigarre könne als Penissymbol gesehen werden, wodurch Freud andeutet, daß mit dem Symbol des Phallus schon der Beweis der Überlegenheit gegenüber der Frau zu demonstrieren sei.[23] Reinig deutet damit an, daß sich die Überlegenheit des Mannes in der Gesellschaft in einer Zeichensprache verselbständigt hat, die vom realen Mann abgehoben wirksam ist. Die phallischen Symbole, die die gesellschaftliche Praxis durchziehen, bestätigen und perpetuieren die Machtdivergenz zwischen dem Männlichen und dem Weiblichen, was

---

22. Sigmund Freud: op.cit. S. 562 ff.
23. Man sieht eine ähnliche Technik, die symbolische Machtposition zu beschreiben, in der Art und Weise, wie Virginia Woolf über den Status der Kleidung und ihrer symbolischen Funktion spricht. In: Virginia Woolf: Three Guineas (1938). Harmondsworth 1982, S. 23 ff.

letztlich seinen Effekt in der konkreten Situation von Männern und Frauen zeigt. Diese These wird unterbaut durch den Schluß des obigen Reinig-Zitats, als Hitchcock nach den abwertenden Bemerkungen Freuds erstaunt nach den Schülerinnen des Gelehrten fragt. Freud antwortet kurz: "Lange Haare, kurzer Sinn." Es ist bekannt, daß der historische Freud zahlreiche Schülerinnen und weibliche Bewunderer gehabt hat, die zum Teil Aspekte seiner Theorien noch dogmatischer ausarbeiteten als der Meister selbst. Ich denke hier unter anderem an Helene Deutsch. Die Bemerkung Freuds in "Entmannung" ist denn auch nicht ohne Mehrdeutigkeit. Erstens zeigt Freud hier seine Verachtung gegenüber Frauen im allgemeinen, also auch gegenüber seinen Schülerinnen. Zweitens könnte man die Bemerkung auch als Verachtung gegenüber Frauen werten, die einen so männlichen und aktiven Beruf ausüben. Und drittens liest man Schlitzohrigkeit heraus, daß nämlich Freud im Grunde die Frauen verachtet, die so kurzsichtig sind, seine Theorien zu übernehmen, die sich gegen sie richten.

Reinig zitiert hier in einem kurzen Dialog theoretische Erklärungsmodelle von Weiblichkeit, spielt sie gegeneinander aus und macht sie lächerlich. Die Fiktionalität ist im Roman das pointierte Kürzel einer kritischen Auseinandersetzung mit Theorien der Weiblichkeit. Reinig wählt die Form eines Duos aus der Slap-stick-Komödie à la "Laurel and Hardy". Hitchcock wird derjenige Dialogpartner und misogyne Mitstreiter bei einem komischen Paar, der die dummen Fragen stellen muß, damit sein Partner eine witzige Pointe erzählen kann, über die das Publikum lacht. Reinig läßt das Lachen wie einen Bumerang wieder auf die Spaßmacher niederfallen.

Reinig spielt in "Entmannung" noch an einer anderen Stelle mit wissenschaftlichen Erklärungsmustern. Um Kindern den Nachmittag kurzweiliger zu gestalten, will Kyra Feriendias zeigen. Unglücklicherweise gerät ihm eine falsche Dose in die Hand, und auf dem Bildschirm erscheinen diverse pornographische Szenen. Der Hausherr rettet sich aus dem Dilemma wie folgt:

Zwischen den gespreizten Beinen der Nacktänzerin erscheint das Yin-Yang-Symbol.
Kyra (der Hausherr, MB): "Erinnerst du dich, Edgar, an die Indianer und was ich dir von den Göttern erzählt habe? Dies hier ist die Grundform des Apatschen-Tanzes. Du bekommst es jetzt auf chinesisch. Es stellt den Wechsel von Tag und Nacht dar." Die beiden Punkte seien Sonne und Mond. Die Linie dazwischen die Milchstraße. Bei den Apatschen hat sie noch die Form eines Drachen. Es stört die Kinder nicht, daß das allerheiligste Urzeichen der Menschheit aus dem Schoß einer Hure quillt. Vielleicht ist es gar keine Hure, sondern die "Führerin des Alls", von dem das Tao-te-king berichtet.
Kyra läßt weiterschieben. Eine mit Kerzen bewaffnete Mädchengarde verlegt er zu

den alten Germanen. Dort habe es die lichthaltenden Jungfrauen gegeben, die gleichsam als Ministerinnen der Volksmutter beigesellt waren. Thea muß, ob sie will oder nicht, das Spiel mitspielen, denn ihr fällt die Bibel ein. Sie kramt die Geschichte von den klugen und den törichten Jungfrauen aus. (...)
Zum Schluß kommt etwas, das der Foto-Fachmann eine Zwutte nennt, eine Zwillingsnutte: Zwei Damen, die sich intensiv miteinander befassen.
Kyra: "Hier eine Rekonstruktion aus dem Paläolithikum, die älteste Liebesdarstellung der Welt aus der Höhle von Laussel in Frankreich: zwei Tribaden, das sind die Stammesmütter, die es miteinander treiben." (S. 132 f)

Um eine peinliche Situation zu überbrücken, greift Kyra auf wissenschaftliche oder wenigstens kausale Erklärungsweisen zurück, wobei eine subtile Mischung aus fingierten Erklärungen und anthropologischen, kulturhistorischen Fakten entsteht. Reinig verspottet hier verschiedene kulturelle Aufwertungsversuche des Weiblichen; sie verweist auf die harmonische Einheit zwischen männlichem und weiblichem Prinzip, wie im Beispiel der Hure mit dem Yin-Yang-Symbol zwischen den Beinen. Die Erklärungen werden stets phantastischer, die Hure wird sogar zur matriarchalen Ursprungsgöttin hochstilisiert, wobei Kyra Symbole aus verschiedenen Kulturen mühelos aneinanderknüpft. Das zweite Bild wird zu einer altgermanischen Lichtfeier, wie heute noch in skandinavischen Ländern der St. Lucia-Tag. Dort tragen Frauen Kränze mit brennenden Kerzen auf dem Kopf. Die Willkür dieser Erklärung wird noch dadurch akzentuiert, daß ein anderes Erklärungsmodell zitiert wird. Die Kerzen sollen auch auf ein biblisches Motiv hinweisen. Das letzte Bild mit der Abbildung von zwei lesbischen Frauen beim Liebesspiel wird zur Rekonstruktion einer prähistorischen Höhlenmalerei.
Reinig hat die durch Willkür gekennzeichneten Erklärungsmodelle nicht ohne Hintergedanken gewählt. Zuerst könnte man sich fragen, inwieweit Erklärungsmodelle, wie wissenschaftlich sie auch immer unterbaut sein mögen, nicht selbst auf der Basis einer gewissen Willkür erstellt sind. Das zweite Beispiel macht dies besonders deutlich, da hier zwei völlig einander widersprechende kulturelle Hintergründe für die gleiche Abbildung zitiert werden. Zum zweiten fällt zweimal der Hinweis auf Verherrlichung mythischer oder prähistorischer Vorstellungen von Weiblichkeit. Reinig kritisiert hier meines Erachtens eine Strömung feministischer Wissenschaft, die aus prähistorischen Funden matriarchaler Kulturen Legitimierungen weiblicher Machtansprüche ableiten. Ein aktuelles Beispiel bildet die jüngste Interpretation der Höhlenmalerei, in denen die Jäger neuerdings als Frauen gesehen werden.[24] Auch die Deutung der

---

24. Christa Reinig weist mit der Ortsbezeichnung "Laussel in Frankreich" wahrscheinlich auf die Felszeichnungen von Lascaux. In einem neueren Text geht Reinig auf die von feministischen Forscherinnen uminterpretierten Höhlenzeichnungen ein. Siehe hierzu: Christa Reinig: Unter dem schwarzen Mond. In: Die ewige Schule.

lesbischen Liebe als die ursprüngliche matriarchale Form der erotischen Wahl von Frauen findet man sowohl in Rekonstruktionen matriarchaler Kulturen als auch in modernen feministischen Utopien.[25] Auch hier könnte wieder mit Bovenschen (s. Kapitel 2.3.2) die Frage gestellt werden, was uns denn an einer linearen Rekonstruktion der Geschichte der Weiblichkeit gelegen sei.

8.3. Kritische Randbemerkungen zum Feminismus

Christa Reinig steht dem Feminismus nicht kritiklos gegenüber. In einem Interview sagte sie:

> Ich glaube an die schwere neue Zeit. Ich bin auch nicht unkritisch hingerissen in Sachen Frauenbewegung. Ich mag lieber mit Frauen reden, die sich die Zukunft erarbeiten wollen, als mit denen die einfach nur hoffen, daß die Zeit für die Frauen arbeitet.[26]

Diese kritische Haltung findet man in Reinigs Roman "Entmannung" wieder. Hier äußert sie sich über die 'großen' Themen der Frauenbewegung.

8.3.1. Absage an matriarchale Erklärungsmodelle

Reinig äußert sich wenig schmeichelhaft über Strömungen innerhalb des Feminismus, die eine Harmonisierung der Gesellschaft auf der Basis von matriarchalen Vorbildern anstreben. Man könnte hier an die Theorien von Heide Göttner-Abendroth denken. Reinig sagte über diese Strömung:

> Was das Matriarchat betrifft: Es ist die gute alte Zeit in der Einbildung mancher Frauen, so wie das Patriarchat die gute alte Zeit in der Einbildung mancher Männer ist. Das ist alles vorbei, und ich will nicht die gute alte Zeit. Ich komme mir gar nicht wie ein Drückeberger vor, wenn ich an dieser Stelle das Wort Utopie gebrauche. Als ehemalige 'zukunftssachliche Dichterin', gewohnt mit Stoffen der science fiction umzugehen, kann ich hart mit der Zukunft sein.[27]

Der Hinweis auf Utopie wird in Kapitel 8.4 über Gattungseinflüsse in

---

München 1982, S. 107-114. - Reinig verweist hier auf Marie E.P. König (1980), Jonas/Fester (1980) und G. Barthel (1972).

25. Siehe hierzu Göttner-Abendroths Matriarchatstheorien in: Heide Göttner-Abendroth: Der unversöhnliche Traum. Utopien in der Neuen Linken und in der Frauenbewegung. In: Ästhetik & Kommunikation (1979) 37, S. 5-16. - Die literarische Verarbeitung utopischen Materials erfolgte sehr unterschiedlich. Ich nenne Sally Gerhardt: The Wonderground. Stories of the Hill Women. Watertown (Mass.) 1979; und Monique Wittig: Le Corps Lesbien. Paris 1973; und Monique Wittig: Les Guérillères. Paris 1969.

26. Mein Herz ist eine gelbe Blume, op.cit. S. 27.

27. Mein Herz ist eine gelbe Blume, op.cit. S. 26-27.

"Entmannung" näher behandelt. Auffallend im obigen Zitat ist Reinigs Absage an die Idealisierungstendenzen früherer matriarchaler Kulturen. Im vorigen Abschnitt wurde Reinigs Kritik in der Beschreibung der Szene mit den Porno-Dias deutlich. Mit der ironischen Verfremdung, durch den Gebrauch matriarchalischer Erklärungsmodelle als Legitimation von pornographischen Bildern, erzielt Reinig Lächerlichkeit. Reinig kritisiert hier das Bemühen, aus Zeichen und Bildern von Frühkulturen Hinweise darauf zu erhalten, daß Frauen zu der Zeit eine machtvolle Position in der Gesellschaft einnahmen. Vor allem die minoische Kultur wird oft zitiert. Die Willkür der Zuschreibung wird in der Porno-Dia-Show auf die Spitze getrieben.

Man könnte noch einen anderen Kommentar Reinigs aus dieser Szene lesen: Die pornographische Industrie wird meist als ein krasser Ausdruck der Erniedrigung von Frauen disqualifiziert. Frauen werden als Ware gehandelt, Prostituierte und Animiermädchen stehen auf der untersten Sprosse der gesellschaftlichen Leiter. Die Abbildungen von Prostituierten in Verbindung mit Erklärungsmodellen matriarchaler Macht könnte die Frage aufwerfen, ob Frauen in den Frühkulturen wohl wirklich die ihnen zugeschriebene Position in ihrer Gemeinschaft innehatten. Es könnte durchaus sein, daß die Tempelpriesterinnen, die heute als Vorbild matriarchaler Macht dienen, letztlich innerhalb ihrer Gesellschaft eine ähnliche machtlose Position einnahmen wie die moderne Variante, die Prostituierten. Eine auf Wunschdenken basierte Verherrlichung 'guter alter Zeiten' wäre dann lediglich Augenwischerei und, wie schon bei Christa Wolf (Kapitel 2.3.2) zitiert, Ausdruck des Mangels an weiblichen Vorbildern.

Einen weiteren Hinweis auf die Sinnlosigkeit, in historischer Ferne nach weiblichen Heldentaten zu graben, gibt der folgende Dialog:

> "Wir Frauen haben in der Weltgeschichte nichts vollbracht außer, daß wir die Schürze erfunden haben." (...)
> "Menni, raffen Sie sich auf! Wir Frauen haben das Feuer erfunden, das Rad und die Astronomie, die Hochseeschiffahrt, den Ackerbau, die Töpferei und die Hosen."
> Sie klopft Menni ohne Anzüglichkeit auf die prallen Jeans:
> "Weiter die Medizin und das Knotenknüpfen. Ich weiß das aus neunfacher Quelle, weil nämlich neun verschiedene nahe Bekannte unabhängig voneinander mir genau erklärt haben, weshalb die Frauen nie etwas zustande gebracht haben außer diesem einen. So hat sich das eine denn neunfach angehäuft." (S. 47 f)

Reinig greift in diesem Textfragment gleich verschiedene Gruppen an. Zur Debatte steht, was Frauen denn nun eigentlich geleistet hätten, nach dem Motto "Wo bleiben denn der weibliche Galilei und der weibliche Columbus?" Bemerkenswert ist, daß Frauen ein Teil der Entdeckungen zugestanden oder zugeschrieben wird. Die Protagonistin macht daraus einfach eine neunfache Hochrechnung der weiblichen Talente. Man vermutet jedoch hinter den Zuschreibungen mehr Willkür als wirkliches Wissen um matriarchale Erfindungen. Auch läßt sich aus dem Pochen auf eventuelle Erfindungen in prähistorischer Zeit schwerlich ein Machtanspruch in heutiger Zeit ableiten. Betrachtet man die Reihe der Erfindungen genauer, so entdeckt man auch völlig unwichtige, wie die Erfindung der Hose oder des Knotenknüpfens. Hierdurch entsteht der Eindruck, daß es den Frauen weniger um die Qualität als mehr um die Quantität der weiblichen Erfindungen geht und daß sie recht hirnlos und unselektiv Erfindungen annektieren, um ihr weibliches Selbstbewußtsein zu stützen. Diese Art von Argumentation, der Verweis nach weiblichen Erfindungen in der Frühzeit als Legitimation ihrer Stärke und Macht, ist für die Aufarbeitung einer weiblichen Position in unserer Gesellschaft letztlich sinnlos und unfruchtbar.

Bei Reinig findet man im letzten Kapitel noch einen weiteren Hinweis auf matriarchale Elemente, dessen drittes Unterkapitel "Mütter" heißt. Hier wird mit geringen Modifikationen ein Textabschnitt aus Goethes "Faust II" zitiert.[28] Eher sagte in "Entmannung" eine der Protagonistinnen über "Faust II": "Dem Autor ist nichts Neues eingefallen. Abermals das gleiche Schema: Nach dem katastrophalen Ausgang einer heterosexuellen Episode besinnt sich der Held auf seinen wahren Lebensgefährten" (S. 158). Reinig spielt hier unehrerbietig auf die Verbindung Fausts mit Helena und auf Fausts Pakt mit Mephisto an. Im Kapitel "Die Mütter" wird der Dialog zwischen Faust und Mephisto über den Gang zu den Müttern wiederum profanisiert, indem dieser Dialog zwischen einem berühmten Interpreten des Mephisto, Gustaf Gründgens,[29] und dem Dichter Goethe in der Rolle des Faust geführt wird. Hierdurch erhält der tiefsinnige Dialog über die Urgründe der Bilder und des Seins einen lächerlichen Zug, da man ihn als eine Unterhaltung zwischen Regisseur und Dichter während einer Theaterprobe ansehen kann. Dabei wird der gehobene sprachliche Duktus unnötig und wirkt pathetisch. Der Inhalt des Gesprächs, das Erobern des Dreifußes, wird zu einer konkreten Handlung, die im darauf folgenden Kapitel jeder Symbolik entblößt wird: "Sieben Gewerkschaftler asten unter einem tonnenschweren Dreifuß heran. (...) Sie wissen: Sie sind die wichtigsten Leute hier: Steht der Dreifuß, steht die Szene" (S. 188).

Das Problem mit dem Dreifuß wird hier lediglich durch monumentale Schwere angedeutet, wieder werden Qualität und Quantität miteinander

28. Johann Wolfgang von Goethe: Faust II, 1. Akt, Finstere Galerie. In: Goethes Faust. Kommentiert von Friedrich Trunz. Hamburg 1963, S. 190 ff.

29. Die historische Person Gustaf Gründgens profilierte sich anfänglich als Schauspieler in der Rolle des Mephisto, er übernahm später auch die Regiearbeit. Reinig läßt ihn in "Entmannung" in dieser Doppelfunktion auftreten.

vertauscht. Der Dreifuß wird zu einem konkreten Sitzmöbel degradiert. Das Gespräch zwischen Gründgens und Goethe in "Mütter" erhält auf diese Weise nachträglich den Status einer Beratschlagung darüber, wie man ein begehrtes Requisit für die Aufführung beschaffen könnte. Reinig entblößt auf diese Weise die mythisch-mysthische Szene jeglicher Hinweise auf matriarchale Elemente. Ich werde auf eine weitere Interpretationsmöglichkeit dieser Szene noch unter dem Aspekt der Utopie eingehen. Deutlich wird in den genannten Beispielen, daß Reinig in "Entmannung" nicht auf die Errichtung einer Gesellschaft nach matriarchalen Maßstäben zielt. Ihre Entmannung der Gesellschaft stellt sich nicht als einfache Negation der bestehenden Gesellschafts- und Denkstrukturen dar.

Reinig beschäftigt sich nicht nur kritisch mit den Inhalten matriarchaler Vorstellungen, sondern kritisiert auch andere Zielsetzungen weiblichen Protests gegen die bestehende Kultur. Ich möchte auf zwei Beispiele näher eingehen.
Eine der Protagonistinnen heißt Valerie Solanas. Die historische Valerie Solanas hat bekanntlich das Manifest S.C.U.M. zur Ausrottung aller Männer propagiert. Diese Art der Männerfeindlichkeit wird in "Entmannung" kritisiert. Die Protagonistin Solanas will sich als "paranoid-schizophrener Fall" selbst in eine Nervenklinik einweisen lassen. In einer Unterhaltung mit dem Chefarzt erklärt sie die Beweggründe ihres Handelns:

"Nun gibt es das Prinzip der vorgezogenen Rache. Verstehst du? Wenn das eingetreten ist, was Rache erheischt, dann kann die Rache nicht mehr vollzogen werden. Das sieht man voraus und vollbringt die Rache vor der Kränkung. Nach dem Niedersturz von womens liberation kommen nicht erst die Männersiege. Erst kommen die womens revenge. Dann werden alle Männer hinweggemäht werden, ohne Ansehen, wer wer ist. Hauptsache, man erwischt möglichst viele von ihnen. Jeder erledigte Mann ist ein Folterknecht weniger. Was denn da zu tun ist, das kann keine gewöhnliche Frau tun. Dazu brauchen sie mich, die wandelnde Paranoia. Ich werde wie in einem friedlichen Eisenbahneralltag die Männerleichen häufen und verladen."
(...)
"Warum hassest du die Männer so?" fragt er und setzt sich neben sie.
Sie läßt ihm nun ihre Hand und sagt: "Ich hasse die Männer gar nicht. Das ist das Unglück. Ich hasse die Weiber. Und wie ich sie hasse. Ich hasse mich. Wie gern wär ich ein Mann. Aber ich muß ein Weib sein. Gott hat es so gewollt. Und ich werde mich dafür rächen. Das war dumm von Gott, mich auf die Weiberseite zu stellen, findest du nicht? Das werden seine geliebten Männerkinder büßen müssen." (S. 58 f)

Die Protagonistin Valerie Solanas bezeichnet sich als geisteskrank, wodurch ihre Aussage über die Ausrottungspläne und die dahinter liegenden Begründungen bereits weniger glaubhaft werden. Zunächst begründet sie ihre Zerstörungsphantasien mit der Furcht, Männer könnten sich nach dem Mißglücken der Frauenemanzipation an Frauen rächen. Bezeichnenderweise sagt sie jedoch, daß diese Aktion nicht von einer "gewöhnlichen" Frau, einer normalen Frau, unternommen werden kann. Es bedarf einer geistesgestörten Frau, um eine solche Wahnsinnstat zu vollbringen. Reinig relativiert hier die Zerstörungsphantasien, indem sie diese Tat einer Wahnsinnigen zudichtet.[30] Bei Reinig entspricht Solanas Erklärung weniger einer überlegten Handlungsstrategie als einem pathetischen, wütenden Manifest. Bezeichnenderweise verfällt der Chefarzt in seiner Gegenfrage in einen biblisch anmutenden Sprachduktus, was den vorhergegangenen Redeschwall als eine Predigt der Vernichtung anmuten läßt. Die Überraschung folgt in der Begründung Solanas im zweiten Teil des Textfragments. Hier wird die Motivation zur Männervernichtung auf eine persönliche Enttäuschung zurückgeführt, Solanas haßt als "verfehlter" Mann alle Frauen. Ihr Racheakt gilt dem begehrten Geschlecht. Reinig wiederholt hier das bekannte Vorurteil, daß feministische Frauen ihr Emanzipationsstreben aus dem Neid auf männliche Privilegien speisen. Auf der anderen Seite verweist Reinig auch nach unreflektierten Nachahmungsgesten von männlichen Verhaltensweisen, die als vorbildhaft adaptiert werden. Diese gehen oftmals mit der Verachtung von allem traditionell Weiblichen einher. Die herausfordernde Erklärung von Solanas wird als - vielleicht berechtigter - Neid Männern gegenüber im nachfolgenden Dialog dargestellt:

"Als Mann hat man es auch nicht leicht", sagt Kyra.
"Ach rede doch nicht", sagt Valerie, "das glaubst du doch selbst nicht, daß du mit dem allerbesten, allerstolzesten, allerreichsten, allerschönsten, allerglücklichsten Weibe tauschen würdest."
"Doch", sagt Kyra, nur um etwas zu sagen. (S. 59)

Die Protagonistin versucht, ihren Neid als nicht unbegründet zu motivieren, indem sie die Gegenfrage stellt, ob der Chefarzt mit einer Frau in den idealsten Umständen tauschen wolle. Der Chefarzt weicht dieser Frage aus. Seine Bejahung wird unglaubwürdig durch den Nachsatz "nur um etwas zu sagen." Dieser Mann hat es nicht nötig, ernsthaft darüber nachzudenken. Er braucht einer Geisteskranken auch keine ernstgemeinte Antwort zu geben. Bezeichnend für die zweigleisige Strategie Kyras ist, daß er auf der einen Seite feurige Plädoyers für die Ausrottung der seiner

---

30. Reinig spielt in "Der Wolf und die Witwen" im Kapitel "Die Witwen" auch mit Ausrottungsphantasien von Männern. Hier wird der hypothetische Charakter des Gedankenspiels gewahrt durch den stilistischen Ausgangspunkt: "Stellen wir uns vor...". In: Der Wolf und die Witwen. München 1981, S. 7-13. - Auch Angelika Mechtel beschreibt eine Zerstörung von Männern durch die Frauen in: Die Träume der Füchsin. Stuttgart 1976, S. 70-88. In "Kuckucksfrau" beschreibt Mechtel in einer absurdistischen Kurzgeschichte, wie der Kampf der Geschlechter in eine Orgie von Giftmorden mündet, in der Männer und Frauen einander töten.

Meinung nach minderwertigen Männer hält, letztlich jedoch alle
Privilegien der Männer behalten will. Reinig attackiert in den oben
zitierten Textfragmenten sowohl bestimmte Formen weiblicher
Radikalität als auch die pseudofeministische Haltung bestimmter Männer.
In "Entmannung" ist die Protagonistin Valerie Solanas nicht die einzige,
die sich mit Ausrottungsplänen trägt. Reinig teilt vor allem Männern die
Rolle zu, über mögliche Vernichtungspläne, mit denen Frauen Männer
ausrotten könnten, nachzudenken. Die Frauen selbst sind im Roman
weniger radikal. Sie verfassen zwei feministische Manifeste. Beide strotzen
von verbaler Gewalt. Die Zielsetzungen sind jedoch bei beiden recht vage.
Im ersten Manifest wird den Männern geraten, ihre Sexualität nicht als
Waffe gegen Frauen einzusetzen. Im zweiten Manifest wird auf die
möglicherweise verheerende Wirkung der Stetoskopie hingewiesen.
Frauen, die entdecken, daß ihr Embryo ein Mädchen ist, könnten
zukünftig diese abzutreiben versuchen. Die drei Frauen berichten einander
während des Verfassens der Manifeste von zahlreichen Ungerechtigkeiten
und Erniedrigungen. Ihre Wut mündet jedoch nicht in nüchterne Analysen
und die rudimentären Ansätze dazu nicht in sinnvolle, schlagkräftige
Strategien zur Beseitigung der dargestellten Machtungleichheit. Das
chaotische schriftliche Lamento wird denn auch beendet, als sowohl das
Papier ausgegangen ist als auch der Strom der Klagen endlos zu werden
droht:

> Doris: "Wir könnten, wenn wir wollten, unentwegt so fortfahren. Ich halte es für
> richtig, daß wir vorerst Schluß machen und die erarbeiteten Texte unter die Leute
> werfen."
> Die Wahrheit ist, daß ihr die Autokarten ausgegangen sind. (S. 62)

Reinig geht hier wieder wenig sanft mit ihren feministischen Schwestern
um. Es wird über "erarbeitete Texte" gesprochen, obwohl eigentlich nur
Erlebnisberichte und wütende Statements zur Sprache kamen. Der letzte
Nachsatz ist dabei besonders zynisch. Das Manifest wurde auf die Ränder
einer Autokarte geschrieben. Dies illustriert im wahrsten Sinne die
Marginalität der Manifeste. Sie werden an den Rändern einer Landkarte
aufgezeichnet. Man könnte in übertragenem Sinne behaupten, daß die
Frauen nur den traditionell vorhandenen, unbeschriebenen Raum der
gesellschaftlichen Landkarte auffüllen. Alles weitere bleibt beim alten.
Diese Vermutung verstärkt sich dadurch, daß die Frauen ihre Proteste
lediglich untereinander äußern, wobei es bei verbalen Kraftakten bleibt.
Im weiteren dagegen bemühen sich alle drei Frauen, die Gunst des
Chefarztes zu gewinnen. Dieser bemüht sich, einen weiblichen Habitus
anzunehmen, was die drei Frauen rührt und sie in ihrem Eifer stärkt, über
Zuneigung und Erziehung das männliche Geschlecht zu humaneren
Wesen zu formen. Schließlich läuft es jedoch darauf hinaus, daß der

'faustisch strebende' Chefarzt direkt oder indirekt am Untergang aller drei Frauen Schuld wird.

An diesen Beispielen einer kritischen Auseinandersetzung Reinigs mit feministischen Handlungsstrategien wird deutlich, daß Reinig verbalen Kraftakten von Feministinnen mißtraut - sowohl den vorsichtig formulierten als den radikal provozierenden. Reinig stellt zwei Haltungen von Feministinnen einander gegenüber, wobei sie bei beiden letztlich nur auf die negativen Aspekte und die Kurzschlüsse in Argumentation und Strategie hinweist. Sowohl brachiale Gewalt als pädagogische Sanftmut werden als Irrwege dargestellt.

8.3.2. Kritische Anmerkungen zur weiblichen Kreativität

Ebenso kritisch, wie Reinig sich über feministische Handlungsstrategien ausläßt, attackiert sie auch den naiven Glauben an eine weibliche künstlerische Kreativität, die zum einen naturhaft in Frauen anwesend sein soll und die man nur zu Wort kommen lassen müßte und die zum andern eine textinhaltlich beweisbare weibliche Komponente sei. Beide Aspekte werden in "Entmannung" angesprochen.

Im Roman tritt eine Gelegenheitsschriftstellerin auf. Die Protagonistin Thea, die ihr Brot als Prostituierte verdient und keine höhere Schulbildung genossen hat, schreibt Gedichte oder in Reinigs Worten: "Sie muß ein Gedicht", wodurch das Produkt der Dichtkunst mit einem Exkrement verglichen wird. In einer Szene erklärt Thea nach dem spontanen Deklamieren eines Gedichtes ihre Poetika:

> Thea wird gelobt. Doris erkundigt sich, wann sie das gedichtet hat. Thea verwahrt sich gegen das Dichten. Sie sei bei Mennis Worten in eine freudvolle Entzückung geraten. Da sei das Gedicht vor ihrem Inneren Auge erschienen. Sie habe es gleichsam abgelesen. Die Schwestern sind außer sich. Thea ist gar keine gehobene Strichdame. Sie ist ein Märtyrer des weiblichen Genius. Doris vermutet, daß eine Sappho an ihr verloren gegangen ist. Thea erinnert daran, was alles Großes aus ihr geworden wäre, "wenn der Staat mich hätte studieren lassen". Außerdem ist sie im Sternbild der Jungfrau geboren. "Wie Goethe." (S. 50)

Reinig verweist hier auf die bürgerliche Auffassung von Kreativität und Künstlertum. Das Dichten wird als ein mystisches Anliegen dargestellt durch Ausdrücke wie "Inneres Auge, freudvolle Entzückung". Dieser Sprachduktus verweist auf Schilderungen der Mystikerinnen. Das Dichten ist hier ein spontaner Prozeß, der an die Arbeitsweise der im achtzehnten Jahrhunder berühmten Karschin erinnert, die die Fähigkeit besaß, zu jeder Gelegenheit und in jedem Moment ein Gedicht zu produzieren.[31] Dies

---

31. Siehe hierzu: O, mir entwischt nicht was die Menschen fühlen. Gedichte und Briefe von Anna Louisa Karschin. Hrsg. von Gerhard Wolf. Frankfurt a/M. 1982.

entsprach zu der Zeit der Vorstellung von weiblicher Kreativität, die als natürlich und spontan geachtet und erlaubt, letztlich jedoch auch belächelt wurde.[32] Man findet in der zweiten feministischen Bewegung ähnliche Tendenzen, wo Spontaneität als weibliche Ursprünglichkeit, die noch nach keinen "patriarchalen" Mustern geformt wurde, gilt. Der Hinweis Theas auf ihre mystische Erleuchtung wird besonders lächerlich, wenn man das vorangegangene Gedicht und seine sehr traditionelle Form betrachtet: ein Alexandriner mit vier Strophen zu je vier Versen mit Kreuzreim in strenger fünffüßiger Jambenform. Diese Form des Gedichts ist ebenfalls wenig spirituell. Es spielt mit der Möglichkeit, alle Umweltprobleme mit der Ausrottung von Männern zu lösen. Dabei werden viele technische Fachausdrücke benutzt. Weder die Form noch die darin angewendete Sprache sind ursprünglich. Wohl überzeugt die Wut, die sich jedoch nicht unmittelbar als Qualitätsmerkmal im Gedicht niederschlägt. Trotzdem wird die Dichterin als verkannte Sappho hoch gelobt. Hier wird man an die Behauptung erinnert, Frauen seien unendlich kreativ, man hätte sie nur verkannt und müsse ihnen nun die Gelegenheit geben, sich zu äußern, und schon wären die weiblichen genialen Künstler geboren. Indem Thea spontan zur Sappho gekrönt wird, erhält man den Eindruck, daß die Frauen bei Reinig diesem Irrglauben erlegen sind. Die gelobte Dichterin zweifelt auch nicht an diesem Sachverhalt, sie ist der Meinung, daß sie zu noch größerer Kreativität imstande wäre, wenn sie ein Studium absolviert hätte. Man fragt sich, ob Kreativität ursächlich mit Hochschulstudium zusammenhängt. Reinig läßt hier in der Schwebe, inwiefern Bildung für den Ausbau der künstlerischen Kreativität wichtig ist.[33] Die verkannte Sappho orientiert sich nicht an einem weiblichen Vorbild, sondern an dem klassischen Dichter Goethe. Der Text macht nicht deutlich, ob Thea keine anderen Dichter kennt oder ob sie Goethe als wichtigsten deutschen Dichter ansieht. Man könnte beides vermuten, wodurch der Eindruck entsteht, Thea beziehe ihr dichterisches Wissen vielleicht mehr von den Rückseiten von Kalenderblättern. Der Hinweis auf die astrologische Verwandtschaft zwischen Goethe und Thea genügt dieser schon, um eine gleichwertige Genialität zu suggerieren. Reinig komponiert aus Versatzstücken feministischer Ansichten über Kreativität das Bild einer Sonntagsdichterin voller Arroganz und Unwissen, die von ihren ebenso

---

32. Siehe hierzu: Silvia Bovenschen: Die imaginierte Weiblichkeit. Exemplarische Untersuchungen zu kulturgeschichtlichen und literarischen Präsentationsformen des Weiblichen. Frankfurt a/M. 1979, hierin speziell das Kapitel Anna Louisa Karsch, die Sappho aus Züllichau - Paradigma eines Kulturtypus, S. 150-158.
33. Virginia Woolf äußert sich in "A Room of One's Own" viel deutlicher über den Zusammenhang von verweigerter Bildung und dem Mangel an weiblichen Talenten. Siehe hierzu auch die Kommentare von Stefan in "Häutungen" und Pausch in "Die Verweigerung der Johanna Glauflügel".

unwissenden Mitstreiterinnen bei mangelnder Konkurrenz zu einem weiblichen Genie hochstilisiert wird.

In einer anderen Textpassage beschäftigt sich Reinig mit der Frage, ob man einem Text ansehen könne, ob er von einem Mann oder einer Frau geschrieben sei. Die Diskussion über diese Frage entfaltet sich anläßlich des Auftritts einer Dame mit dem Namen "O". Der Leser kann dieses Zeichen aussprechen als den Buchstaben 'O' oder die Zahl 'Null'. Ihre Erscheinung wird als völlig nichtssagend beschrieben, wodurch man sagen könnte: "sie ist eine Null", das heißt, sie hat nichts zu sagen, sie ist unbedeutend. Als die Dame die Gesellschaft verließ, beugte sich der Rest der Anwesenden über die Frage, ob die Dame "das" Buch selbst geschrieben habe. Es wird nicht weiter auf einen bestimmten Titel eingegangen, der Leser kann nur raten, daß hier auf zwei mögliche Buchtitel verwiesen wird, auf die "Marquise von O" oder auf "Geschichte der O".[34] Letzteres erscheint wahrscheinlich, da die beschriebene Dame der Heldin des Edelpornos mehr entspricht als der Kleistschen Marquise. In der Diskussion kann der Protagonist Freud wieder den entscheidenden Beweis für das Geschlecht des Autors liefern:

> Das Buch ist kaum von einer Frau geschrieben. Es sind gewisse Einsichten darin über die weibliche Psyche, die einer Frau fernstehen. Zum Beispiel: Ein Mann wirft eine Frau zu Boden und zertrampelt sie. Sie bemerkt, er müßte die Schuhe neu besohlt bekommen. Wenn sie dann vor Gericht aussagen soll, erinnert sie sich gar nicht mehr, den beklagenswerten Zustand seiner Sohlen bemerkt zu haben, (...). Vor Gericht weiß die Frau nichts als von ihren Mißhandlungen. Allein ein Mann kann die merkwürdige Eigenschaft der Frauen, das Nichtige und das Wichtige zu vermengen, überblicken und nennt es: Typisch Frau! Wenn er Schriftsteller ist, bringt er Beispiele davon in seinem Buch an, um die weibliche Psyche abzuschildern. Und dies eben tut der Verfasser der "Geschichte der O".[35]

Der Protagonist Freud ist sich seiner Sache recht sicher. Man weiß jedoch, daß die "Geschichte der O" unter dem Pseudonym einer Frau, Pauline Réage, erschien. Der eigentliche Autor ist inzwischen bekannt, die französische Kritikerin Anne Declos. Jeder könnte auf eigene Faust das Ratespiel mitmachen und sich fragen, ob man selbst mit einiger Sicherheit zu sagen imstande ist, ob dieses Buch nun eine Frau oder ein Mann schrieb. Bei diesem Denkspiel wird deutlich, daß man vorerst Kategorien für einen 'weiblichen' und einen 'männlichen' Text entwickeln muß. Solche Kategorien werden recht willkürlich für Texte von weiblichen Autoren aufgestellt und zum Teil auch heute noch gehandhabt. Diese Einteilungen kongruieren im Hinblick auf weibliche Autoren meist mit den

---

34. Pauline Réage: Geschichte der O. Reinbek bei Hamburg [7]1982.
35. Christa Reinig: Entmannung, op.cit. S. 29. Reinig nimmt Bezug auf eine Textstelle (S. 35) bei Réage.

traditionellen Rollenerwartungen. Das Buch "Geschichte der O"entspricht jedoch nicht diesen Kategorien. Der Text ist vielmehr eine popularistische Kopie de Sadescher masochistischer Praktiken in der Form eines realistischen Romans. Nun weiß man, daß Frauen ebensogut pornographische Texte schreiben können wie Männer. Man denke unter anderem an "Little Birds. Erotica" von Anaïs Nin[36]. Anhand der Stoffwahl ist also nicht beurteilbar, ob der Autor der "Geschichte der O" männlich oder weiblich ist.

In Reinigs Text liefert Freud einige seiner Meinung nach stichhaltige Beweise dafür, daß der Autor des Textes ein Mann sein müßte. Er behauptet, daß ein männlicher Autor mehr über die 'Abgründe' der weiblichen Psyche als ein weiblicher Autor wisse. Reinig benutzt seine Meinung recht bösartig als Pars pro toto für eine legitimierte männliche Besserwisserei.

Im Text belegt Freud seine These, daß Männer besser über die weibliche Psyche Bescheid wüßten als Frauen, mit einem Beispiel. In diesem Beispiel unterscheidet er wichtige und unwichtige Wahrnehmungen, die Frauen seiner Meinung nach ständig vermischten. Hier werden Bewertungen zynisch umgekehrt. Aus der Perspektive des Mannes, Freud in diesem Fall, ist die Mißhandlung der Frau eine Bagatelle, sind die abgewetzten Schuhe jedoch für ihn wichtig. Hier steht fest, was wichtig ist und was unwichtig und was männliche und weibliche Schreibweise ist. Um die weibliche Psyche adäquat zu schildern, muß ein Autor nach der Ansicht des Protagonisten Freud diese Umkehrung von Wertigkeiten als Normensystem einer Romanfigur vornehmen, z.B. um eine 'typische' Frau zu beschreiben. Man kann hier hinzufügen, daß ein Autor, der diesen Direktiven folgte, aufgrund von falschen Prämissen doch ein richtiges Bild abliefern könnte. Anhand einer genauen Beschreibung des weiblichen Lebensraums kann ein adäquates Bild von Frauen in unserer Gesellschaft entstehen, auch wenn der Autor Frauen verächtlich gegenübersteht. Es läßt sich jedoch aus einer genauen Schilderung des Lebens von Frauen noch nicht auf das Geschlecht des Autors schließen, wie Freud bei Reinig behauptet.

Reinig komprimiert in dem obigen Textfragment eine Reihe von Diskussionspunkten im Zusammenhang mit Thesen über geschlechtsbezogene Schreibweisen. Sie weist sowohl auf die Fragwürdigkeit einer sogenannten gängigen Wertung und Materialwahl hin als auch auf die Unmöglichkeit, direkt aus dem Text Rückschlüsse auf das Geschlecht des Autors ziehen zu können. Wohl aktiviert Reinig die Reflexion über die Effekte, die ein gesellschaftliches Selbstverständnis nach offensichtlich männlich dominierten Maßstäben auf die Autorschaft und die

---

36. Anaïs Nin: Little Birds. Erotica. New York 1979.

Textproduktion haben kann. Das 'Neue', das von weiblichen Autoren erwartet werden könnte, bleibt dabei vorerst als Leerstelle ausgespart.

8.3.3. Anmerkungen zur weiblichen Identität

Ebenso vorsichtig, wie sich Reinig an Erneuerungsperspektiven in der Literatur von der Seite der Frauen her herantastet, äußert sie sich auch über bestehende Formulierungen von Weiblichkeit. Reinig weicht damit einer neuen Definition von Weiblichkeit aus. Die Autorin ist hier den Reflexionen der französischen Psychoanalytikerin und Philosophin Luce Irigaray verwandt. Irigaray antwortet auf die Frage, ob sie eine Frau sei und was eine Frau sei:

> Es geht nicht darum, einen anderen Begriff der Weiblichkeit auszuarbeiten. Zu sagen, daß die Weiblichkeit ein Begriff ist, heißt bereits, sich in ein männliches Repräsentationssystem vereinnahmen zu lassen, innerhalb dessen die Frauen in einer Ökonomie der Repräsentation gefangen sind, die der Selbstaffektion des männlichen Subjekts dient. Wenn es also darum geht, die "Weiblichkeit" in Frage zu stellen, heißt es noch lange nicht, einen anderen Begriff der Weiblichkeit auszuarbeiten. - Ich glaube, die Männer tun genug dazu, eine Theorie der Frau auszuarbeiten.[37]

Irigaray stellt hier die These auf, daß alle bekannten Formen des Begriffs Weiblichkeit nach männlichem Parameter modelliert sind. Jeder neue Versuch einer Definition des Weiblichen wäre sofort wieder eine Festschreibung, eine Einengung nach bestehenden Prämissen. Irigaray lehnt daher die Definition des Weiblichen ab. Sie benutzt dahingegen häufig die Form der Frage. Bekannte Denkmuster werden dadurch ihrer Allgemeingültigkeit enthoben und neue Denkansätze nicht zu neuen Postulaten. Irigaray bevorzugt als Form des Erkennens die Annäherung. Man könnte dies in die Form gießen, daß man 'die Frau' in Anführungszeichen setzt zum Zeichen dafür, daß es sich hier immer um eine Metapher handelt.

Christa Reinig benutzt das In-Anführungszeichen-Setzen des Weiblichen durchgehend in ihrem Roman "Entmannung". Die Autorin spielt bereits im Titel mit der Fiktionalität der Identität, indem sie in dem barock anmutenden Titel ihren eigenen Namen nennt als Zeichen für die Einführung einer Erzählerinstanz, die den Namen Christa Reinig trägt, jedoch nicht selbstverständlicherweise mit der Privatperson Reinig identisch zu sein braucht.[38] Im Romantext selbst erscheint der Name Christa Reinig dreimal. Provokativ in seinem subjektiven Gestus, beginnt

---

37. Luce Irigaray: Unbewußtes, Frauen, Psychoanalyse. Antworten von Luce Irigaray. Berlin 1977, S. 13.

38. Die Problematik zwischen Autor und Subjekt wird bei Michel Foucault ausgearbeitet: Michel Foucault: Die Ordnung des Diskurses. München 1974.

das Kapitel "Die Verbrecher" mit dem Satz: "Ich, Christa Reinig, vermag zweierlei: einmal mit Männern munter über belanglose Dinge plaudern, zum andern, sie mit Drohworten zur Ordnung zu zwingen" (S. 78). Die Protagonistin Reinig schwört dann im Kapitel "Die Meineide", nicht mehr mit Männern zu reden. Im Kapitel "Itzehoe" nennt die Autorin die Erzählerin des Romans das "Gänseliesel der deutschen Literatur" (S. 81). Im Kapitel "Die folgenden Manifeste" spricht die Protagonistin Doris über die Folgen einer Geschlechtsbestimmung im Embryonalzustand. Da Frauen dann eine Abtreibung ihrer weiblichen Kinder in die Wege leiten würden, gäbe es nach Meinung der Protagonistin in Zukunft keine rebellischen Frauen mehr. Es folgt eine lange Aufzählung berühmter Frauen aus der Geschichte und der Mythologie. Einer der Namen ist "Christa Reinig". Die Autorin Reinig reiht die Protagonistin Christa Reinig gleichwertig in das Figurenkabinett ihres Romans ein. Die Identität der Autorin Reinig geht im Text auf, taucht in ihn ein und wird zu einer der fiktiven Figuren, die den Roman bevölkern. Reinig vermeidet mit diesem Kunstgriff, sich selbst als authentische weibliche Identität darstellen zu müssen oder als solche als Autorin angesprochen zu werden. Reinig tut dies sicher nicht ohne Kalkül, ist sie sich doch der Problematik eines unreflektierten, naiven Gebrauchs einer weiblichen Identität - sie äußert sich in dieser Hinsicht zunächst ausschließlich in Hinsicht auf den Literaturbetrieb - bewußt:

> Literatur ist hartes Männergeschäft von dreitausend Jahren her. Das muß jede Autorin erfahren, wenn sie das Wort "Ich" gebraucht. Von da aus geht es plötzlich nicht mehr recht weiter. Die Formen und Formeln der Dichtersprache sind nicht geschaffen, daß ein weibliches Ich sich darin artikulieren kann.[39]

Reinig mißtraut den vorgegebenen Mustern weiblicher Identität. Sie macht daher einen Kunstgriff und schreibt ihren Roman mit einem männlichen Helden im Zentrum der Handlung. An diesem Modell kann sich die Kritik an männlichen Gewohnheiten und Denkweisen äußern. Hierbei verrät die Autorin, daß in die Figur des Helden Kyra die kritische Selbstreflexion der Autorin Reinig eingeflossen ist: "Im gewissen Sinne ist Ottos ideologische 'Entmannung' mein eigener Weg, und Kyra (ursprünglich hieß Otto anders), Kyra ist Christa. Ich selbst prüfe an mir, was an 'Männlichkeitswahn' ich von mir abtun kann."[40] Konsequenterweise wird der männliche Protagonist in all seinen Schwächen, seinem Handeln und seinen Wünschen mitleidlos dargestellt. Ich gehe noch ausführlicher auf die Gestalt Kyra unter dem Aspekt der Utopie ein. Die weiblichen Protagonistinnen in Reinigs Roman sind Prototypen weiblicher Klischees, Doris als Intellektuelle, Thea als Hure und Menni als

---

39. Christa Reinig: Das weibliche Ich. In: Alternative (1976) 108/9, S. 119.
40. Mein Herz ist eine gelbe Blume, op.cit. S. 20.

Hausfrau. Alle weiteren Nebenfiguren sind ebenfalls karikiert. Reinig erziehlt dadurch den Effekt, daß man auf eigene stereotype Weiblichkeitsbilder aufmerksam gemacht wird und jegliche Suche nach einer 'Weiblichkeit' im Text aufgibt. Fast spielerisch führt sie dennoch das Thema der Identitätsuche ein. Die Intellektuelle Doris glaubt, die wahre Weiblichkeit in der Rolle der untertänigen Geliebten gefunden zu haben. Moritatenhaft wird sie dafür bestraft: sie wird wahnsinnig. Die Hure Thea sieht ihr Ideal im Status der legalen Ehefrau. Auch hier 'rächt sich das Schicksal': sie stirbt an Krebs. Menni, die das Dasein als brave Ehefrau nicht befriedigt, sucht ihre Abenteuer in der freien Liebe. Eine Abtreibung und eine zerrüttete Ehe sind das Resultat. Infolge einer ehelichen Auseinandersetzung kommt sie schließlich ins Gefängnis. Reinig bricht hier mit dem Dreisatz: Unterdrückung (Klischee), Bewußtwerdung (Wunschäußerung) und Befreiung (neue weibliche Identität). Die Protagonistinnen bleiben auch in ihren Ausbruchversuchen immer an die eigenen Klischeevorstellungen und die ihres Umfeldes gebunden. Es ist daher auch nicht verwunderlich, daß der Roman mit Hinweisen auf Film und Theater durchzogen ist. Es scheint, als wolle Reinig vor allem vermeiden, daß der Leser in den Romanfiguren irgendeinen Grund zur Identifikation erhalten könnte. Der fiktive Charakter der Figuren wird im letzten Kapitel noch dadurch unterstrichen, daß die Hauptgestalten in mythologischer Vermummung noch einmal auftreten. Hier verdoppelt sich das Spiel mit Weiblichkeitsklischees. Die modernen Weiblichkeitsmythen, die Dreiheit 'Intellektuelle, Mutter, Hure', erhalten auf der mythologischen Ebene ein Pendant in den Gestalten Pallas Athene, Hera und Aphrodite. Man könnte meinen, Reinig wolle damit auf eine spielerische Art und Weise die Omnipotenz der Klischeevorstellungen angeben, indem sie sie schon in mythischen Vorstellungen lokalisiert. Auch wäre es ein unmögliches Unterfangen, diesen zählebigen, historisch legitimierten Weiblichkeitsmustern Formen einer 'neuen' weiblichen Identität oder Imagination entgegenzusetzen, die sich den gängigen Vorstellungen entziehen könnten. Es nimmt daher auch nicht Wunder, daß Reinig den klischeehaften Romanfiguren Doris, Thea und Menni andere Protagonistinnen gleichwertig hinzugesellt, Figuren, die außerhalb des Romans in der Realität Geschichte gemacht haben, wie zum Beispiel Valerie Solanas oder die Frauen Ihns und Anderson. Auf gleicher Ebene werden Figuren aus Romantexten oder mythologischen Vorlagen, wie die Dame O oder Klytemnestra, eingeführt.

Reinig beläßt es jedoch nicht bei dieser komplizierten Überschneidung von Zitaten von Weiblichkeitsbildern. Die Autorin gibt ihren eigenen Kommentar zu den Klischees, nicht in Form einer neuen Identität, wie schon erwähnt, sondern vielmehr durch das Hinzufügen von Attributen, die die Klischeevorstellung eigentlich sprengen. So wird Doris als

"Monarchistin, Kapitalistin, Sozialistin, Antifaschistin und Alkoholikerin" (S. 7 f) dargestellt. Diese Häufung verschiedenartigster ideologischer Standpunkte karikiert die Position einer vollständig sich ihrer selbst bewußten Persönlichkeit. Gleichzeitig erfahren wir, daß die Protagonistin ihren Emotionen gegenüber völlig wehrlos ist. Die Darstellung unvereinigbaren Eigenschaften in einer Person ergibt eine unerwartete Vertiefung, die zur Reflexion über die Klischeevorstellung hinsichtlich einer intellektuellen Frau anregen könnte. Eine ähnliche Überdeterminierung erfährt das Klischee der Hure. Reinig macht sie zu einer androgynen Figur, indem Thea nachts das männliche Geschlecht annimmt oder sich dem männlichen Rollenstereotyp gemäß benimmt. Beide Leseweisen sind möglich. Die Hure wird hier nicht ausschließlich als Opfer männlicher Lüste dargestellt, sondern entfaltet eigene erotische Initiativen. Zudem ist Thea eine Schnelldichterin, der Reinig eine witzige Instantpoesie in den Mund legt, die Vergleiche mit Morgenstern und Ringelnatz zuläßt. Theas geheimer Wunsch ist aber ein Stil, der Goethe gleicht. Gleichsam als Strafe wird ihr satirisches Talent hierdurch zerstört. Ebenso desaströs wirkt Theas Wunsch nach einer legalen, ehelichen Verbindung. Die marginale Position der Hure wird bei Reinig als Stärke und Inspirationsquelle dargestellt. Die legale Ehe dagegen erscheint als eine Institution der physischen und psychische Zerstörung der Frauen. Reinig dreht hier gängige Vorstellungen über gesellschaftliche Positionen um.

Reinig vermeidet in "Entmannung", die weiblichen (und auch männlichen) Protagonisten wirklichkeitsnah zu beschreiben. Wenn sie das versucht hätte, hätte sie entweder gängige Vorstellungen von Weiblichkeit übernehmen und legitimieren oder Bilder einer anderen, noch unentdeckten Weiblichkeit entwickeln müssen. Die Festschreibung einer weiblichen Identität auf bestehende oder zukünftige Bilder entspräche der von Irigaray abgelehnten definitorischen Arbeit. Reinig dagegen benutzt Bilder der weiblichen Repräsentation, um sie durch Überdetermination aufbrechen zu lassen.

8.4. Gattungsmäßige Ordnungsversuche eines Sprachlabyrinths

In der Struktur des Romans "Entmannung" fällt zuerst die Divergenz auf zwischen einer chaotisch anmutenden Fülle von Figuren und Textzitaten, die auf scheinbar willkürliche Weise über den Leser ausgegossen werden, und einem säuberlich ordentlichen Inhaltsverzeichnis am Ende des Textes. Hier werden vierzehn Kapitel mit Unterteilungen in weitere vier bis sechs Unterkapitel angegeben. Das letzte Kapitel erweckt mit seinem Titel "Letzte Vorstellung" den Eindruck, als werde hier der Roman abrundend abgeschlossen. Nichts ist jedoch weniger wahr. Gerade das letzte Kapitel verleiht dem Roman den offenen Charakter durch seine Anhäufung literarischer Zitate, wobei die vorher introduzierten Protagonisten in verschiedenen Rollen ihre Aufwartung machen. Der Roman hätte durchaus mit dem dreizehnten Kapitel enden können. Die Versöhnungsrituale im vierzehnten Kapitel in mythologischer Verpackung wecken Assoziationen an das mehrfache Ende der Brechtschen "Dreigroschenoper".[41] Bei Brecht wird das Happy-End durch einen Boten als Deus ex machina eingeleitet. Bei Reinig erfüllt der Regisseur Gründgens diese Funktion, der hier als Spiel eine allgemeine Versöhnung inszeniert. Man kann das letzte Kapitel selbst als einen ironisch-satirischen Hinweis auf Faust II betrachten, indem Reinig in eigener Modulation eine Vielfalt von literarischen Zitaten aus der deutschen und griechischen Klassik zu einem Harmoniemodell verschmelzen läßt. Geheimer Mittelpunkt dieser Inszenierung ist der Protagonist Kyra, der nach faustischem Ringen um menschlicheres - hier weiblicheres - Handeln eine Vision der Versöhnung der Geschlechter hat.

8.4.1. Rhizomatisches Geflecht

Um die Struktur des Romans zu beschreiben, wird vielfach auf Metaphern zurückgegriffen. Bovenschen spricht von einem "Flickenteppich aus Bildungsabfall",[42] Schmidt präzisiert die Metapher und nennt "Entmannung" eine "Patchworkdecke".[43] Beide Kritikerinnen bezeichnen damit den aus lauter Versatzstücken wörtlich zitierter, paraphrasierter oder fiktiver Textzitate bestehenden Roman. Die Zitate werden jedoch nicht nach den strengen Regeln einer Patch-work-Arbeit als ein übersichtliches geometrisches Muster montiert, bei dem nicht selten die Flicken konzentrisch angeordnet sind und die Ränder säuberlich mit einer dicken Stoffkante abgesetzt werden. Reinigs Roman entspricht weniger dieser Struktur, sondern mehr einem Geflecht von unhierarchisch durcheinanderlaufenden Versatzstücken, die in verschiedenen Formen an verschiedenen Stellen im Text plötzlich wieder auftauchen. Auch sind die 'Textränder' auf den zweiten Blick keine ordnenden Rahmenelemente, obwohl Reinig auch hier wieder verwirrend arbeitet, indem sie den Text

41. Bertolt Brecht: Die Dreigroschenoper. In: Gesammelte Werke 2. Frankfurt a/M. 1967 (Bd. Stücke 2), S. 485 ff. - In dieser Version des Finales parodiert Brecht mit einem Zitat aus "Fidelio" von Beethoven den Wunsch der Zuschauer nach einem versöhnlichen Ende. Eine allgemeine Versöhnung mit parodistischen Doppeldeutigkeiten finden wir auch im letzten Kapitel von Reinigs Roman.
42. Silvia Bovenschen: Das sezierte weibliche Schicksal. Christa Reinigs Roman "Entmannung". In: Die Schwarze Botin (1977) 4, S. 26.
43. Ricarda Schmidt: op. cit. S. 262.

mit je einem Traumfragment einleitet und abschließt; beide Fragmente tragen visionären, prophetischen Charakter. Der erste Traum wird seiner Sonderstellung jedoch dadurch enthoben, daß im Roman mehrere visionär anmutende Träume vorkommen, die durch Banalisierungen ihrer motivischen Funktion enthoben werden. Außerdem spielt Reinig, fortlaufend mit fiktionalen Ebenen, wodurch der Traum keine Sonderstellung einnimmt. Was das letzte traumartige Kapitel betrifft, so könnte man meinen, daß dieser Romanabschluß eine von vielen möglichen Variationen darstellt, die der Leser gleichwertig hinzuassoziieren sollte. Das Kapitel steht in keinem zwingenden kausalen Zusammenhang mit einer vorhergehenden Handlungsführung.

Obwohl der Titel des Romans einen auktorialen Erzähler einführt und der Roman in der dritten Person geschrieben ist, zieht sich der Erzähler merkwürdig zurück. Diese Bewegung wird dadurch verursacht, daß die im Text vorkommenden Protagonisten nicht psychologisch modelliert sind, sondern als Träger von Texten funktionieren, deren Argumentationen miteinander kollidieren. Man kann hier weniger von Konflikten zwischen Protagonisten sprechen als vielmehr von einander widersprechenden, sogar ausschließenden Argumentationsketten. Es gibt in "Entmannung" kein Zentrum der Handlung oder einen zentralen Erzählstrang, es sind eher momentane Verdichtungen von Argumentationsketten an bestimmten thematisch orientierten Punkten. Dies gilt für Themen wie Geschlechterkampf, Gewalt, Solidarität, Androgynie, weibliche Identität. Es gilt auf struktureller Ebene für Mechanismen der logischen Argumentation, für wissenschaftliche Beweisführung und für die Funktion von Weiblichkeitsbildern.

Will man die Struktur des Romans mit Hilfe eines Modells beschreiben, so kann man aufgrund der unhierarchischen Verknotung und Verflechtung an das Wurzelgeflecht eines Rhizoms denken. Gilles Deleuze und Felix Guattari gebrauchen dieses Bild für Texte von Joyce und Kafka, in denen das Prinzip der Konnexion, der Heterogenität, der Vielheit und des asignifikanten Bruches beobachtet wird.[44] Die Heterogenität des Romans wird bei Reinig durch die Metapher des Krebses in einem Bild verdichtet. Ebenso wie in Heiner Müllers Text "Quartett",[45] in dem die Metapher Krebs durchlaufend genannt wird, sind auch bei Reinig die Romanfiguren größtenteils Textträger. Die Texte wuchern zu langen Erklärungsmodellen. Man könnte auch sagen, Reinig stellt die Wucherungen von Bildern und kausalen Erklärungen dar, die eine Beziehung zur Weiblichkeit haben. Krebs ist als organische Krankheit eigentlich eine sinnlose

44. Gilles Deleuze/ Felix Guattari: Rhizom. Berlin 1977, S. 5-42.
45. Heiner Müller: Quartett. Frankfurt a/M. ²1982.

Überproduktion ursprünglich sinnvoller organischer Zellenorganisationen. In seinem Wildwuchs zerstört der Krebs die gesunde Zellenorganisation. Diese Bewegung kann man in zwei Formen in Reinigs Roman wahrnehmen. Zum einen könnte man von einer im Roman demonstrierten Bewegung einer wildwuchernden Erklärungs- und Bildproduktion im Hinblick auf Weiblichkeit sprechen. Zum anderen gleicht die damit verbundene sprachliche Zeichenproduktion einer - vielleicht sinnlosen - Überproduktion. Durch die Überdetermination jedes Zeichens ist es möglich, asignifikante Brüche im Zeichensystem anzuweisen oder selbst zu inszenieren. Dies schließt an die zweite Metapher in "Entmannung" an, das Bild des zerstörenden Beils. Wenn man das Motiv von seinem mythologischen Kontext ablöst und als Textbewegung übersetzt, so erscheinen Reinigs fiktive Dialoge in "Entmannung" oftmals als eine Konfrontation einander ausschließender Erklärungsmodelle, die im Aufeinandertreffen einander gegenseitig die Glaubwürdigkeit rauben. Um der 'Wahrheit' willen attackiert die eine Erklärung die andere. Die Autorin schwingt nicht als auktorialer Erzähler das argumentative Beil, sondern sie läßt die Modelle einander zerstören. Im Aufprall der Modelle entsteht ein Vakuum an Bedeutung, für das noch keine Bezeichnung eingeführt ist. Reinig versucht nicht, diesen atopischen Raum mit neuen Bezeichnungen zu einem Topos, zu einem neuen Allgemeinplatz, zu einer Definition zu machen.[46]

8.4.2. Versatzstücke des Trivialromans

Reinig benutzt in "Entmannung" Versatzstücke aus der Trivialliteratur, genauer gesagt, aus der Gattung des Arztromans. Der Protagonist Kyra ist Arzt. Er trägt die Insignien eines weltgewandten Lebemannes: "Playboy und Chirurg" (S. 16). Um seine Gunst werben vier Frauen in leichter - zahlenmäßiger - Abwandlung des antiken Parisurteils. Im Gegensatz zum Muster des Trivialromans, in dem die Wahl des Mannes meist auf die mütterliche Frau fällt, entscheidet sich der Chefarzt nach antikem Vorbild für die Protagonistin, die dem klassischen Muster der Aphrodite entspricht. Bei Reinig nimmt die Hure Thea diesen Platz ein. In einer Verführungsszene wird ein deutlicher Hinweis auf die antike Göttin sichtbar: "Ihr Kleid fällt zu Boden. Sie steht in dem Ausschnitt wie in einer Muschel. Kyra tritt mitten in die Muschel hinein und beginnt Thea zu küssen" (S. 20). Man wird an das Bild "Die Geburt der Venus" von Sandro

---

46. Der Begriff "atopos" stammt von Roland Barthes in der Bedeutung der momentanen Aufhebung bekannter Bedeutung und der noch nicht einsetztenden Vereinnahmung in das System der symbolischen Repräsentanz. Siehe hierzu: Roland Barthes: Le plaisir du texte. Paris 1973, S. 49 ff.

Botticelli erinnert, in dem Aphrodite (Venus) aus einer Muschel aus dem Meer steigt als Inbegriff der jungfräulichen, makellosen Schönheit. Bei Reinig wird dies Bild profanisiert: Die Venus ist eine routinierte Hure, die Muschel ein heruntergefallenes Kleid, der Meeresboden der Fußboden des Arztzimmers. Der Arzt tritt ins Bild, er vergreift sich nicht an der Keuschheit, sondern die Hure war von ihm zu diesem Termin bestellt. Diese Aphrodite/Hure wird die Ehefrau des Chefarztes. Die im Trivialroman auftretende böse Gegenspielerin könnte man in der Figur der Intellektuellen Doris wiederfinden. Sie ist karrierebewußt und männlich. Im Trivialroman scheitern die Protagonistinnen mit diesen Eigenschaften meist. Doris hingegen versucht, sich der traditionellen Frauenrolle anzupassen, und geht *daran* zugrunde. Hier wird das *rollenkonforme* Verhalten als zerstörerische 'Perversion' dargestellt.

Im Trivialroman handelt der Arzt selbstlos, streng, jedoch gerecht. In "Entmannung" ist der Arzt egoistisch, voll machtbesetzter Naivität, dessen unbedachte Strenge Katastrophen heraufbeschwört, die er in symmetrischer 'Gerechtigkeit' über die weiblichen Protagonistinnen hereinbrechen läßt. Auch das Ende des Trivialromans wird in "Entmannung" angedeutet. Die Hochzeit zwischen Kyra und Thea hat stattgefunden. Im dreizehnten Kapitel stirbt Thea jedoch an Krebs, wobei der Ehemann systematisch jede ärztliche Hilfe verweigert und keinerlei Trauer beim Ableben der Gattin zeigt. Kyra hüllt sich in die nachgelassenen Kleider seiner Frau und verläßt fluchtartig die eheliche Bleibe. Reinig entkleidet den Trivialroman jeglicher Romantik. Die Autorin versucht jedoch nicht, eine 'realistische' Korrektur dieser Gattung anzugeben, sondern stellt mit absurdistischen Effekten die Versatzstücke dieser Romanform als einen ebenso 'wahren' wie fiktiven willkürlichen Ordnungsversuch gleichwertig neben andere Versuche.

8.4.3. Utopie als männlicher Wunschtraum

Reinig spielt noch mit einer weiteren literarischen Form; sie verwendet Elemente des utopischen Romans. Diese Form beschäftigt sich nicht nur mit der Darstellung und Ordnung der anweisbaren Gesellschaftsformen; in ihr werden Entwürfe für eine ideale gesellschaftliche Ordnung gemacht. Man kann sich vorstellen, daß Reinig diese Art pädagogische Blaudrucke als besonders verdächtig kategorisiert und daß der Kommentar der Autorin dementsprechend kritisch ausfällt.

Reinig benutzt in "Entmannung" sowohl strukturelle Elemente dieser Erzählform als auch die Möglichkeit der Utopie, inhaltlich mittels der Wunschvorstellungen und Ideale der Protagonisten eine individuelle Variante einer utopischen Gesellschaft darzustellen.

Was die Struktur eines utopischen Romans betrifft, beziehe ich mich auf die Forschungsergebnisse von Wolfgang Biesterfeld, der eine Anzahl konstanter Elemente in literarischen Utopien aufzeigte.[47] Die Entdeckung der utopischen Gesellschaft geschieht auf einer Reise, die zuweilen auch im Traum stattfindet. Die utopische Gesellschaft existiert meist auf einem isolierten Territorium, oft auf einer Insel. Die Staatsform bewegt sich zwischen Demokratie und Oligarchie. Als Familienstruktur wird die Großfamilie bevorzugt. Die Familie steht unter der Aufsicht eines männlichen Familienoberhauptes. Die Arbeitslast ist gleichmäßig auf alle Teilnehmer der Gemeinschaft verteilt, es herrscht jedoch meist eine geschlechtsspezifische Aufteilung der Berufe. Diese Elemente der Utopie trifft man in "Entmannung" an.

Konform dem gängigen Muster einer Utopie, ist der Entdecker einer neuen 'Welt' in Reinigs Roman ein Mann. Der Chefarzt Kyra stellt sich eingangs als ein heftiger Kritiker der Geschlechtertrennung vor. Er sieht in den Frauen das zwar unterdrückte, aber bessere Geschlecht und sucht ihre Gesellschaft. In einer traumartigen Phantasie, die durch übermäßigen Alkoholkonsum verursacht wird, erfährt Kyra seine symbolische Inkarnation als Frau.

> Schauer überfluten seinen Körper. (...) Um ihn braust es regelmäßig wie in einem großen Kessel. Inmitten des Gebraus ist ein ständiges Vibrieren einer unfaßbaren Atmosphäre. Durch dieses Vibrieren geht unregelmäßiges Zucken. Es gibt keine Ruhe. Allüberall ist Bewegung, und ohne daß ihn schwindelt. (...) Er steht einfach da, gelöst und glücklich. Keine seiner Muskeln spannt. Sein Mund fühlt sich an wie ein Babymund. Die fieberhafte Gedankenarbeit weicht einer Seelenruhe. Endlich ist der Faden durchtrennt: Er ist in einem Mutterschoß. Im Vollbewußtsein empfängt er seine Inkarnation. Es ist ein Gnadengeschenk, und er weiß: Dieser Ort ist nicht ihm bestimmt. Rings um den Fremdling pulsen die Eingeborenen dieses Ortes. Rein weibliche Wesen steigen in Blasen auf. Embryonen. Hormonströme umspülen sie. Aus dem Meer der Hormone steigen drei Weib-Inseln auf: Gewöhnliche Weib-Inseln mit nur einem Uterus, Doppelweib-Inseln mit zwei getrennten Uteri, Zwitterweib-Inseln mit einem Uterus und Hodengewebe. Das sind die drei Weibergeschlechter. Er allein, der Mann, der Nicht-Uterus. (S. 43 f)

Die Reise zurück zu den Müttern wird hier wörtlich als ein Eintauchen in den Mutterschoß geschildert. Dort sieht Kyra drei embryonale weibliche Figuren, die als "Weib-Inseln" beschrieben werden; es gibt verschiedene Varianten in der geschlechtlichen Ausprägung, unter anderem auch den Typus des Hermaphroditen. Außer Kyra gibt es in dieser embryonalen Landschaft keine Figuren männlichen Geschlechts. Nachdem Kyra wieder erwacht ist,[48] entschließt er sich, seinen Beruf aufzugeben und sich darauf zu konzentrieren, seine Männlichkeit abzulegen:

---

47. Wolfgang Biesterfeld: Die literarische Utopie. Stuttgart 1974.
48. Auch in Virginia Woolfs Roman "Orlando" wird die Transformation des Helden in ein anderes Geschlecht im Zustand des Traums vollzogen.

206

Ich arbeite daran, mich in ein Weib zu verwandeln. (...)... wir müssen uns ein neues
Geschlechtsbewußtsein geistig erarbeiten. (...) Der Sinn soll sein, daß wir nicht
wissen, was Geschlecht eigentlich ist, sowenig wir wissen, was Atlantis ist. (...) Seit
hundert Jahren weiß man, daß alles, was wir als Mann und Weib uns gegenseitig
vorspielen, historisch bedingt ist und daß man vor tausenden von Jahren anders
spielte. (S. 88 f)

Zwischen aufgeklärten theoretischen Ergüssen und der praktischen
Realisierung der androgynen Utopie klafft bei Kyra eine gewaltige Lücke.
Kyras Geschlechtsmutation ist keineswegs ohne Kalkül. Er hat Angst vor
der zukünftigen Frauenherrschaft und versucht, rechtzeitig zu den
Herrschenden hinüberzuwechseln. Auch versucht Kyra durch tagelanges
Liegen in der Badewanne und durch fortwährendes Geschirrspülen, seinen
Körper in einen weiblichen Körper umzuwandeln. Diese Übung ist jedoch
nicht von Erfolg gekrönt: "Kyra betrachtet seine Hände. Sie kommen ihm
vor wie in Essig eingelegte Entenfüße" (S. 104).

Als die körperliche Mutation nicht gelingen will, versucht Kyra, sich auf
seine geistige Veränderung einzustellen und diese zu befördern. Hierzu
umringt er sich mit Frauen, die jede für sich Prototypen des Weiblichen
darstellen. Nach und nach ziehen sie alle in sein Haus um, das dadurch wie
eine utopische Insel in seiner Abgeschlossenheit funktioniert. Auch der
Charakter der Großfamilie, die diese Gemeinschaft darstellt, ähnelt dem
utopischen Modell. An der Spitze der familienartigen Gruppe regiert Kyra
nach patriarchalem Modell, was durch seine Beschreibung als "Pascha"
und "Muselmann" akzentuiert wird (S. 40). Die Frauen bemühen sich mit
Geduld um den "Renegaten" (S. 13) und "Umsteiger" (S. 42) Kyra. Nach
und nach verlieben sie sich in den scheinbar hilflosen Mann und lassen ihre
feministischen Kampfpläne fahren. Man wird bei der hilfreichen Haltung
der Frauen an Perkins-Gilmanns Utopie "Herland"[49] erinnert, in der
Männer in einem Frauenland zu besseren Menschen erzogen werden. Bei
Reinig beläuft sich die pädagogische Komponente der Frauen
genaugenommen auf das Beschützen und Versorgen des Mannes. Die
meisten Tätigkeiten im Hause werden von Frauen ausgeführt. Bezüglich
des Geldverdienens sind die Rollen scheinbar vertauscht. Die Ehefrau
Kyras, die Hure Thea, empfängt in ihrem Schlafzimmer Kunden, was einer
anderen Protagonistin die Bemerkung entlockt: "Wenn Ihre Theorie
stimmt, Professorchen, müßten eigentlich Sie anschaffen gehn" (S. 105).
Der 'älteste Beruf der Welt' wird in dem sich utopisch gebärdenden
Haushalt traditionsgemäß von einer Frau ausgeübt. Sie sorgt dadurch für
die nötige finanzielle Grundlage, damit das Mutationsprojekt ihres
Ehemannes weitergehen kann. Dieser gefällt sich in der Rolle des
umhegten Softies. Seine Androgynität beläuft sich lediglich auf verbale

---

49. Charlotte Perkins-Gilman: Herland (1915). London 1979.

Verbesserungsvorschläge zum Geschlechterverhältnis, das sorglose Parasitieren auf Kosten seiner Ehefrau und einige mißlungene Aufweichexperimente. Auf erotischem Gebiet gebärdet sich der Protagonist nach wie vor als Mann, der in seiner Ehre gekränkt ist, wenn eine Frau ihm den Beischlaf verweigert. Kyra ist in seiner egozentrischen Nabelschau schließlich für den Tod zweier Frauen verantwortlich. Indirekt trägt er auch einen Teil der Schuld an dem Wahnsinn und der Gefängnisstrafe der anderen Protagonistinnen.

Es wird in dieser der Form nach utopischen Lebensgemeinschaft deutlich, daß sich der männliche Protagonist mit seinen androgynen Experimenten wohl einige Vorteile zu erwerben weiß, letztlich jedoch seine zentrale Machtposition nicht aus den Händen gibt. Selbstgefällig spielt er Schicksal, nachdem er gerade am Tod einer der Frauen schuld war: "Kyra schämt sich. Er schämt sich so sehr, daß er beschließt, einen Menschen zu opfern. Um Menni zu versöhnen, will er Doris demütigen" (S. 110). Diese Demütigung endet mit dem Wahnsinn der Gedemütigten und ihrer Einweisung in ein Irrenhaus. Bis zuletzt empfindet sich Kyra als das Zentrum der Damengesellschaft. Er hat daher auch ein verständnisvolles Verhältnis zu einem Honigverkäufer, der sagt: "(...) sein Beruf bringe es mit sich, daß er mehr auf seiten der Weiber sei als der Männer. 'Meine Bienen ernähren mich!' sagt er mit einem spitzbübischen Lächeln" (S. 172). Man könnte hier von einer Verdopplung der männlichen parasitären Haltung Kyras sprechen.

Am Ende des Romans ist die konkrete Utopie einer androgynen Lebensgemeinschaft unter Kyras Führung mißlungen. Das Haus ist verwaist, der Sieger des Experiments steht mit leeren Händen da. Kyra wird als verkommener Tippelbruder in Frauenkleidern, dem der Bart langsam wächst, beschrieben, eine Karikatur einer - wenigstens äußerlichen - Androgynität. Was übrig bleibt, sind nur Erinnerungen und Träume. Man könnte in diesem Sinne das letzte Kapitel "Letzte Vorstellung" auch als Wunschtraum der Versöhnung ansehen, den Kyra aus Schuldbewußtsein träumt. Personen, die gestorben sind, treten wieder auf, was mit Ausrufen der Erleichterung und Freude begrüßt wird. Texte aus Mozarts Oper "Die Zauberflöte" werden zitiert: "Mann und Weib und Weib und Mann".[50] Man könnte das Zitat abrunden: "reichen an die Gottheit an". In Kyras Experimenten war das nicht der Fall. Nur im Traum kann dieser Gedanke in Erfüllung gehen. Im Traum, in dem der Träumende bekanntlich alle seine Traumgestalten selbst ist, wird der Weg zu den Müttern, der eingangs das Androgynitätsprojekt einleitete,

---

50. Wolfgang Amadeus Mozart: Die Zauberflöte, 1. Aufzug, 11. Auftritt, Duett zwischen Pamina und Papageno.

nochmals inszeniert. Im Traum versöhnen sich die Frauen mit den Männern. Und im Traum können die Männer mühelos die Rollen der Frauen übernehmen. Es wurde oben schon gesagt, daß diese utopisch anmutende Vision ein *männlicher* Wunschtraum ist. Reinig kritisiert hier ein utopisches Modell, daß auf der Verweiblichung von Männern innerhalb bestehender Machtverhältnisse zwischen den Geschlechtern basiert ist. Männer bleiben nach Reinig wie Schmetterlingslarven im Kokon ihrer Vormachtstellung. Eine Veränderungsperspektive gerät zur rhetorischen Frage: "Nein, Kyra ist nicht tot. Er lebt. Er ist schief gewickelt. Es muß doch eine Möglichkeit geben, sich da herauszuwickeln, Schmetterling Kyra!"[51]

Reinig schrieb mit "Entmannung" keine Geschichte einer Ursächlichkeit der Divergenz zwischen Männern und Frauen. Wohl greift Reinig scheinbar willkürlich Versatzstücke aus Literatur, Geschichte, Mythologie und Wissenschaft auf, die in einer Beziehung zur Identität der Weiblichkeit stehen, als wolle sie den Leser mit einem Spiegelkabinett der Verzerrungen amüsieren. Der Autorin erscheint es recht unwichtig, nach ontologischen Erklärungsmodellen für die Machtdivergenz und ihre Effekte zu suchen. Kausale Erklärungsweisen werden angegriffen und auf ihren subjektiven Ursprung hin demaskiert. Dabei macht Reinig auch vor dem Feminismus nicht Halt, auch hierzu fallen kritische Bemerkungen und Hinweise. Diese sind besonders um die Frage der weiblichen Identität zentriert. In zahlreichen Varianten werden die Prototypen der Weiblichkeit als Teile eines Spiegelkabinetts dargestellt.

51. Christa Reinig: Entmannung, op.cit. S. 176. - Ich teile nicht die Meinung Ricarda Schmidts: "Die Entpuppung des Schmetterlings steht als Wunsch und Hoffnung über dem Flickenteppich der 'Entmannung'." In: Ricarda Schmidt: op.cit. S. 274.

9. Zum Schluß

Abschließend möchte ich die Ergebnisse meiner Untersuchung zusammenfassen. Gegenstand der Analysen war die Art und Weise, wie sich einzelne Frauen literarisch mit Themen der Frauenbewegung befassen. Meine Ausführungen berücksichtigen im Rahmen des Suchkonzepts 'weibliche Ästhetik' die folgenden Komponenten: künstlerische Auseinandersetzung mit Themen des Feminismus, weibliche Perspektivik und kritische Verarbeitung literarischer Traditionen. In den sechs Texten, die ich analysiert habe, sind diese Komponenten in verschiedenen Modulationen enthalten. Wiederholungen im Ansatz in Kauf nehmend, habe ich gezeigt, daß jeder der literarischen Texte eine individuelle Variante des Suchkonzepts enthält.
Um die Richtung der Kritik, die in den analysierten literarischen Texten sichtbar wird, zu verstehen, habe ich eingangs einige strukturelle Aspekte im Hinblick auf eine ästhetische Praxis ausgeführt, bei der der Begriff Marginalität mit dem Begriff 'Weiblichkeit' in einen Zusammenhang gebracht wird. Zum einen wird auf die besondere gesellschaftliche Position von Frauen verwiesen, die unvergleichbar mit anderen Einteilungsmodellen ist, wie z.B. Rasse, Klasse, Minderheit. Die Marginalität erstreckt sich sowohl auf die Gebiete der gesellschaftlichen Macht als auch auf die Repräsentanz im herrschenden Diskurs. Texte von weiblichen Autoren, die aus einer kritischen Randposition heraus gesellschaftliche Verhältnisse beschreiben, können daher zur 'kleinen' Literatur gerechnet werden. In dieser Literatur, die die Brüche und Ränder des herrschenden Diskurses thematisiert, werden auf der Basis von nichtrepräsentativen Stoffen, von 'kleinen' Themen, Verständigungsmöglichkeiten geschaffen. Dabei wird in den Texten ein Spannungsverhältnis zwischen literarischen Traditionen und der Verarbeitung von kritischer weiblicher Wahrnehmung anweisbar. Fünf der sechs Texte tragen gängige Gattungsbezeichnungen wie Roman oder Erzählung, wodurch sich die Texte äußerlich 'getarnt' und den gängigen literarischen Konventionen scheinbar angepaßt haben.

Auffallend ist die Abweichung bei Stefans "Häutungen". Dieser Text verweist im Untertitel nach Formen der vorästhetischen Praxis. Besonders die provokative Bezeichnung "autobiografische Aufzeichnungen" deutet auf die Tradition der weiblichen Brief- und Tagebuchkultur. Stefan spielt bewußt mit dieser Form, indem sie eine Semiautobiographie schreibt, in der die Ich-Erzählerin nicht identisch mit der Person der Autorin ist. Dies wird in der codaartigen Schlußszene, in der die Erzählperspektive in die dritte Person übergeht, akzentuiert. Der reflektive Erzählgestus relativiert zudem die im Text geschilderten Erfahrungen. Das verdeutlichen besonders Szenen, die Verweise auf matriarchale Riten tragen. Hier wird aus einem Abstand der verarbeiteten Erfahrung subtil an Tendenzen einer bestimmten Phase der Frauenbewegung Kritik geübt. Durchgängig setzt sich der Text mit dem Verhältnis von ästhetischer Produktion und gesellschaftlicher Position auseinander. Erst eine gewisse Sicherheit, die die Protagonistin durch die Solidarisierung mit anderen Frauen erreicht, macht es ihr möglich, eine kritische Position einzunehmen und auszudrücken. Stefan versucht, den Text aus der Perspektive einer Frau zu schreiben. Dies wird besonders in einem Textexperiment demonstriert, bei dem zwei Texte, ein sogenannt neutraler und einer aus der Perspektive einer Frau, nebeneinandergesetzt werden. Der Kommentar der Autorin ist dann eigentlich die Differenz der beiden Texte. Stefan zeigt an ihrer Heldin die Schwierigkeiten, Kritik an bestehenden gesellschaftlichen Mustern zu formulieren. Diese Kritik will nicht automatisch neue Muster schaffen, sondern zeigt, daß die Gradwanderung am Rande des Wahnsinns und der Verzweiflung wie auch ein erneutes Schweigen Effekte der neugewonnenen Wahrnehmungsschärfe sein können.

Auch in Jutta Heinrichs Roman "Das Geschlecht der Gedanken" erhält man keine Vorlagen für eine feministische Kampfstrategie. Heinrichs Roman zeigt auf verschiedenen textuellen Ebenen traumatische Erfahrungen eines jungen Mädchens. Das Ende des Romans bietet die Möglichkeit, den Roman als Beschreibung im Sinne des Nicht-zuende-geboren-Seins nach Theweleit zu lesen. Das von Theweleit für die Analyse von faschistischen Persönlichkeitsstrukturen ausgearbeitete Modell erhält hier eine Modulation in der Protagonistin Conni. Eine Überhöhung des Weiblichen findet bei Heinrich nicht statt, wohl aber die Schilderung einer von außen bestimmten Persönlichkeit. Man kann den Roman auch als Darstellung einer narzißtisch gestörten Persönlichkeit auffassen, Ähnlichkeiten zu Texten von Fritz Zorn und Sylvia Plath werden angegeben. Die Form des Textes bietet die Möglichkeit, ihn als Brief zu lesen, wodurch Assoziationen zu Kafkas "Brief an den Vater" entstehen. Durch die auffallend phantastische Erzählform lassen sich u.a. zu "Alice im Wunderland" Vergleiche ziehen. Hierdurch erscheint der Roman als ein Traumprotokoll, wobei die Träumende eine Anzahl unverarbeiteter Erlebnisse aus ihrer Jugend zu bewältigen versucht. Durch diese verschiedenen Ebenen erhält der Text seine Spannung und sperrt sich einer Interpretation als Dokument der Befreiung und Emanzipation.

211

Birgit Pausch gibt ihrer Erzählung den doppeldeutigen Titel "Die Verweigerung der Johanna Glauflügel". Die Protagonistin, die sich anfänglich innerlich isoliert hat, weigert sich später, während ihres Emanzipationsprozesses, kritiklos die Parolen links-progressiver Konzepte zu übernehmen. Wie Stefans Text zeigt, beinhaltet eine gesteigerte Sensibilität auch eine größere Empfindlichkeit gegenüber Beleidigungen und Einschränkungen der eigenen Person. Pausch komponiert die Erzählung aus Textfragmenten, in denen die Chronologie durch die Assoziationsarbeit der Protagonistin Glauflügel aufgebrochen wird. Pausch beschreibt verschiedene Bewußtseinsebenen, die oftmals nicht scharf voneinander getrennt sind, sondern ineinander übergleiten. Oftmals geschieht keine scharfe Trennung zwischen Traum, Realitätsebene, Erinnerungsfragment und Phantasievorstellung, wodurch nicht der Eindruck entstehen kann, es handle sich hier um die Dokumentation einer bruchlosen Entwicklung zur befreiten Weiblichkeit. Zu sehr vermischen sich Wunschvorstellungen und deren verwehrte Konkretisierbarkeit. Daß Pausch an einer Stellungnahme zur ästhetischen Tradition gelegen ist, zeigen die mehrfachen Hinweise auf und Diskussionen über die Position des Künstlers in der Gesellschaft und über die Wahl der Stilmittel für eine subversive Kunstproduktion.

Pausch arbeitet - und das macht einen Teil des Reizes ihrer Erzählung aus - mit literarischen Verweisungen. Zum einen verweist sie auf den Trivialroman durch ihre kritische Variation des Arzt-Schwestern-Motivs. Zum andern läßt sie ihre Protagonistin eine (Bildungs-)Reise nach Italien unternehmen, wobei man sowohl an die Reisenden der Klassik/Romantik als auch an die moderne Variante der desillusionierten Vaganten der Studentenbewegung erinnert wird. Pausch teilt jedoch weder den Optimismus eines Peter Schneider über die Arbeitersolidarität in Italien, noch betrachtet sie die Italienreise als eine Reflexionsmöglichkeit über das kulturelle Selbstverständnis der Intellektuellen der siebziger Jahre, wie beispielsweise Rolf Dieter Brinkmann. Pausch konzipiert ihre Protagonistin bescheiden und gleichzeitig idealistisch. Dieser genügt weder der historische große Kompromiß in der italienischen Politik, noch individuell schwankende Selbständigkeit. Der Text endet mit dem motivischen Zitat eines Fensterblicks, das durch intertextuelle Querverbindungen u.a. zu "Tonio Kröger", "Die Weber" und "Aus dem Leben eines Taugenichts" eine Polyvalenz erhält, die dem Roman seine Offenheit garantiert.

Margot Schroeder schreibt in ihrem Roman "Ich stehe meine Frau" einen kritischen Kommentar zum Programm des Werkkreises Literatur der Arbeitswelt. Die Solidarisierung von Frauen verläuft bei Schroeder nach anderen Mustern als bei Arbeitern. Schroeder benutzt die Perspektive 'von unten', die eines weiblichen Clowns. Hierbei findet man Übereinstim-

mungen zu der Hauptfigur aus Grass' "Blechtrommel".
Auffallend ist die Gattungsbezeichnung 'Roman'. Schroeder greift auf
Elemente einer Frühform, auf den karnevalesken Roman, zurück. Dies
wird an der durchgängig benutzten Doppelperspektive eines 'Ichs' und
einer auktorialen Erzählinstanz, die sich in der Anrede 'Du' zeigt, deutlich.
Diese Erzählinstanz tritt gleichzeitig als auktoriale Instanz und als
'Akteur' im Roman auf. Nach Kristeva sind zudem Anzeichen der
Geschlossenheit, die die Romanform kennzeichnen, aufzeigbar. Hier sind
die Gleichartigkeit von Anfang und Ende des Romans wie auch das
durchlaufende Ideologem zu nennen.

Elfriede Jelineks Roman "Die Liebhaberinnen" verweist auf D.H.
Lawrence' Roman "Söhne und Liebhaber". Wo Lawrence eine Bipolarität
zwischen vergeistigter und sinnlicher Frau entwickelt, versucht Jelinek,
dieses Einteilungsklischee durch Differenzierung zu durchbrechen. Nicht
die Biologie, sondern die gesellschaftlich vorgegebenen Muster - von
den Medien vermittelt - drängen die Protagonistinnen bei Jelinek in ihre
Handlungsmuster. Jelinek benutzt als Romanform die Trivialvariante,
den Heimat- und Liebesroman. Sie mischt die im Trivialroman als positiv
und negativ gewerteten Eigenschaften. Auch werden Begriffe wie Arbeit,
Aufstieg, Luxus, Individualität kritisch reflektiert. Die im Trivialroman
strapazierten Begriffe Naturhaftigkeit und Schicksal werden ironisch
eingesetzt. Jelinek erreicht eine Distanz von Leser und Text mit Formen
des Brechtschen Verfremdungseffekts, wobei die Autorin die
aufklärerische Methode von Brecht moduliert: Episoden werden
realistisch beschrieben, die nachfolgenden Lehrsätze spiegeln den
ideologischen Standpunkt der Protagonistin wieder.

Christa Reinigs Roman "Entmannung" bildet den Abschluß der
literarischen Analysen. Dieser Text verarbeitet in seiner Komplexität
nahezu alle Komponenten der vorangegangenen Texte auf seine Art.
Reinig verschweigt nicht den Ihns-Prozeß als autobiographisches Element
und Aufhänger für die Produktion des Romans. Die Reflexion über die
zwei Frauen wird jedoch sogleich durch generelle Überlegungen zu dem
gewalttätigen Verhältnis von Männern und Frauen eingeholt, wobei sich
die Erzählerin mit den fiktionalen Figuren im Roman auf eine Stufe stellt.
Reinig erstellt keine wissenschaftlichen Analysen der Ursachen des
asymmetrischen Verhältnisses der Geschlechter, sondern sie persifliert
bestehende Theorien und inszeniert fiktive Dialoge, wodurch die
wissenschaftlich anmutenden Erklärungsmodelle zu subjektiven (Angst-)
Phantasien zurückgebracht werden.
Der Prozeß der Entmannung als einer Ablehnung aller Normierungen
richtet sich bei Reinig auch gegen verschiedene Aspekte im Feminismus.

Reinig kehrt sich gegen die Verherrlichung matriarchaler Vorbilder. Ebenfalls wird verbale Kraftmeierei kritisiert, die nach Reinig keinerlei gesellschaftliche Wirkung hat, solange sich Frauen in der Praxis den gängigen Weiblichkeitsbildern anpassen. Auch die Vorstellung einer originären weiblichen Textproduktion wird kritisiert: Zum einen wird die Verherrlichung und Aufwertung jeglicher weiblicher Schreibversuche ironisch dargestellt, zum andern lehnt Reinig die Auffassung ab, man könne am Text selbst feststellen, ob er von einer Frau geschrieben sei. Reinig erreicht durch die Form ihres Romans eine maximale Offenheit. Das rhizomartige Textgeflecht kennt keine Hierarchien von Erzählabläufen und Argumentationsketten. Ebensowenig werden Identitäten fortlaufend weitergeführt. Die im Klischee kristallisierten Weiblichkeitsvorstellungen verknüpft sie mit der Tradition des Trivialromans, auch hier wiederum modifiziert. Dies geschieht durch Vermischung utopischer Elemente und durch mythologische Überhöhung. Das Spiel der textuellen Versatzstücke geht um den Einsatz einer - weiblichen - Utopie von der Versöhnung der Geschlechter. Unter Beibehaltung aller männlichen Normierungen wird bei Reinig die Utopie der Verweiblichung zu einem Roulette, bei dem die Frauen die Verlierer sind.

Neben der individuellen Akzentuierung verschiedener Aspekte der feministischen Thematik und unterschiedlicher literarischer Verarbeitung fallen verschiedene Gemeinsamkeiten auf.
Bei allen Texten ist eine Verbindung von literarischem Text und autobiographischen Elementen nachweisbar. Ich habe diese Elemente in allen Texten herausgehoben, da ich zeigen wollte, daß der Vorwurf des Autobiographismus recht willkürlich hantiert verwendet wird, um Texte von Frauen als literarisch unbedeutend zu disqualifizieren. Die vorliegenden Texte zeigen jedoch, daß nicht das autobiographische Moment für die Literarität ausschlaggebend ist, sondern die literarische Verarbeitung dieser Fakten.
In meiner Einleitung habe ich den Begriff 'feministische Ästhetik' als eine Form kritischer Rezeption eingegrenzt. Die vorliegenden - und von mir diskutierten - sechs Texte setzen sich auch mit strategischen emanzipatorischen Zielsetzungen in der Frauenbewegung auseinander. Bei Reinig und Stefan steht die Kritik an matriarchalen Ganzheitsvorstellungen im Vordergrund; Pausch und Schroeder nehmen Stellung zur Gleichsetzung von feministischen und sozialistischen Zielvorstellungen und Strategien. Bei allen Beispielen fällt auf, daß keine Blaudrucke verfertigt werden im Hinblick auf die 'Weiblichkeit': Es werden weder matriarchale Bilder als Ideale genannt noch wird eine weibliche Ursprünglichkeit postuliert. Vielmehr werden Bilder, Klischees,

Versatzstücke, die in Beziehung zum gesellschaftlichen Verständnis von 'Weiblichkeit' stehen, kritisch angegangen. Auffallend ist, daß alle Autorinnen den Stil eines linearen Dokumentarismus vermeiden. Sie benutzen den zerbröckelnden Stil der Kollage, der Montage und des Traumfragments. Hierdurch werden alle Aussagen über 'Weiblichkeit' relativiert. Das Beibehalten der Anführungszeichen hinsichtlich 'Weiblichkeit' wird zudem dadurch akzentuiert, daß die Autorinnen auf literarische Traditionen Bezug nehmen. Sie suchen nicht eine originäre weibliche Schreibweise im kulturellen Niemandsland, sondern benutzen schon vorgegebene literarische Muster und Formen, kommentieren sie kritisch und berauben sie so ihrer Selbstverständlichkeit. Hierdurch ergibt sich eine Schreibweise, die angibt, daß das Vorhandene nicht 'alles' ist. In den Brüchen, die dadurch mit den Bildern der 'Weiblichkeit' entstehen, lassen sich Freiräume kreieren für Reflexionen über die Beschränktheit der doch so variiert erscheinenden Vorstellungen über 'die Weiblichkeit'. Diese Freiräume münden nicht in neuen Festschreibungen, sondern sind eine kontinuierliche Bewegung und gleichen einem Spaltpilz in jeder neuen Definition von 'Weiblichkeit'. In diesem Sinne kann auch das Suchkonzept einer 'weiblichen Ästhetik' verstanden werden, da es unübersehbare Variationsmöglichkeiten im ästhetischen Bereich beinhaltet, analog zu Kristeva[1], die sich ebensoviele Variationen vorstellen kann wie es 'Weiblichkeiten' gibt und geben wird.

1. Kein weibliches Schreiben? Fragen an Julia Kristeva. Interview mit Francoise van Rossum-Guyon. In: Freibeuter (1979) 2, S. 82. Kristeva sagt dort: "Ich bin für eine Konzeption des Weiblichen, für die es so viele 'Weiblichkeiten' gibt wie Frauen."

10. Bibliographie

Primär- und Sekundärliteratur werden nicht getrennt aufgeführt, da die Zuweisung Schwierigkeiten ergäbe. Weitere Literatur, die nicht in die Bibliographie aufgenommen wurde, findet sich in den Anmerkungen nachgewiesen.

Aischylos: Oresteia. In: Sämtliche Tragödien. München 1977.
Althusser, Louis: Lettre à André Daspre. Paris 1966.
- Andere Avantgarde. Katalog zum Festival. Linz 1983.
Barthes, Roland: Le plaisir du texte. Deutsch: Die Lust am Text. Paris 1973.
Behrens, Katja (Hrsg.): Frauenbriefe der Romantik. Frankfurt a/M. 1981.
Bernikow, Louise (Hrsg.): The World Split Open. Women Poets 1552-1950. London 1973.
Beth, Hanno: Elfriede Jelinek. In: Puknus: Neue Literatur der Frauen. Siehe unter: Puknus.
Biesterfeld, Wolfgang: Die literarische Utopie. Stuttgart 1974.
Bock, Gisela: Historische Frauenforschung: Fragestellungen und Perspektiven. In: Frauen suchen ihre Geschichte. Hrsg. von Karin Hansen. München 1983.
Bormann, Alexander v.: Natura loquitur. Naturpoesie und emblematische Formel bei Joseph von Eichendorff. Tübingen 1968.
Bovenschen, Silvia: Die imaginierte Weiblichkeit. Exemplarische Untersuchungen zu kulturgeschichtlichen und literarischen Präsentationsformen des Weiblichen. Frankfurt a/M. 1979.
Bovenschen, Silvia: Über die Frage: gibt es eine 'weibliche' Ästhetik? - welche seit kurzem im Umlauf die feministischen Gemüter bewegt - gelegentlich auch umgewandelt in die Frage nach den Ursprüngen und Möglichkeiten weiblicher Kreativität. In: Ästhetik und Kommunikation (1976) 25.
Bovenschen, Silvia: Das sezierte weibliche Schicksal. Christa Reinigs Roman "Entmannung". In: Die Schwarze Botin (1977) 4.
Braatz, Ilse: Birgit Pausch: "Die Verweigerung der Johanna Glauflügel". In: mamas pfirsiche (o.J.) 8.
Brecht, Bertolt: Bemerkungen zu einem Aufsatz. In: Marxismus und Literatur II. Hrsg. von Fritz Raddatz. Reinbek bei Hamburg [3]1972.
Brecht, Bertolt: Dialog über Schauspielkunst. In: Der Weg zum zeitgenössischen Theater. In: Gesammelte Werke. Frankfurt a/M. 1973 (Bd. 15: Schriften zum Theater I).
Brecht, Bertolt: Die Dreigroschenoper. In: Gesammelte Werke. Frankfurt a/M. 1973 (Bd.: Stücke 2).
Brecht, Bertolt: Über den formalistischen Charakter der Realismustheorie. In: Marxismus und Literatur II. Hrsg. von Fritz Raddatz. Reinbek bei Hamburg [3]1972.
Brecht, Bertolt: Über gegenstandslose Malerei. In: Gesammelte Werke. Frankfurt a/M. 1973 (Bd. 18: Schriften zur Literatur und Kunst I).
Brecht, Bertolt: Die heilige Johanna der Schlachthöfe. In: Die drei Johanna-Stücke. Frankfurt a/M. 1964.

Brecht, Bertolt: Über den Typus moderne Schauspielerin. In: Gesammelte Werke. Frankfurt a/M. 1973 (Bd. 15: Schriften zum Theater I).

Brecht, Bertolt: Volkstümlichkeit und Realismus. In: Marxismus und Literatur II. Hrsg. von Fritz Raddatz. Reinbek bei Hamburg ³1972.

Brinkmann, Rolf Dieter: Rom, Blicke. Reinbek bei Hamburg 1979.

Brug, Gudrun/Hoffmann-Steltzer, Saskia: Fragen an Verena Stefan. In: Alternative (1976) 108/9.

Burgfeld, Carmen: Versuch über die Wut als Begründung einer feministischen Ästhetik. In: VerRückte Rede - Gibt es eine weibliche Ästhetik? Hrsg. von Friederike Hassauer/Peter Roos (Notizbuch 2). Berlin 1980.

Carroll, Lewis: Alice's Adventures in Wonderland. Deutsch: Alice im Wunderland. Frankfurt a/M. 1973.

Cixous, Hélène: Le Rire de la Méduse. In: L'ARC (1975) 61.

Cixous, Hélène: Schreiben, Feminität, Veränderung. In: Alternative (1976) 108/9.

Classen, Brigitte/Goettle, Gabriele: "Häutungen", eine Verwechslung von Anemone und Amazone. In: Die Überwindung der Sprachlosigkeit. Hrsg. von Gabriele Dietze. Darmstadt/Neuwied 1979.

Damm, Sigrid (Hrsg.): "Lieber Freund, ich komme weit her schon an diesem frühen Morgen". Caroline Schlegel-Schelling in ihren Briefen. Darmstadt/Neuwied 1980.

Deleuze, Gilles: Kleine Schriften. Berlin 1980.

Deleuze, Gilles/Guattari, Felix: Kafka. Für eine kleine Literatur. Frankfurt a/M. 1976.

Deleuze, Gilles/Guattari, Felix: Rhizom. Berlin 1977.

Dietze, Gabriele: Birgit Pausch. In: Puknus: Neue Literatur der Frauen. Siehe unter: Puknus.

Dijk, Denise: De betekenis van de Goddess movement. In: Tijdschrift voor Vrouwenstudies 2 (1981) 4.

Döblin, Alfred: Die beiden Freundinnen und ihr Giftmord. Olten o.J.

Eichendorff, Joseph v.: Aus dem Lebens eines Taugenichts. Stuttgart 1970.

Fecht, Frederike: Jutta Heinrich. In: Puknus: Neue Literatur der Frauen. Siehe unter: Puknus.

Freud, Sigmund: Aus der Geschichte einer infantilen Neurose ("Der Wolfsmann"). In: Zwei Kinderneurosen. Frankfurt a/M. 1969 (Studienausgabe, Bd. 8).

Freud, Sigmund: Die Weiblichkeit. In: Vorlesungen zur Einführung in die Psychoanalyse. Frankfurt a/M. 1969 (Studienausgabe, Bd. 1).

Freud, Sigmund: Zusatz (1925) zu: Die Sekundäre Bearbeitung. In: Die Traumarbeit. Frankfurt a/M. 1972 (Studienausgabe, Bd. 2).

Fritz, Marianne: Die Schwerkraft der Verhältnisse. Frankfurt a/M. 1978.

Foucault, Michel: Die Ordnung des Diskurses. München 1974.

Gerhardt, Marlis (Hrsg.): Rahel Varnhagen. Jeder Wunsch wird Frivolität genannt. Briefe und Tagebücher. Darmstadt/Neuwied 1983.

Gerhardt, Marlis: Wohin geht Nora? Auf der Suche nach der verlorenen Frau. In: Kursbuch (1977) 47.

Göttner-Abendroth, Heide: Die Göttin und ihr Heros. Die matriarchale Religionen in Mythos, Märchen und Dichtung. München 1980.

Göttner-Abendroth, Heide: Die tanzende Göttin. Prinzipien einer matriarchalen Ästhetik. München 1982.

Göttner-Abendroth, Heide: Der unversöhnliche Traum. Utopien in der Neuen Linken und in der Frauenbewegung. In: Ästhetik & Kommunikation (1979) 37.

Goethe, Johann Wolfgang v.: Faust II. In: Goethes Faust. Kommentiert von Friedrich Trunz. Hamburg 1963.

Goethe, Johann Wolfgang v.: Wilhelm Meisters Lehrjahre. In: Gesamtausgabe. München ³1969 (Bd. 15).

Grass, Günter: Die Blechtrommel. Frankfurt a/M. [11]1965.

Hahn, Ulla: Literatur in der Aktion. Zur Entwicklung operativer Literaturformen in der Bundesrepublik. Wiesbaden 1978.

Hassauer, Friederike: Der VerRückte Diskurs der Sprachlosen. Gibt es eine weibliche Ästhetik. In: VerRückte Rede - Gibt es eine weibliche Ästhetik? Hrsg. v. Friederike Hassauer/Peter Roos (Notizbuch 2). Berlin 1980.

Haug, Wolfgang Fritz: Kritik der Warenästhetik. Frankfurt a/M. 1971.

Hauptmann, Gerhardt: Die Weber. In: Hauptmann: Die Weber. Dichtung und Wirklichkeit. Hrsg. von H. Schwab-Felisch. Frankfurt a/M. 1963.

Heinrich, Jutta: Das Geschlecht der Gedanken. Roman. München 1978.

Heppe, Hortense v.: Einfach Kreativ sein. Bewegte Sprache als Sprache der Bewegung. In: Berliner Hefte (1978) 4.

- Mein Herz ist eine gelbe Blume. Christa Reinig im Gespräch mit Ekkehardt Rudolph. Siehe unter: Reinig.

Horkheimer, Max/Adorno, Theodor W.: Dialektik der Aufklärung. Amsterdam 1947.

- I-Ging. Buch der Wandlungen; altes chinesisches Weissagungsbuch. Neu in deutscher Übersetzung herausgegeben von Richard Wilhelm. Düsseldorf/Köln 1977.

Irigaray, Luce: Unbewußtes, Frauen, Psychoanalyse. Berlin 1977.

Irigaray, Luce: Waren, Körper, Sprache. Der ver-rückte Diskurs der Frauen. Berlin 1976.

Jelinek, Elfriede: Die Liebhaberinnen. Roman. Reinbek bei Hamburg [3]1977.

Jelinek, Elfriede: Michael: Ein Jugendbuch für die Infantilgesellschaft. Reinbek bei Hamburg 1972.

Jelinek, Elfriede: wir sind lockvögel baby! Roman. Reinbek bei Hamburg 1970.

- "Jedes Werk von ihr ist eine Provokation". Interview von Sigrid Löffler mit Elfriede Jelinek. In: Bücher. Brigitte Sonderheft. Hamburg 1983.

Kafka, Franz: Brief an den Vater (1919). Frankfurt a/M. [8]1982.

Kamper, Dieter (Hrsg.): Über die Wünsche. Ein Versuch zur Archäologie der Subjektivität. München 1977.

Keitel, Evelyne: Frauen, Texte, Theorien. Aspekte eines problematischen Verhältnisses. In: Das Argument (1983) 25.

Kristeva, Julia: Der geschlossene Text. In: Kristeva, Eco, Bachtin u.a.: Textsemiotik als Ideologiekritik. Frankfurt a/M. 1977.

- Kein weibliches Schreiben? Fragen an Julia Kristeva. Interview von Francoise van Rossum-Guyon. In: Freibeuter (1979) 2.

Kristeva, Julia: Polylogue. Paris 1977.

Kristeva, Julia: Le mot, le dialogue et le roman. In: Semeiotichē. Paris 1969.

Kühne, Peter: Arbeiterklasse und Literatur. Dortmunder Gruppe 61. Werkkreis Literatur der Arbeitswelt. Frankfurt a/M. 1972.

Kuhn, Annette: Women's Pictures. Feminism and Cinema. London 1982.

Lacan, Jacques: LA femme n'existe pas. In: Alternative (1976) 108/9.

Lacan, Jacques: Schriften I und II (1966). Frankfurt a/M. 1975.

- Das Lächeln der Medusa. Frauenbewegung - Sprache - Psychoanalyse. In: Alternative (1976) 108/9.

Lawrence, D.H.: Sons and Lovers (1913). Deutsch: Söhne und Liebhaber. Reinbek bei Hamburg 1960.

Leithäuser, Thomas/Volmer, Birgit: Entwurf zu einer Empirie des Alltagsbewußtseins. Frankfurt a/M. 1977.

Lenk, Elisabeth: Die unbewußte Gesellschaft. Über die mimetische Grundstruktur in der Literatur und im Traum. München 1983.

Lewin, Tobe Joyce: gesprächsthema "die liebhaberinnen" von elfriede jelinek. In: mamas pfirsiche (o.J.) 8.

218

Lewin, Tobe Joyce: Political Ideology and Aesthetics in Neo-Feministic German Fiktion: Verena Stefan, Elfriede Jelinek, Margot Schroeder. London 1982.

Mann, Thomas: Tonio Kröger. In: Sämtliche Erzählungen. Frankfurt a/M. 1971.

Marcuse, Herbert: Kultur und Gesellschaft. Frankfurt a/M. [11]1973 (Bd. 1).

Marcuse, Herbert: Marxismus und Feminismus. In: Zeitmessungen. Frankfurt a/M. 1975.

McAlister, Judith/Schmidt, Ricarda: Gespräch mit Jutta Heinrich. In: mamas pfirsiche (o.J.) 11.

Mechtel, Angelika: Die Träume der Füchsin. Stuttgart 1976.

Menschik, Jutta: Gleichberechtigung oder Emanzipation. Frankfurt a/M. 1971.

Menschik, Jutta (Hrsg.): Grundlagentexte zur Emanzipation der Frau. Köln 1976.

Miller, Alice: Das Drama des begabten Kindes. Frankfurt a/M. 1980.

Millett, Kate: Sexus und Herrschaft. Die Tyrannei des Mannes in unserer Gesellschaft. München 1971.

Moers, Ellen: Literary Women. London [6]1976.

Müller, Heiner: Quartett. Frankfurt a/M. [2]1982.

Münchner Literaturkreis: gespräch mit elfriede jelinek. In: mamas pfirsiche (o.J.) 9/10.

Negt, Oskar/Kluge, Alexander: Öffentlichkeit und Erfahrung. Zur Organisationsanalyse von bürgerlicher und proletarischer Öffentlichkeit. Frankfurt a/M. 1974.

Nusser, Peter: Romane für die Unterschicht. Groschenhefte und ihre Leser. Stuttgart [2]1973.

Paczensky, Susanne v. (Hrsg.): Frauen und Terror. Versuche, die Beteiligung von Frauen an Gewalttaten zu erklären. Reinbek bei Hamburg 1978.

Pausch, Birgit: Die Schiffschaukel. Darmstadt/Neuwied 1982.

Pausch, Birgit: Die Verweigerung der Johanna Glauflügel. Erzählung. Berlin [2]1977.

Parker, Riszsika/Pollok, Griselda: Old Mistresses. Women, Art and Ideology. New York 1982.

Perkins-Gilman, Charlotte: Herland (1915). London 1979.

Plath, Sylvia: The Bell Jar (1963). Deutsch: Die Glasglocke. Frankfurt a/M. 1975.

Plath, Sylvia: Letters From Home. Correspondence 1950-1963. Selected & Edited with a Commentary by Aurelia Schober Plath. London 1975.

Poe, Edgar Allan: The Purloine Letter. Deutsch: Der entwendete Brief. In: Edgar Allan Poe: Complete Tales & Poems. New York 1975.

Puknus, Heinz (Hrsg.): Neue Literatur der Frauen. Deutschsprachige Autorinnen der Gegenwart. München 1980.

Réage, Pauline: L'Histoire d'O (1954). Deutsch: Geschichte der O. Reinbek bei Hamburg [7]1982.

Reinig, Christa: Eindrücke auf dem Treffen schreibender Frauen. In: Frauenoffensive (1976) 5.

Reinig, Christa: Entmannung. Die Geschichte Ottos und seiner vier Frauen erzählt von Christa Reinig. Roman. Darmstadt 1977.

Reinig, Christa: Lebenslänglich. In: Emma (1981) 4.

Reinig, Christa: Die Ewige Schule. Erzählungen. München 1982.

Reinig, Christa: Der Wolf und die Witwen. München 1981.

- Mein Herz ist eine gelbe Blume. Christa Reinig im Gespräch mit Ekkehart Rudolph. Düsseldorf 1978.

Rhoden, Emmy v.: Der Trotzkopf. Wien/Heidelberg 1975.

Schenk, Herrad: Die feministische Herausforderung. 150 Jahre Frauenbewegung in Deutschland. München 1980.

Schmidt, Bärbel/Brunken, Ulrike: das bild der frau in heftromanen und frauenzeitschriften. In: mamas pfirsiche (o.J.) 8.

219

Schmidt, Ricarda: Westdeutsche Frauenliteratur in den 70er Jahren. Frankfurt a/M.
1982.
Schneider, Peter: Lenz. Eine Erzählung. Berlin ³1975.
Schneider, Peter: Die Phantasie im Spätkapitalismus und die Kulturrevolution. In:
Kursbuch (1969) 16.
Schroeder, Margot: Ich stehe meine Frau. Roman. Frankfurt a/M. 1977.
Schulz-Gerstein, Christian: Tote Seelen. In: Der Spiegel (1978) 26.
Serke, Jürgen: Frauen schreiben. Ein neues Kapitel deutschsprachiger Literatur.
Hamburg ²1979.
Showalter, Elaine: A Literature of Their Own. British Novelists from Brontë to Lessing.
London 1978.
Solanas, Valerie: SCUM MANIFESTO. New York 1967.
Spender, Dale: Man Made Language. London 1980.
Stefan, Verena: Häutungen. Autobiografische Aufzeichnungen - Gedichte - Träume -
Analysen. München 1976.
Theweleit, Klaus: Männerphantasien. Frankfurt a/M. 1978 (Bd. 2).
Vries, Ad de: Dictionary of Symbols and Imagery. Amsterdam/London 1974.
Weinmeyer, Barbara: Frauenromane in der BRD. In: Kürbiskern (1971) 1.
- "Jedes Werk von ihr ist eine Provokation". Interview von Sigrid Löffler mit Elfriede
Jelinek. Siehe unter: Jelinek.
Wilpert, Gero v.: Sachwörterbuch der Literatur. Stuttgart ⁵1969.
Windhoff-Héritier, Adrienne: Sind Frauen so wie Freud sie sah? Weiblichkeit und
Wirklichkeit. Bausteine zu einer neuen analytisch-sozialpsychologischen Theorie der
weiblichen Psyche. Reinbek bei Hamburg 1976.
Wördemann, Johanna: Schreiben um zu überleben oder Schreiben als Arbeit. Notizen
zum Treffen schreibender Frauen in München, Mai 1976. In: Alternative (1976)
108/9.
Wolf, Christa: Kassandra. Erzählung. Darmstadt 1983.
Wolf, Christa: Voraussetzungen einer Erzählung: Kassandra. Frankfurter Poetik-
Vorlesungen. Darmstadt/Neuwied 1983.
Wolf, Gerhard (Hrsg.): O, mir entwischt nicht was die Menschen fühlen. Gedichte und
Briefe von Anna Louisa Karschin. Frankfurt a/M. 1982.
Woolf, Virginia: Orlando. A Biography (1928). Deutsch: Orlando. Frankfurt a/M.
⁵1980.
Woolf, Virginia: A Room of One's Own (1929). Deutsch: Ein Zimmer für sich allein.
Berlin 1978.
Woolf, Virginia: Three Guinneas (1938). Harmondsworth 1982.
Zeller, Konradin: Christa Reinig. In: Puknus: Neue Literatur der Frauen. Siehe unter:
Puknus.
Ziemann, Klaus: Romane am Fließband. Die imperialistische Massenliteratur in
Westdeutschland. Berlin 1969.
Zorn, Fritz: Mars. Mit einem Vorwort von Adolf Muschg. München ⁴1977.

Amsterdamer Publikationen zur Sprache und Literatur. In Verbindung mit Peter Boerner, Hugo Dyserinck, Ferdinand van Ingen, Friedrich Maurer und Oskar Reichmann. Herausgegeben von Cola Minis und Arend Quak.

19. FRANCIS G. GENTRY: Triuwe and Vriunt in the Nibelungenlied. Amsterdam 1975. 94 pp.   30,–
20. SKI DARIMA. An inquiry into the written and printed texts, references and commentaries. With an edition and an English translation edited by Theo Homan. Amsterdam 1975. 430 pp.   150,–
21. GUNTER SELLING: Die Einakter und Einakterzyklen Arthur Schnitzlers. Amsterdam 1975. 224 S. Mit Abbildungen.   50,–
22. AREND QUAK: Wortkonkordanz zu den altmittel- und altniederfränkischen Psalmen und Glossen. Nach den Handschriften und Erstdrucken zusammengestellt. Amsterdam 1975. 182 S.   42,–
23. ROBERT LECLERCQ: Aufgaben, Methode und Geschichte der wissenschaftlichen Reimlexikographie. Amsterdam 1975. 270 S.   60,–
24. ROBERT LECLERQ: Reimwörterbuch zu 'Sankt Brandan'. Amsterdam 1976. 83 S.   30,–
25. THOMAS I. BACON: Martin Luther and the Drama. Amsterdam 1976. 86 pp.   25,–

26. FRANZ SIMMLER: Synchrone und diachrone Studien zum deutschen Konsonantensystem. Amsterdam 1976. 94 S.   25,–
27. JOHANNES HENDRIKUS WINKELMAN: Die Brückenpächter- und die Turmwächterepisode im 'Trierer Floyris' und in der 'Version Aristocratique' des altfranzösischen Florisromans. Eine vergleichende Untersuchung. Amsterdam 1977. 222 S.   60,–
28. BRIAN O. MURDOCH: Hans Folz and the Adam-Legends. Texts and Studies. Amsterdam 1977. IX, 184 pp.   50,–
29/ CHRISTINE BOOT: Cassiodorus' Historia Ecclesiastica Tripartita in Leo-
30 pold Stainreuter's German Translation. MS ger. fol. 1109. Amsterdam 1977. XXXVIII, 900 pp.   200,–
31. KEES HERMANN RUDI BORGHART: Das Nibelungenlied. Die Spuren mündlichen Ursprungs in schriftlicher Überlieferung. Amsterdam 1977. 174 S.   45,–
32. MANFRED STANGE: Reinmars Lyrik. Forschungskritik und Überlegungen zu einem neuen Verständnis Reinmars des Alten. Amsterdam 1977. 166 S.   40,–
33. CEGIENAS DE GROOT: Zeitgestaltung im Drama Max Frischs. Die Vergegenwärtigungstechnik in 'Santa Cruz', 'Die Chinesische Mauer' und 'Biografie'. Amsterdam 1977. 346 S.   60,–
34. R.A. UBBINK: De receptie van Meister Eckhart in de Nederlanden gedurende de middeleeuwen. Een studie op basis van middelnederlandse handschriften. Amsterdam 1978. 260 p. with ill.   60,–
35. WALTER K. STEWART: Time Structure in Drama: Goethe's 'Sturm und Drang' Plays. Amsterdam 1978. 308 p.   60,–
36. JACOBA HENDRICA KUNE: Die Auferstehung Christi im deutschen religiösen Drama des Mittelalters. Amsterdam 1979. 250 S. Mit Abb.   50,–
37. GERARD JAN HENDRIK KULSDOM: Die Strophenschlüsse im Nibelungenlied. Ein Versuch. Amsterdam 1979. XXVII, 260 S.   60,–

38. GERHARD EIS: Kleine Schriften zur altdeutschen weltlichen Dichtung. Amsterdam 1979. 520 S. 110,–
39. C.E.C.M. VAN DEN WILDENBERG-DE KROON: Das Weltleben und die Bekehrung der Maria Magdalena im deutschen religiösen Drama und in der bildenden Kunst des Mittelalters. Amsterdam 1979. 140 S. + 8 Abb. 30,–
40. P.J.G. SCHELBERG: Woordenboek van het Sittards dialect met folkloristische aantekeningen. Zittesj wie men 't sjprik en sjrif. Amsterdam 1979. 596 p. + map + ill. vergriffen
41. HALLER IN HOLLAND. Het dagboek van Albrecht von Haller van zijn verblijf in Holland (1725-1727). Ingeleid en geannoteerd door G.A. Lindeboom. Delft 1958. 122 p. Nachdruck Amsterdam 1979. 25,–
42. KARL-FRIEDRICH O. KRAFT: Iweins Triuwe. Zu Ethos und Form der Aventiurenfolge in Hartmann's 'Iwein'. Amsterdam 1979. 233 S. 50,–
43. JUNG ÖSTERREICH. Dokumente und Materialien zur liberalen Österreichischen Opposition 1835-1848. Hrsg. von Madeleine Rietra. Amsterdam 1980. 645 S. 140,–
44. SIEGFRIED RICHARD CHRISTOPH: Wolfram von Eschenbach's Couples. Amsterdam 1981. 262 S. 50,–
45. HERMAN CROMPVOETS: Veenderijterminologie in Nederland en Nederlandstalig België. Amsterdam 1981. 474 S. 4to. 130,–
46. COLA MINIS: Zur Vergegenwärtigung verganger philologischer Nächte. Amsterdam 1981. 397 S. 80,–
47. Die altmittel- und altniederfränkischen Psalmen und Glossen. Nach den Handschriften und Erstdrucken neu herausgegeben von Arend Quak. Amsterdam 1981. 231 S. 50,–
48. GERHARD EIS: Medizinische Fachprosa des späten Mittelalters und der frühen Neuzeit. Amsterdam 1982. 361 S. 70,–
49. ADRIANUS KEIJ: Onderzoek naar dialectgrenzen en articulatorische verschillen in het middennederlandse rivierengebied met een verwijzing naar een mogelijke relevantie voor het onderwijs in de moderne vreemde talen. Amsterdam 1982. 720 S. 75,–
50. J.B. BERNS: Namen voor ziekten van het vee. Een dialectografisch onderzoek in het gebied van het Woordenboek van de Brabantse en dat van de Limburgse Dialecten. Amsterdam 1983. 316 S. 45,–
51. J.G. QUAK-STOILOVA: Bild und Translat. Über einige Möglichkeiten der Übersetzung von Bildlichkeit anhand verschiedener bulgarischer Übersetzungen einiger Werke von Marx und Engels. Amsterdam 1984. 228 pp. Hfl. 60,–
52. J.J.S. WEITENBERG: Die Hethitischen U-Stämme. Amsterdam 1984. xvi, 526 pp. Hfl. 120,–
53. GERMINAL CIVIKOV: Interpretationsprobleme Moderner Lyrik am Beispiel Paul Celans. Amsterdam 1984. 162 pp. Hfl. 40,–
54. WERNER SCHWARZ: Beiträge zur Mittelalterlichen Literatur. Herausgegeben von Peter Ganz und Timothy McFarland. Amsterdam 1984. 103 pp. Hfl. 25,–

55. C.R. OWEN: Erich Maria Remarque: A Critical Bio-Bibliography. Amsterdam 1984. 364 pp. Hfl. 80,–
56. LESLIE A. ADELSON: Crisis of Subjectivity. Botho Strauss's Challenge to West German Prose of the 1970's. Amsterdam 1984. 273 pp. Hfl. 60,–
57. LAMBERTUS OKKEN: Kommentar zum Tristan-Roman Gottfrieds von Strassburg. Band 1. Amsterdam 1984. 672 pp. Hfl. 140,–
58. LAMBERTUS OKKEN: Kommentar zum Tristan-Roman Gottfrieds von Strassburg. Band II. In Vorbereitung
59. PAUL SCHMIDT: Gebrauchstheorie der Bedeutung und Valenztheorie. (Untersuchungen zum Problem der Hypostasierung von Bedeutungen). Amsterdam 1985. 185 pp. Hfl. 45,–
60. GEORGE FREDRIK KOOIJMAN: Thematisch Woordenboek van het Tungelroys. Het dialekt van een middenlimburgs dorp, zoals dit tot in de jaren vijftig nog werd gesproken, in 18 rubrieken vastgelegd en voorzien van grammatikale bijzonderheden, historische aantekeningen, foto's en illustraties. Amsterdam 1985. XLV,443 pp. Gebunden. Hfl. 39,50
61. THOMAS KLEIN und COLA MINIS: Zwei Studien zu Veldeke und zum Strassburger Alexander. Amsterdam 1985. 158 pp. Hfl. 40,–

USA/Canada: Humanities Press Inc., 171 First Avenue, Atlantic Highlands, N.J. 07716/USA
Japan: United Publishers Services Ltd., Kenkyu-sha Building, 9, Kanda Suruga-dai, 2-chome, Chiyoda-ku, Tokyo, Japan
And others: Editions Rodopi B.V., Keizersgracht 302-304, 1016 EX Amsterdam, Telephone (020) – 22 75 07